# Deskriptive Statistik

mit einer Einführung in das Programm SPSS

von
Professor
Dr. Heinz-Jürgen Pinnekamp
und
Professor
Dr. Frank Siegmann

5., vollständig überarbeitete und aktualisierte Auflage

Oldenbourg Verlag München

Bibliografische Information der Deutschen Nationalbibliothek

Die Deutsche Nationalbibliothek verzeichnet diese Publikation in der Deutschen
Nationalbibliografie; detaillierte bibliografische Daten sind im Internet über
<http://dnb.d-nb.de> abrufbar.

© 2008  Oldenbourg Wissenschaftsverlag GmbH
Rosenheimer Straße 145, D-81671 München
Telefon: (089) 4 50 51-0
oldenbourg.de

Lektorat: Wirtschafts- und Sozialwissenschaften, wiso@oldenbourg.de
Herstellung: Anna Grosser
Coverentwurf: Kochan & Partner, München
Gedruckt auf säure- und chlorfreiem Papier
Druck: Grafik + Druck, München
Bindung: Thomas Buchbinderei GmbH, Augsburg

ISBN 978-3-486-58769-2

## Vorwort zur fünften Auflage

Im Vorwort zur 1. Auflage dieser Einführung in die Deskriptive Statistik haben wir auf die Diskrepanz zwischen den Erwartungen der Praxis an die Statistikkenntnisse der Absolventen von Universitäten und Fachhochschulen und der Dominanz der Schließenden Statistik in der Lehre hingewiesen. Diese Situation hat sich geändert. In der Lehrbuchliteratur überwiegen inzwischen die Titel zur Beschreibenden und Explorativen Statistik.

Als zukünftige Führungskräfte werden Studierende zunehmend mit dem Thema Datenanalyse konfrontiert. Gleich ob in der Marktforschung, dem Vertrieb, dem Personal- oder Rechnungswesen, statistische Kenntnisse sind unerläßliche Voraussetzung um aussagekräftige Informationen für wirtschaftliche Entscheidungen bereit zu stellen. Fundierte Statistiken helfen, die Entscheidungsalternativen klar zu formulieren und verständlich darzustellen.

Die vorliegende Einführung zeigt neben der Darstellung der Methoden der Deskriptiven Statistik, wie diese in der konkreten Entscheidungssituation sinnvoll angewendet werden können. Die methodischen Ausführungen werden deshalb durch zahlreiche Beispiele ergänzt und anhand der Übungsaufgaben kann der Leser die Verfahren und Probleme selbst nachvollziehen und einüben.

Die bewusst einfach gehaltenen Beispiele sollen dazu anregen, die in dieser Einführung dargestellten methodischen Ansätze über die eigene Anwendung zu begreifen. Hierzu muß auch im Zeitalter weitreichender EDV-Unterstützung zunächst einmal selber gerechnet und trainiert werden.

Den gesamten Text dieser 5. Auflage unserer Darstellung der Beschreibenden Verfahren haben wir überarbeitet und aktualisiert. So wurde z.B. die Auswertung von Kontingenztabellen um den Cramer-Koeffizienten erweitert und das erste Kapitel um Ausführungen zur Transformation empirischer Verteilungen ergänzt. Im vierten Kapitel umfasst die Darstellung der Beziehungszahlen nun auch Hinweise auf die Produktivitäts- und Rentabilitätskennziffern des betrieblichen Rechnungswesens. Gänzlich neu geschrieben wurde eine Einführung in die deskriptive Statistik ganz ohne Formeln. Etwas gestrafft wurden die Ausführungen zur Zeitreihenanalyse.

Die formale Umsetzung leisteten diesmal Herr Hetterscheidt und Herr Wessel, für deren Unterstützung wir uns auf diesem Wege noch einmal herzlich bedanken.

Heinz-Jürgen Pinnekamp
Frank Siegmann

| | | |
|---|---|---|
| **0** | **Allgemeiner Teil** ........................................................ | **.1** |
| 0.1 | Das Ziel der Statistik | 1 |
| 0.2 | Lernziele dieser Einführung in die Statistik | 1 |
| 0.3 | Statistik noch ohne Formeln | 4 |
| 0.4 | Die statistischen Methoden im Überblick | 22 |
| 0.5 | Einige statistische Grundbegriffe | 24 |
| 0.6 | Skalentypen | 31 |
| | | |
| **1** | **Darstellung eindimensionaler empirischer Verteilungen**............... | **36** |
| 1.0 | Einführung | 36 |
| 1.1 | Die tabellarische Darstellung | 36 |
| 1.2 | Die grafische Darstellung | 50 |
| 1.3 | Die parametrische Darstellung | 63 |
| 1.4 | Transformationen | 111 |
| | | |
| **2** | **Analyse mehrdimensionaler empirischer Verteilungen** ............... | **114** |
| 2.0 | Einführung | 114 |
| 2.1 | Korrelationsrechnung | 122 |
| 2.2 | Regressionsanalyse | 149 |
| | | |
| **3** | **Zeitreihenanalyse** ...................................................... | **170** |
| 3.0 | Einführung | 170 |
| 3.1 | Ein traditionelles Verfahren | 182 |
| 3.2 | Professionelle Verfahren | 211 |
| 3.3 | Prognosen auf der Basis von Zeitreihen | 237 |
| | | |
| **4** | **Verhältniszahlen, insbesondere Indizes** ............................... | **240** |
| 4.0 | Einführung | 240 |
| 4.1 | Gliederungszahlen | 241 |
| 4.2 | Beziehungszahlen | 246 |
| 4.3 | Messzahlen bzw. einfache Indizes | 250 |
| 4.4 | Globale Indizes, insbesondere Preisindizes | 259 |
| | | |
| **5** | **Schlussbemerkung** ..................................................... | **277** |
| | | |
| **6** | **PC-gestützte Datenanalyse mit SPSS** ................................. | **281** |
| 6.0 | Einführung | 281 |
| 6.1 | Erfassung und Aufbereitung von Datensätzen | 283 |
| 6.2 | Statistische Analysen | 290 |
| | | |
| **7** | **Weiterführende Literatur** ............................................. | **315** |

# Inhaltsverzeichnis

| | | |
|---|---|---:|
| **0** | **Allgemeiner Teil** .................................................. | **1** |
| 0.1 | Das Ziel der Statistik | 1 |
| 0.2 | Lernziele dieser Einführung in die Statistik | 1 |
| 0.3 | Statistik noch ohne Formeln | 4 |
| 0.4 | Die statistischen Methoden im Überblick | 22 |
| 0.5 | Einige statistische Grundbegriffe | 24 |
| 0.6 | Skalentypen | 31 |
| | | |
| **1** | **Darstellung eindimensionaler empirischer Verteilungen** .............. | **36** |
| 1.0 | Einführung | 36 |
| 1.1 | Die tabellarische Darstellung | 36 |
| | 1.1.1 Urliste und Häufigkeitstabelle | 36 |
| | 1.1.2 Verteilungsfunktionen | 39 |
| | 1.1.3 Gruppierte Daten | 43 |
| | 1.1.4 Tabellenaufbau und Symbolik | 48 |
| 1.2 | Die grafische Darstellung | 50 |
| | 1.2.1 Darstellung nominal skalierter Merkmale | 50 |
| | 1.2.2 Darstellung ordinal skalierter Merkmale | 51 |
| | 1.2.3 Darstellung kardinal skalierter Merkmale | 53 |
| | 1.2.4 Darstellung gruppierter Werte | 60 |
| 1.3 | Die parametrische Darstellung | 63 |
| | 1.3.1 Lageparameter | **63** |
| | 1.3.1.1 Lageparameter nominal skalierter Merkmale | 66 |
| | 1.3.1.2 Lageparameter ordinal skalierter Merkmale | 67 |
| | 1.3.1.3 Lageparameter kardinal skalierter Merkmale | 70 |
| | 1.3.1.3.1 Arithmetisches Mittel | 70 |
| | 1.3.1.3.2 Harmonisches Mittel | 73 |
| | 1.3.1.3.3 Geometrisches Mittel | 77 |
| | 1.3.1.4 Zur Konkurrenz unterschiedlicher Mittelwertkonstruktionen | 79 |
| | 1.3.2 Streuungsparameter | 80 |
| | 1.3.2.1 Streuungsparameter ordinal und kardinal skalierter Merkmale | 80 |
| | 1.3.2.1.1 Spannweite | 80 |
| | 1.3.2.1.2 Quartilsabstand | 81 |
| | 1.3.2.2 Streuungsparameter kardinal skalierter Merkmale | 83 |
| | 1.3.2.2.1 Durchschnittliche absolute Abweichung | 83 |
| | 1.3.2.2.2 Varianz, Standardabweichung und Variationskoeffizient | 85 |
| | 1.3.2.2.3 Ginis mittlere Differenz | 91 |
| | 1.3.3 Formmaßzahlen | 93 |
| | 1.3.3.1 Symmetriemaßzahlen | 95 |
| | 1.3.3.2 Maßzahlen der Wölbung | 99 |

|  |  |  |  |
|---|---|---|---|
| | 1.3.4 | Konzentrationsmaße | 101 |
| | 1.3.4.1 | Grafische Darstellung der Konzentration | 102 |
| | 1.3.4.2 | Maßzahlen der Konzentration | 106 |
| 1.4 | Transformationen | | 111 |
| | 1.4.1 | Lineare Transformation | 111 |
| | 1.4.2 | Standardisierung | 112 |

| | | | |
|---|---|---|---|
| **2** | **Analyse mehrdimensionaler empirischer Verteilungen** | | **114** |
| 2.0 | Einführung | | 114 |
| 2.1 | Korrelationsrechnung | | 122 |
| | 2.1.0 | Einführung | 122 |
| | 2.1.1 | Auswertung von Kontingenztafeln | 123 |
| | 2.1.2 | Auswertung von Rangkorrelationstabellen | 130 |
| | 2.1.2.1 | Fechner Rangkorrelationskoeffizient | 130 |
| | 2.1.2.2 | Gamma Koeffizient | 133 |
| | 2.1.2.3 | Spearman Rangkorrelationskoeffizient | 137 |
| | 2.1.3 | Auswertung von Korrelationstabellen | 140 |
| | 2.1.3.1 | Fechner Korrelationskoeffizient | 140 |
| | 2.1.3.2 | Kovarianz | 141 |
| | 2.1.3.3 | Produktmoment Korrelationskoeffizient | 144 |
| 2.2 | Regressionsanalyse | | 149 |
| | 2.2.0 | Einführung | 149 |
| | 2.2.1 | Fachbezogene Hypothese eines möglichen Zusammenhangs | 150 |
| | 2.2.2 | Spezifikation der Regressionsfunktion | 151 |
| | 2.2.3 | Schätzung der Parameter | 153 |
| | 2.2.4 | Analyse der Residuen | 160 |
| | 2.2.6 | Prognose | 163 |
| | 2.2.7 | Bestimmtheitsmaß | 163 |
| | 2.2.8 | Regression und Korrelation von Zeitreihen | 166 |

| | | | |
|---|---|---|---|
| **3** | **Zeitreihenanalyse** | | **170** |
| 3.0 | Einführung | | 170 |
| | 3.0.1 | Aggregation von Werten | 175 |
| | 3.0.2 | Zur Zielsetzung der Zeitreihenanalyse | 177 |
| | 3.0.3 | Methodische Grundlagen | 178 |
| 3.1 | Ein traditionelles Verfahren | | 182 |
| | 3.1.1 | Verfahren zur Trendbestimmung | 182 |
| | 3.1.2 | Berechnung der Konjunkturkomponente | 195 |
| | 3.1.3 | Berechnung der Saisonkomponente | 199 |
| | 3.1.5 | Zusammenfassung der Komponenten | 202 |
| | 3.1.6 | Schätzung der saisonbereinigten Werte | 205 |
| | 3.1.7 | Hinweise auf sonstige traditionelle Ansätze | 208 |

| | | | |
|---|---|---|---|
| 3.2 | Professionelle Verfahren | | 211 |
| | 3.2.1 | Klassische Verfahren | 211 |
| | 3.2.1.1 | Bundesbankverfahren | 211 |
| | 3.2.1.2 | CENSUS-Verfahren | 218 |
| | 3.2.2 | Fourieransätze | 220 |
| | 3.2.2.1 | Harmonische Analyse | 221 |
| | 3.2.2.2 | Spektralanalyse | 231 |
| 3.3 | Prognosen auf der Basis von Zeitreihen | | 237 |
| **4** | **Verhältniszahlen, insbesondere Indizes** | | **240** |
| 4.0 | Einführung | | 240 |
| 4.1 | Gliederungszahlen | | 241 |
| 4.2 | Beziehungszahlen | | 246 |
| 4.3 | Messzahlen bzw. einfache Indizes | | 250 |
| | 4.3.1 | Indexveränderungen in Punkten und in Prozent | 250 |
| | 4.3.2 | Umbasierung und Verkettung | 255 |
| 4.4 | Globale Indizes, insbesondere Preisindizes | | 259 |
| | 4.4.1 | Grundgedanken und Symbolik | 260 |
| | 4.4.2 | Preis-Indextypen und -Schemata | 263 |
| | 4.4.2.1 | Carli-Preisindex | 264 |
| | 4.4.2.2 | Laspeyres-Preisindex | 266 |
| | 4.4.2.3 | Paasche-Preisindex | 267 |
| | 4.4.2.4 | Einige Sonderformen | 270 |
| | 4.4.3 | Mengen- und Volumenindizes | 271 |
| | 4.4.4 | Einige Probleme der amtlichen Preisstatistik | 273 |
| | 4.4.4.1 | Wahl des Indexschemas | 273 |
| | 4.4.4.2 | Wahl des Basisjahres und Aktualisierung des Warenkorbes | 273 |
| | 4.4.4.3 | Berücksichtigung von Qualitätsänderungen | 276 |
| **5** | **Schlussbemerkung** | | **277** |
| **6** | **PC-gestützte Datenanalyse mit SPSS** | | **281** |
| 6.0 | Einführung | | 281 |
| 6.1 | Erfassung und Aufbereitung von Datensätzen | | 283 |
| 6.2 | Statistische Analysen | | 290 |
| **7** | **Weiterführende Literatur** | | **315** |

# 0 Allgemeiner Teil

## 0.1 Das Ziel der Statistik

Informationssysteme wie z.B. das Rechnungswesen der Unternehmung, die betriebliche Marktforschung oder die amtliche Statistik haben zunächst die Aufgabe, den Benutzer über vergangene Tatbestände und Entwicklungen zu unterrichten. Darüber hinaus erwartet er Informationen, die es ihm erlauben, Konsequenzen von Maßnahmen abzuschätzen, die erst zur Entscheidung anstehen.

Die Abgrenzung relevanter Informationen setzt Vorstellungen über die Wirkungszusammenhänge in der realen Umwelt, d.h. das Vorhandensein einer Theorie voraus. **Die Güte erhobener und aufbereiteter Daten wird also in erster Linie von der Güte und Relevanz der Fragestellung bestimmt.** Die Verantwortung hierfür trägt die jeweilige Fachdisziplin (Medizin, Technik, Wirtschafts- und Sozialwissenschaften etc.).

Ist diese Voraussetzung erfüllt, bleibt die Aufgabe, die von der jeweiligen Theorie benutzten Begriffe (z.B. „die Kaufkraft") in ein operationales messfähiges Konzept zu übertragen und bereits vorhandene Datenbestände nach korrespondierenden Größen zu durchsuchen (z.B. Volkseinkommen, Verfügbares Einkommen usw.).

Nun lehrt die Praxis, dass ein Datenlieferant dazu neigt, die Qualität der Information durch Quantität zu kompensieren: Der Benutzer eines Informationssystems wird mit einer Datenfülle konfrontiert, deren Gehalt von ihm im allgemeinen nicht unmittelbar zu überblicken ist.

In dieser Situation stellt sich die Aufgabe, die Fülle der Informationen einzuengen, handhabbar zu machen; Komplexität muss reduziert werden.

*Aufgabe der statistischen Methodenlehre ist es daher, allgemeine Grundsätze und Regeln zu formulieren, die es den jeweiligen Fachvertretern (Technikern, Medizinern, Soziologen, Ökonomen etc.) erlauben, Datensätze so zu komprimieren und darzustellen, dass sie überschaubar werden.*

## 0.2 Lernziele dieser Einführung in die Statistik

Ausgehend vom Ziel der Statistik beginnen wir mit einem Beispiel, an dem die Methoden der Statistik (noch) ganz ohne Formeln erläutert werden.

Grundlegende Bemerkungen zur statistischen Terminologie, insbesondere zu den Begriffen Beobachtungswert, Untersuchungsmerkmal, Statistische Einheit, Statistische Masse und Grundgesamtheit leiten über zur Unterscheidung verschiedener Skalierungsniveaus. Ebenfalls unterschieden wird zwischen Deskriptiver und Analytischer Statistik, Quer- und Längsschnittanalysen sowie ein- und mehrdimensionalen Verteilungen.

Das erste Kapitel beschäftigt sich dann eingehend mit den so genannten eindimensionalen Verteilungen. Eindimensional sind Verteilungen dann, wenn wir es mit nur einem Merkmal zu tun haben, z.B. dem Alter, dem Geschlecht, den Noten der Teilnehmer eines Statistikkurses. Ausgehend von den ungeordneten Rohdaten lassen sich Begriffe wie absolute, relative und Summenhäufigkeiten herleiten. So genannte Lageparameter beschreiben den Mittelpunkt einer Verteilung, Streuungsmaße z.B. quantifizieren die Abweichungen von diesem Wert. Grundsätzlich dienen diese Parameter dazu, den zugrunde liegenden Informationsgehalt einer Verteilung mit wenigen charakteristischen Werten zu beschreiben.

Wenn man behauptet, der durchschnittliche Deutsche konsumiere im Jahr 159 Liter Kaffee, so wird diese Aussage gerne bewusst missverstanden. Natürlich wird man nur wenige finden, die tatsächlich genau 159 Liter pro Jahr trinken; Teefreunde werden gar behaupten, ihnen ordne man unzulässigerweise Kaffeekonsum zu. Angegeben werden soll lediglich eine Größe, die eine gewisse Vorstellung von der Menge vermittelt und unter Umständen Vergleiche ermöglicht. Man versucht, Datenmaterial zu verdichten.

Zwischen den einzelnen erhobenen Merkmalen können Abhängigkeiten bestehen. Das zweite Kapitel behandelt solche zweidimensionalen Verteilungen, bei denen es um die gleichzeitige Betrachtung von jeweils mindestens zwei Größen geht. Gibt es beispielsweise einen Zusammenhang zwischen dem Einkommen und dem Alter der Teilnehmer einer Messeveranstaltung? Und wenn ja, in welcher Höhe beeinflusst das Alter die aktuelle Einkommenssituation? Dabei achten wir immer auf eine Plausibilität der Ergebnisse, da rein rechnerisch solche Zusammenhänge fast immer darstellbar sind. Z.B. stellten in den zwanziger Jahren die Mitarbeiter der Gemeindeämter im Elsass einen deutlichen Geburtenrückgang fest. Ornithologen bedauerten gleichzeitig die Abnahme der Storchenpopulation. Also kamen findige Theologen zu dem Ergebnis, dass doch der Storch die Kinder bringt.

Danach werden wir Größen im Zeitablauf betrachten; hier ist sozusagen der Faktor Zeit die zweite Dimension. Untersucht werden kann beispielsweise, ob die Noten im Fach Statistik seit Beginn der Veranstaltungen in einem Bachelor-Studiengang besser oder schlechter geworden sind. Oder gibt es eine Funktion, mit der man die $CO_2$-Konzentration in 30 Jahren prognostizieren kann? Die beiden folgenden Abbildungen vermitteln den Eindruck, dass die Gewinne oder die $CO_2$-Konzentration in der Atmosphäre ohne Grenzen steigen werden. Sicher kann die Entwicklung nicht einfach so fortgeschrieben werden. Wir werden im dritten Kapitel darüber diskutieren.

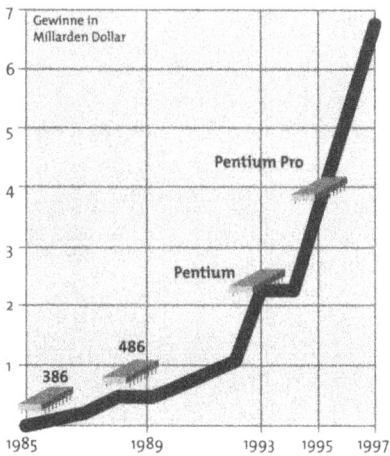

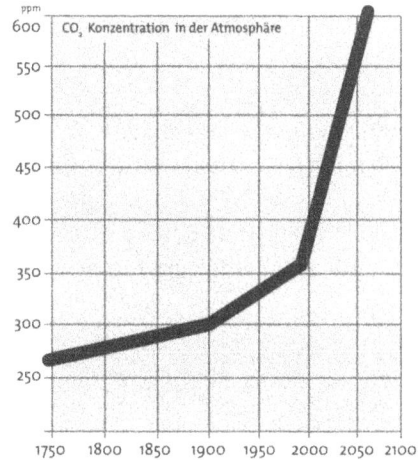

Die im letzten Kapitel zu besprechenden Masszahlen sind grundlegend für die Wirtschaftsstatistik. Wer sich anhand statistischer Quellen über die Struktur oder Strukturveränderungen bestimmter ökonomischer Größen informieren möchte, wird nur selten gebrauchsfertige Informationen vorfinden. Wir diskutieren daher Verhältniszahlen, das sind einfache Quotienten von zwei statistischen Größen. Ihr Informationswert ist allerdings dann fraglich, wenn zwei Merkmale zueinander in Beziehung gesetzt werden, die als eigenständige Variablen anzusehen sind, die gebildeten Quotienten also Interpretationsspielräume bieten. Der Witz: „Nein, Herr Müller, mit 90 Jahren können sie keine Lebensversicherung mehr abschließen." - „Das verstehe ich nicht. In diesem Alter sterben statistisch doch die wenigsten Menschen!" enthält natürlich ebenfalls eine gewisse Weisheit. In Wirklichkeit ist aber die Zahl der Todesfälle im Alter von 90 Jahren auf die Zahl der lebenden 90jährigen zu beziehen.

Auch mit den dann zu behandelnden globalen Indizes sind formal-methodische als auch inhaltlich-ökonomische Probleme verbunden. Hat beispielsweise die Einführung des Euro tatsächlich zu einer Verteuerung der Waren und Dienstleistungen geführt? Wie sind Qualitätsverbesserungen bei Produkten in die Debatte einzubeziehen?

Nach einigen kritischen Schlussbemerkungen werden im Anhang schließlich die angesprochen Methoden und Aufgaben aus dem Hauptteil einer EDV-gestützten Lösung zugeführt; gewählt wurde dazu das weit verbreitete Programmpaket SPSS.

## 0.3      Statistik noch ohne Formeln

### Die Daten als Urliste

Zwei Dozenten des Fachs Statistik wollen sich einen Eindruck vom Freizeitverhalten der Absolventen verschaffen (immer wieder wurde beklagt, wie schwierig die Verbindung von Nebenjob und Studium ist, dass keine Freizeitgestaltung möglich ist) und befragen 200 Absolventen eines Abschlussjahrgangs nach der **Anzahl ihrer Urlaubstage** im Abschlussjahr; sie erhalten folgendes Ergebnis:

### Urliste

| 2 | 2 | 6 | 3 | 2 | 4 | 6 | 2 | 4 | 4 |
|---|---|---|---|---|---|---|---|---|---|
| 4 | 8 | 2 | 4 | 4 | 8 | 4 | 6 | 2 | 2 |
| 4 | 4 | 4 | 3 | 5 | 3 | 9 | 3 | 6 | 3 |
| 4 | 7 | 7 | 8 | 4 | 8 | 5 | 7 | 2 | 7 |
| 7 | 4 | 2 | 2 | 4 | 4 | 2 | 3 | 7 | 3 |
| 2 | 9 | 6 | 2 | 4 | 2 | 4 | 4 | 2 | 2 |
| 4 | 2 | 3 | 3 | 10 | 8 | 8 | 7 | 4 | 6 |
| 10 | 4 | 6 | 8 | 3 | 4 | 5 | 4 | 4 | 2 |
| 2 | 10 | 3 | 2 | 7 | 8 | 2 | 7 | 4 | 7 |
| 7 | 2 | 3 | 7 | 3 | 4 | 9 | 4 | 7 | 6 |
| 10 | 10 | 3 | 2 | 10 | 8 | 5 | 6 | 2 | 2 |
| 4 | 2 | 6 | 7 | 3 | 3 | 9 | 4 | 7 | 4 |
| 10 | 4 | 2 | 4 | 10 | 4 | 4 | 8 | 4 | 8 |
| 5 | 7 | 10 | 5 | 2 | 5 | 4 | 6 | 6 | 4 |
| 2 | 6 | 2 | 8 | 8 | 2 | 2 | 6 | 4 | 2 |
| 6 | 2 | 4 | 7 | 4 | 8 | 4 | 8 | 4 | 9 |
| 4 | 7 | 8 | 2 | 8 | 2 | 9 | 9 | 6 | 4 |
| 10 | 8 | 7 | 9 | 3 | 9 | 6 | 3 | 2 | 9 |
| 5 | 4 | 7 | 4 | 6 | 4 | 5 | 8 | 2 | 4 |
| 6 | 8 | 3 | 6 | 2 | 4 | 3 | 4 | 2 | 5 |

Offensichtlich ist dies ein Zahlenfriedhof, der uns in keiner Weise weiter hilft.

Besser wäre es, die Daten der Größe nach zu ordnen und die entsprechenden Häufigkeiten in Form einer Strichliste anzugeben. Folgende Strichliste ist damit entstanden:

**Strichliste**

| Anzahl Urlaubstage im Abschlussjahr | Anzahl der Absolventen |
|:---:|:---|
| 0 | |
| 1 | |
| 2 | ‖‖ ‖‖ ‖‖ ‖‖ ‖‖ ‖‖ ‖‖ ‖‖ |
| 3 | ‖‖ ‖‖ ‖‖ ‖‖ |
| 4 | ‖‖ ‖‖ ‖‖ ‖‖ ‖‖ ‖‖ ‖‖ ‖‖ ‖‖ ‖‖ |
| 5 | ‖‖ ‖‖ |
| 6 | ‖‖ ‖‖ ‖‖ ‖‖ |
| 7 | ‖‖ ‖‖ ‖‖ ‖‖ |
| 8 | ‖‖ ‖‖ ‖‖ ‖‖ |
| 9 | ‖‖ ‖‖ |
| 10 | ‖‖ ‖‖ |
| 11 | |
| 12 | |

Da auch eine solche Strichliste (insbesondere bei sehr vielen Daten) sehr unübersichtlich sein kann, ist es noch besser, wenn wir die Häufigkeiten des Auftretens als konkrete Zahlen fassen:

**Häufigkeitsverteilung**

| Anzahl Urlaubstage im Abschlussjahr | Anzahl der Absolventen |
|:---:|:---:|
| 0 | 0 |
| 1 | 0 |
| 2 | 40 |
| 3 | 20 |
| 4 | 50 |
| 5 | 10 |
| 6 | 20 |
| 7 | 20 |
| 8 | 20 |
| 9 | 10 |
| 10 | 10 |

Sehen wir uns ein zweites Beispiel an, wieder wurden die gleichen 200 Absolventen befragt, diesmal nach ihrem Geschlecht:

**Urliste**

| m | w | m | m | m | w | w | m | w | w |
|---|---|---|---|---|---|---|---|---|---|
| w | m | w | w | m | w | m | w | m | m |
| w | w | m | m | m | m | w | m | w | w |
| w | m | w | w | m | m | m | m | m | m |
| m | w | w | m | m | w | w | w | w | w |
| w | w | m | w | m | w | m | w | w | m |
| m | w | m | m | w | m | w | w | m | m |
| m | m | m | m | m | w | w | m | w | m |
| w | w | w | m | w | m | m | m | m | m |
| m | m | m | w | m | w | m | m | m | m |
| m | m | w | w | w | m | m | w | w | w |
| m | w | m | m | m | m | w | w | m | m |
| w | w | w | w | m | m | m | m | m | m |
| m | w | w | m | w | w | w | w | w | w |
| w | m | m | w | m | w | m | w | m | w |
| m | w | w | m | m | m | w | m | m | w |
| m | m | w | w | w | m | m | m | w | w |
| w | w | m | m | m | w | m | w | w | w |
| w | w | w | w | w | m | m | w | m | m |
| m | m | m | w | m | w | w | m | m | m |

Auch dies ist ein Zahlenfriedhof, der uns nicht hilft. Wieder ordnen wir die Daten:

**Strichliste**

| Geschlecht der Absolventen | Anzahl der Absolventen |
|---|---|
| weiblich | IIII IIII IIII IIII IIII IIII IIII IIII IIII IIII IIII IIII IIII IIII IIII IIII IIII IIII IIII |
| männlich | IIII IIII IIII IIII IIII IIII IIII IIII IIII IIII IIII IIII IIII IIII IIII IIII IIII IIII IIII IIII IIII IIII IIII I |

Und wieder fassen wir die Häufigkeiten des Auftretens als konkrete Zahlen:

**Häufigkeitsverteilung**

| Geschlecht der Absolventen | Anzahl der Absolventen |
|---|---|
| weiblich | 94 |
| männlich | 106 |

Eine dritte Erhebung über die Note im Fach Statistik ergibt:

## Urliste

| 4 | 2 | 5 | 3 | 3 | 5 | 4 | 3 | 3 | 5 |
|---|---|---|---|---|---|---|---|---|---|
| 3 | 5 | 4 | 3 | 4 | 4 | 4 | 4 | 1 | 4 |
| 3 | 1 | 4 | 3 | 3 | 3 | 5 | 5 | 4 | 1 |
| 4 | 5 | 4 | 4 | 5 | 1 | 4 | 1 | 4 | 4 |
| 3 | 3 | 2 | 4 | 3 | 2 | 5 | 4 | 4 | 4 |
| 5 | 4 | 4 | 1 | 2 | 5 | 3 | 3 | 4 | 3 |
| 3 | 4 | 4 | 3 | 5 | 4 | 3 | 2 | 2 | 5 |
| 5 | 2 | 5 | 5 | 2 | 5 | 5 | 4 | 4 | 5 |
| 4 | 5 | 1 | 4 | 4 | 4 | 3 | 1 | 5 | 1 |
| 2 | 4 | 2 | 4 | 2 | 3 | 5 | 5 | 2 | 2 |
| 3 | 4 | 3 | 4 | 4 | 3 | 3 | 1 | 4 | 5 |
| 5 | 4 | 5 | 5 | 3 | 4 | 2 | 5 | 3 | 2 |
| 2 | 4 | 4 | 3 | 4 | 4 | 4 | 4 | 4 | 5 |
| 2 | 4 | 5 | 3 | 4 | 4 | 3 | 1 | 1 | 5 |
| 4 | 4 | 5 | 5 | 5 | 2 | 2 | 3 | 3 | 3 |
| 4 | 2 | 3 | 1 | 3 | 1 | 3 | 3 | 3 | 3 |
| 5 | 4 | 4 | 4 | 5 | 4 | 4 | 5 | 5 | 5 |
| 4 | 4 | 5 | 1 | 3 | 5 | 4 | 5 | 5 | 1 |
| 2 | 2 | 4 | 5 | 4 | 5 | 5 | 4 | 4 | 5 |
| 5 | 4 | 4 | 5 | 3 | 5 | 3 | 2 | 4 | 2 |

## Strichliste

| Note der Prüfung in Statistik | Anzahl der Absolventen |
|:---:|:---:|
| 1 | IIII IIII IIII I |
| 2 | IIII IIII IIII IIII |
| 3 | IIII IIII IIII IIII IIII IIII IIII IIII I |
| 4 | IIII IIII IIII IIII IIII IIII IIII IIII IIII IIII IIII IIII IIII II |
| 5 | IIII IIII IIII IIII IIII IIII IIII IIII IIII IIII |

## Häufigkeitsverteilung

| Note der Prüfung in Statistik | Anzahl der Absolventen |
|:---:|:---:|
| 1 | 16 |
| 2 | 24 |
| 3 | 42 |
| 4 | 68 |
| 5 | 50 |

Schließlich wollen wir noch etwas über das aktuelle jährliche Nettoeinkommen der Absolventen in EURO wissen (auf- und abgerundet):

### Urliste

| 21000 | 20015 | 75809 | 30356 | 25123 | 38576 | 55607 | 3780 | 3780 | 33102 |
|---|---|---|---|---|---|---|---|---|---|
| 38123 | 81345 | 21346 | 40005 | 40005 | 79331 | 35986 | 61032 | 18907 | 22521 |
| 39898 | 41242 | 42322 | 33255 | 41237 | 30000 | 99003 | 34199 | 57463 | 22000 |
| 3780 | 68977 | 73125 | 82004 | 39867 | 79834 | 44908 | 80023 | 23789 | 67999 |
| 85003 | 48003 | 20004 | 22352 | 33989 | 46273 | 19967 | 23222 | 74012 | 25984 |
| 29762 | 89992 | 54527 | 25289 | 40000 | 1000 | 34982 | 51345 | 28929 | 32875 |
| 20954 | 20965 | 15678 | 42156 | 94976 | 91678 | 67803 | 63001 | 52112 | 59842 |
| 68923 | 42102 | 56702 | 76523 | 23983 | 51432 | 49823 | 39854 | 51290 | 0 |
| 120 | 97609 | 23764 | 12398 | 67942 | 78925 | 13450 | 34335 | 200 | 87236 |
| 56093 | 0 | 0 | 62154 | 43019 | 46598 | 87086 | 54238 | 67333 | 67900 |
| 99950 | 67873 | 34984 | 0 | 88094 | 86549 | 43563 | 73211 | 0 | 32155 |
| 36988 | 35763 | 58523 | 69854 | 31332 | 38793 | 95950 | 35798 | 67998 | 49655 |
| 87954 | 46532 | 14687 | 43672 | 89442 | 39087 | 47894 | 76359 | 40032 | 75324 |
| 48736 | 69385 | 97483 | 59378 | 30198 | 49873 | 48765 | 58832 | 53298 | 53422 |
| 1000 | 55983 | 32555 | 76834 | 83402 | 17700 | 22097 | 59832 | 51432 | 30782 |
| 71076 | 18954 | 38702 | 77770 | 30876 | 79053 | 39867 | 79625 | 49887 | 97653 |
| 33897 | 77493 | 64509 | 20678 | 76098 | 34556 | 89753 | 93046 | 66783 | 49871 |
| 98558 | 91004 | 78095 | 79906 | 36542 | 89654 | 67809 | 33512 | 35678 | 93473 |
| 57832 | 49067 | 95125 | 59876 | 65598 | 49763 | 59863 | 88953 | 0 | 45022 |
| 79088 | 90126 | 25378 | 49863 | 29772 | 48750 | 42896 | 48760 | 23419 | 59087 |

### Häufigkeitsverteilung

| Jährliches Nettoeinkommen in EURO | Anzahl der Absolventen |
|---|---|
| 0 | 6 |
| 1 | 0 |
| 2 | 0 |
| 3 | 0 |
| . | |
| . | |
| . | |
| 119 | 0 |
| 120 | 1 |
| 121 | 0 |
| . | |
| . | |
| . | |
| 999 | 0 |
| 1000 | 2 |
| 1001 | 0 |
| . | |
| . | |
| . | |
| 99998 | 0 |
| 99999 | 0 |
| 100000 | 0 |

## Gruppierte Daten

Bei den Daten zum Einkommen sehen wir, dass uns auch die Ordnung und Darstellung der Häufigkeiten nicht wesentlich weiter bringt, da einfach zu viele mögliche Einkommensbeträge existieren und viele von ihnen mit der Häufigkeit Null besetzt sind (zwischen 0 Euro und 100000 Euro gibt es immerhin 100001 mögliche Merkmalsausprägungen). Das Ziel einer Verbesserung der Übersichtlichkeit unserer Daten würde nicht erreicht, da die Tabelle kaum weniger (vielleicht sogar mehr) Zeilen als die Tabelle der Originalwerte beinhaltet.

Statt dessen bilden wir Klassen, wir gruppieren. Wir verwenden als Klassengrenzen Werte, die tatsächlich nicht vorkommen. Damit ist immer eine eindeutige Zuordnung einzelner Werte möglich.

## Häufigkeitsverteilung

| Jährliches Nettoeinkommen | Anzahl der Absolventen |
|---|---|
| -0,5 - 9999,5 | 13 |
| 9999,5 - 19999,5 | 8 |
| 19999,5 - 29999,5 | 23 |
| 29999,5 - 39999,5 | 34 |
| 39999,5 - 49999,5 | 32 |
| 49999,5 - 59999,5 | 23 |
| 59999,5 - 69999,5 | 18 |
| 69999,5 - 79999,5 | 20 |
| 79999,5 - 89999,5 | 15 |
| 89999,5 - 99999,5 | 14 |

Auch bei den Urlaubstagen könnten wir natürlich Klassen bilden, um eine größere Übersichtlichkeit zu erzielen:

## Gruppierte Werte

| Urlaubstage | Anzahl der Absolventen |
|---|---|
| -0,5 bis 2,5 | 40 |
| 2,5 bis 5,5 | 80 |
| 5,5 bis 8,5 | 60 |
| 8,5 bis 11,5 | 20 |

Die bisherigen Darstellungen sollten uns noch eines klar werden lassen: Alle Erhebungen müssen am gleichen Tag statt finden, denn natürlich kann innerhalb eines auch schon kurzen Zeitraums eine Urlaubsreise hinzugekommen sein.

Deshalb müssen wir unsere Untersuchung zeitlich genau abgrenzen. Aber auch sachlich, denn sicher sind Absolventen eines Studiengangs in einem Verbundstudium (Studium berufsbegleitend) nicht mit Absolventen eines grundständigen Studiengangs vergleichbar (wegen Einkommen, Alter, Familienstand).

Aber auch die räumliche Abgrenzung ist entscheidend. Absolventen mit dem Einzugsgebiet Berlin sind anders einzuordnen als die aus Bochum oder Gelsenkirchen, die vielleicht mehr aus dem direkten regionalen Umfeld kommen.

Stellen wir uns nun einige Fragen, die wir sofort lösen wollen, obwohl es uns an der theoretischen Fundierung noch mangelt.

**Relative Häufigkeiten**

Zunächst ermitteln wir die relativen Häufigkeiten $f_i$; sie sollen Verteilungen vergleichbar machen. Dies ist eine recht einfache Aufgabe. Stellen wir uns dazu vor, dass **die gleichen Erhebungen bei einer kleineren Gruppe von 40 Teilnehmern** der Abschlussfeier durchgeführt werden. Für die Urlaubstage erhalten wir :

| 4 | 2 | 8 | 3 | 3 | 4 | 4 | 3 | 3 | 5 |
|---|---|---|---|---|---|---|---|---|---|
| 2 | 10 | 8 | 4 | 5 | 2 | 4 | 5 | 5 | 3 |
| 3 | 2 | 10 | 4 | 3 | 4 | 3 | 2 | 10 | 3 |
| 2 | 10 | 2 | 2 | 8 | 4 | 3 | 3 | 4 | 4 |

| Urlaubstage im Abschlussjahr | Anzahl der Absolventen $h_i$ |
|---|---|
| 0 | 0 |
| 1 | 0 |
| 2 | 8 |
| 3 | 11 |
| 4 | 10 |
| 5 | 4 |
| 6 | 0 |
| 7 | 0 |
| 8 | 3 |
| 9 | 0 |
| 10 | 4 |

Für das Geschlecht erhalten wir folgendes Ergebnis:

| w | m | m | m | m | m | m | w | m | m |
|---|---|---|---|---|---|---|---|---|---|
| m | m | m | w | m | m | w | w | m | m |
| m | m | w | w | w | w | w | w | w | w |
| w | w | w | w | w | w | w | w | w | w |

| Geschlecht der Absolventen | Anzahl der Absolventen $h_i$ |
|---|---|
| weiblich | 23 |
| männlich | 17 |

Die Noten im Fach Statistik wurden wie folgt vergeben:

| Note der Prüfung Statistik | Anzahl der Absolventen $h_i$ |
|---|---|
| 1 | 2 |
| 2 | 5 |
| 3 | 12 |
| 4 | 11 |
| 5 | 10 |

Das Nettoeinkommen verteilt sich wie folgt:

| | | | | | | | | | |
|---|---|---|---|---|---|---|---|---|---|
| 65423 | 32376 | 97834 | 44098 | 48942 | 60045 | 55763 | 44287 | 47654 | 70543 |
| 33121 | 98798 | 97693 | 63000 | 76432 | 32567 | 49890 | 76897 | 69433 | 33444 |
| 51232 | 39764 | 98764 | 60078 | 45231 | 56732 | 73245 | 42456 | 87654 | 45366 |
| 34234 | 78164 | 46700 | 46743 | 99768 | 54333 | 60076 | 43336 | 53562 | 84322 |

| Gruppiertes jährliches Nettoeinkommen in EURO | Anzahl der Absolventen |
|---|---|
| –0,5 – 9999,5 | 0 |
| 9999,5 – 19999,5 | 0 |
| 19999,5 – 29999,5 | 0 |
| 29999,5 – 39999,5 | 6 |
| 39999,5 – 49999,5 | 11 |
| 49999,5 – 59999,5 | 5 |
| 59999,5 – 69999,5 | 6 |
| 69999,5 – 79999,5 | 5 |
| 79999,5 – 89999,5 | 2 |
| 89999,5 – 99999,5 | 5 |

Die absoluten Häufigkeiten $h_i$ und die relativen Häufigkeiten $f_i$ der beiden Verteilungen nun im Vergleich (die $f_i$ werden berechnet, in dem man die einzelnen absoluten Häufigkeiten $h_i$ auf die gesamten Häufigkeiten n bezieht).

| Anzahl Urlaubstage im Abschlussjahr | 200 Absolventen | | 40 Absolventen | |
|---|---|---|---|---|
| | $h_i$ | $f_i$ | $h_i$ | $f_i$ |
| 2 | 40 | 0,200 | 8 | 0,200 |
| 3 | 20 | 0,100 | 11 | 0,275 |
| 4 | 50 | 0,250 | 10 | 0,250 |
| 5 | 10 | 0,050 | 4 | 0,100 |
| 6 | 20 | 0,100 | 0 | 0,000 |
| 7 | 20 | 0,100 | 0 | 0,000 |
| 8 | 20 | 0,100 | 3 | 0,075 |
| 9 | 10 | 0,050 | 0 | 0,000 |
| 10 | 10 | 0,050 | 4 | 0,100 |

| Geschlecht der Absolventen | 200 Absolventen | | 40 Absolventen | |
|---|---|---|---|---|
| | $h_i$ | $f_i$ | $h_i$ | $f_i$ |
| weiblich | 94 | 0,470 | 23 | 0,575 |
| männlich | 106 | 0,530 | 17 | 0,425 |

| Note der Prüfung Statistik | 200 Absolventen | | 40 Absolventen | |
|---|---|---|---|---|
| | $h_i$ | $f_i$ | $h_i$ | $f_i$ |
| 1 | 16 | 0,080 | 2 | 0,050 |
| 2 | 24 | 0,120 | 5 | 0,125 |
| 3 | 42 | 0,210 | 12 | 0,300 |
| 4 | 68 | 0,340 | 11 | 0,275 |
| 5 | 50 | 0,250 | 10 | 0,250 |

| Jährliches Nettoeinkommen in EURO | 200 Absolventen | | 40 Absolventen | |
|---|---|---|---|---|
| | $h_i$ | $f_i$ | $h_i$ | $f_i$ |
| -0,5 – 9999,5 | 13 | 0,065 | 0 | 0,000 |
| 9999,5 – 19999,5 | 8 | 0,040 | 0 | 0,000 |
| 19999,5 – 29999,5 | 23 | 0,115 | 0 | 0,000 |
| 29999,5 – 39999,5 | 34 | 0,170 | 6 | 0,150 |
| 39999,5 – 49999,5 | 32 | 0,160 | 11 | 0,275 |
| 49999,5 – 59999,5 | 23 | 0,115 | 5 | 0,125 |
| 59999,5 – 69999,5 | 18 | 0,090 | 6 | 0,150 |
| 69999,5 – 79999,5 | 20 | 0,100 | 5 | 0,125 |
| 79999,5 – 89999,5 | 15 | 0,075 | 2 | 0,050 |
| 89999,5 – 99999,5 | 14 | 0,070 | 5 | 0,125 |

## Summenhäufigkeiten

Wenn wir die Häufigkeiten aufaddieren oder kumulieren erhalten wir die sogenannten Summenhäufigkeiten; sie ermöglichen schnelle Antworten auf Fragen wie
folgende: Wie viele Absolventen hatten 6 oder weniger Urlaubstage (70% der Absolventen aber 82,5% der Teilnehmer an der Abschlussfeier)? Wie viele Absolventen
haben mit der Note 3 oder besser abgeschnitten (41% der Absolventen aber 47,5% der
Teilnehmer an der Abschlussfeier)?

| Anzahl Urlaubstage im Abschlussjahr | 200 Absolventen | | 40 Absolventen | |
|---|---|---|---|---|
| | $H_i$ | $F_i$ | $H_i$ | $F_i$ |
| 2 | 40 | 0,200 | 8 | 0,200 |
| 3 | 60 | 0,300 | 19 | 0,475 |
| 4 | 110 | 0,550 | 29 | 0,725 |
| 5 | 120 | 0,600 | 33 | 0,825 |
| 6 | 140 | **0,700** | 33 | **0,825** |
| 7 | 160 | 0,800 | 33 | 0,825 |
| 8 | 180 | 0,900 | 36 | 0,900 |
| 9 | 190 | 0,950 | 36 | 0,900 |
| 10 | 200 | 1,000 | 40 | 1,000 |

| Note der Prüfung Statistik | 200 Absolventen | | 40 Absolventen | |
|---|---|---|---|---|
| | $H_i$ | $F_i$ | $H_i$ | $F_i$ |
| 1 | 16 | 0,080 | 2 | 0,050 |
| 2 | 40 | 0,200 | 7 | 0,175 |
| 3 | 82 | **0,410** | 19 | **0,475** |
| 4 | 150 | 0,750 | 30 | 0,750 |
| 5 | 200 | 1,000 | 40 | 1,000 |

Absichtlich fehlen die Summenhäufigkeiten für das Merkmal Geschlecht, denn hier können wir die Daten nicht ordnen, da weiblich nicht mehr oder besser ist als männlich bzw. umgekehrt. Oder finden Sie folgende Interpretation sinnvoll?

| Geschlecht der Absolventen | 200 Absolventen | | 40 Absolventen | |
|---|---|---|---|---|
| | $H_i$ | Fi | $H_i$ | $F_i$ |
| weiblich | 94 | 0,470 | 23 | 0,575 |
| männlich | 200 | 1,000 | 40 | 1,000 |

Das würde bedeuten, dass 200 oder 100% der Absolventen männlich oder weniger oder weiblich sind.

Oder so herum?

| Geschlecht der Absolventen | 200 Absolventen | | 40 Absolventen | |
|---|---|---|---|---|
| | $H_i$ | $F_i$ | $H_i$ | $F_i$ |
| männlich | 106 | 0,530 | 17 | 0,425 |
| weiblich | 200 | 1,000 | 40 | 1,000 |

Das würde bedeuten, dass 200 oder 100% der Absolventen weiblich oder weniger oder männlich sind.

Es fehlt noch die Darstellung der Häufigkeiten beim Nettoeinkommen.

| Jährliches Nettoeinkommen in EURO | 200 Absolventen | | 40 Absolventen | |
|---|---|---|---|---|
| | $H_i$ | $F_i$ | $H_i$ | $F_i$ |
| −0,5 – 9999,5 | 13 | 0,065 | 0 | 0,000 |
| 9999,5 – 19999,5 | 21 | 0,105 | 0 | 0,000 |
| 19999,5 – 29999,5 | 44 | 0,220 | 0 | 0,000 |
| 29999,5 – 39999,5 | 78 | 0,390 | 6 | 0,150 |
| 39999,5 – 49999,5 | 110 | 0,550 | 17 | 0,425 |
| 49999,5 – 59999,5 | 133 | 0,665 | 22 | 0,550 |
| 59999,5 – 69999,5 | 151 | 0,755 | 28 | 0,700 |
| 69999,5 – 79999,5 | 171 | 0,855 | 33 | 0,825 |
| 79999,5 – 89999,5 | 186 | 0,930 | 35 | 0,875 |
| 89999,5 – 99999,5 | 200 | 1,000 | 40 | 1,000 |

Nun kennen wir die Häufigkeiten; aber wie können wir in wenigen Kennziffern die Verteilungen beschreiben und vergleichen? Denn obige Tabelle sagt zwar schon Einiges über das Einkommen aus, kurze und knappe Aussagen, wie wir sie aus der Zeitung kennen, sind das aber noch nicht (z.B.: Der durchschnittliche Pro-Kopf-Konsum von Kaffee liegt im Jahre X in Deutschland bei 151 Litern).

**Mittelwerte**

Ein Mittelwert soll ein typischer Wert der Erhebung sein, also keiner der am Rand liegt, wie 2 oder 10 bei der Anzahl der Urlaubstage. Wir berechnen daher den Durchschnitt, der allgemein so berechnet wird: Summiere alle Werte (genauer: Beobachtungswerte) und teile sie durch die Anzahl der Beobachtungswerte. Dieser Wert heißt in der Statistik arithmetisches Mittel.

| Anzahl Urlaubstage im Abschlussjahr arithmetisches Mittel | 200 Absolventen | 40 Absolventen |
|---|---|---|
| | 5 | 4,325 |

Wir erkennen, dass arithmetische Mittel grundsätzlich Werte annehmen können, die tatsächlich nicht zu beobachten sind (z.B. 4,325).

| Geschlecht der Absolventen arithmetisches Mittel | 200 Absolventen | 40 Absolventen |
|---|---|---|
| | nicht möglich | nicht möglich |

Offensichtlich kann man diesen Durchschnitt nicht immer berechnen, denn nicht immer ist es möglich, die Beobachtungswerte aufzusummieren und durch ihre Anzahl zu teilen. Wie will man beispielsweise männlich und weiblich mitteln? Selbst wenn wir weiblich den Wert 1 und männlich den Wert 2 zuordnen, ist der durchschnittliche Studierende dann 1,6 (weiblich oder männlich)?

| Note der Prüfung Statistik arithmetisches Mittel | 200 Absolventen | 40 Absolventen |
|---|---|---|
| | nicht möglich | nicht möglich |

Obwohl es überall geschieht, kann auch die Note nicht arithmetisch gemittelt werden, wir werden in den späteren Ausführungen zeigen, warum das so ist. Aber für das Nettoeinkommen erhalten wir:

| Jährliches Nettoeinkommen in EURO arithmetisches Mittel | 200 Absolventen | 40 Absolventen |
|---|---|---|
| | 50000 | 60000 |

Tatsächlich ist also der umgangssprachliche „Durchschnitt" nur einer von mehreren möglichen Berechnungsformen, deshalb kennt man in der Statistik weitere Mittelwerte: Es sind dies der Modus (der häufigste Wert) oder der Median (der Wert in der Mitte) oder das geometrische Mittel oder das harmonische Mittel oder...

Versuchen wir es: Beim Modus suchen wir einfach den Wert heraus, der am häufigsten vorkommt. (Die meisten Absolventen hatten 4 Urlaubstage, die meisten Besucher der Abschlussfeier aber nur 3.

Der Median ist der Wert der in der geordneten Reihe der Beobachtungswerte in der Mitte liegt, dabei interessiert nicht die mögliche Merkmalsausprägung, sondern der tatsächliche Beobachtungswert! Bei 200 Absolventen ist etwa der 100. derjenige, um dessen Wert es geht. Wir erhalten:

| Anzahl Urlaubstage im Abschlussjahr | 200 Absolventen | 40 Absolventen |
|---|---|---|
| Modus | 4 | 3 |
| Median | 4 | 4 |
| Arithmetisches Mittel | 5 | 4,325 |

| Geschlecht der Absolventen | 200 Absolventen | 40 Absolventen |
|---|---|---|
| Modus | männlich | weiblich |
| Median | nicht möglich | nicht möglich |
| Arithmetisches Mittel | nicht möglich | nicht möglich |

| Note der Prüfung Statistik | 200 Absolventen | 40 Absolventen |
|---|---|---|
| Modus | 4 | 3 |
| Median | 4 | 4 |
| arithmetisches Mittel | nicht möglich | nicht möglich |

Offensichtlich kann nicht für jedes Merkmal jeder Mittelwert berechnet werden; beispielsweise ist der Modus der einzige, der auch beim Geschlecht funktioniert.

### Streuungsparameter
Nachdem wir nun etwas über die Mitte der Verteilung erfahren haben, wollen wir die Streuung um den Mittelwert berechnen. Denn es ist sicher ein Unterschied, ob die Anzahl der Urlaubstage zwischen 4 und 5 schwankt oder wie in unserem Beispiel zwischen 2 und 10.

Ein erster Parameter, und ein sehr einfacher dazu, ist die Spannweite, die den Bereich zwischen größtem Beobachtungswert und kleinstem Beobachtungswert angibt.

| Spannweite | 200 Absolventen | 40 Absolventen |
|---|---|---|
| Anzahl Urlaubstage im Abschlussjahr | 8 | 8 |
| Geschlecht der Absolventen | nicht möglich | nicht möglich |
| Note der Prüfung Statistik | 5-1=4 | 4 |
| Jährliches Nettoeinkommen in EURO | 99950 | 67392 |

Ein Nachteil der Spannweite ist, dass die Randwerte das Streuungsmaß letztendlich alleinig beeinflussen. Ein Ausreisser, z.B. ein reicher Erbe unter den Absolventen, der von sehr hohen Kapitalerträgen leben kann, verzerrt das Bild extrem.

Deshalb berechnet man alternativ die so genannte Quartilsdistanz. Dieses Maß hört sich kompliziert an, ist es aber nicht, denn wir kennen es aus vielen Bereichen des Sports in ähnlicher Ausprägung: beim Skispringen, beim Eiskunstlauf, beim Turmspringen. Immer wird die beste und die schlechteste Benotung gestrichen, um die sogenannten Ausreißer oder Extremwerte zu eliminieren.

Wir sind noch konsequenter und streichen die unteren 25% und die oberen 25% und kümmern uns nur um die mittleren 50%. Wir erhalten also quasi eine Spannweite „in der Mitte". Das heißt bei 200 Werten, dass die oberen 50 und die unteren 50 Werte gestrichen werden. Die Tabelle der Summenhäufigkeiten hilft uns da am besten; wir suchen den 50. und den 150. Wert und subtrahieren: 7 – 3 = 4 Urlaubstage.

Das Ergebnis kann sich sehen lassen:

| Quartilsdistanz | 200 Absolventen | 40 Absolventen |
|---|---|---|
| Anzahl Urlaubstage im Abschlussjahr | 4 | 2 |
| Note der Prüfung Statistik | zwischen 3 u.nd 4 | zwischen 3 und 4 |
| Jährliches Nettoeinkommen in EURO | 30.000,– | 30.000,– |

Wir stellen also fest, dass die Anzahl der Urlaubstage in der kleinen Gruppe weniger streut als bei den 200 Absolventen. Die mittlere Bandbreite der Noten und des Einkommens sind hingegen gleich.

### Grafiken

Nachdem wir unsere Daten nun tabellarisch aufgelistet und verschiedene Parameter bestimmt haben, geht es nun an die grafische Darstellung. Denn nicht nur einzelne Parameter sagen etwas über unsere Verteilung aus. Bereits eine Grafik lässt - sozusagen auf den ersten Blick- den Datensatz übersichtlicher erscheinen

Beliebt sind Kuchendiagramme, die prinzipiell für alle untersuchten Merkmale eingesetzt werden können, die aber vor allem für unser Merkmal Geschlecht gut passen.

**Grafik 1:   Geschlecht der Absolventen**
             Tortendiagramm

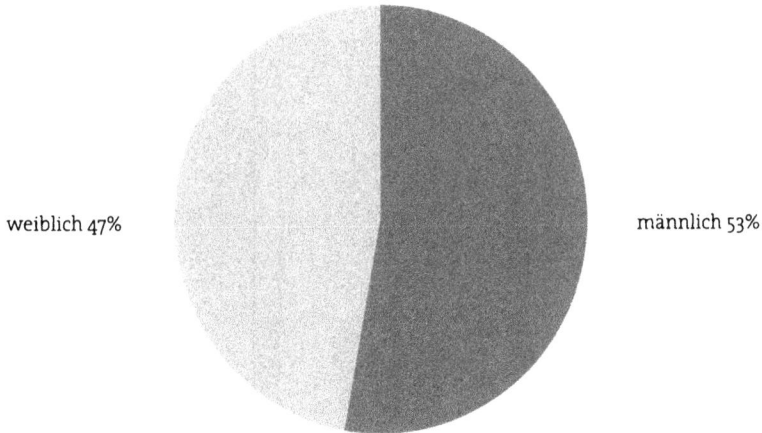

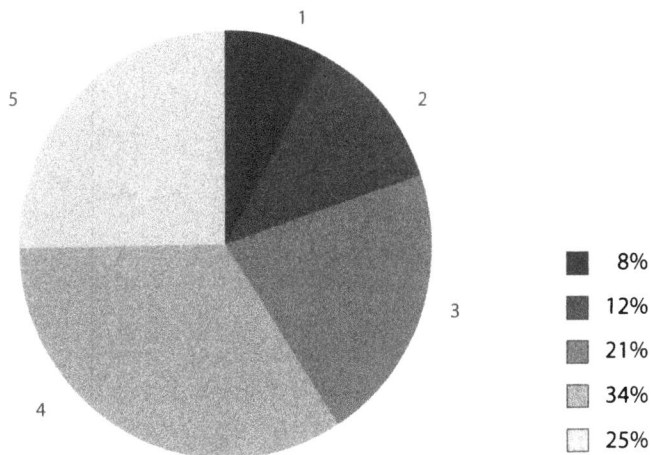

weiblich 47%                                                              männlich 53%

Hierzu werden die Häufigkeiten der Merkmalsausprägungen in Prozente überführt und flächenproportional dargestellt; sie werden über das Bogenmaß berechnet (z.B. 53 % von 360° = 190,8°).

**Grafik 2:   Note der Fachprüfung Statistik**
             Tortendiagramm

| | |
|---|---|
| ■ | 8% |
| ■ | 12% |
| ▨ | 21% |
| ▨ | 34% |
| □ | 25% |

Merkmale wie die Noten, aber auch die Anzahl der Urlaubsreisen werden gerne als
Säulen- oder Stabdiagramm dargestellt.

**Grafik 3:   Anzahl der Urlaubstage**
           Stabdiagramm

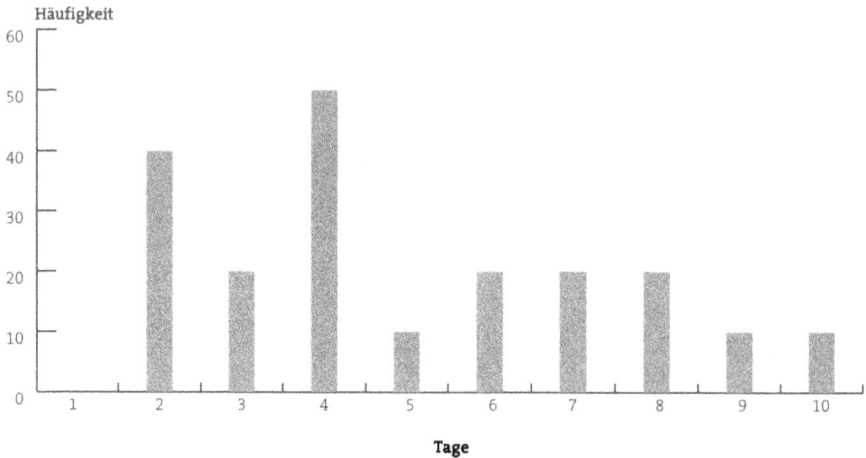

Grenzen die möglichen Merkmalsausprägungen direkt aneinander, sollten die Säulen verbunden dargestellt werden, das Stabdiagramm wird zum Säulendiagramm.

**Grafik 4:   Anzahl der Urlaubstage**
           Säulendiagramm

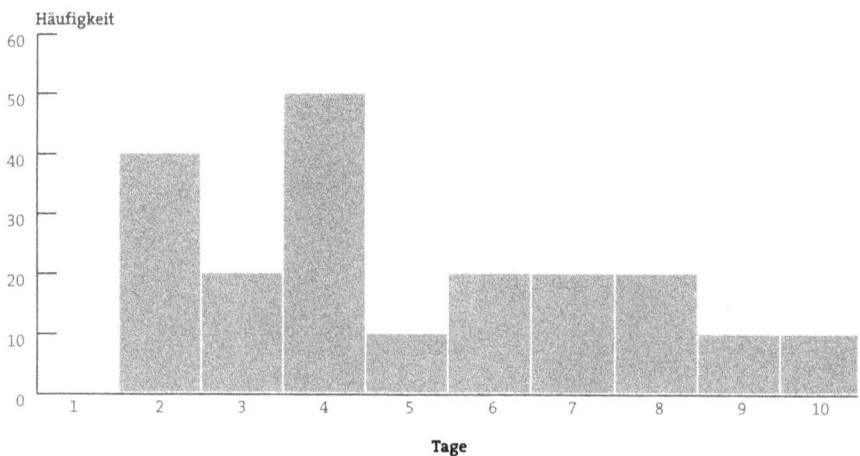

## Zweidimensionale Verteilungen

Liegt es vielleicht nicht so sehr an der Belastung durch das Studium, sondern eher an dem Einkommen, wie viele Urlaubstage ein Studierender hatte? Eine Möglichkeit, eine solche Abhängigkeit zu ermitteln, besteht darin, beide Merkmalsausprägungen gegenüber zu stellen, am besten erst einmal grafisch.

**Grafik 5:   Zusammenhang zwischen Einkommen und Urlaubstagen 200 Teilnehmer**

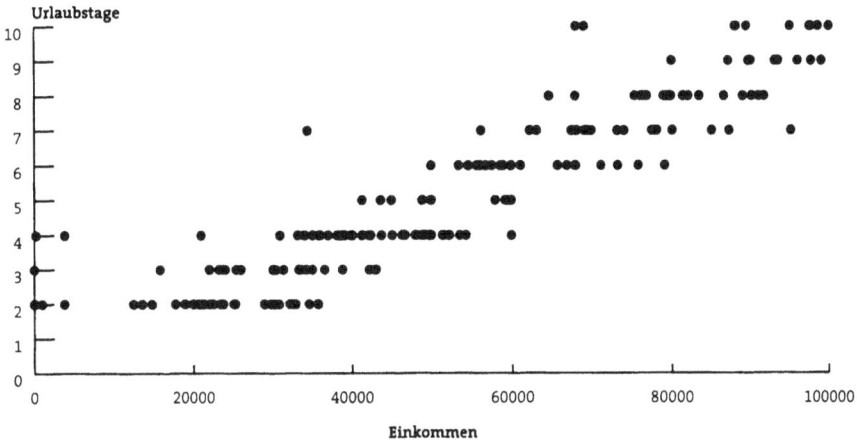

Tatsächlich, es scheint einen Zusammenhang zu geben. Nun wollen wir uns als Statistiker nicht nachsagen lassen, der Zusammenhang wird mit dem Lineal gezogen und unterliegt unserer subjektiven Beurteilung. Wir ziehen deshalb zunächst eine Gerade so durch die einzelnen Punkte oder die Punktwolke, dass sie die tatsächlichen Beobachtungswerte mittelt: genau so viele Werte liegen über der Geraden wie darunter; und auch die Abstände nach oben und unten sind in der Summe gleich.

Weil diese Vorgehensweise verschiedene Lösungen zulässt, berechnen wir im Anschluss daran nicht die normalen Abweichungen der Beobachtungswerte zur jeweiligen Ausgleichgeraden, sondern wir quadrieren diese Abweichungen und entscheiden uns für die Gerade, bei der diese quadrierten Abweichungen insgesamt am kleinsten sind.

Das Ergebnis der Schätzung[1] lautet in unserem Beispiel, ohne dass wir hier genau auf die Berechnung eingehen wollen:

$$\hat{Y} = 0{,}748 + 0{,}00008505 \cdot X$$

Jeder zusätzliche EURO erhöht also die Chance auf weitere Urlaubstage: 1 EURO Einkommen mehr erhöht die Anzahl der Urlaubstage um 0,00008505 (10.000 EURO mehr erhöhen die Anzahl um 0,8505 Tage, 100.000 um 8,505 Tage.

---

1   Zukünftig werden wir Schätzwerte mit einem ^ (sprich: Dach) kennzeichnen.

**Grafik 6:** Zusammenhang zwischen Einkommen und Urlaubstagen 200 Teilnehmer

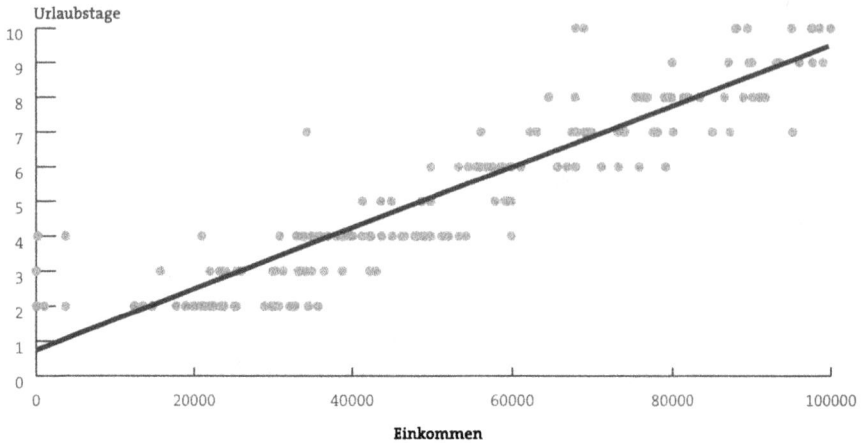

Erstaunlich ist natürlich, dass selbst ohne Einkommen Urlaubstage stattfinden. Das ist unrealistisch, aber so etwas kennen wir auch aus anderen Bereichen der Wirtschaft. In einer Theorie aus der Volkswirtschaftslehre heißt es beispielsweise, dass der Konsum von einem Basiskonsum und der von dem Volkseinkommen abhängigen Konsumneigung bestimmt wird. Natürlich kann auch dort ein Haushalt ohne Einkommen nicht konsumieren.

Beurteilen wir also den Achsenabschnitt nicht so eng, er dient lediglich der Konstruktion unserer Geraden, wichtiger ist die Steigung.

### Zeitreihen
Wenn wir uns weiter fragen, ob die Anzahl der Urlaubstage im Abschlussjahr von Jahrgang zu Jahrgang Veränderungen unterliegt, streifen wir den Themenbereich der Zeitreihenanalyse, die deshalb auf den ersten Blick recht einfach ist, da sie das gleiche Instrumentarium wie eben besprochen verwendet.

Statt des Einkommens betrachten wir nun die Zeit als auslösende Größe. Die X-Achse zeigt uns jetzt also die verschiedenen Jahre an, die wir der Einfachheit halber umsetzen in die Variable t mit den Werten 1, 2, 3, 4, 5; z.B. entspricht t = 1 dem Jahr 2003, t = 2 dem Jahr 2004 usw.

**Durchschnittliche Anzahl von Urlaubstagen der Absolventen**

| 2003 | 2004 | 2005 | 2006 | 2007 |
|------|------|------|------|------|
| 1 | 2 | 3 | 4 | 5 |
| 5,9 | 5,6 | 5,5 | 5,2 | 5,0 |

Wir haben gelernt, dass die durchschnittliche Anzahl von Urlaubstagen keine ganze Zahl annehmen muss, deshalb sind auch durchschnittlich 5,9 Urlaubstage denkbar.

Als Ergebnis der Schätzung erhalten wir in diesem Fall:

$$\hat{Y} = 6{,}1 - 0{,}22 \cdot t$$

Erklärend wirkt, wie gesagt, die Zeit; die Anzahl der Urlaubstage sinkt also je Abschlussjahrgang um 0,22:

Sollte es in der Zukunft so weiter gehen, können wir in 2008 (t = 6) mit durchschnittlich

$$6{,}1 - 0{,}22 \cdot 6 = 4{,}8$$

Urlaubstagen rechnen; damit wäre uns schon eine kleine Prognose gelungen.

Natürlich sind die hier ohne Formeln vorgestellten Methoden längst nicht alles, was die Statistik zu bieten hat. Uns ging es an dieser Stelle ja auch nur um einen kleinen Überblick. Genauer und umfassender wollen wir jetzt vorgehen.

## 0.4        Die statistischen Methoden im Überblick

Wir können in der Statistik zwei Hauptrichtungen unterscheiden:

▷  die deskriptive Statistik; eine beschreibende oder empirische Wissenschaft,
▷  die analytische Statistik; eine gesetzesfestlegende theoretische oder Erkenntnis-
   wissenschaft.

Wenn sich ein Dozent ausschließlich über die Zusammensetzung, also die Struktur
der von ihm betreuten Kurse informieren möchte, wird er die Beobachtungswerte mit
Hilfe der in den nachfolgenden Kapiteln zu besprechenden Techniken tabellarisch
und graphisch darstellen sowie insbesondere statistische Kennziffern berechnen. Sein
Ergebnis könnte, auszugsweise, etwa so aussehen:

**Test:**
**Mathematische Vorkenntnisse der Kursteilnehmer im SS... in der Hochschule...**

▷  Kurs 1: 59 Teilnehmer
▷  Mit 42 Teilnehmern überwiegen die männlichen Kursteilnehmer.
▷  Die Mehrzahl (= 48 Teilnehmer) hat vor Studienbeginn eine berufliche Ausbildung
   abgeschlossen.
▷  Das „durchschnittliche" Alter der Kursteilnehmer beträgt 21,9 Jahre.
▷  Die mathematischen Vorkenntnisse sind bei den einzelnen Studenten deutlich
   unterschiedlich ausgeprägt, sie streuen erheblich um den „Durchschnittswert".
▷  Überproportional viele Studenten haben weniger Vorkenntnisse als der Durch-
   schnitt, die Verteilung der Beobachtungswerte selbst verläuft also asymme-
   trisch.
▷  Die durchschnittliche Abschlusszensur im Fach Mathematik ist bei den männlichen Teilnehmern besser als bei den weiblichen Teilnehmern.
▷  Die durchschnittliche Abschlusszensur aller Teilnehmer hat sich gegenüber früheren Kursen verbessert.

Werden die Daten etwa im Rahmen eines mehrere Hochschulen umfassenden Programms erhoben, um daraus Aussagen über das „soziodemographische Profil von
Studienanfängern, ihre Einstellung zum Studienfach und Studienort" zu formulieren, reicht die für die *deskriptive Statistik* typische Technik des *Zählens und Messens*
nicht aus: Schon weil sich eine Vollerhebung aus Kostengründen verbietet, wäre der
Statistiker darauf angewiesen, aus der Beobachtung einer (Zufalls-) Stichprobe vom
Umfang n auf die Situation in einer Grundgesamtheit vom Umfang N zu schließen
(analytische Statistik).

# Grundaufgaben der Statistik

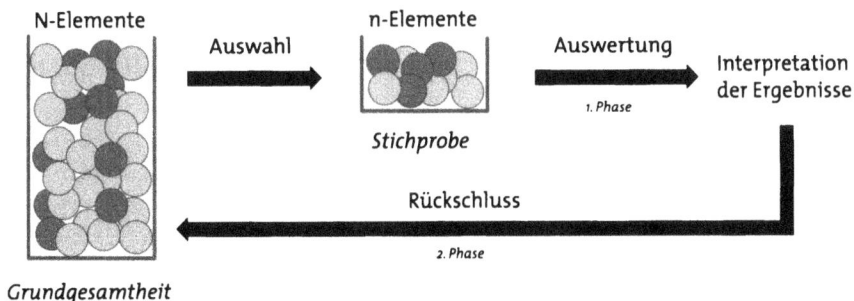

**Fragen aus der analytischen (bzw. schließenden) Statistik können sein:**

▷  Die Auswertung von n = 59 Messwerten liefert ein Durchschnittsalter von 20,9 Jahren; zwischen welchen Grenzen liegt mit einer Wahrscheinlichkeit von 95 Prozent das Durchschnittsalter aller N Studienanfänger im Lande?

▷  Vor der Erhebung mag die Vorstellung existieren, dass sich der Anteil weiblicher Studienanfänger in wirtschaftswissenschaftlichen Studiengängen nicht von dem in sozialwissenschaftlichen Studiengängen unterscheidet. Es stellt sich die Frage, ob aufgrund der aktuellen Befragung diese Hypothese aufrechterhalten werden kann oder ob sie zu verwerfen ist.

Insofern kann die Unterscheidung beider Grundrichtungen aus dem jeweiligen Untersuchungsgegenstand und dem Untersuchungsziel abgeleitet werden.

Untersuchungsgegenstand und -ziel der Deskriptiven und Analytischen Statistik

|  | Deskriptive Statistik | Analytische Statistik |
|---|---|---|
| **Untersuchungs-gegenstand** | Stichprobe | übergeordnete Gesamtheiten |
| **Untersuchungsziel** | Beschreibung von Einzelerscheinungen unserer Umwelt | Formulierung allgemeiner Aussagen über Strukturen von übergeordneten Gesamtheiten |

**Ein zweites Kriterium unterscheidet zwischen Querschnittsanalysen und Zeitreihen-analysen.**

▷ *Querschnittsanalysen* beziehen sich stets auf einen bestimmten Zeitpunkt bzw. eine bestimmte Periode, daher werden sie mitunter auch als Zeitpunktanalysen bezeichnet. Angestrebt werden Aussagen über die Struktur empirischer oder theoretischer Häufigkeitsverteilungen zu diesem Zeitpunkt.

▷ *Zeitreihenanalysen* untersuchen die zeitliche Entwicklung von einzelnen Merkmalswerten oder aus ihnen berechneter statistischer Kennziffern; sie werden daher bisweilen auch als Längsschnitt- oder Zeitraumanalysen bezeichnet. Angestrebt werden Aussagen über die Entwicklung von Strukturen oder die Entwicklung statistischer Merkmale im Zeitablauf.

**Die nachfolgende Übersicht verdeutlicht den Aufbau dieser Einführung in die Wirtschaftsstatistik:**

1.  Analyse eindimensionaler empirischer Verteilungen,
2.  Analyse mehrdimensionaler empirischer Verteilungen,
3.  Zeitreihenanalyse,
4.  Verhältniszahlen, insbesondere Indizes.

## 0.5      Einige statistische Grundbegriffe

Bevor wir uns einzelnen Methoden zur Auswertung von Datensätzen zuwenden, ist zu klären, wie Erscheinungen unserer Umwelt überhaupt Datencharakter annehmen. Es ist die Frage zu stellen, wie wir die beobachteten Werte erfassen und messen.

Hierzu ein Beispiel: Der für das Fach Statistik zuständige Dozent ist naturgemäß daran interessiert, vor Kursbeginn etwas über die Vorkenntnisse der Teilnehmer zu erfahren. Dies deshalb, weil er beabsichtigt, die Form der Darstellung, die Art der Beispiele und auch die Stoffauswahl auf den Teilnehmerkreis abzustimmen. Nach seinen Überlegungen sind derartige Entscheidungen z.B. abhängig von

▷  der mathematischen und
▷  der beruflichen Vorbildung

der Studierenden.

Um sich einen Überblick über die mathematischen Vorkenntnisse seiner Zuhörer zu verschaffen, bedient sich der Dozent eines Tests, in dem 29 Fragen innerhalb von 60 Minuten zu beantworten sind.

**Hier einige Auszüge, jeweils eine Antwort ist richtig.**

1. - 4.  Äußern Sie sich über den Typus der nachfolgenden Zahlen. Handelt es sich zumindest um reelle, irrationale, rationale, ganze oder natürliche Zahlen?

| Zahl | natürlich | ganz | rational | irrational | reell |
|------|-----------|------|----------|------------|-------|
| 2,7  |           |      |          |            |       |
| e    |           |      |          |            |       |
| -9   |           |      |          |            |       |
| 2    |           |      |          |            |       |

5.  Bilden Sie die erste Ableitung $y'$ der Funktion $y = a + bx^2$.
   a) $y' = 1 + 2bx$          c) $y' = 2bx$
   b) $y' = a + bx$           d) $y' = 2b$

6.  Bestimmen Sie die Fläche F zwischen der Parabel $y = 3 \cdot x^2$ und der x-Achse in den Grenzen von 0 bis 1.
   a) $F = 0,5$               c) $F = 1,5$
   b) $F = 1,0$               d) $F = 2,0$

7.  Welche geometrischen Figuren ergeben sich als Kegelschnitte?
   a) *Kreis*                 c) *Kreis, Ellipse, Parabel*
   b) *Kreis, Ellipse*        d) *Kreis, Ellipse, Parabel, Dreieck*

29.  Wo ist in der folgenden Ziffernfolge die Null einzuordnen?
   8 3 1 5 9 6 7 4 2
   a) *nach der 8*            c) *nach der 9*
   b) *nach der 2*            d) *nach der 7*

Diesen Test lässt unser Dozent regelmäßig in der 1. Sitzung seines Statistikkurses bearbeiten. Ein Vorgehen, das nicht ganz unproblematisch ist, denn der Test soll klären, welche Voraussetzungen die Hörer mitbringen, an die sich der Statistikkurs wendet, und das sind in diesem Fall (gemäß Studienverlaufsplan) *Studenten des 1. Semesters.* Es stellt sich aber die Frage, ob alle in der ersten Sitzung Anwesenden tatsächlich Erstsemester (und nicht Wiederholer) sind und ob tatsächlich alle Erstsemester an dem Test teilnehmen.

Ein zusätzliches Problem soll nicht verschwiegen werden: Es besteht die Möglichkeit, dass die befragten statistischen Objekte bewusst oder unbewusst falsch antworten (z.B. um das Niveau der zu erwartenden Abschlussprüfung möglichst niedrig zu halten). Dies ist sicherlich nie ganz auszuschließen. Der Statistiker vertraut i.d.R. darauf, dass derartige „Ausreißer" das Ergebnis dann wenig beeinflussen, wenn die Anzahl der erfassten Objekte hinreichend groß ist.

**Eine statistische Untersuchung ist also sachlich, räumlich und zeitlich genau abzu-
grenzen.**

▷ Die vorzunehmende *sachliche Abgrenzung* ist für die Aussage der Statistik von ent-
scheidender Bedeutung. Insbesondere im Hinblick auf u.U. angestrebte Vergleiche
mit der Situation an anderen Hochschulen oder zu anderen Zeitpunkten sind die
benutzten *Identifikationsmerkmale* sorgfältig festzuhalten: Unser Test geht davon
aus, dass ausschließlich Studienanfänger daran teilnehmen und (z.B. krankheits-
bedingte) Datenlücken vor der Auswertung geschlossen werden können.

▷ Ebenso zu beachten sind die *räumliche und zeitliche Abgrenzung* der Erhebung: In
unserem Fall ist sicherzustellen, dass ausschließlich Studierende der jeweiligen
Hochschule eines bestimmten Ortes in die Erhebung eingehen; sonst sind Überschneidungen mit anderen Tests möglich. Schließlich ist festzuhalten, auf welchen
Zeitpunkt sich der Test bezieht; Tests zu Beginn des Wintersemesters führen u.U.
zu anderen Ergebnissen als zu Beginn des Sommersemesters.

Unser Dozent stützt sich auf einen bestimmten, von Fachexperten entwickelten Test.
Ähnlich wie bei beruflichen Eignungstests oder allgemeinen Intelligenztests ist es
daher angezeigt, in die Definition des Untersuchungsmerkmals erläuternde Angaben über das benutzte Messverfahren aufzunehmen.

**X = Mathematische Vorkenntnisse, gemessen durch den Test ... in der Version ...**

Zur Kennzeichnung des Untersuchungsmerkmals (hier: Testergebnis, Punktzahl) einer
statistischen Analyse werden in der deskriptiven Statistik lateinische Großbuchsta-
ben benutzt. Interessiert sich der Statistiker für eine einzelne Beobachtungsgröße,
verwendet er hierzu i.d.R. die Größe X.

Die Werte, die ein Merkmal bei den einzelnen statistischen Objekten oder Merkmalsträgern annehmen kann, werden allgemein mit kleinen lateinischen Buchstaben
bezeichnet. Zu unserem Merkmal X gehören die Beobachtungswerte $b_1, b_2, ..., b_n$ die
sich auf die Ausprägungen $x_1, x_2, ..., x_m$ verteilen. Die einzelnen Studenten können nun
als *statistische Einheiten* und die Gesamtheit der einbezogenen Studenten, die sich
hinsichtlich des Untersuchungsmerkmals X (Testergebnis) voneinander unterscheiden, als *statistische Masse* bezeichnet werden.

Es gibt also stets n Beobachtungswerte $b_j$ zu den n Merkmalsträgern, während die Zahl
der Merkmalsausprägungen $x_i$ vom jeweiligen Untersuchungsmerkmal X abhängt.
Beim Merkmal „Geschlecht" gibt es zum Beispiel m = 2 Ausprägungen (männlich, weiblich); beim Merkmal „Testergebnis" sind es m = 30 Ausprägungen (0 - 29 Punkte).

Der nachfolgenden Übersicht ist nun zu entnehmen, dass z.B. die statistische Einheit $E_1$ (der Student Fritz K.) als Mitglied der statistischen Masse insgesamt 8 Fragen korrekt beantwortet hat ($b_1$ = 8 Punkte); sie resultiert aus den Namen und den Punktesummen aller n = 59 Testbögen.[2]

*n x 1 Datenvektor (eindimensionale Verteilung)*

| Statistische Einheit | | beobachtete Merkmalsausprägung bzw. Beobachtungswert $b_j$ |
|---|---|---|
| $E_1$ | Fritz K. | $b_1$ = 8 |
| $E_2$ | Karl Z. | $b_2$ = 6 |
| . | . | . |
| . | . | . |
| $E_j$ | . | $b_j$ |
| . | . | . |
| . | . | . |
| $E_{59}$ | Simone F. | $b_{59}$ = 2 |

Entsprechende Übersichten würden sich auch für andere Untersuchungsmerkmale wie z.B. Alter, Geschlecht und Art der beruflichen Vorbildung der Studenten ergeben.

Einfacher zu handhaben als eine Vielzahl solcher verschiedenen Übersichten ist eine Datenmatrix, in die sämtliche Beobachtungswerte eingetragen werden.

Werden drei Variablen untersucht, wird häufig auf die Buchstaben X, Y und Z zurückgegriffen. In praktischen Fällen mit mehr als drei Untersuchungsmerkmalen ist es üblich, nur die Größe X einzusetzen und diese dann zu indizieren ($X_1$, $X_2$, ..., $X_r$, ..., $X_p$).

Im Interesse einer einheitlichen Schreibweise verwendet man häufig nummerische Werte: Eventuell auftretenden alphanumerischen Zeichen wird ersatzweise eine Ziffer zugeordnet; den beiden Ausprägungen eines Merkmals $X_3$: Geschlecht der Testteilnehmer z.B. die Ziffern 1 für männlich und 2 für weiblich.

---

2   Für den Fall, dass sogenannte „Mehrfachnennungen" zugelassen werden, ist die Zahl der Beobachtungswerte größer als die Zahl der Merkmalsträger. Darauf wird im Rahmen dieser Einführung ebensowenig eingegangen wie auf die Frage, wie etwaige Datenlücken bzw. fehlende Werte zu behandeln sind.

Die übliche Ausgangssituation der statistischen Analyse stellt sich danach wie folgt dar: Es existiert eine Menge von statistischen Einheiten, Objekten bzw. Merkmalsträgern. Deren Eigenschaften werden durch p Untersuchungsmerkmale $X_1, X_2 ..., X_r, ..., X_p$ beschrieben. Jedes dieser Merkmale hat mindestens zwei Merkmalsausprägungen.

*n x p Datenmatrix (mehrdimensionale Verteilung)*

| Untersuchungsmerkmal | | | | |
|---|---|---|---|---|
| | $X_1$ | ... | $X_r$ | ... | $X_p$ |
| $E_1$ | $b_{11}$ | ... | $b_{1r}$ | ... | $b_{1p}$ |
| $E_j$ | $b_{j1}$ | ... | $b_{jr}$ | ... | $b_{jp}$ |
| $E_n$ | $b_{n1}$ | ... | $b_{nr}$ | ... | $b_{np}$ |

(Merkmalsträger)

**Die Zeile $b_j'$**
charakterisiert den Merkmalsträger $E_j$

**Die Spalte $b'_r$**
weist die an den n Objekten erfassten Messwerte für das Merkmal $X_r$ aus

Damit lassen sich folgende Definitionen angeben:

**Statistische Einheit (E):** Statistische Einheiten sind die Einzelobjekte einer statistischen Untersuchung. Die einzelnen Einheiten werden über einen Laufindex j = 1, ..., n identifiziert $(E_1, E_2, ..., E_j, ..., E_n)$, wobei n = Anzahl der einbezogenen Objekte

**Statistische Masse (Ω):** Die Gesamtheit der n Einzelobjekte mit übereinstimmenden Identifikationsmerkmalen, die im Hinblick auf (mindestens) ein Untersuchungsmerkmal unterschieden werden können, bilden die statistische Masse bzw. das statistische Kollektiv

**Untersuchungsmerkmal (X):** X ist jene Variable bzw. Eigenschaft, für die man sich im Rahmen einer statistischen Analyse interessiert. Werden mehrere Merkmale untersucht, werden diese über einen Laufindex r = 1, ..., p identifiziert $(X_1, X_2, ..., X_r, ..., X_p)$, wobei p = Anzahl der berücksichtigten Merkmale

**Merkmalsausprägung $(x_i)$:** Ein mögliches Ergebnis, das bei einer Untersuchung eines bestimmten Merkmals X eines Untersuchungsobjektes festgestellt werden kann; i = 1, ..., m, wobei m = Anzahl der Ausprägungen

**Beobachtungswert $(b_{jr})$:** Die in einer statistischen Untersuchung an der Statistischen Einheit $E_j$ erfasste Ausprägung des Merkmals r ist $b_{jr}$; mit j = 1, ..., n; r = 1, ..., p

Einführende Abschnitte wie dieser konfrontieren den Anfänger mit einer Vielzahl von Begriffen. Sie zählen erfahrungsgemäß zu den wenig beliebten Pflichtübungen eines Grundkurses und der Trainer läuft Gefahr, dass der Kandidat bereits vor der Kür das Interesse an der Disziplin verliert.

Die zentrale Bedeutung, die im Bereich der Statistik einer exakten Definition des Untersuchungsmerkmals zukommt, soll deshalb noch einmal anhand einer Fragestellung erläutert werden, mit der sich in der Regel auch der Besucher eines Statistik-Grundkurses beschäftigt: Wie hoch ist die Durchfallquote?

Eine Durchfallquote wird ganz allgemein ermittelt, indem man die Anzahl derjenigen, die eine Prüfung nicht bestanden haben, auf die Anzahl der Kandidaten bezieht.

$$\text{Durchfallquote} = \frac{\text{Zahl der erfolglosen Kandidaten}}{\text{Zahl der Kandidaten}}$$

Dass eine derartige Definition unvollständig bzw. interpretationsbedürftig ist, wird deutlich, wenn wir uns das Ergebnis einer konkreten Prüfung ansehen:

▷ der Kursus startet mit 200 angemeldeten Teilnehmern,
▷ davon melden sich 60 Kandidaten zur Prüfung, 140 steigen also vorzeitig aus,
▷ 55 Kandidaten nehmen an der Prüfung teil, d.h. 5 gemeldete Kandidaten erscheinen nicht zur Prüfung,
▷ 50 Klausuren werden abgegeben, d.h. 5 der Prüflinge geben vorzeitig auf,
▷ 40 Klausuren werden mit einer Note von ausreichend oder besser bewertet, 10 Klausuren werden als mangelhaft eingestuft.

*Einige Möglichkeiten zur Interpretation des Prüfungsergebnisses, die sich aus der jeweiligen Interessenlage (Dozent im Kollegenkreis, Student im Familienkreis) ergeben, seien angeführt:*

$$\text{Durchfallquote} = \frac{\text{mit mangelhaft bewertete Klausuren}}{\text{abgegebene Klausuren}} = \frac{10}{50} = 20{,}0\%$$

$$\text{Durchfallquote} = \frac{\text{erfolglose Klausurteilnehmer}}{\text{Klausurteilnehmer}} = \frac{15}{55} = 27{,}3\%$$

$$\text{Durchfallquote} = \frac{\text{gemeldete Kandidaten ohne Schein}}{\text{gemeldete Kandidaten}} = \frac{20}{60} = 33{,}3\%$$

$$\text{Durchfallquote} = \frac{\text{erfolglose Übungsteilnehmer}}{\text{angemeldete Teilnehmer}} = \frac{160}{200} = 80{,}0\%$$

Eine weitere (sinnvolle?) Interpretationsmöglichkeit sei dem Leser nicht verschwiegen:

$$\text{Durchfallquote} = \frac{\text{mit mangelhaft bewertete Klausuren}}{\text{angemeldete Kursteilnehmer}} = \frac{10}{200} = 5{,}0\%$$

Der auf einen Hinweis für den Mindestumfang seiner Prüfungsvorbereitungen hoffende Student mag sich angesichts dieser Interpretationsmöglichkeiten an den Spruch eines Politikers erinnern: „Statistik ist für Politiker häufig das, was für Betrunkene die Laterne ist. Sie dient nicht der Erleuchtung; man klammert sich an ihr fest."

Die statistische Methodenlehre trifft dieser Vorwurf sicher zu Unrecht. Nicht die Methode versagt, sondern jener Benutzer, der ein logisch einwandfrei abgeleitetes Ergebnis fahrlässig oder vorsätzlich falsch interpretiert bzw. die vorgenommene Abgrenzung des Beobachtungsmerkmals übersieht.

Noch ein Hinweis: Wir sind bisher auf die von den Studenten im Mathematiktest korrekt beantwortete Anzahl der gestellten Fragen eingegangen.

Das Merkmal „Erreichte Punktzahl" gehört zur Gruppe der *diskreten* Merkmale. Deren Ausprägungen nehmen nur bestimmte einzelne Werte eines Intervalls an (z.B. $x = 0$, 1, 2, ...); ein Wert von z. B. 1,4 ist nicht beobachtbar.

Das Merkmal „Alter der Studierenden" z.B. zählt zu den *stetigen* Merkmalen. Es könnte jeden beliebigen Wert annehmen, da wir das Alter sogar auf die Stunde genau und sogar noch genauer angeben können. Unser Zusatz „gemessen in Jahren" deutet jedoch bereits an, dass auch stetige Merkmale wegen der Grenzen der Messgenauigkeit regelmäßig diskret erfasst werden. Das Lebensalter ist zwar ein stetiges Merkmal, wir geben es jedoch regelmäßig in ganzen Jahren an.

## 0.6      Skalentypen

Im Mittelpunkt einer statistischen Untersuchung stehen bestimmte Eigenschaften (z.B. mathematische Vorbildung) der Objekte (einzelne Studierende) eines statistischen Kollektivs (alle Studierende eines Studiengangs einer bestimmten Hochschule zu einem bestimmten Zeitpunkt). Nun gibt es aber Merkmale mit unterschiedlichen Messbarkeitseigenschaften.

Die in unserem Einführungsbeispiel genannten Untersuchungsmerkmale machen bereits deutlich, dass wir bei der Zuordnung von Zahlen zu den jeweiligen Merkmalsausprägungen sehr unterschiedlich vorgehen bzw., dass wir hierbei verschiedene Messskalen verwenden können. (Man spricht in diesem Zusammenhang von Skalierung oder Merkmalsskalierung.)

*Messen bedeutet, dass Eigenschaften von Objekten nach bestimmten Regeln in Zahlen ausgedrückt werden. Die Messlatte, auf der die Ausprägungen einer Eigenschaft abgetragen werden, nennen wir Skala.*

**Nominalskala**

Das Merkmal „Geschlecht der Studierenden" ist z.B. eine Eigenschaft, die nur zwei Ausprägungen, nämlich männlich und weiblich, annehmen kann. Beide stehen gleichwertig nebeneinander und sagen nichts über ein „besser oder schlechter" aus. Selbst wenn wir jeder dieser beiden Ausprägungen eine Zahl zuordnen, ist es unerheblich, ob wir uns dabei für die Zuordnungsziffern 0 und 1 oder 1 und 2 oder für irgendeine andere Variante entscheiden. Die beiden ausgewählten Zahlen dienen allein zur Identifikation der Ausprägungen. Solche Anordnungen bezeichnen wir daher als Nominalskala. Weitere Beispiele sind Lebensform, Haarfarbe oder Geburtsort.

Wir unterscheiden also

▷  alternative nominale Merkmale (z.B. das Geschlecht der Studierenden: männlich, nicht männlich),
▷  mehrklassige nominale Merkmale (z.B. die Augenfarbe der Studierenden).

Obwohl wir erst später auf die Berechnung statistischer Kennziffern eingehen, können wir erneut festhalten, dass wir einen „Durchschnitt" nach dem Muster „Summiere sämtliche Teilnehmer mit dem Geschlecht weiblich und die mit männlich und teile durch die Anzahl der erfassten Teilnehmer" nicht sinnvoll bilden können. Man kann aber z.B. festhalten, ob es mehr männliche oder weibliche Studierende gibt.

### Ordinalskala

Können Werte in eine Rangfolge gebracht werden, werden die Ausprägungen also nach dem „Mehr oder weniger-Prinzip" gegliedert, sprechen wir von einer Ordinalskala. Es macht allerdings keinen Sinn, die Abstände zwischen den einzelnen Skalenwerten zu interpretieren.

Wenn wir nachfragen würden, wie die Studierenden den Unterhaltungswert der Lehrveranstaltungen in Statistik einschätzen, bestünde zwischen den Ausprägungen „äußerst langweilig", „langweilig", „erträglich", „reizvoll", „sehr reizvoll" eine natürliche Rangordnung: Es ließe sich eine „größer als" Beziehung aufstellen und man könnte den fünf Ausprägungen deshalb die Rang- oder Ordnungsziffern 1, 2, ..., 5 zuordnen.

Ein Urteil „reizvoll" (Rangplatz 2) wäre uns allen sicherlich angenehmer als die Einschätzung „erträglich" (Rangplatz 3) oder gar „langweilig" (Rangplatz 4). Die Abstände zwischen den Rangplätzen sind allerdings nicht quantifizierbar und daher - weil nicht vergleichbar - ohne empirischen Gehalt.

Auch hier entfällt die Möglichkeit zur Berechnung des „herkömmlichen" Durchschnitts. Im Unterschied zur Frage nach dem Geschlecht der Teilnehmer kann es nun aber von Interesse sein, jene Rangplatzziffer und damit deren Ausprägung zu bestimmen, welche die Zuhörer in eine obere und eine untere Hälfte trennt.

### Metrische Skala bzw. Kardinalskala

Eine Skala, die gleich große Skalenabschnitte aufweist, findet Anwendung bei Merkmalen, bei denen die Distanzen zwischen den Ausprägungen eindeutig sind. Diese Skala ist die metrische Skala oder Kardinalskala. So gilt z.B. für die Abschlussklausur: Man interpretiert die erreichte Punktzahl als Vielfaches einer elementaren Maßeinheit. Wer in der Klausur z.B. 5 Punkte mehr erreicht als der Nachbar, übertrifft danach dessen Kenntnisse um 5 „Kenntniseinheiten"; gleichgültig, ob es dabei um die Differenz 30 - 25 oder 5 - 0 Punkte geht. Dies bedeutet, dass man den beobachteten Distanzen zwischen den erreichten Punktzahlen einen empirischen Gehalt zumisst.

Ist jetzt ein Mittelwert gefragt, lässt sich auch auf den herkömmlichen Durchschnitt zurückgreifen und als typischer Punktwert jene Größe ermitteln, die sich ergibt, wenn man sämtliche Beobachtungswerte addiert und durch die Zahl der Testteilnehmer teilt.

Im einzelnen kann bei der metrischen Skala zusätzlich unterschieden werden zwischen:

▷ **Intervallskala**: Der Nullpunkt dieser Skala ist nicht eindeutig festgelegt. Produkte und Quotienten der Merkmalswerte sind daher ohne empirischen Gehalt. Zulässig sind nur die mathematischen Operationen Addition und Subtraktion. Beispiele für eine Intervallskala sind die Messung der Zeit in Jahren oder die Temperaturmessung in Celsius.

Celsius beobachtete die Ausdehnung einer Messflüssigkeit in einem Röhrchen beim Erhitzen von Wasser. Den Abstand, den diese Messflüssigkeit zwischen dem Gefrierpunkt und dem Siedepunkt des Wassers zurücklegt, teilte er in 100 gleiche Teile und plazierte den Nullpunkt (willkürlich!) auf den Gefrierpunkt des Wassers. Die Distanzen der Temperaturwerte sind gleich ($30°$ C sind $5°$ C mehr als $25°$ C, was der Aussage $55°$ C sind $5°$ C mehr als $50°$ C entspricht). Es lassen sich aber keine Verhältnisse bilden; $20°$ C ist nicht doppelt so warm wie $10°$ C.

▷ **Verhältnisskala**: Zusätzlich zu den Eigenschaften der Intervallskala zeichnet sich die Verhältnisskala durch einen natürlichen Nullpunkt aus. Dadurch wird der Quotient zweier Ausprägungen unabhängig von der gewählten Maßeinheit. Beispiele sind das Alter der Kursteilnehmer oder die Temperaturmessung in Kelvin.

*Aus diesen Erläuterungen ergibt sich, dass die Beobachtungswerte alternativer Merkmalstypen ein unterschiedliches Informationsniveau aufweisen. Es hängt vom benutzten Skalenniveau ab und nimmt von der Nominalskala in Richtung Verhältnisskala zu.*

Bei der Auswahl sollte möglichst das höchste sinnvoll verwendbare Skalierungsniveau gewählt werden, da damit der umfassendste Informationsstand über das zugrundeliegende Merkmal erzielt wird. Bei der Rückführung auf ein niedriges Niveau gehen nämlich u.U. wichtige Informationen verloren. Über die Beziehung „Deutsche trinken 148 Liter Bier pro Jahr und Kopf, Engländer 140 und Franzosen 80" erfahren wir mehr über das Trinkverhalten verschiedener Kulturen als über die Aussage: „Beim Bierkonsum liegen die Deutschen vor den Engländern und Franzosen."

Andererseits informieren die von den Bundesliga-Fußballclubs erreichten Punkte detailliert über die Chancen, noch einen internationalen Wettbewerb zu erreichen, letztendlich zählt jedoch nur der erreichte Tabellenplatz und damit der Rang.

Fassen wir zusammen: Es gibt Merkmale mit unterschiedlichen Messbarkeitseigenschaften. Anders ausgedrückt: Zur Messung von Merkmalswerten stehen alternative Skalentypen zur Verfügung.

Wie stellt man nun in der Praxis fest, wie ein Merkmal skaliert ist? Es ist zu überlegen, welchen Relationen, die aus zwei Merkmalsausprägungen gebildet werden, ein empirischer Sinn zukommt. Diese Überlegungen haben mit Statistik dann nichts zu tun, wenn der Benutzer die Entscheidung einzig und allein aus seinen Annahmen über die Eigenschaften des empirischen Sachverhalts zu treffen hat.

Dazu ein Beispiel: Die Speicherkapazität dreier Festplatten ($E_1$, $E_2$ und $E_3$) wird mit den Nummern 1 - 3 gekennzeichnet. Den Festplatten werden damit Messziffern zugeordnet, die unterschiedlich gedeutet werden können:

**1. Fall:** Die Nummernvergabe erfolgt, um die Festplatten zu kennzeichnen und zu unterscheiden ($E_1 \neq E_2 \neq E_3$).

Man kann zu diesem Zweck beliebige andere Ziffern verwenden; der gewünschte Effekt bleibt gleich ($b_1 \neq b_2 \neq b_3$),

**2. Fall:** Die Nummernvergabe erfolgt, um die Leistungsfähigkeit zu verdeutlichen ($E_1$ hat die höchste Speicherkapazität),

**3. Fall:** Die Nummernvergabe erfolgt, um eine Information über die genaueren Leistungsunterschiede der Festplatten zu liefern. E1 kann genau soviel mehr speichern als $E_2$, wie $E_2$ mehr speichert als $E_3$. In diesem Fall hätten die Differenzen $b_2 - b_1$ und $b_3 - b_2$ einen empirischen Sinn,

**4. Fall:** Die Nummernvergabe erfolgt, um eine Information über das Leistungsverhältnis der Festplatten zu liefern. Die Speicherkapazität von $E_1$ beträgt 1/2 der von $E_2$ und ein Drittel jener von $E_3$.

Bei der Festlegung der Skalenart kommt es also darauf an, welche Aussage der Benutzer als empirisch gerechtfertigt und sinnvoll akzeptiert. Der Statistiker muss den Benutzer fragen, was er mit der Nummerierung ausdrücken will.

Das folgende Beispiel verdeutlicht, wie man über die Wahl des Skalierungsniveaus das Ergebnis einer statistischen Analyse manipulieren kann.

Drei Juroren sollen maximal 10 Punkte auf die Alternativen A, B oder C verteilen; sie entscheiden sich entsprechend der Tabelle:

| Juror | Alternative | | |
|-------|-----|-----|-----|
|       | A   | B   | C   |
| 1     | 9   | 1   | 0   |
| 2     | 1   | 3   | 6   |
| 3     | 2   | 3   | 5   |
| $\sum$ | 12 | 7   | 11  |

Alternative A gewinnt die Wahl.

Wären lediglich die Ränge 1, 2 und 3 zu vergeben gewesen, sieht das Ergebnis anders aus.

| Juror | Alternative | | |
|-------|-----|-----|-----|
|       | A   | B   | C   |
| 1     | 1   | 2   | 3   |
| 2     | 3   | 2   | 1   |
| 3     | 3   | 2   | 1   |
| $\sum$ | 7  | 6   | 5   |

In diesem Fall gewinnt die Alternative C (geringste Summe der Rangkennziffern), die schließlich auch von der Mehrheit der Juroren präferiert wurde.

*Die Einsatzmöglichkeiten einzelner statistischer Verfahren hängen ganz wesentlich vom Skalenniveau der Untersuchungsmerkmale ab. Die bereits angedeuteten alternativen Mittelwertkonstruktionen waren hierfür ein erstes Beispiel.*

# 1 Darstellung eindimensionaler empirischer Verteilungen

## 1.0 Einführung

Wir beschäftigen uns in diesem 1. Abschnitt zunächst mit der Darstellung jener Beobachtungswerte, die sich auf ein einzelnes Untersuchungsmerkmal unserer Erhebung beziehen z.B. die Punktezahlen in unserem Mathetest. Diese Daten können

▷ tabellarisch    (vgl. Kapitel 1.1),
▷ grafisch        (vgl. Kapitel 1.2),
▷ parametrisch  (vgl. Kapitel 1.3).

dargestellt werden. Eine *Tabelle* bietet dem Leser eine exakte Übersicht aller Einzelwerte. Die *Grafik* will einen visuellen und damit raschen Gesamteindruck der Datenstruktur vermitteln. Beide Darstellungstechniken stellen somit keine Alternativen dar; sie ergänzen sich vielmehr.

Im Gegensatz dazu verdeutlichen *statistische Parameter* oder Kennziffern (z.B. der Mittelwert) stets nur einen bestimmten Teilaspekt der Untersuchung: Sie sollen die vorhandene Information in verkürzter reduzierter Form wiedergeben. Der damit zwangsläufig verbundene Informationsverlust wird im Interesse einer komprimierten knappen Darstellung in Kauf genommen.

## 1.1 Die tabellarische Darstellung

### 1.1.1 Urliste und Häufigkeitstabelle

Die Frage nach ihrem Alter haben die $n = 59$ Studenten, die als Erstsemester den Statistikkurs unseres Dozenten besucht haben, wie folgt beantwortet:

Ungeordnete Zusammenstellung von $n = 59$ Altersangaben

| $j$ | 1 | 2 | 3 | ... | 57 | 58 | 59 |
|-----|----|----|----|-----|----|----|----|
| $b_j$ | 21 | 22 | 22 | ... | 22 | 25 | 20 |

Wir konzentrieren uns also auf eine bestimmte Spalte der n x p-Datenmatrix des vorigen Kapitels. [3]

---

[3]  Da wir diese Informationen über eine Beobachtung unserer Umwelt, nicht aber aufgrund theoretischer Überlegungen gewonnen haben, sprechen wir in diesem Zusammenhang von einem empirischen Datensatz.

$b'_r: \qquad b_{1r}, b_{2r}, ..., b_{jr}, ..., b_{nr} \qquad$ bzw. $\qquad b': \qquad b_1, b_2, ..., b_j, ..., b_n$

Die Urliste ist eine *ungeordnete* Zusammenstellung, im vorliegenden Fall von n = 59 Altersangaben; sie ist Grundlage der statistischen Analyse. Sonstige Informationen, etwa die Namen der Studenten, sind nicht vermerkt. Anders ausgedrückt: Ausgangspunkt der statistischen Arbeit sind nichtpersonifizierte Daten.

Eine elementare statistische Tätigkeit besteht nun darin auszuzählen, wieviele Studenten jeweils ein bestimmtes Alter besitzen. In unserem Fall waren z.B. die sechs jüngsten Testteilnehmer jeweils 19 Jahre alt und das älteste Erstsemester hatte bereits das 35. Lebensjahr vollendet.

Wenn wir die absolute bzw. relative Häufigkeit für das Auftreten der Merkmalsausprägung $x_1 = 19$ mit $h_1$ bzw. $f_1$, die der Ausprägung $x_2 = 20$ mit $h_2$ bzw. $f_2$ usw. bezeichnen, stellt sich das Erhebungsergebnis übersichtlicher als in der Urliste dar.

*Nach diesem Wechsel von der Urliste zur Häufigkeitstabelle betrachten wir nun nicht mehr die Beobachtungswerte ($b_j$ = 1, 2, ..., n), sondern die möglichen Merkmalsausprägungen ($x_i$ = 1, 2, ..., m) und deren Häufigkeiten $h_i$ und $f_i$. An die Stelle des Laufindex j tritt damit der Laufindex i..*

| i | 1 | 2 | 3 | ... |
|---|---|---|---|-----|
| $x_i$ | $x_1$=19 | $x_2$=20 | $x_3$=21 | ... |
| $h_i$ | $h_1$= | $h_2$= | $h_3$= | ... |
| $f_i$ | $f_1$= | $f_2$= | $f_3$= | ... |

*Eine Häufigkeitsverteilung oder -funktion ist eine tabellarische Darstellung aller Ausprägungen $x_i$ eines Untersuchungsmerkmals mit den dazughörigen absoluten oder relativen Häufigkeiten $h_i$ bzw. $f_i$.*

**Häufigkeitsverteilung:**

$h_i = h(x_i) \qquad i = 1, 2, ..., m$
$f_i = f(x_i) \qquad m$ = Zahl der Merkmalsausprägungen

In unserem Beispiel sieht sie folgendermaßen aus:

**Häufigkeitstabelle:** Zusammenstellung der geordneten Altersnennungen unter Angabe der absoluten und relativen Häufigkeiten ihres Auftretens

| lfd. Nr. i | Ausprägung $x_i$ | absolute Häufigkeit $h_i$ | relative Häufigkeit $f_i$ |
|---|---|---|---|
| 1 | $x_1$ = 19 (Jahre) | $h_1$ = 6 | $f_1$ = ( 6/59) = 0,1017 |
| 2 | $x_2$ = 20 (Jahre) | $h_2$ = 7 | $f_2$ = ( 7/59) = 0,1186 |
| 3 | $x_3$ = 21 (Jahre) | $h_3$ = 10 | $f_3$ = (10/59) = 0,1695 |
| 4 | $x_4$ = 22 (Jahre) | $h_4$ = 13 | $f_4$ = (13/59) = 0,2203 |
| 5 | $x_5$ = 23 (Jahre) | $h_5$ = 4 | $f_5$ = ( 4/59) = 0,0678 |
| 6 | $x_6$ = 24 (Jahre) | $h_6$ = 6 | $f_6$ = ( 6/59) = 0,1017 |
| 7 | $x_7$ = 25 (Jahre) | $h_7$ = 3 | $f_7$ = ( 3/59) = 0,0508 |
| 8 | $x_8$ = 26 (Jahre) | $h_8$ = 2 | $f_8$ = ( 2/59) = 0,0339 |
| 9 | $x_9$ = 27 (Jahre) | $h_9$ = 2 | $f_9$ = ( 2/59) = 0,0339 |
| 10 | $x_{10}$ = 28 (Jahre) | $h_{10}$ = 1 | $f_{10}$ = ( 1/59) = 0,0169 |
| 11 | $x_{11}$ = 29 (Jahre) | $h_{11}$ = 0 | $f_{11}$ = ( 0/59) = 0,0000 |
| 12 | $x_{12}$ = 30 (Jahre) | $h_{12}$ = 1 | $f_{12}$ = ( 1/59) = 0,0169 |
| 13 | $x_{13}$ = 31 (Jahre) | $h_{13}$ = 0 | $f_{13}$ = ( 0/59) = 0,0000 |
| 14 | $x_{14}$ = 32 (Jahre) | $h_{14}$ = 2 | $f_{14}$ = ( 2/59) = 0,0339 |
| 15 | $x_{15}$ = 33 (Jahre) | $h_{15}$ = 1 | $f_{15}$ = ( 1/59) = 0,0169 |
| 16 | $x_{16}$ = 34 (Jahre) | $h_{16}$ = 0 | $f_{16}$ = ( 0/59) = 0,0000 |
| 17 | $x_{17}$ = 35 (Jahre) | $h_{17}$ = 1 | $f_{17}$ = ( 1/59) = 0,0169 |
| | **Summe:** | **59** | **1,0000** |

Neben den absoluten Häufigkeiten $h_i$ haben wir in die Häufigkeitstabelle die relativen Häufigkeiten $f_i$ aufgenommen; sie ergeben sich, indem wir die jeweiligen $h_i$-Werte auf die Gesamtzahl der statistischen Objekte n beziehen. (Sollen die relativen Häufigkeiten in Prozenten ausgedrückt werden, erhält man diesen Prozentsatz durch Multiplikation mit 100.)

Da nun jedes statistische Objekt genau einmal einer bestimmten Merkmalsausprägung zugeordnet wurde, gilt regelmäßig (vgl. die Schlusszeile der Häufigkeitstabelle)

▷  $0 \leq h_i \leq n$      mit i = Laufindex möglicher Merkmalsausprägungen
  $\sum h_i = n$

▷  $0 \leq f_i \leq 1,00$     (mögliche Rundungsfehler sind zu beachten!)
  $\sum f_i = 1,00$

**in unserem Beispiel (m=17)**

$h_1 + h_2 + \dots + h_{17} = n = 59$      und

$f_1 + f_2 + \dots + f_{17} = 1{,}00.$

Es sollte nicht unerwähnt bleiben, dass sich die Vereinbarung Lebensaltersangaben abzurunden von der ansonsten für stetige Merkmale gültigen Konvention unterscheidet. Wenn wir z.B. die Brenndauer von Glühlampen untersuchen, werden wir üblicherweise alle jene Lampen der Ausprägung x = 19 (ZE) zuordnen, für die gilt:

$$18{,}5 \text{ (ZE)} \leq x \, (=19) < 19{,}5 \text{ (ZE)}. \, [4]$$

Würden wir dieses Konzept auf die Lebensalterangabe von Menschen übertragen, würde dies darauf hinauslaufen, dass wir bereits 0,5 Jahre nach einem Geburtstag diese Lebensaltersangabe um 1 erhöhen müssten. Diese für andere stetige Merkmale gängige Regel hat sich hier jedoch nicht durchgesetzt. Unsere Zählregel lautet:

$$19{,}0 \text{ (Jahre)} \leq x \, (=19) < 20{,}0 \text{ (Jahre)}$$

## 1.1.2   Verteilungsfunktionen

Die Häufigkeitstabelle vermittelt einen ersten Eindruck über die Altersstruktur des Zuhörerkreises. Weitergehende Aussagen als „die sechs jüngsten Studenten sind 19 Jahre alt" oder „die meisten Studenten - genau 13 - sind 22 Jahre alt" lassen sich allerdings kaum ablesen.

Ist das Untersuchungsmerkmal zumindest ordinalskaliert, bietet es sich an, neben den Einzelhäufigkeiten zusätzlich *Summenhäufigkeiten* anzugeben. Wie der Name bereits andeutet, erhalten wir diese, indem wir die $h_i$ bzw. $f_i$ fortlaufend summieren; diesen Vorgang des Aufaddierens bezeichnet man auch als kumulieren.

| Lfd. Nr. i | absolute Häufigkeit | | relative Häufigkeit |
|---|---|---|---|
| 1 | $H_1 = h_1(=6)$ | $= 6$ | $F_1 = \mathbf{10{,}17\,\%}$ |
| 2 | $H_2 = h_1(=6) + h_2(=7)$ | $= 13$ | $F_2 = 22{,}03\,\%$ |
| 3 | $H_3 = h_1(=6) + h_2(=7) + h_3(=10)$ | $= 23$ | $F_3 = 38{,}98\,\%$ |
| 4 | $\mathbf{H_4 = h_1(=6) + \dots + h_4(=13)}$ | $= 36$ | $F_4 = \mathbf{61{,}02\,\%}$ |
| ... | ... | | |
| 17 | $H_m = \sum\limits_{z=1}^{m} h_z = n$ | $= 59$ | $F_m = \sum\limits_{z=1}^{m} f_i = 100{,}00\,\%$ |

---

4   Ebenso denkbar wäre die Vereinbarung, die obere Grenze als zu x = 19 gehörend zu betrachten, die untere Grenze hingegen nicht:
$18{,}5 \text{ (ZE)} < x \, (=19) \leq 19{,}5 \text{ (ZE)}.$

Fazit:

Ca. 61 % der Erstsemester im Fach Statistik (exakt 61,02 Prozent) waren höchstens ($\leq$) $x_4$ = 22 Jahre alt.

> *Die kumulierten Häufigkeiten $H_i$ bzw. $F_i$ geben an, wie groß die Anzahl bzw. der Anteil jener Merkmalsträger (Studenten) ist, welche die Ausprägung $x_i$ oder eine Ausprägung kleiner als $x_i$ aufweisen.*

Die empirische Verteilungsfunktion (synonym: Summenhäufigkeitsfunktion) bietet also eine tabellarische Darstellung aller Ausprägungen $x_i$ und der dazugehörigen absoluten oder relativen kumulierten Häufigkeiten $H_i$ bzw. $F_i$.

Wählen wir nun als Startpunkt der Kumulation nicht die kleinste, sondern die größte vorkommende Merkmalsausprägung, können wir ablesen, wieviele Studenten ein *bestimmtes Lebensalter* oder ein *höheres Alter* erreicht haben ($H_i^*$ bzw. $F_i^*$)

| Lfd. Nr. i | absolute Häufigkeit $H_i^*$ | | relative Häufigkeit $F_i^*$ | |
|---|---|---|---|---|
| 17 | $H_{17}^* = h_{17}(=1)$ | = 1 | $F_{17}^* =$ | 1,69 % |
| 16 | $H_{16}^* = h_{17}(=1) + h_{16}(=0)$ | = 1 | $F_{16}^* =$ | 1,69 % |
| 15 | $H_{15}^* = h_{17}(=1) + h_{16}(=0) + h_{15}(=1)$ | = 2 | $F_{15}^* =$ | 3,39 % |
| ... | ... | | ... | |
| ... | ... | | ... | |
| 9 | $H_9^* = h_{17}(=1) + ... + h_9(=2)$ | = 8 | $F_9^* =$ | 13,56 % |
| ... | ... | | ... | |
| ... | ... | | ... | |
| 1 | $H_1^* = h_{17}(=1) + ... + h_1(=6)$ | = 59 | $F_1^* =$ | 100,00 % |

Fazit:

Ca. 14 % der Erstsemester (exakt 13,56%) waren mindestens ($\geq$) $x_9$ = 27 Jahre alt.

Das System dieser *Verteilungsfunktionen* wird vervollständigt durch die *Resthäufigkeitsverteilungen.*

$R - H_i = n - H_i$
$R - F_i = 1,00 - F_i$                Fragestellung: mehr als (>),

$R - H_i^* = n - H_i^*$
$R - F_i^* = 1,00 - H_i^*$            Fragestellung: weniger als (<),

Fazit:

▷ Ca. 39% der die Kurseinheit Statistik besuchenden Erstsemester waren älter als $x_4$ = 22 Jahre.

▷ Ca. 87% der die Kurseinheit Statistik besuchenden Erstsemester waren jünger als $x_9$ = 27 Jahre.

*Die tabellarische Zusammenstellung aller Werte dieser Verteilungsfunktionen bezeichnen wir als primäre Verteilungstafel.*

Im Interesse der Übersichtlichkeit werden wir uns häufig auf die Tabellierung der relativen Werte beschränken. Gegenüber absoluten Werten bieten diese den Vorteil, dass sie einen direkten Vergleich mit den Ergebnissen anderer statistischer Erhebungen zulassen, wenn ihnen eine unterschiedliche Anzahl statistischer Objekte zugrundeliegen. Werden in der Literatur die Begriffe Verteilungsfunktion oder Summenhäufigkeitsverteilung ohne erläuternden Zusatz verwandt, ist in aller Regel die *relative* Verteilung $F(x_i)$ oder kürzer $F(x)$, $F(i)$ bzw. $F_i$ gemeint.

Neben den bisher erörterten Fragestellungen interessiert uns häufig auch, *wie viel Prozent der Beobachtungswerte* und damit der Merkmalsträger *zwischen bestimmten unteren ($x^u$) und oberen ($x^o$) Merkmalsausprägungen liegen.* Angewandt auf unser Beispiel: Wie groß ist der Anteil der Teilnehmer, die zwischen $x_2$ = 20 und $x_4$ = 22 Jahre alt sind?

Die Antwort hängt offensichtlich davon ab, ob wir die Intervallgrenzen einbeziehen ($20 \leq X \leq 22$) oder nicht einbeziehen ($20 < X < 22$). Allgemein gilt für den ersten Fall:

$$f(x^u \leq X \leq x^o) = \sum_{i=x^u}^{x^o} f_i$$

konkret ergibt sich

$$f(20 \leq X \leq 22) = \sum_{i=x^u}^{x^o} f_i = 11,86 + 16,95 + 22,03 = \mathbf{50,84\,\%}.$$

Die Antworten könnten auch lauten:

| | | |
|---|---|---|
| $f(20 < X < 22)$ | = 16,95 | = **16,95 %** |
| $f(20 < X \leq 22)$ | = 16,95 + 22,03 | = **38,98 %** |
| $f(20 \leq X < 22)$ | = 11,86 + 16,95 | = **28,81 %**. |

Oder als Differenz der entsprechenden Werte der Verteilungsfunktion:

| | | | |
|---|---|---|---|
| $f(20 < X < 22)$ | = | 38,98 - 22,03 | = **16,95 %** |
| $f(20 < X$ ffi $22)$ | = | 61,02 - 22,03 | = **38,98 %** |
| $f(20 \leq X < 22)$ | = | 38,98 - 10,17 | = **28,81 %**. |

Hier noch einmal unsere Daten in Form einer primären Verteilungstafel.

Alter der Erstsemester im Statistikkurs des SS ...an der Hochschule...
**Verteilungsfunktionen (in %)**

| $x_i$ | $f_i$ | $F_i$ | $Rf_i$ | $F^*_i$ | $RF^*_i$ |
|---|---|---|---|---|---|
| 19 | 10,17 | 10,17 | 89,83 | 100,0000 | – |
| 20 | 11,86 | 22,03 | 77,97 | 89,83 | 10,17 |
| 21 | 16,95 | 38,98 | 61,02 | 77,97 | 22,03 |
| 22 | 22,03 | 61,02 | 38,98 | 61,02 | 38,98 |
| 23 | 6,78 | 67,80 | 32,20 | 38,98 | 61,02 |
| 24 | 10,17 | 77,97 | 22,03 | 32,20 | 67,80 |
| 25 | 5,08 | 83,05 | 16,95 | 22,03 | 77,97 |
| 26 | 3,39 | 86,44 | 13,56 | 16,95 | 83,05 |
| 27 | 3,39 | 89,83 | 10,17 | 13,56 | 86,44 |
| 28 | 1,69 | 91,53 | 8,47 | 10,17 | 89,83 |
| 29 | 0,00 | 91,53 | 8,47 | 8,47 | 91,53 |
| 30 | 1,69 | 93,22 | 6,78 | 8,47 | 91,53 |
| 31 | 0,00 | 93,22 | 6,78 | 6,78 | 93,22 |
| 32 | 3,39 | 96,61 | 3,39 | 6,78 | 93,22 |
| 33 | 1,69 | 98,31 | 1,69 | 3,39 | 96,61 |
| 34 | 0,00 | 98,31 | 1,69 | 1,69 | 98,31 |
| 35 | 1,69 | 100,00 | – | 1,69 | 98,31 |

*Quelle: Eigene Erhebung*

### 1.1.3 Gruppierte Daten

Die primäre Verteilungstafel bietet weitereichende Interpretationsmöglichkeiten. Ihre Handhabung wird allerdings dann umständlich, wenn ein Untersuchungsmerkmal entweder sehr zahlreiche Merkmalsausprägungen aufweist oder wenn die einzelnen Merkmalsausprägungen sehr unregelmäßig besetzt sind. Um in derartigen Fällen die Übersichtlichkeit zu wahren, empfiehlt sich eine Gruppierung, d.h. eine Zusammenfassung von Merkmalsausprägungen zu Merkmalsklassen.

Dies wollen wir an einem Beispiel demonstrieren.

In der von unserem Dozenten zum Abschluss des Statistikkurses angebotenen Klausur konnten maximal 29 Punkte erreicht werden. Die primäre Verteilungstafel enthält in diesem Fall 30 Zeilen ($x_1$ = 0 bis $x_{30}$ = 29 Punkte) und regelmäßig bleiben eine Vielzahl von Ausprägungen unbesetzt. [5]

**Primäre Verteilungstafel: Erreichte Punktzahl**

| $x_i$ | 0 | 1 | 2 | 3 | 4 | 5 | 6 | 7 | 8 | 9 | 10 | 11 | 12 | 13 | 14 |
|---|---|---|---|---|---|---|---|---|---|---|---|---|---|---|---|
| $h_i$ | 2 | 0 | 2 | 0 | 0 | 0 | 1 | 0 | 2 | 5 | 0 | 2 | 2 | 4 | 4 |

| $x_i$ | 15 | 16 | 17 | 18 | 19 | 20 | 21 | 22 | 23 | 24 | 25 | 26 | 27 | 28 | 29 |
|---|---|---|---|---|---|---|---|---|---|---|---|---|---|---|---|
| $h_i$ | 8 | 4 | 0 | 4 | 0 | 1 | 0 | 3 | 4 | 2 | 0 | 5 | 2 | 0 | 2 |

Für die erreichten Punkte sollen nun Klassen gebildet werden und zwar 0 - 2, 3 - 5 usw. Bei der Bezeichnung dieser Klassen ist es üblich entweder die untere oder die obere Klassengrenze der betroffenen Klasse zuzuordnen, während die jeweils andere zur entsprechenden Nachbarklasse gehört.

1. Variante
(die untere Grenze gehört zur Klasse)

| k | Gruppenzugehörigkeit | |
|---|---|---|
| 1 | 0 bis unter 3 | $0 < 3$ |
| 2 | 3 bis unter 6 | $3 < 6$ |
| etc. | | |

2. Variante
(die obere Grenze gehört zur Klasse)

| k | Gruppenzugehörigkeit | |
|---|---|---|
| 1 | 0 bis 2 | $0 \leq 2$ |
| 2 | über 2 bis 5 | $3 \leq 5$ |
| etc. | | |

Darüber hinaus besteht die Möglichkeit, die Klassengrenzen so zu wählen, dass sämtliche Klassen unmittelbar aneinanderstoßen. Dann sind die beiden Klassengrenzen so zu setzen, dass aus messtechnischen Gründen gar kein Messwert auf sie fallen kann.

---

5   Noch deutlicher wird der Tatbestand, wenn wir das Einkommen dieser Studenten betrachten würden: Beginnend bei 0,00 EUR bieten sich bis zu einem Monatsgehalt von 10.000,00 EUR bereits 1 Mio. unterschiedliche mögliche Merkmalsausprägungen an; davon werden mindestens 999.971 unbesetzt bleiben.

*Exakte Klassengrenzen sind fiktiven Zahlenwerte, die genau (exakt) zwischen den kleinsten und größten Werten benachbarter Klassen liegen, also weder der oberen noch der unteren Klasse zugeordnet werden können.*

3. Variante
(exakte KLassengrenze)

| k | Gruppenzugehörigkeit |
|---|---|
| 1 | $-0,5 \leq x \leq 2,5$ |
| 2 | $2,5 \leq x \leq 5,5$ |
| etc. | |

| Klassenbreite | $\Delta x = x^{o}_{k} - x^{u}_{k} = 3$ | | | | |
|---|---|---|---|---|---|
| k | unterer Wert | K-Mitte | oberer Wert | $x^{o}_{k} - x^{u}_{k} = \Delta x$ | $h_k$ |
| 1 | $x_1$ = 0 | $x_2$ = 1 | $x_3$ = 2 | 2,5 – (–0,5) | 4 |
| 2 | $x_4$ = 3 | $x_5$ = 4 | $x_6$ = 5 | 5,5 – 2,5 | 0 |
| 3 | $x_7$ = 6 | $x_8$ = 7 | $x_9$ = 8 | 8,5 – 5,5 | 3 |
| 4 | $x_{10}$ = 9 | $x_{11}$ = 10 | $x_{12}$ = 11 | 11,5 – 8,5 | 7 |
| 5 | $x_{13}$ = 12 | $x_{14}$ = 13 | $x_{15}$ = 14 | 14,5 – 11,5 | 10 |
| 6 | $x_{16}$ = 15 | $x_{17}$ = 16 | $x_{18}$ = 17 | 17,5 – 14,5 | 12 |
| 7 | $x_{19}$ = 18 | $x_{20}$ = 19 | $x_{21}$ = 20 | 20,5 – 17,5 | 5 |
| 8 | $x_{22}$ = 21 | $x_{23}$ = 22 | $x_{24}$ = 23 | 23,5 – 20,5 | 7 |
| 9 | $x_{25}$ = 24 | $x_{26}$ = 25 | $x_{27}$ = 26 | 26,5 – 23,5 | 7 |
| 10 | $x_{28}$ = 27 | $x_{29}$ = 28 | $x_{30}$ = 29 | 29,5 – 26,5 | 4 |

59

*Die Zusammenstellung aller Merkmalsklassen mit den dazugehörigen Klassenhäufigkeiten sowie den kumulierten Klassenhäufigkeiten bezeichnen wir als sekundäre Verteilungstafel.*

Wir können demonstrieren, zu welch unterschiedlichen Ergebnissen die Verwendung verschiedener Klassenbreiten $\Delta x$ führt.

| Klassenbreite | $\Delta x = x^o_k - x^u_k = 5$ | | | | |
|---|---|---|---|---|---|
| k | unterer Wert | K-Mitte | oberer Wert | $x^o_k - x^u_k = \Delta x$ | $h_k$ |
| 1 | $x_1 = 0$ | $x_3 = 2$ | $x_5 = 4$ | 4,5 - (-0,5) | 4 |
| 2 | $x_6 = 5$ | $x_8 = 7$ | $x_{10} = 9$ | 9,5 - 4,5 | 8 |
| 3 | $x_{11} = 10$ | $x_{13} = 12$ | $x_{15} = 14$ | 14,5 - 9,5 | 12 |
| 4 | $x_{16} = 15$ | $x_{18} = 17$ | $x_{20} = 19$ | 19,5 - 14,5 | 16 |
| 5 | $x_{21} = 20$ | $x_{23} = 22$ | $x_{25} = 24$ | 24,5 - 19,5 | 10 |
| 6 | $x_{26} = 25$ | $x_{28} = 27$ | $x_{30} = 29$ | 29,5 - 24,5 | 9 |
| | | | | | 59 |

| Klassenbreite | $\Delta x = x^o_k - x^u_k = 15$ | | | | |
|---|---|---|---|---|---|
| k | unterer Wert | K-Mitte | oberer Wert | $x^o_k - x^u_k = \Delta x$ | $h_k$ |
| 1 | $x_1 = 0$ | $x_8 = 7$ | $x_{15} = 14$ | 14,5 - (-0,5) | 24 |
| 2 | $x_{16} = 15$ | $x_{23} = 22$ | $x_{30} = 29$ | 29,5 - 14,5 | 35 |
| | | | | | 59 |

Unser Beispiel zeigt, dass Datengruppierungen regelmäßig zu Informationsverlusten führen, weil nach der Gruppierung keine Aussage mehr darüber möglich ist, wie die Beobachtungswerte innerhalb der Klassen verteilt sind, und dass insbesondere

▷ Vereinbarungen über die Breiten der Klassen sowie
▷ Entscheidungen über die Abgrenzung der Randklassen

das Ergebnis der statistischen Analyse maßgeblich beeinflussen, u.U. sogar verfälschen. Daraus ergibt sich die Forderung, dass eine vom Statistiker vorzunehmende Datengruppierung so anzulegen ist, dass dieser Informationsverlust möglichst gering ausfällt, dass also die Struktur der ursprünglich ermittelten Häufigkeitsverteilung durch die Gruppierung nicht willkürlich verändert wird.

In Verbindung mit der Anzahl der sinnvollerweise zu unterscheidenden Klassen (s) steht die Frage nach der jeweiligen Klassenbreite ($\Delta x$). *Konstante Klassenbreiten führen dann zu Verzerrungen, wenn homogen besetzte Intervalle zerschnitten und heterogene Bereiche zusammengefaßt werden. Sie verleiten oftmals zu Aussagen über die äußere Form der Häufigkeitsverteilung, welche die ursprünglichen Beobachtungswerte gar nicht hergeben.*

Der gleiche Einwand richtet sich gegen Vorschläge, die Zahl der zu unterscheidenden Klassen fest an die Anzahl der Beobachtungswerte bzw. die statistischen Objekte zu koppeln, wie z.B.

▷ Zahl der Klassen      $s = \sqrt{n}$ oder
▷ Zahl der Klassen      $s = 5 \ln(n)$.

Wie viele Klassen und welche Klassenbreiten letztendlich gebildet werden sollen, läßt sich generell kaum angeben. Es gilt, einen Kompromiss zu finden zwischen den Extremen

▷ (zu) große Klassenzahl: Das Ziel der Operation, die Informationsverdichtung, wird nicht erreicht,
▷ (zu) geringe Klassenzahl: Die charakteristische Form der ursprünglichen Häufigkeitsverteilung kommt nicht mehr zum Ausdruck; die Verteilungsstruktur wird verwischt.

Andere Statistiklehrbücher empfehlen, nach Möglichkeit Klassen gleicher Breite (=äquidistante Klassen) zu wählen, deren Mitten ganze Zahlen sind. Diese Empfehlung, die Vorteile bei der Berechnung statistischer Kennziffern bietet, erfolgt allerdings unter dem Vorbehalt, dass dieser Art der Gruppierung keine sachlichen Bedenken entgegenstehen.

**Sachgerecht erscheint uns die folgende Vorgehensweise:**
1. Als Klassenmitten dienen Merkmalsausprägungen, die auffällig dicht besetzt sind.
2. Als Klassengrenzen empfehlen sich Merkmalsausprägungen, die niedrig oder noch besser gar nicht besetzt sind.

Diese Art der Klassenbildung beruht auf der Überlegung, dass es aus der Sicht der empirischen Statistik bei der Datengruppierung darum geht, die gesamte Untersuchungsmasse in innerlich homogene, äußerlich heterogene Klassen aufzuteilen.

Welche Interpretationsprobleme auftreten, wenn eine homogene Untersuchungsmasse gruppiert wird (werden muss), zeigt folgendes Beispiel: Ein niederländischer Psychologe hat eine überraschende (?) Entdeckung gemacht. Danach wurde jeder zweite Tennisspieler, der in der Jugendliga erfolgreich ist, in den Monaten Januar bis März geboren. Gute Fußballer sind in den Niederlanden im August, in England dagegen aber im September geboren. Dies hat nichts mit den Sternzeichen zu tun, sondern mit dem Verfahren der Eingruppierung nach dem Alter. Gut sind immer die Jugendlichen, die in ihrer Jahrgangsklasse zu den älteren gehören. Die willkürliche Trennung ist nicht zu vermeiden.

Wie eine Gruppierung im konkreten Fall aussehen könnte, soll abschließend am Beispiel der Zusammenfassung von Klausurpunkten zu fünf (Noten-)Klassen angedeutet werden.

| Ergebnis der Statistikklausur im SS 1997 | | | | | | | |
|---|---|---|---|---|---|---|---|
| Note | Punkte-Intervall | | $x^u_k - x^o_k$ | | $\Delta x_k$ | $x_k$ | $f_k$ | $F_k$ |
| 5 | 0 | – | 14 | –0,5 | 14,5 | 15 | 7 | 0,41 | 0,41 |
| 4 | 15 | – | 20 | 14,5 | 20,5 | 6 | 17,5 | 0,29 | 0,70 |
| 3 | 21 | – | 25 | 20,5 | 25,5 | 5 | 23 | 0,15 | 0,85 |
| 2 | 26 | – | 28 | 25,5 | 28,5 | 3 | 27 | 0,12 | 0,97 |
| 1 | 29 | – | 30 | 28,5 | 30,5 | 2 | 29,5 | 0,03 | 1,00 |

Für die Interpretation der in einer sekundären Verteilungstafel zusammengefassten Werte gelten die für die primäre Verteilungstafel getroffenen Aussagen entsprechend.

Es ist allerdings zu beachten, dass sich die Werte der Verteilungsfunktion $F_k$, entsprechendes gilt für die Verteilung R - $F_k$, auf die *oberen Werte der Klassen* beziehen (z.B. 14,0 Punkte). Entsprechend beziehen sich die $F^*_k$ sowie die R - $F^*_k$ -Werte jeweils auf die *unteren Werte der Klassen*.

Wird Bezug genommen auf die *exakten* Klassengrenzen (z.B. 14,5 Punkte), informiert $F_k$ darüber, wie viel Prozent der Merkmalsträger einen Wert aufweisen, der kleiner (<) ist als $x^o_k$, und $F^*_k$ antwortet auf die Frage, wie viel Prozent der statistischen Objekte einen Wert aufweisen, der größer (>) ist als $x^u_k$.

Auch wenn man den Standpunkt vertritt, dass die Benotung nicht dazu dienen soll, die Menge der Klausurteilnehmer in innerlich homogene und äußerlich heterogene Klassen zu gruppieren, sondern ausweisen soll, ob ein Kandidat das Stoffgebiet gut, ausreichend oder unzulänglich beherrscht, ist es wohl kaum möglich, stets an einem bereits vor Prüfungsbeginn festgelegten Punkteschema festzuhalten.

Erinnert sei in diesem Zusammenhang an die Diskussion der Ergebnisse medizinischer Vorprüfungen im Frühjahr 1981: Nachdem ein ungewöhnlich hoher Anteil der Kandidaten das Ziel nicht erreicht hatte, wurde diskutiert, die Grenze zur Note „nicht ausreichend" an die durchschnittliche Punktzahl aller Prüflinge des Termins zu koppeln. Unabhängig davon, ob gerade diese Regelung sinnvoll erscheint; sie ist ein Beispiel für den Versuch, bei der Klassenbildung die Struktur der ursprünglichen Häufigkeitsverteilung zu berücksichtigen.

Für den an knappen Formulierungen interessierten Leser werden die Ergebnisse noch einmal zusammengefasst:

*Gruppierung:*
*Zusammenfassung (Addition) der für einzelne Merkmalsausprägungen ermittelten Häufigkeiten $h_i$ bzw. $f_i$ zu Häufigkeiten von Merkmalsklassen: $h_k$ bzw. $f_k$*

**Gruppierungsvorschrift:**
Vereinbarung über die Anzahl (s) und die Breite der Klassen ($\Delta x_k$)

$h_k = \sum h_i$
für alle i mit
$x^u_k < x_i < x^o_k$

$k =$    Laufindex für die unterschiedenen
       Klassen k = 1, 2, ..., s
$s =$    Zahl der Klassen

$f_k = \sum f_i$
für alle i mit
$x^u_k < x_i < x^o_k$

$x^u_k$    untere /obere exakte Klassengrenzen;
$x^o_k$    wobei $x^o_k = x^u_{k+1}$

$\Delta x_k = x^o_k - x^u_k$

$x_k = \dfrac{x^o_k + x^u_k}{2}$

$\Delta x_k =$   Klassen-Breite

$x_k =$   Klassen-Mitte

### 1.1.4      Tabellenaufbau und Symbolik

Noch ein Wort zu Tabellen, wie man sie in zahlreichen amtlichen Veröffentlichungen findet.

Die in einer Tabelle zusammengefassten Erhebungsdaten sollen in übersichtlicher Form Beziehungen der eingetragenen Zahlen zu den in einer Kopfspalte oder Kopfzeile enthaltenen Begriffen zum Ausdruck bringen. Folgt man dieser allgemeinen Empfehlung, erhält man folgendes Schema:

| Tabellenüberschrift | | | |
|---|---|---|---|
| Definition von Kopfspalte und Kopfzeile | Kopfzeile | | |
| Kopfspalte | | | |
| | | | |
| Erläuterungen zu einzelnen Fächern | | | |
| Quelle: | | | |

Zur zusätzlichen Erläuterung einzelner Tabellenfächer dienen üblicherweise bestimmte Symbole.

| Tabellenfach | Sachverhalt |
|---|---|
| **Zahlenwert** | Höhe des Wertes in Bezug auf die entsprechende Zeile  und Spalte |
| **(Zahlenwert)** | Der Aussagewert der Zahl ist eingeschränkt, z.B. handelt es sich im Gegensatz zu anderen Werten um eine nichtamtliche Zahl |
| **Zahlenwert**$_p$ | vorläufiger Wert |
| **Zahlenwert**$_r$ | berichtigter Wert |
| **Zahlenwert**$_s$ | geschätzter Wert |
| - | Zahlenwert nicht vorhanden, d.h. der Zahlenwert beträgt genau Null |
| 0. | Zahlenwert ist nicht Null, aber kleiner als die Hälfte der Einheit, in der die sonstigen Zahlen angegeben sind. In einer Tabelle, in der Werte in Tonnen angegeben werden, also alle Werte kleiner als 500 Kilogramm |
| . | Zahlenwert sinnlos; z.B. Felder auf der Diagonalen einer Entfernungstabelle |
| A. | Zahlenwert aus Geheimhaltungsgründen nicht aufgeführt. Dies soll z.B. verhindern, dass auf Märkten mit hoher Konzentration eine Firma das Ergebnis anderer Firmen aus der angegebenen Gesamtsumme und eigenen Angaben herleiten kann |

**Im Extremfall könnte eine Tabelle demnach folgendermaßen aussehen:**

| Tabelle 5: Kennziffern verschiedener Branchen | | | |
|---|---|---|---|
| Kennziffer<br><br>Branche | Umsatz in Mio. € | Firmenanzahl | Beschäftigte in Tsd. |
| Textilien | 230$_p$ | 3200$_r$ | 40 |
| Heimtextilien | 12ᵥ | 70 | (6) |
| Badetücher | 0. | 11 | (2) |
| Frotteebadetücher | A. | 2 | 0. |
| Quelle: | | | |

## 1.2        Die grafische Darstellung

Um die Aussage der Tabelle zu veranschaulichen bieten sich grafische Darstellungen an. Sie unterstützen die Aussage der Tabelle, ersetzen sie jedoch nicht.

Zur Darstellung eindimensionaler Häufigkeitsverteilungen verwendet man regelmäßig ein rechtwinkliges System. Diese Technik bietet den Vorteil, dass auch mehrere Häufigkeitsverteilungen in einer Grafik Platz finden. Auf der Abszisse werden die Merkmalsausprägungen aufgetragen (Merkmalsachse); die zugehörigen Häufigkeiten stellt man auf der Ordinate dar; sie werden repräsentiert durch Strecken oder Flächen.

▷ Bei der *höhenproportionalen Darstellung* werden die beobachteten Häufigkeiten als Strecken senkrecht zur Abszisse beschrieben. Die Längen der jeweiligen Strecken sind proportional zur entsprechenden Beobachtungshäufigkeit.
▷ Bei der *flächenproportionalen Darstellung* werden die beobachteten Häufigkeiten als Fläche abgebildet, wobei die Flächeninhalte proportional zur Beobachtungshäufigkeit sind.

### 1.2.1        Darstellung nominal skalierter Merkmale

Bei einem nominal skalierten Merkmal weisen die Skalenwerte keine natürliche Rangfolge auf, die Platzierung der Wertekategorien auf der Horizontalen kann daher willkürlich erfolgen. Um diesen Tatbestand zu verdeutlichen (und um Fehlinterpretationen zu vermeiden), sollte man die Merkmalsachse zwischen den Ausprägungen unterbrechen.

**Abb. 1.1:   Einzugsbereich der Hochschule...**
1. Wohnsitz der Studierenden im SS... nach Postleitzahlgebieten geordnet

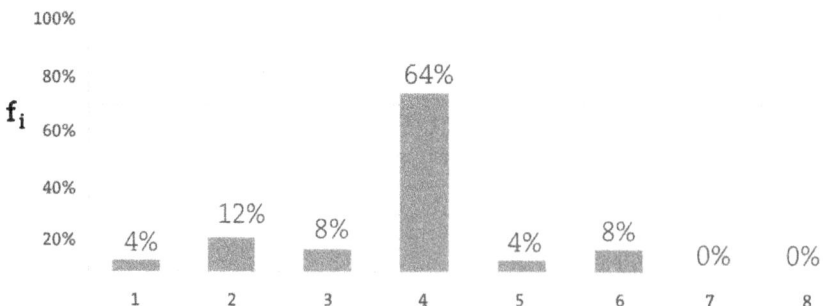

*Quelle: eigene Erhebung*

Werden die Häufigkeiten der Merkmalsausprägungen durch Strecken dargestellt, bezeichnet man diese Abbildung als *Stabdiagramm*; benutzt man der Deutlichkeit wegen anstelle der Strecken (breitere) *Streifen*, spricht man von einem *Säulendiagramm* (vgl. Abb. 1.1). Das Prinzip der Darstellung wird hiervon nicht berührt: Die Häufigkeiten der Merkmalsausprägungen sind höhenproportional dargestellt.

Bringt man die Säulen in ihre natürliche Ordnung und kippt dann die Säulen auf die Seite wird das Säulendiagramm zum *Balkendiagramm*.

### 1.2.2   Darstellung ordinal skalierter Merkmale

Die grafische Darstellung der Häufigkeitsverteilungen $h_i$ bzw. $f_i$ ordinal skalierter Merkmale unterscheidet sich (formal) nicht von jener, die wir für die nominal skalierten Variablen angewandt haben, d.h. die *Häufigkeiten* werden ebenfalls *höhenproportional* dargestellt.

Allerdings ist zu beachten, dass die x-Achse nunmehr eine Ordinalskala repräsentiert: Platzierungen der Wertekategorien auf dieser Skala erfolgen nicht mehr willkürlich, sondern nach dem „Mehr oder Weniger-Prinzip". Die bei ordinal skalierten Merkmalen zumeist vorgenommene gleichmäßige Teilung der Merkmalsachse darf aber nicht zu dem Schluss führen, diese trage einen kardinal skalierten Maßstab. Rangdaten kommt ebensowenig wie Nominaldaten eine Metrik zu. Gleicher Abstand der Strecken oder Säulen in der Grafik bedeutet nicht zwingend gleicher Abstand der Merkmalsausprägungen zueinander.

*Im Gegensatz zu nominal skalierten Merkmalen besteht bei ordinal skalierten Merkmalen die Möglichkeit zur Bildung einer Rangfolge und damit zur Bildung von Summenhäufigkeiten: Es stellt sich erstmals die Frage, wie viel der statistischen Einheiten höchstens eine bestimmte Ausprägung $x_i$ aufweisen.*

Zur Darstellung der Verteilungsfunktion $F_i$ werden über der Rangskala Strecken gezeichnet, deren Längen den entsprechenden Summenhäufigkeiten $F_i$ entsprechen (vgl. Abb. 1.2). [6]

---

6   Um Mißverständnisse zu vermeiden, sollte hier auf die Möglichkeit verzichtet werden, anstelle der Strecken wiederum Säulen oder Balken einzusetzen. Ebensowenig empfiehlt es sich, die Endpunkte der Strecken durch einen Linienzug zu verbinden, da die Zwischenabstände nicht interpretiert werden können.

**Abb. 1.2:**   **Notenspiegel des Tests „Mathematische Vorkenntnisse"**
Studienanfänger im SS... an der Hochschule...

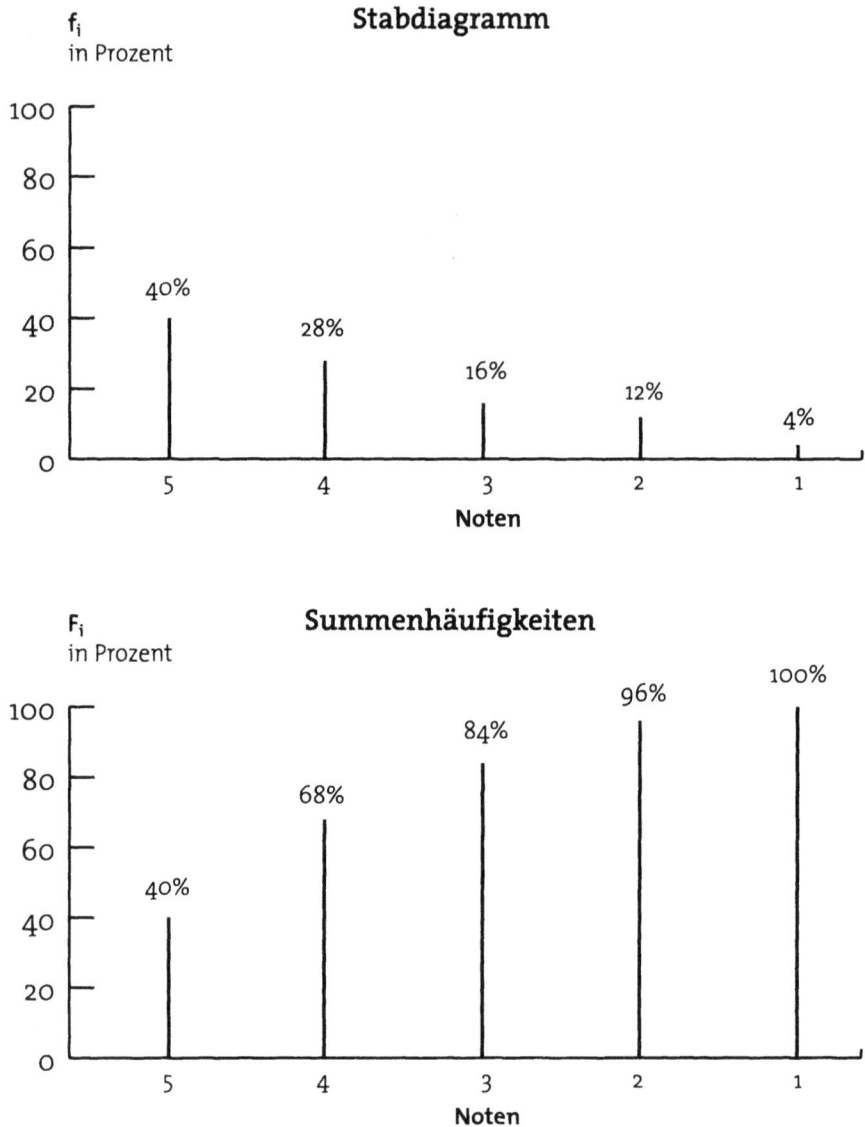

$f_i$
in Prozent

## Stabdiagramm

$F_i$
in Prozent

## Summenhäufigkeiten

*Quelle: eigene Erhebung*

Interpretation:     68 % der Klausurteilnehmer wurden bestenfalls ausreichende
                    Kenntnisse bescheinigt.
                    84 % der Klausurteilnehmer wurden höchstens befriedigende
                    Kenntnisse bescheinigt; nur 100 % - 84 % = 16 % der Teilnehmer
                    erreichten die Noten gut oder sehr gut.

### 1.2.3        Darstellung kardinal skalierter Merkmale

Die grafische Darstellung der Häufigkeitsverteilungen nominaler oder ordinaler Merkmale bietet keine Diskussionspunkte. Die Ansätze zur Darstellung kardinal skalierter Merkmale sind vielfältiger und die Frage nach den Vorzügen einzelner Darstellungsvarianten wird unterschiedlich beantwortet. Auch die Anleitungen zur praktischen Realisierung einzelner Varianten differieren inhaltlich. Da diese Diskrepanzen vor allem dann auftreten, wenn es um die Darstellung stetiger Merkmale oder gruppierter Merkmalswerte geht, beginnen wir mit dem einfachsten Fall, der grafischen Darstellung der ungruppierten Werte eines diskreten Merkmals.

**Abb. 1.3:**   **Mathematische Vorbildung der Studienanfänger im SS...**
**an der Hochschule...**
Zahl der absolvierten Schuljahre mit Mathematikunterricht ohne Grundschulzeit

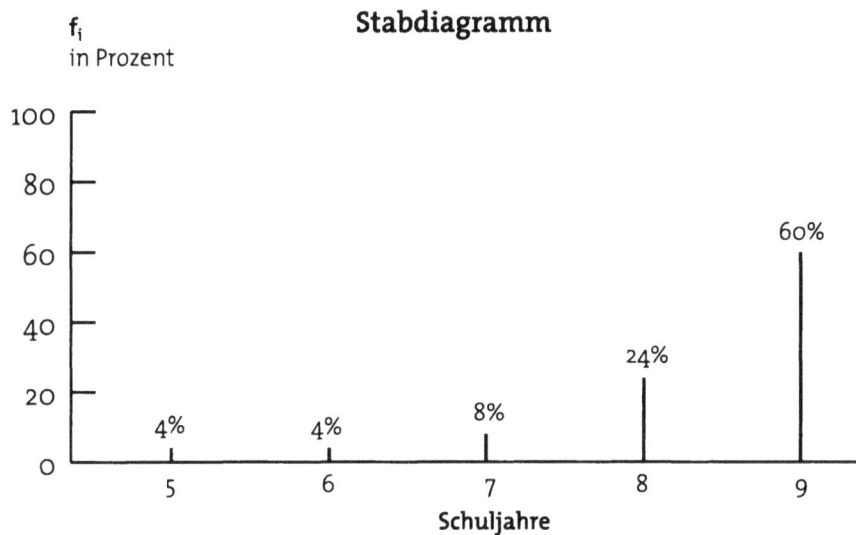

Quelle: eigene Erhebung

Die höhenproportionale Darstellung der Häufigkeiten dieser Daten entspricht formal jener, die wir bereits zur Darstellung nominaler und ordinaler Merkmale eingesetzt haben: Auf der Abszisse - die jetzt eine metrische Skala ist - werden über den Ausprägungen mit nun gleichen Abständen Senkrechten errichtet. Auf diesen werden Strecken abgetragen, deren Längen den zugehörigen Häufigkeiten entsprechen (vgl. Abb. 1.3).

Liegen nun zum gleichen Thema vergleichbare Datensätze vor, stellt man die verschiedenen Häufigkeitsverteilungen gerne in einem einzigen Diagramm dar. Um bei diesem Vergleich die Übersichtlichkeit zu wahren, empfiehlt es sich, die Darstellung der Strecken auf deren Eckpunkte zu beschränken und diese durch einen *Linienzug* *(= Polygonzug)* zu verbinden.

**Abb. 1.4:   Mathematische Vorbildung der Studienanfänger im SS...**
in verschiedenen Hochschulen...

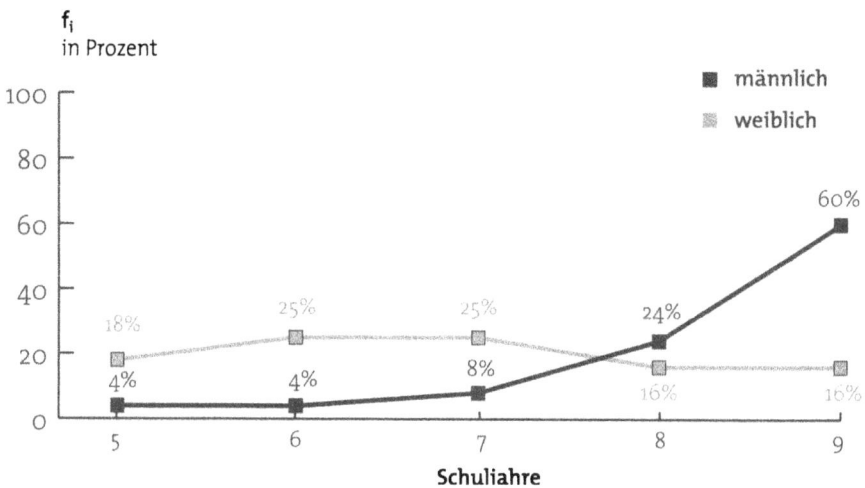

*Quelle: eigene Erhebung*

Um diese Linienzüge abschließen zu können, kann man die oberen und unteren beobachteten Merkmalswerte jeweils um die fiktiven nicht beobachteten Nachbarwerte ergänzen und die Linienzüge bis zu diesen Punkten der x-Achse verlängern.

Vergleicht man z.B. die mathematische Vorbildung der Studierenden in alternativen Fachbereichen der Hochschule, zeigt sich, dass die Zahl der absolvierten Mathematik-Schuljahre im FB 6 relativ gleichmäßig verläuft; eine ausgeprägte mathematische Neigung wird hier offensichtlich nicht erwartet. Anders im FB 2: Hier ist die Zahl der Studenten mit einer geringen mathematischen Vorbildung vergleichsweise gering, deutlich mehr Studierende haben sich bereits während der Schulzeit auf die Mathematik konzentriert (vgl. Abb. 1.4).

Oftmals werden die Häufigkeiten auch durch Säulen repräsentiert. Im Unterschied zur Darstellung nominaler und ordinaler Werte stehen diese Säulen jetzt *unmittelbar* *nebeneinander* und die Breite der Säulen entspricht jetzt genau 1 Einheit der zugrundeliegenden Maßskala.

Ob auf der Merkmalsachse die Ausprägungen oder deren Grenzen angegeben werden, ist gleichgültig. Wichtiger ist der Hinweis, dass bei der Anlage einer derartigen
Grafik - sie wird als *Histogramm* bezeichnet - von den exakten Grenzen auszugehen
ist. In ihnen werden Senkrechten errichtet, auf denen die für die Ausprägung ermittelten Häufigkeiten abgetragen werden. Durch Ziehen von Parallelen zur Merkmalsachse entstehen Rechtecke, die in ihrer Gesamtheit das Histogramm ausmachen
(vgl. Abb. 1.5).

**Abb. 1.5:   Mathematische Vorbildung der Studienanfänger im SS...**
**an der Hochschule...**
Zahl der absolvierten Schuljahre mit Mathematikunterricht ohne Grundschulzeit

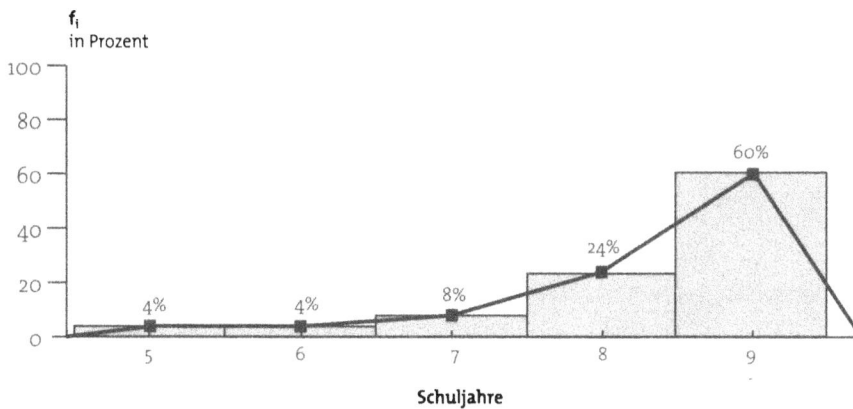

*Quelle: eigene Erhebung*

Verbindet man die Mittelpunkte der oberen Rechteckseiten durch einen Linienzug
und schließt diesen wie beschrieben ab, erhält man den *Polygonzug.* Wir erreichen,
dass die Gesamtfläche unter dem Polygonzug der Summe aller Rechteckflächen des
Histogramms entspricht, wenn wir den Polygonzug rechts und links der letzten be-
setzten Klassen mit der x-Achse verbinden (vgl. Abb. 1.5). Da diese Summe ebenso
wie die Summe aller relativen Häufigkeiten (sie bilden die Seiten der jeweils *1 Einheit*
breiten Säulen) stets 1,00 bzw. 100 % ist, entsprechen sich hier die höhen- und flächenproportionalen Darstellungen.

Anmerkung: Wir werden sehen, dass diese Entsprechung dann nicht mehr gegeben
ist, wenn die Beobachtungswerte zu Klassen mit alternativen Klassenbreiten zu-
sammengestellt werden.

Unterschiedlich fallen die Empfehlungen zur grafischen Darstellung der *Verteilungs-funktion F(x)* diskreter ungruppierter Merkmalswerte aus.

Eine derartige Grafik wird als *Treppenzug* bezeichnet. Dieser entsteht, wenn wir über den (diskreten) Merkmalsausprägungen $x_i$ die zugehörigen kumulierten Häufigkeiten $F_i$ abtragen und von dem erhaltenen Punkt parallel zur Merkmalsachse um jeweils eine Einheit nach rechts gehen (vgl. Abb. 1.6).

*Die Verteilungsfunktion springt also, von links kommend, bei jeder neuen Merkmalsausprägung $x_i$ auf den zugehörigen $F_i$-Wert und dieser Wert ist gültig für den Bereich $x_i \leq x < x_{i+1}$*

Dass in einer derartigen Treppenfunktion nur die „Treppenstufen", d.h. die Funktions-abschnitte, die parallel zur Abszisse verlaufen, sinnvoll zu interpretieren sind, betonen auch jene Autoren, die Linienzüge zur Darstellung der Häufigkeitsverteilung diskreter Merkmale ablehnen. Der Grund ist leicht einzusehen: Die Funktion $F_i$ beantwortet die Frage, welcher Anteil der Merkmalsträger *höchstens* ($\leq$) einen Merkmalswert $x_i$ aufweist. Und diese Frage stellt sich im Unterschied zu einem ordinalen Merkmal bei einem metrischen Merkmal durchaus auch für Werte, die (wie im Regelfall z.B. der her-kömmliche Mittelwert) zwischen 2 Werten der Merkmalsachse liegen. Angenommen, wir wollen ermitteln, wie viel Studenten höchstens 6,8 Jahre Mathematikunterricht erhalten haben, lautet die richtige Antwort 8,0 % und nicht etwa Null. Ein Wert wie 6,8 ist natürlich nicht beobachtet worden, kann sich aber z.B. als Mittelwert ergeben.

Wie aber ist vorzugehen, wenn wir aus Gründen der leichteren Vergleichbarkeit verschiedene Treppenzüge in einem einzigen Diagramm unterbringen wollen? Aus Gründen der Übersichtlichkeit werden wir jetzt die Darstellung der *Treppenstufen auf Punkte reduzieren.* Als mögliche Alternativen bieten sich die linken Ecken, die Mitten oder die rechten Ecken an.

Für den hier zu diskutierenden Fall der Darstellung nicht gruppierter diskreter Werte bieten sich die rechten Endpunkte der Treppen weniger an, weil hier ja bereits der Sprung zum nächsthöheren $F_i$-Wert erfolgt. *Üblicherweise* werden die Mitten der Treppenstufen verbunden; den entstehenden Linienzug bezeichnet man als *Sum-menpolygon* (vgl. Abb. 1.6).

**Abb. 1.6:   Mathematische Vorbildung der Studienanfänger im SS...**
**an der Hochschule...**

Zahl der absolvierten Schuljahre mit Mathematikunterricht ohne Grundschulzeit

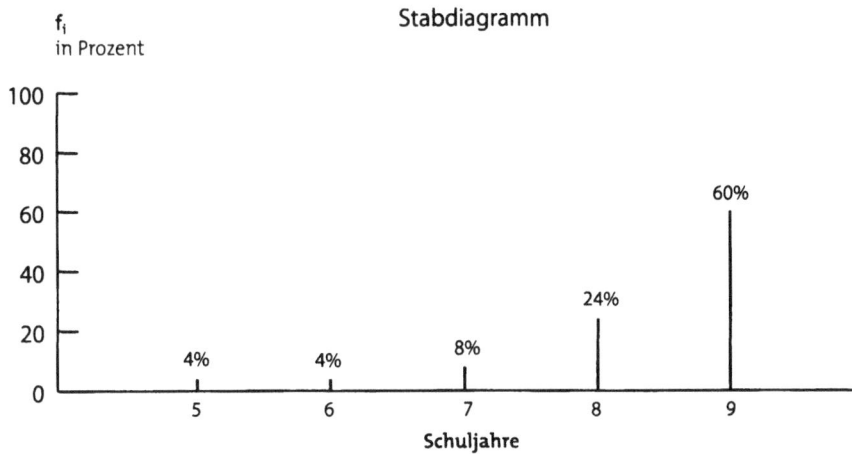

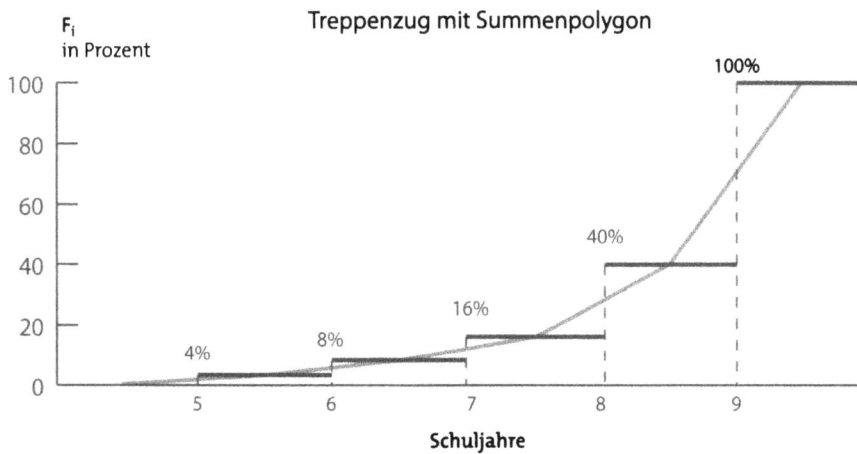

$f_i$
in Prozent

**Stabdiagramm**

100

80

60                                                                              60%

40

                                                                24%

20                                          8%

0

   5          6          7          8          9

                          Schuljahre

$F_i$
in Prozent

**Treppenzug mit Summenpolygon**

                                                                                100%

100

80

60

                                                        40%

40

                                        16%

20                          8%

   4%

0

   5          6          7          8          9

                          Schuljahre

4%        4%

*Quelle: eigene Erhebung*

Angenommen, die nachfolgende Grafik skizziert die bei den männlichen und weiblichen Klausurteilnehmern vorhandenen Mathematikkenntnisse (=Schuljahre); diesmal haben wir die linken Ecken der Treppenstufen verbunden (vgl. Abb. 1.7).

**Abb. 1.7:   Mathematische Vorbildung der Studienanfänger im SS...**
**an der Hochschule...**
Zahl der absolvierten Schuljahre mit Mathematikunterricht ohne Grundschulzeit

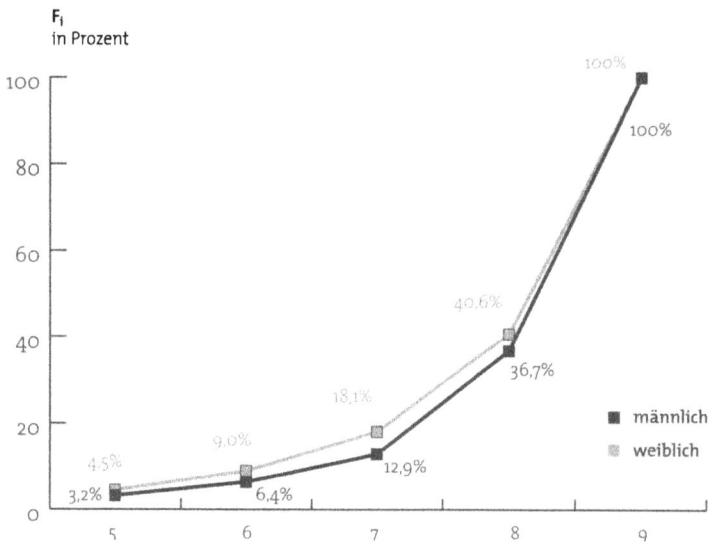

*Quelle: eigene Erhebung*

**Haben die männlichen Klausurteilnehmer mehr Interesse am Mathematikunterricht gezeigt?**
Höhere Mathematikschulzeiten liegen auf der Merkmalsachse aufsteigend nach rechts. Eine links von einer Vergleichskurve verlaufende Kurve besagt, dass ein höherer Prozentsatz dieser Gruppe geringere Mathematikschuljahre vorweist.

▷   Maximal 7 Jahre hatten ca. 13 % der weiblichen Studenten, aber ca. 18 % der männlichen Klausurteilnehmer am Mathematikunterricht teilgenommen.

▷   In beiden Gruppen hat die weniger interessierte Hälfte der Studenten höchstens 8,25 Jahre Mathematikunterricht erhalten.

Bisher hat uns in erster Linie interessiert, wie häufig eine bestimmte Merkmalsausprägung nicht überschritten wird. Hier noch ein Beispiel für die Frage, wie häufig ein bestimmter Merkmalswert überschritten bzw. mindestens erreicht wird. In diesem Fall wird die Verteilungsfunktion $F^*_{X_i} = 1 - F_{X_i}$ verwendet.

Die nachfolgende Grafik zeigt die Verteilungsfunktionen der Klausurleistungen von Studierenden alternativer Studienzweige im obligatorischen Mathevorbereitungskurs. Sie informieren über relative Summenhäufigkeiten, die bestimmte Standards (z.B. x ≥ 50 von maximal 100 Punkten) erreicht haben.

**Abb. 1.8: Klausurleistung in alternativen Studienrichtungen**

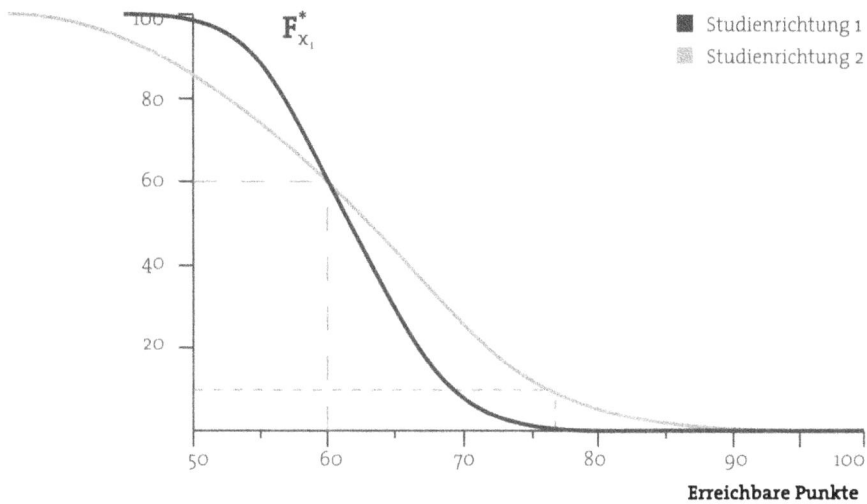

▷ Nur in ca. 87% aller Fälle erreichen Studierende der Studienrichtung 2 die zum Scheinerwerb notwendige Punktzahl x = 50, wohingegen dieses Ziel von Studierenden der Studienrichtung 1 so gut wie immer erreicht wird.

▷ In ca. 60 % aller Fälle erreichen die Kursteilnehmer mindestens 60 von maximal 100 Punkten. Und dieser Standard ist unabhängig von der gewählten Studienrichtung!

▷ Allerdings erreichen Studierende der Studienrichtung 2 relativ häufig auch sehr viel höhere Punktzahlen: ca. 10% dieser Kandidaten erreichen 77 oder mehr Punkte. Für Studierende der Studienrichtung 1 ist diese Punktzahl nahezu unerreichbar.

**1.2.4          Darstellung gruppierter Werte**

Die graphische Darstellung von gruppierten Werten eines kardinalen Merkmals unterscheidet sich in einigen Punkten wesentlich von der bisherigen Vorgehensweise[7]. Zunächst teilt man den Wertebereich der Daten in zusammenhängende Teilbereiche (Gruppen oder Intervalle) auf und errichtet dann über jedem Intervall Streifen, deren Fläche der Anzahl der auf das Intervall entfallenden Beobachtungswerte entspricht. Es entsteht ein Säulendiagramm ohne Lücken zwischen den Säulen (=Histogramm).

**Abb. 1.9:    Alter von Studienanfängern im SS... an der Hochschule...**

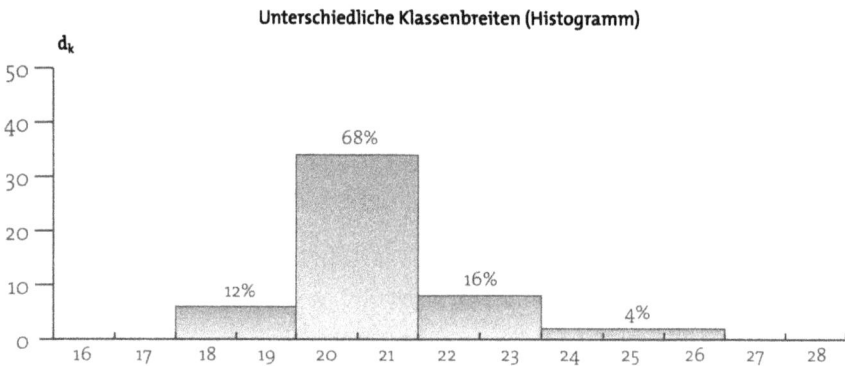

Unterschiedliche Klassenbreiten (Histogramm)

*Quelle: eigene Erhebung*

**Hierzu zwei Anmerkungen:**

1.  Die *Häufigkeiten werden grundsätzlich flächenproportional dargestellt* (= Histogramm). Hierzu sind auf der Merkmalsachse die exakten Klassengrenzen $x^u_k$ und $x^o_k$ (nicht die Klassenmitten!) abzutragen, in denen Senkrechten errichtet werden. Diese sind in ihrer Länge so zu bemessen, dass die Flächen der entstehenden *Rechteckflächen* die Häufigkeiten der Klassen repräsentieren (vgl. Abb. 1.9).

    Die Höhen dieser Säulen ergeben sich danach als

    $$g_k = \frac{h_k}{\Delta x_k} \qquad \text{(die man auch als absolute Dichte bezeichnet)}$$

---

[7]  Die nachfolgenden Ausführungen gelten für diskrete und stetige Merkmale gleichermaßen. Dass letztere ausschließlich als gruppierte Werte erfaßt werden, ist auf die stets nur begrenzte Genauigkeit der Meßverfahren zurückzuführen.

bzw.

$$d_k = \frac{f_k}{\Delta x_k} \qquad \text{(die man auch als relative Dichte bezeichnet)}$$

Diese Werte geben an, wieviele Merkmalsträger in den Klassen jeweils (im Durchschnitt) auf jede Einheit der x-Achse entfallen, also zeigen, wie „dicht" die einzelnen Klassen besetzt sind.

Die Summen der Rechteckflächen des Histogramms betragen wiederum 1,00 (relativ) bzw. n (absolut) und das Häufigkeitspolygon ergibt sich wieder als Verbindungslinie der Mittelpunkte der oberen Rechteckbegrenzungen.

Ein „Verbinden" dieses Linienzuges mit der x-Achse nach dem für die Darstellung nicht gruppierter Werte gezeigten Muster ist hier allerdings nicht mehr möglich, weil Aussagen über die Klassenmitten der äußeren unbesetzten Nachbarklassen nicht vorliegen.

2.  Als Bezugspunkt für die Summenhäufigkeiten $H_k$ bzw. $F_k$ dienen nicht die Klassenmitten, sondern die *oberen exakten Klassengrenzen*. Da die Verteilungsfunktion erst an diesen Endpunkten die angegebene Summenhäufigkeit erreicht, erhalten wir als graphische Darstellung keinen Treppenzug, sondern ein Stabdiagramm. Das *Summenpolygon* entsteht als *Verbindungslinie dieser Punkte*. Dabei geht man davon aus, dass alle Beobachtungswerte, die in eine Klasse fallen, sich gleichmäßig über diese Klasse verteilen (vgl. Abb. 1.10).

**Abb. 1.10:   Körpergröße der Studierenden im SS... an der Hochschule...**
**in cm**

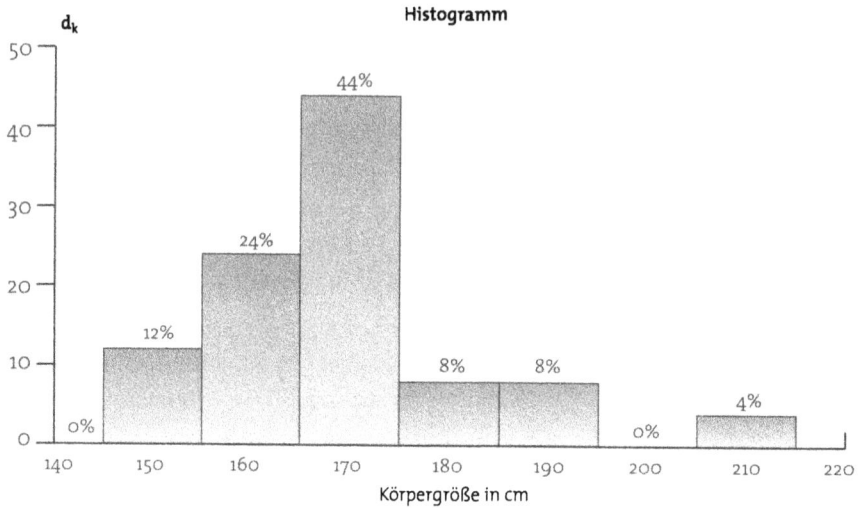

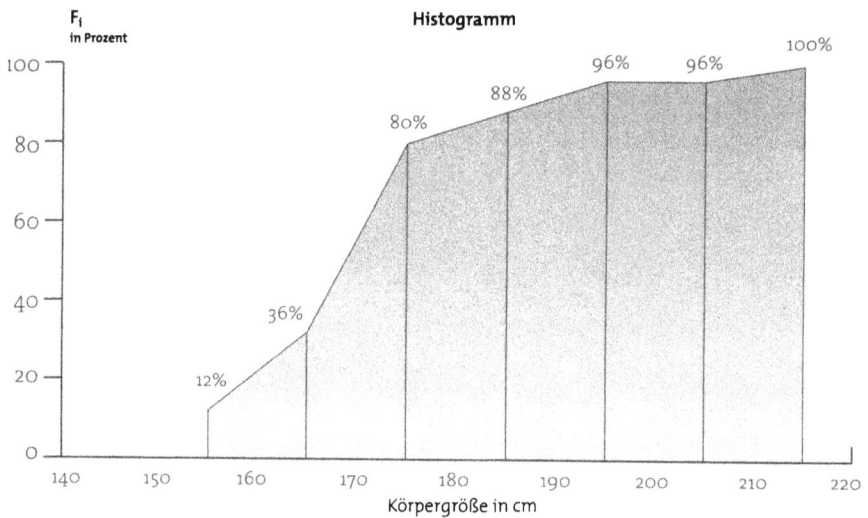

*Quelle: eigene Erhebung*

## 1.3 Die parametrische Darstellung

Die tabellarische und die grafische Darstellung von Häufigkeitsverteilungen bzw. Querschnittsdaten sind ergänzungsbedürftig: Der Adressat der Information wünscht Angaben, die ihn in *knapper Form* über die wichtigsten Charakteristika der Erhebung informieren. Solche charakteristischen oder typischen Merkmale einer Verteilung sind z.B. Mittelwerte (bzw. Lageparameter), die Streuung der Merkmalswerte um diese Mittelwerte oder die Konzentration der Merkmalssumme auf die Merkmalsträger.

Über die Konstruktion und die Anwendung derartiger Kennziffern oder Parameter informieren die nachfolgenden Abschnitte.

| | |
|---|---|
| **Lageparameter** | kennzeichnen das Zentrum einer Verteilung auf der Merkmalsachse (vgl. Kap. 1.3.1). |
| **Streuungsparameter** | kennzeichnen die Streuung der Merkmalswerte um das Zentrum (vgl. Kap. 1.3.2). |
| **Formmaßzahlen** | kennzeichnen die Symmetrieeigenschaften und die Wölbung einer Verteilung (vgl. Kap. 1.3.3). |
| **Konzentrationsmaße** | informieren über die Verteilung der Merkmalssumme eines quantitativen Merkmals auf einzelne Merkmalsträger (vgl. Kap. 1.3.4). |

Der Versuch, den Informationsgehalt einer Tabelle oder Graphik auf wenige Zahlenwerte zu reduzieren, ist zwangsläufig mit Informationsverlusten verbunden. Denn diese statistischen Kennziffern beleuchten stets nur einen bestimmten Teilaspekt der Verteilung. Eine hinreichend umfassende und zugleich präzise Information ist nur von mehreren statistischen Kennziffern zu erwarten, nicht aber von einem einzelnen Parameter. Wer diesen Tatbestand vernachlässigt, mißversteht das Ziel der parametrischen Darstellung.

Eine Gruppe von Hobbyfußballern z.B. trifft sich regelmäßig zum Spiel. Die „durchschnittliche" Teilnehmerzahl von 10 Personen ist eigentlich ideal (für 2 Mannschaften á 5 Spielern), tatsächlich sind es aber oft nur 4 Teilnehmer (weshalb kein Spiel zustande kommt) oder 16 (weshalb ausgewechselt werden muß). Obwohl also „im Durchschnitt" genau die richtige Anzahl an Spielern erschienen ist, kam es häufig auf Grund der großen Streuung zu Spielabsagen oder Gedrängel auf der Auswechselbank.

### 1.3.1 Lageparameter

Eine statistische Masse kann durch eine einzige charakteristische Größe beschrieben werden; diese Größe soll die Gesamtheit der Beobachtungswerte möglichst gut repräsentieren. Im Mittelpunkt der folgenden Ausführungen steht die Frage, welcher Merkmalswert hierzu geeignet ist.

Grundsätzlich bietet sich zunächst jeder beliebige Wert an, wenn er nur im Bereich der beobachteten Ausprägungen liegt. Es ist nun unmittelbar einsichtig, dass Extremwerte, Werte in den Randbereichen der Verteilung oder selten auftretende Werte der gestellten Anforderung nicht entsprechen; sie sind nicht typisch für die Lage einer Verteilung.

Für die Analyse von Querschnittsdaten werden insbesondere die folgenden Mittelwerte als Lageparameter eingesetzt:

| $\bar{x}_D$ | Der dichteste Wert |
|---|---|
| $\bar{x}_Z$ | Der Zentralwert |
| $\bar{x}_A$ | Das arithmetische Mittel |
| $\bar{x}_H$ | Das harmonische Mittel |
| $\bar{x}_G$ | Das geometrische Mittel |

Die gewählte Konstruktion hängt auch hier wieder entscheidend vom zugrundeliegenden Skalierungsniveau ab. Folgendes Beispiel kann dies nochmals verdeutlichen:

In einer Fahrschule werden neben dem Merkmal $X_1$ (=erreichte Punktzahl in der theoretischen Prüfung) die Merkmale $X_2$, $X_3$ und $X_4$ erhoben. Dabei ergeben sich die folgenden Beobachtungswerte:

|  | $X_1$ | $X_2$ | $X_3$ | $X_4$ |
|---|---|---|---|---|
| $E_1$ | 20 | 183 | 1 | 1 |
| $E_2$ | 19 | 178 | 1 | 3 |
| $E_3$ | 18 | 181 | 2 | 3 |
| $E_4$ | 18 | 160 | 2 | 2 |
| $E_5$ | 25 | 163 | 1 | 5 |
| $E_6$ | 41 | 158 | 2 | 5 |
| $E_7$ | 19 | 192 | 1 | 2 |
| $E_8$ | 18 | 183 | 1 | 3 |
| $E_9$ | 17 | 186 | 1 | 1 |

Den Durchschnitt berechnet man landläufig durch Aufsummieren der Werte und Teilen durch die Anzahl der Werte. Man erhält in unserem Beispiel folgende Mittelwerte:

$$\bar{x}_1 = 21,66 \qquad x_2 = 176 \qquad x_3 = 1,33 \qquad x_4 = 2,77$$

Der Querstrich macht deutlich, dass es sich nicht um einen konkreten Beobachtungswert handeln muß, sondern um einen berechneten Parameter.

Dabei wissen wir aber noch nicht, um welche Merkmale $X_2$, $X_3$ und $X_4$ es sich in diesem Fall handelt.

Ist $X_2$ die Körpergröße in cm, dann ist der Wert $\bar{x}_2 = 176$ interpretierbar.

Die nachfolgenden Ergebnisse machen aber dann keinen Sinn mehr , wenn folgendes gilt:

| | |
|---|---|
| $X_3$ = Geschlecht, wobei | 1 = männlich |
| | 2 = weiblich |
| $X_4$ = Bildungsabschluß, wobei | 1 = Grundschule |
| | 2 = Mittlere Reife |
| | 3 = Fachhochschulreife |
| | 4 = Abitur |
| | 5 = Bachelor |
| | 6 = Master |

Ein durchschnittliches Geschlecht von 1,33 oder ein durchschnittlicher Bildungsabschluß von 2,77 sind unsinnig.

In den folgenden Abschnitten sollen die Lageparameter an einem bewußt übersichtlichen Beispiel verdeutlicht werden.

Angenommen, eine Industriebranche besteht aus insgesamt n = 5 Betrieben. Deren Betriebsgröße wird am Jahresumsatz X der Betriebe gemessen.

**Urliste**

| Betrieb   j | 1 | 2 | 3 | 4 | 5 |
|---|---|---|---|---|---|
| Umsatz   X | 200 | 200 | 400 | 400 | 800 |

**Primäre Verteilungstafel**

| $x_i$ | $h_i$ | $f_i$ | $H_i$ | $F_i$ |
|---|---|---|---|---|
| $x_1$ = 200 (GE) | 2 | 0,4 | 2 | 0,4 |
| $x_2$ = 400 (GE) | 2 | 0,4 | 4 | 0,8 |
| $x_3$ = 800 (GE) | 1 | 0,2 | 5 | 1,0 |

**1.3.1.1        Lageparameter nominal skalierter Merkmale**

**Definition:**
Der dichteste oder häufigste Wert oder *Modus* einer Häufigkeitsverteilung ist die Merkmalsausprägung, die die größte Beobachtungshäufigkeit aufweist.

| $\bar{x}_D = x_i$ | $h_i \Rightarrow max$ | *ungruppierte Werte* |
|---|---|---|
| $\bar{x}_D = x_k$ | $d_k \Rightarrow max$ | *gruppierte Werte* |

**Charakteristik:**
Die Beliebtheit des Modus als Lageparameter beruht besonders auf seiner Realitätsnähe; $\bar{x}_D$ ist häufig ein realisierter, beobachteter Wert.

Da weder die Merkmalswerte selbst noch deren Rangziffern für die Bestimmung des Modus benötigt werden, ist $\bar{x}_D$ als typischer Wert sowohl für kardinale und ordinale als auch für nominale Merkmale verwendbar. Sagt man „normaler" Preis, so meint man meist den dichtesten Wert von Preisen. Fragt man: „Wann kommt der Professor?", und es wird geantwortet: „normalerweise um 8:15 Uhr", dann ist der Modus angesprochen, auch wenn es hin und wieder später werden kann.

*Für nominale Merkmale ist der Modus der einzig sinnvolle Lageparameter.*

**Berechnung:**
Liegen die Beobachtungswerte in Form einer *primären Verteilungstafel* vor, ist der Modus leicht zu identifizieren.

Das Beispiel „Umsätze von 5 Unternehmen" liefert allerdings zwei dichte Werte $\bar{x}_{D1} = 200$ und $\bar{x}_{D2} = 400$. Im Gegensatz dazu ist der Modus in unserem Beispiel „Einzugsbereich der Hochschule" eindeutig bestimmt: $\bar{x}_D = 4$.

Wird der Modus kardinal skalierter Werte über eine *sekundäre Verteilungstafel* ermittelt, der *konstante Klassenbreiten* zugrunde liegen, beschränkt man sich sinnvollerweise auf die Angabe des Intervalls mit der größten Häufigkeit. Wählt man als Näherungswert für den Modus die Klassenmitte der häufigsten Klasse, beruht dies auf der Annahme, dass die Beobachtungswerte dieser Klasse vorzugsweise in der Klassenmitte und weniger häufig an den Klassengrenzen anzutreffen sind.

Sind die *Klassenbreiten nicht konstant*, wird es notwendig, vor der Bestimmung des Modus die *Häufigkeitsdichten* zu bestimmen (das sind jene Ziffern, die die Anzahl der Merkmalsträger je Einheit der x-Achse angeben): Die Modalklasse ist nicht unbedingt die Klasse mit der größten Häufigkeitsziffer, sondern stets jene mit der maximalen Dichte (vgl. hierzu Abb. 1.9).

**Eigenschaft:**

Der Modus wird weniger wegen besonderer mathematischer Eigenschaften als statistische Kennziffer eingesetzt, er stellt nicht in erster Linie darauf ab, ein repräsentativer Wert zu sein; er ist vielmehr um seiner selbst willen von Interesse: Wir wollen durch ihn den vorherrschenden Wert in einer Verteilung erkennen.

### 1.3.1.2        Lageparameter ordinal skalierter Merkmale

**Definition:**

Der Zentralwert (*Median*) $\bar{x}_Z$ ist jener Merkmalswert, der in der geordneten Reihe der Merkmalsträger genau in der Mitte liegt. Maximal 50 Prozent der Beobachtungswerte sind kleiner als $\bar{x}_Z$, und maximal 50 Prozent sind größer als der Median.

**Charakteristik:**

Zur Bestimmung wird die Rangziffer herangezogen, nicht der Beobachtungswert selbst. Extremwerte oder Ausreißer haben daher keinen höheren Einfluß auf den Wert dieses Lageparameters als jeder andere Wert. Der Median kann außerdem auch dann bestimmt werden, wenn die Außenklassen einer Verteilung offen sind.

*Die Berechnung des Zentralwertes setzt zumindest ordinal skalierte Merkmale voraus: Seine Bestimmung verlangt eine Aussage über den Rangplatz einzelner Beobachtungswerte.*

Die Anwendung des Zentralwertes empfiehlt sich nicht nur für ordinal skalierte Merkmale, sondern auch für metrische Merkmale. Es wird immer wieder betont, dass das „Mittengefühl" der Menschen durch $\bar{x}_Z$ charakterisiert wird. Fragt man einen Schüler, ob er gut in der Schule sei und er antwortet „mittel", dann hat er $\bar{x}_Z$ im Sinn, d.h. er will ausdrücken, dass im Vergleich zu ihm ungefähr gleich viele schlechtere wie bessere Schüler in seiner Klasse sind. Analoges gilt für das Einkommensgefühl eines Arbeitnehmers, der unzufrieden ist, weil er mehr besser bezahlte Kollegen als schlechter bezahlte Kollegen neben sich hat. Er ist der Meinung, dass er deshalb nur unterdurchschnittlich bezahlt wird.[8]

**Berechnung:**

Sind n geordnete Beobachtungswerte gegeben und ist n eine ungerade Zahl, gibt es genau einen mittleren Wert. Dieser Wert hat die Ordnungsnummer $\frac{n+1}{2}$ und es gilt:

$$\bar{x}_Z = b_{\frac{n+1}{2}}$$

---

8   Wie beim Modus wird auch hier ein realisierter, beobachteter Wert bestimmt. Ein wesentlicher Grund, warum Preisangaben der Stiftung Warentest auf diesen Wert zurückgreifen.

Beispielsweise erhalten wir als Zentralwert der Umsätze unserer fünf Unternehmen:

$$\bar{x}_Z = b_{\frac{n+1}{2}} \quad = 400 \, (GE)$$

natürlich ist $\bar{x}_Z$ ein Beobachtungswert.

Bei einer geraden Anzahl von Beobachtungswerten gibt es kein Element, das die geordnete Reihe der Objekte in genau zwei Hälften teilt. Vereinbarungsgemäß gilt dann:

$$\bar{x}_Z = \frac{1}{2} \left[ b_{\frac{n}{2}} + b_{\frac{n+2}{2}} \right]$$

Bei z.B. n = 6 Beobachtungswerten ergibt sich der Zentralwert also als Mittel aus dem 3. und 4. (geordneten) Wert (und nicht etwa [3 + 4]/2 = 3,5). In praktischen Fällen erübrigt sich häufig diese Mittelung, da die in die Bestimmung eingehenden Werte übereinstimmen.

Besonders einfach läßt sich der Zentralwert graphisch mit Hilfe der Summenhäufigkeitsverteilung bestimmen; man braucht nur die zu $F_x$ = 0,5 gehörige Merkmalsausprägung (= $\bar{x}_Z$) zu bestimmen.

Zur Demonstration diene wiederum unser „Umsatzbeispiel":

| Umsatz $x_i$ | 200 | 400 | 800 |
|---|---|---|---|
| Anteil $F_i$ | 0,40 | 0,80 | 1,00 |

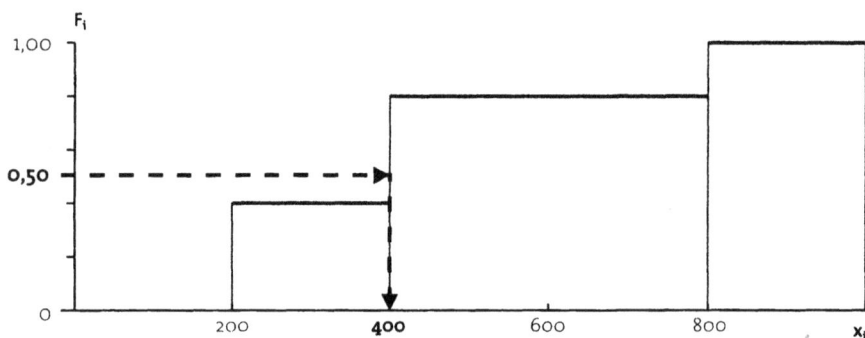

**Ablesehilfe**

a) höchstens 50 % der Betriebe erzielen einen Umsatz von weniger als 400 GE,
   - tatsächlich sind das 2 von 5 Unternehmen, also 40 %.

b) höchstens 50 % der Betriebe erzielen einen Umsatz von mehr als 400 GE,
   - tatsächlich ist das 1 von 5 Unternehmen, also 20 %.

Im Falle des „Notenspiegels Mathematische Vorbildung" erhalten wir $\bar{x}_Z = 4$.
Auch aus Abb. 1.5 lässt sich der Zentralwert einfach ablesen, zu $F_x = 0{,}5$ gehört $\bar{x}_Z = 4$.

**Eigenschaft:**

Ebenso wie das noch anzusprechende arithmetische Mittel zeichnet sich der Zentralwert durch eine bestimmte Minimumeigenschaft aus. Es läßt sich zeigen: Die Summe der absoluten Abweichungen metrisch skalierter Beobachtungswerte von einem beliebigen Wert wird dann ein Minimum, wenn man sich auf den Zentralwert bezieht, d.h.

$$\sum_{j=1}^{n} |\, b_j - \bar{x}_Z \,| = \min$$

Anders ausgedrückt: Der Zentralwert ist insofern repräsentativ für die Verteilung eines metrischen Merkmals, als es sich um jenen Wert handelt, von dem alle übrigen im Durchschnitt am wenigsten absolut abweichen. [9]

In enger Beziehung zum Zentralwert steht der sog. *Scheidewert* $\bar{x}_s$. Dabei handelt es sich um den Wert in einer geordneten Reihe, oberhalb dessen die Summe (beim Zentralwert: Anzahl) der Werte gleich der Summe der Werte unterhalb von ihm ist. $\bar{x}_s$ hat dann eine sachliche Bedeutung, wenn $\sum x$ und Teile dieser Summe interpretationsfähig sind. In unserem Beispiel erhalten wir $\bar{x}_s = 400$; die drei kleinsten Unternehmen erreichen mit insgesamt $200 + 200 + 400 = 800$ den gleichen Umsatz wie der Branchenführer. [10]

---

9  Einen Beweis dieser Eigenschaft bietet z.B. Anderson, O., u.a., Grundlagen der Statistik, Amtliche Statistik und beschreibende Methoden, Berlin, Heidelberg, New York 1978, S. 90 f.
10  Vgl. hierzu: Menges, G., Die Statistik, Zwölf Stationen des statistischen Arbeitens, Wiesbaden 1982, S. 190.

**1.3.1.3        Lageparameter kardinal skalierter Merkmale**

**1.3.1.3.1        Arithmetisches Mittel**

Das arithmetische Mittel ist identisch mit dem Wert, der landläufig als „Durchschnitt" bezeichnet wird.

**Definition:**
Sind $b_j$ die n Beobachtungswerte, ergibt sich das arithmetische Mittel als:

$$\overline{x}_A = \frac{b_1 + \dots + b_n}{n} = \frac{1}{n} \sum_{j=1}^{n} b_j$$

**Charakteristik:**

1. In die Berechnung gehen *sämtliche* Beobachtungswerte ein. Diese Abhängigkeit des arithmetischen Mittels auch von Extremwerten beeinträchtigt seine Eignung als repräsentativer, typischer Verteilungswert.

2. Das arithmetische Mittel kann Werte annehmen, die als Beobachtungswert gar nicht vorkommen. Ein Konfektionär, der sein Angebot vorwiegend an arithmetischen Mittelwerten von Körpermaßen orientiert, ist u.U. schlecht beraten. Es könnte sich nämlich herausstellen, dass er seine Kollektion auf „Idealgestalten" abstimmt, die in der Realität kaum vorkommen.

*Es ist zu beachten, dass das arithmetische Mittel in seiner Verwendung als Lageparameter voraussetzt, dass die untersuchten Beobachtungswerte zumindest intervallskaliert sind: Die Abstände der beobachteten Merkmalswerte - ausgedrückt als Vielfaches einer konstanten Maßeinheit - gehen in die Berechnung ein.* [11]

**Berechnung:**
Die Definitionsgleichung ist dann wenig benutzerfreundlich, wenn viele statistische Elemente untersucht werden. Sofern bestimmte Merkmalsausprägungen häufiger auftreten, empfiehlt es sich, die Berechnung über die Werte der *primären Verteilungstafel* vorzunehmen. [12,13]

---

11   Die Berechnung einer Durchschnittsnote als arithmetisches Mittel der Einzelnoten ist ein Beispiel für eine sachlich nicht zu vertretende Verwendung dieser statistischen Kennziffer.

12   Mittelwerte, die unter Verwendung von Häufigkeiten berechnet werden, bezeichnet man als *gewogene Durchschnitte* (die Häufigkeiten dienen als „Gewichte"), vgl. Kapitel 3.1.2.

13   Zu welch absurden Ergebnissen ein fälschlicherweise eingesetztes ungewogenes arithmetisches Mittel führen kann, zeigt folgendes Beispiel (aus Krämer, W., So lügt man mit Statistik, 3., unveränderte Aufl., Frankfurt am Main, New York 1991, S. 53). Ein Imbißbudenbesitzer wurde einmal gefragt, woraus sein Wildragout besteht. „Naja, es ist auch Pferdefleisch dabei", gab er ehrlich zu. „Und wieviel Pferdefleisch?" „Halb und halb; ein Kaninchen und ein Pferd."

$$\bar{x}_A = \frac{\sum\limits_{i=1}^{m} x_i \cdot h_i}{n} = \frac{1}{n} \sum_{i=1}^{m} x_i \cdot h_i = \sum_{i=1}^{m} x_i \cdot f_i$$

Angewandt auf die Umsatzdaten der 5 Unternehmen ergeben sich folgende Durchschnittswerte:

Urliste $\qquad$ $\bar{x}_A = \frac{1}{n} \sum\limits_{j=1}^{5} b_j \qquad = \frac{200 + 200 + 400 + 400 + 800}{5} \qquad = \mathbf{400\ (GE)}$

Prim.
V-Tafel $\qquad$ $\bar{x}_A = \frac{1}{n} \sum\limits_{i=1}^{m} x_i \cdot h_i \qquad = \frac{200 \cdot 2 + 400 \cdot 2 + 800 \cdot 1}{5} \qquad = \mathbf{400\ (GE)}$

$\bar{x}_A = \sum\limits_{i=1}^{m} x_i \cdot f_i \qquad = 200 \cdot 0{,}4 + 400 \cdot 0{,}4 + 800 \cdot 0{,}2 \qquad = \mathbf{400\ (GE)}$

Ist das arithmetische Mittel aus den Daten einer *sekundären Verteilungstafel* zu bestimmen, geschieht dies über

$$\bar{x}_A = \frac{1}{n} \sum_{k=1}^{l} \bar{x}_k \cdot h_k = \sum_{k=1}^{l} \bar{x}_k \cdot f_k \qquad | \qquad k = \text{Klassen} mittelwert$$

Liegen - und dies ist der Regelfall - die Klassen*mittelwerte* k nicht vor, so gehen stellvertretend für sie die Klassen*mitten* $x_k$ in die Berechnung ein. Da nun aber die Klassenmitten (insbesondere nach einer „mechanischen" Klassenbildung) i.d.R. nicht mit den Klassenmittelwerten übereinstimmen, ist auf diesem Wege nur eine näherungsweise Bestimmung des arithmetischen Mittels möglich. Es wird lediglich ein Schätzwert bestimmt.[14]

$$\overset{\triangle}{x}_A = \frac{1}{n} \sum_{k=1}^{l} x_k \cdot h_k = \sum_{k=1}^{l} x_k \cdot f_k \qquad | \qquad x_k = \text{Klassen} mitte$$

Um dies zu verdeutlichen, verdichten wir unsere 5 Umsatzdaten und bilden 2 (wenig aussagefähige) Umsatzklassen.

| k | $x_k^u - x_k^o$ | $\Delta x_k$ | K-mitte | K-mittelwert | $h_k$ | $f_k$ |
|---|---|---|---|---|---|---|
| 1 | 0,5 – 399,5 | 399 | 200 | 200,00 | 2 | 0,4 |
| 2 | 399,5 – 800,5 | 401 | 600 | 533,33 | 3 | 0,6 |

---

14 Zukünftig werden wir Schätzwerte mit einem ^ (sprich: Dach) kennzeichnen.

Sek.
V-Tafel $(\bar{x}_k)$   $\qquad \bar{x}_A = \dfrac{1}{n} \sum\limits_{k=1}^{1} \bar{x}_k \cdot h_k \qquad = \dfrac{200 \cdot 2 + \frac{1600}{3} \cdot 3}{5} \qquad$   = **400 (GE)**

$\qquad \bar{x}_A = \sum\limits_{k=1}^{1} \bar{x}_k \cdot f_k \qquad = 200 \cdot 0{,}4 + 533{,}33 \cdot 0{,}6 \qquad$   = **400 (GE)**

Sek.
V-Tafel $(x_k)$   $\qquad \hat{\bar{x}}_A = \dfrac{1}{n} \sum\limits_{k=1}^{1} x_k \cdot h_k \qquad = \dfrac{200 \cdot 2 + 600 \cdot 3}{5} \qquad$   = **440 (GE)**

$\qquad \hat{\bar{x}}_A = \sum\limits_{k=1}^{1} x_k \cdot f_k \qquad = 200 \cdot 0{,}4 + 600 \cdot 0{,}6 \qquad$   = **440 (GE)**

Häufig ist es sinnvoll, die statistischen Elemente vor der Datenauswertung mit Hilfe von Gliederungsmerkmalen in Teilgesamtheiten zu unterteilen, um diese getrennt analysieren zu können. Wir können natürlich den arithmetischen Mittelwert der statistischen Masse aus den Mittelwerten dieser Teilgesamtheiten bestimmen.

$$\bar{x}_A = \frac{1}{n} \sum_{h=1}^{H} \bar{x}_h \cdot n_h$$

h = Laufindex für die unterschiedlichen Teilmengen

H = Zahl der Teilmengen

$\bar{x}_h$ = arithmetisches Mittel der Teilmenge h

$n_h$ = Zahl der Elemente in der Teilmenge h

Angenommen, in unserem Umsatzbeispiel interessieren im Hinblick auf spätere Vergleiche mit anderen Branchen die durchschnittlichen Umsätze der Regionen Nord, Süd und West.

| Region | Anzahl | Umsätze | $\bar{x}_h$ |
|---|---|---|---|
| Nord | $n_1 = 4$ | 200, 200, 400, 400 | $h_1 = 300$ |
| Süd | $n_2 = 1$ | 800 | $h_2 = 800$ |
| West | $n_3 = 0$ | . | . |

Der Umsatz eines Durchschnittsbetriebes dieser Branche ergibt sich wieder als:

$$\bar{x}_A = \frac{1}{5} \cdot (300 \cdot 4 + 800 \cdot 1) = \textbf{400 (GE)}$$

In enger Beziehung zum arithmetischen Mittel stehen das geometrische und das harmonische Mittel.

### 1.3.1.3.2      Harmonisches Mittel

Das *harmonische Mittel* ist der reziproke Wert der gemittelten reziproken Beobachtungswerte.

$$\bar{x}_H = 1 \; : \; \frac{\displaystyle\sum_{j=1}^{n} \frac{1}{b_j}}{n} \; = \; \frac{n}{\displaystyle\sum_{j=1}^{n} \frac{1}{b_j}}$$

Analog zur Berechnung des gewogenen arithmetischen Mittels ergibt sich das *gewogene* harmonische Mittel als

$$\bar{x}_H = \frac{G}{\displaystyle\sum_{i=1}^{m} \frac{g_i}{x_i}} \qquad \left| \quad \sum_{i=1}^{m} g_i = G \right.$$

bzw. mit relativer Gewichtung

$$\bar{x}_H = \frac{1}{\displaystyle\sum_{i=1}^{m} \frac{g_i^{*}}{x_i}} \qquad \left| \quad 0 \le g_i^{*} \le 1 \quad \text{und } g_i^{*} = \frac{g_i}{G} \right.$$

$$\sum_{i=1}^{m} g_i = 1$$

Wenn wir nach dieser Vorschrift eine repräsentative Umsatzziffer für unsere fünf Unternehmen berechnen

$$\bar{x}_H = \frac{n}{\displaystyle\sum \frac{1}{b_j}} = \frac{5}{\dfrac{1}{200} + \dfrac{1}{200} + \dfrac{1}{400} + \dfrac{1}{400} + \dfrac{1}{800}} \qquad \text{bzw.}$$

$$= \frac{n}{\displaystyle\sum \frac{h_i}{x_i}} = \frac{5}{\dfrac{2}{200} + \dfrac{2}{400} + \dfrac{1}{800}} \qquad \text{bzw.}$$

$$= \frac{1}{\displaystyle\sum \frac{h_i^{*}}{x_i}} = \frac{1}{\dfrac{0{,}40}{200} + \dfrac{0{,}40}{400} + \dfrac{0{,}20}{800}}$$

$$= 307{,}49 \,(\text{GE})$$

und das Ergebnis mit dem arithmetischen Mittel ($\bar{x}_A = 400$) vergleichen, ergibt sich

$$\bar{x}_A \leq \bar{x}_H$$

Das harmonische Mittel erreicht, und dies gilt allgemein, höchstens den Wert des arithmetischen Mittels; und zwar deshalb, weil durch die Reziprokisierung der Zahlen die Einflüsse möglicher Extremwerte gedämpft werden; als Reziprokwerte treten ausschließlich Zahlen zwischen 0 und 1 auf.

Die hier vorgestellte Mittelwertkonstruktion ist dann zwingend, wenn es um die *Mittelung von Verhältnisgrößen* geht. Bekannt ist folgendes Beispiel. Ein Tank hat zwei Abflüsse; öffnet man den einen, leert sich der Tank in 3 Stunden, öffnet man den anderen Hahn, dauert es 5 Stunden. Wie lange dauert es, bis der Tank leer ist, wenn man beide Abflüsse gleichzeitig öffnet. Natürlich nicht 4, sondern

$$\frac{1}{\frac{1}{3}+\frac{1}{5}} = 1{,}875 \text{ Stunden.}$$

Auch Preisnotierungen, also (GE/ME), sind hierfür ein Beispiel. Angenommen, die Umsatzdaten unserer fünf Unternehmen resultieren aus den nachfolgenden Preis-Mengen-Kombinationen

| j | 1 | 2 | 3 | 4 | 5 | $\sum$ |
|---|---|---|---|---|---|---|
| $x_j$ | 200 | 200 | 400 | 400 | 800 | 2000 (GE) |
| $p_j$ | 10,– | 5,– | 16,– | 20,– | 40,– | (GE/ME) |
| $m_j$ | 20 | 40 | 25 | 20 | 20 | 125 (ME) |
| $\frac{m_j}{\sum m_i}$ | 0,16 | 0,32 | 0,20 | 0,16 | 0,16 | 1,00 |

Der Durchschnitts-Preis $\bar{p}$, der bei einem Absatz von insgesamt 125 (ME) ebenfalls zu einem Umsatz von *insgesamt* 2000 (GE) führt, ist

$$\bar{p} = \frac{\text{Gesamtumsatz}}{\text{Gesamtmenge}} = \frac{2000 \text{ (GE)}}{125 \text{ (ME)}} = \mathbf{16 \text{ (GE/ME)}}$$

Dieser Wert ergibt sich natürlich auch dann, wenn wir ein *gewogenes arithmetisches Mittel der Einzelpreise* bestimmen und *als Gewichte die abgesetzten Mengeneinheiten* verwenden.

$$\bar{p}_A = \frac{1}{125} \cdot (10 \cdot 20 + 5 \cdot 40 + 16 \cdot 25 + 20 \cdot 20 + 40 \cdot 20) \text{ bzw.}$$

$$= \mathbf{16 \text{ (GE/ME)}}$$

Häufig liegen nun im praktischen Fall Informationen über die zu bestimmten Preisen abgesetzten Mengen nicht vor. In dieser Situation stützt sich der Preisstatistiker auf die *Umsatzangaben* der Firmen.

Natürlich wäre es nun wenig sinnvoll, die Mittelwertkonstruktion beizubehalten und einfach die Mengengewichte durch die Umsatzgewichte zu ersetzen, weil der Preis p im Umsatz enthalten ist; bei differierenden Preisen muß dies zu abweichenden Ergebnissen führen. Der gesuchte Mittelwert der Einzelpreise ergibt sich vielmehr dann, wenn wir ein *gewogenes harmonisches Mittel der Preise* berechnen und als Gewichte die Umsätze der Unternehmen bzw. deren *Umsatzanteile* verwenden.

*Als Gewichte kommen jetzt also nicht mehr die Nenner (ME), sondern die Zählergrößen (GE) zur Anwendung!*

$$p_H = \frac{\text{Gesamtumsatz}}{\text{Gesamtmenge}} = \frac{\sum x_j}{\sum \frac{x_j}{p_j}} \text{ bzw. } \frac{1}{\sum \frac{g_j^{\cdot}}{p_j}} \qquad \Big| \quad g_j^{\cdot} = \frac{x_j}{\sum x_j}$$

$$\bar{p}_H = \frac{G}{\sum \frac{g_j}{p_j}} = \frac{2000}{\frac{200}{10} + \frac{200}{5} + \frac{400}{16} + \frac{400}{20} + \frac{800}{40}} \text{ bzw.}$$

$$= \frac{1}{\sum \frac{g_j^{\cdot}}{p_j}} = \frac{1}{\frac{0,10}{10} + \frac{0,10}{5} + \frac{0,20}{16} + \frac{0,20}{20} + \frac{0,40}{40}}$$

$$= 16 \text{ (GE/ME)}$$

Analog berechnet man z.B.

▷ *Durchschnittsgeschwindigkeiten (Weg / Zeit)*
   $\sum$ Weg = Durchschnittliche Geschwindigkeit · $\sum$ Zeit

▷ *Durchschnittliche Stückzahlen (Stück / Zeit)*
   $\sum$ Stückzahl = Durchschnittliche Stückzahl · $\sum$ Zeit

Neben der Anwendung als gewöhnlicher Lageparameter für metrische Merkmale ($\bar{x}_H = 307,49$) und neben der ersatzweisen Verwendung bei der Bestimmung des arithmetischen Mittels ($\bar{p} = \bar{p}_H = 16$) findet das *harmonische Mittel* stets dann Verwendung, *wenn das Untersuchungsmerkmal über eine Variable erfaßt wird, die sich umgekehrt proportional zum Beobachtungsmerkmal verhält.*

Angenommen, in unserem eingangs erwähnten Mathematik-Test sollen die Versuchs-
personen eine bestimmte Aufgabe solange bearbeiten, bis diese abgeschlossen ist. Das
Untersuchungsmerkmal ist wiederum der mathematische Leistungsstand der Studierenden; als Indikator für diese Größe dient nun aber die Variable „Bearbeitungszeit".
Da sich „Leistung" und „Zeit" in diesem Fall reziprok zueinander verhalten, kennzeichnet das harmonische (und nicht etwa das arithmetische) Mittel die durchschnittliche
Arbeitszeit.

Auf einer Baustelle werden die von zwei Arbeitern für das Beladen eines Last-
kraftwagens benötigten Zeiten gemessen.[15] Der eine benötigt hierzu 3 ZE, der andere
5 ZE (z.B. Stunden). Die im Mittelpunkt des Interesses stehende „Leistung" und die
Beobachtungsgröße „Zeit" verhalten sich reziprok. Die mittlere Beladedauer ist daher
*nicht*

$$\bar{x}_A = \frac{1}{2}(3+5) = 4 \text{ (ZE)}, \text{ sondern}$$

$$\bar{x}_H = \frac{G}{\sum \frac{g_i}{x_i}} = \frac{2}{\frac{1}{3}+\frac{1}{5}} \left[\frac{LKW}{\left[\frac{LKW}{ZE}\right]}\right]$$

$$= \frac{1}{\sum \frac{g_i^*}{x_i}} = \frac{1}{\frac{0,5}{3}+\frac{0,5}{5}}$$

$$= 3,75 \text{ (ZE/LKW)}$$

Wir könnten die Aufgabe auch so formulieren: Wir beobachten 2 Arbeiter, die jeweils
einen LKW beladen. Der eine Arbeiter bewältigt 1/3 LKW-Ladungen je Zeiteinheit und
der andere 1/5 LKW-Ladungen je Zeiteinheit. Durchschnittlich beladen die 2 Arbeiter
je Zeiteinheit

$$\frac{1/3 + 1/5}{2} = 0,266 \text{ (LKW-Ladungen/ZE)}$$

Ist nun nicht nach der durchschnittlichen Anzahl der LKW-Ladungen, sondern nach
der durchschnittlichen Verladezeit gefragt, antwortet hierauf der reziproke Wert

$$\frac{1}{0,266} = 3,75 \text{ (ZE/LKW-Ladungen)}$$

---

15   Zu diesem Beispiel vgl. Menges, E., Die Statistik, a.a.O., S. 187.

### 1.3.1.3.3 Geometrisches Mittel

Auch das geometrische Mittel dämpft ähnlich wie das harmonische Mittel den Einfluß von Ausreißern oder Extremwerten.

$$\bar{x}_G = \sqrt[n]{b_1^1 \cdot b_2^1 \cdot \ldots b_n^1} \qquad \text{mit } b_1 \ldots b_n > 0 \quad \text{bzw.}$$

$$\bar{x}_G = \sqrt[n]{x_1^{h_1} \cdot x_2^{h_2} \cdot \ldots \cdot x_m^{h_m}} \qquad \text{mit } x_1 \ldots x_m > 0$$

Die enge formale Verbindung zwischen $\bar{x}_A$ und $\bar{x}_G$ wird deutlich, wenn wir obige Beziehung logarithmieren: Der Logarithmus des geometrischen Mittels ist wieder ein arithmetisches Mittel.

$$\log \bar{x}_G = \frac{1}{n} \sum_1^n \log b_j \quad \text{bzw.} \quad \frac{1}{n} \sum_1^m h_i \cdot \log x_i \quad \text{bzw.} \quad f_i \cdot \log x_i$$

Wenn wir nach dieser Vorschrift eine repräsentative Umsatzziffer für unsere fünf Unternehmen berechnen und das Ergebnis mit $\bar{x}_H = 307$ und $\bar{x}_A = 400$ vergleichen, ergibt sich:[16]

$$
\begin{aligned}
\bar{x}_G \quad &= \sqrt[5]{200^1 \cdot 200^1 \cdot 400^1 \cdot 400^1 \cdot 800^1} \\[4pt]
&= 200^{0,4} \cdot 400^{0,4} \cdot 800^{0,2} \quad = 348{,}22 \text{ (GE)} \quad \text{bzw.} \\[4pt]
\log \bar{x}_G \quad &= \tfrac{1}{5}(\log 200 + \log 200 + \log 400 + \log 400 + \log 800) \\[4pt]
&= 0{,}4 \cdot \log 200 + 0{,}4 \cdot \log 400 + 0{,}2 \cdot \log 800 \\[4pt]
&= 2{,}541854 \\[4pt]
\bar{x}_G \quad &= \mathbf{348{,}22 \text{ (GE)}}
\end{aligned}
$$

Das geometrische Mittel liefert also einen Wert, der zwischen dem harmonischen und dem arithmetischen Mittel liegt.

$$\bar{x}_H \leq \bar{x}_G \leq \bar{x}_A$$

Neben der Verwendung als Lageparameter für Querschnittsdaten bietet sich besonders dann das geometrische Mittel an, wenn nicht die Summe der Einzelwerte, sondern deren Produkt eine sinnvolle Größe darstellt. Der Einsatz des geometrischen Mittels als Kennziffer zur Charakterisierung der Entwicklung von Zeitreihenwerten ist hierfür ein typisches Beispiel.

---

16  Verwendet man relative Gewichte $f_1, \ldots, f_m$ mit $0 \leq f_i \leq 1$ und $\sum f_i = 1$, erhält man $\bar{x}_G = x_1^{f_1} \cdot x_2^{f_2} \cdot \ldots \cdot x_n^{f_m} \,; x_1, \ldots, x_n > 0$

Angenommen, wir beobachten die Umsatzentwicklung unserer fünf Unternehmen über einen Zeitraum von 5 Jahren und es ergeben sich die jährlichen Wachstumsraten $w_r$ bzw. die Wachstumsfaktoren $x_j$.

| 1. Jahr | 2. Jahr | 3. Jahr | 4. Jahr | 5. Jahr |
|---------|---------|---------|---------|---------|
| $w_{r1} = 0{,}10$ | $w_{r2} = 0{,}05$ | $w_{r3} = 0{,}16$ | $w_{r4} = 0{,}20$ | $w_{r5} = 0{,}40$ |
| $x_1 = 1{,}10$ | $w_2 = 1{,}05$ | $x_3 = 1{,}16$ | $x_4 = 1{,}20$ | $x_5 = 1{,}40$ |

Aus dem Umsatz $a_0$ im Anfangsjahr $t_0$ ergibt sich der Umsatz des 5. Jahres als

$$U_5 = a_0 \cdot (1{,}10 \cdot 1{,}05 \cdot 1{,}16 \cdot 1{,}20 \cdot 1{,}40)$$
$$= a_0 \cdot 2{,}250864$$

Die Gesamtsteigerung ist also durch das Produkt $1{,}10 \cdot ... \cdot 1{,}40 = 2{,}25$ bestimmt, d.h. der Umsatz steigt nach 5 Jahren *auf* 225 Prozent bzw. um 125 Prozent $[(2{,}25 - 1) \cdot 100]$.

*Das geometrische Mittel der einzelnen Wachstumsfaktoren gibt den durchschnittlichen Wachstumsfaktor an, über den der gleiche Effekt erzielt würde.*

$$\bar{x}_G = \sqrt[5]{1{,}10 \cdot 1{,}05 \cdot 1{,}16 \cdot 1{,}20 \cdot 1{,}40}$$

$$= 1{,}10^{0{,}2} \cdot 1{,}05^{0{,}2} \cdot 1{,}16^{0{,}2} \cdot 1{,}20^{0{,}2} \cdot 1{,}40^{0{,}2} = \mathbf{1{,}1761}$$

Die durchschnittliche Umsatzsteigerung beträgt also ungefähr 17,61 Prozent; falls in jedem der 5 Jahre eine Umsatzsteigerung um eben diese 17,61 Prozent stattgefunden hätte, wäre der gleiche Umsatzanstieg erreicht worden.

$$1{,}1761 \cdot 1{,}1761 \cdot 1{,}1761 \cdot 1{,}1761 \cdot 1{,}1761 = \mathbf{2{,}25}$$

Der korrekte mittlere Wachstumsfaktor ist also derjenige, der aus dem ursprünglichen den nach 5 Jahren tatsächlichen realisierten Umsatz erzeugt. Das arithmetische Mittel der Wachstumsfaktoren erfüllt diese Aufgabe offensichtlich nicht.

Dass bei der Analyse von Wachstumsprozessen andere Mittelwertkonstruktionen als das geometrische Mittel wenig Sinn machen, zeigt folgendes einfache Beispiel: Angenommen, wir kaufen Gold für 100.000 EUR. Im ersten Jahr steigt der Wert auf 150.000 EUR, im zweiten Jahr sinkt er aber wegen großer Verkäufe bankrotter Staatswirtschaften auf 75.000 EUR. Trauen wir dem Anlageberater, der uns vorrechnet: Anstieg im ersten Jahr +50%, Verlust im zweiten Jahr -50%; durchschnittlich ist also der Wert (+50 % - 50 %) / 2 = 0% gleichgeblieben? Statt dessen rechnen wir:

$$\sqrt[2]{1{,}5^1 \cdot 0{,}5^1} = \mathbf{0{,}87} \qquad \text{oder auch :} \qquad 100.000 \cdot 0{,}87 \cdot 0{,}87 = \mathbf{75.000}$$

### 1.3.1.4    Zur Konkurrenz unterschiedlicher Mittelwertkonstruktionen

Folgende Tabelle zeigt noch einmal die Einsatzmöglichkeiten der unterschiedlichen Lageparameter:

Mittelwertkonstruktionen in Abhängigkeit vom **Skalenniveau**:

|  | Nominal | Ordinal | Intervall | Verhältnis |
|---|---|---|---|---|
| $\bar{x}_D$ | ● | ● | ● | ● |
| $\bar{x}_Z$ |  | ● | ● | ● |
| $\bar{x}_A$ |  |  | ● | ● |
| $\bar{x}_G$ |  |  |  | ● |
| $\bar{x}_H$ |  |  |  | ● |

Obwohl das Skalenniveau die Methode der Mittelwertbildung bestimmt, bleiben Interpretationsspielräume.

Die Art der Abschlußnotenermittlung in den Hochschulen und deren Bewertung durch den späteren Arbeitgeber ist ein Beispiel für den Gebrauch von Mittelwerten. „Ein Prädikatsexamen reicht bei uns bis zu einer Examensnote von 2,0. Wir erwarten von unseren Bewerbern ein Zweier-Examen und auch ein entsprechendes Vordiplom." Diese Äußerung eines Personalchefs zeigt, dass Absolventen der verschiedenen Hochschulen oftmals in einen Topf geworfen werden. Obwohl sonnenklar ist, dass gute bis sehr gute Gesamtnoten an Deutschlands Hochschulen unterschiedlich oft erzielt werden.

Die Frage nach den Ursachen für die stark differenzierende Notenverteilung konzentriert sich allzu häufig auf das insbesondere von den Hochschulen mit vergleichsweise schlechten Abschlüssen vertretene Argument, dass hier eine bewußte Qualitätspolitik verfolgt werde, während andere die studienbegleitende Prüfung für Dünnbrettbohrer praktizieren oder gestreckte Diplomprüfungen einführen. Hochschulen mit vergleichsweise guten Abschlüssen verweisen auf ihre speziellen Zugangsbedingungen, die sicherstellen, dass die zitierten Dünnbrettbohrer unter ihren Studenten ohnehin nicht anzutreffen seien; auf eine Benotungspraxis, die (nur) darauf angelegt sei, die Zahl der Studierenden auf ein erträgliches Maß zu reduzieren, könne also verzichtet werden.

Unserem Personalchef wäre bereits geholfen, wenn die herkömmliche Durchschnittsnote des Bewerbers um die Angabe des Zentralwertes aller Absolventen ergänzt würde. Auf diese Weise würden die 50% besseren Kandidaten von den übrigen separiert. Ein zusätzliches Ranking gibt Aufschluß darüber wie die Prüfungsleistung des Bewerbers einzuordnen ist: Der Kandidat erzielte im Prüfungstermin .... unter den .... erfolgreichen Prüfungskandidaten den .... Platz. Auf diese Weise würde die Frage nach der Qualität der jeweiligen Hochschule auf die Frage nach den besseren Kandidaten - bezogen auf eine Hochschule und einen Prüfungstermin - verlagert.

**1.3.2          Streuungsparameter**

Die besprochenen Mittelwerte liefern eine einseitige Charakterisierung der Verteilung, weil sie sich auf die repräsentative Lage der Beobachtungswerte hinsichtlich
der x-Achse konzentrieren. *Streuungsparameter* ergänzen diese Information um eine
Aussage darüber, ob die Beobachtungswerte eng beieinander liegen oder über einen
weiten Bereich der Merkmalsskala variieren. [17]

**Beispiel:**          Die wichtigsten Speichermedien eines PCs , und zugleich die anfäl-
                       ligsten, sind die Festplatten. Nach durchschnittlich 30.000 Stunden,
                       also nach ca. 3 - 4 Jahren Dauerbetrieb fallen die meisten von ihnen
                       aus. In der Fachsprache bezeichnet man diese Zeitspanne als „Mean
                       Time Between Failures", ein harmloser Ausdruck. Die eine gibt viel-
                       leicht schon nach 2 Stunden, die andere erst nach 60.000 Stunden
                       ihren Dienst auf. Abgesehen von der Frage, welchen Anwender man
                       wohl mehr bedauern sollte, bleibt festzuhalten: Ein Lageparameter
                       sagt alleingenommen nur wenig aus.

Die im Rahmen dieser Einführung behandelten Streuungsparameter untersuchen
die Variabilität *ordinal und kardinal skalierter* Merkmale. Streuungsparameter für
nominal skalierte Merkmale sind nicht sehr zahlreich.

**1.3.2.1          Streuungsparameter ordinal und kardinal skalierter Merkmale**

**1.3.2.1.1          Spannweite**

**Definition und Berechnung:**
Dieses einfachste Streuungsmaß beantwortet die Frage nach der Variabilität des
Untersuchungsmerkmals über die Differenz zwischen dem kleinsten und dem größten
Beobachtungswert. Ist also $b_{min}, ..., b_i, ..., b_{max}$ die *geordnete* Beobachtungsreihe und
damit $b_{min} = x_{min}$ und $b_{max} = x_{max}$, so ist das Intervall $x_{min} \leftrightarrow x_{max}$ der Streubereich
der Häufigkeitsverteilung.

$$\text{Spannweite (Range): } R = x_{max} - x_{min}$$

Angenommen, ein Wertpapierdepot enthält n = 15 Papiere. Zur Risikoeinschätzung
bedient sich die Bank einer Rating Skala mit den Ausprägungen A bis F, wobei gilt:

$$F \leq E \leq D \leq C \leq B \leq A$$

---

17  Streuungsparameter liefern Informationen über die Variabilität der Beobachtungswerte;
    Kennziffern der Konzentration liefern Informationen über die Verteilung der Merkmalssumme
    auf einzelne statistische Elemente (vgl. hierzu auch Kapitel 1.4).

In einer bestimmten Beobachtungsperiode wird folgende Rangwertreihe beobachtet:

E E E D D D D C C C C B B B A

Das Depot enthält also Wertpapiere, die von E bis A geratet sind. Papiere der niedrigsten Bonität befinden sich nicht im Depot. Ändert sich in der Folgeperiode die Bewertung eines der Papiere von E auf F, reicht die Spannweite nun von F bis A; demnach hat sich die Risikostruktur des Depots verschlechtert.

In unserem Umsatzbeispiel beträgt die Differenz zwischen dem kleinsten Unternehmen und dem Branchenersten, also die Spannweite: R = 800 - 200 = 600 (GE).

Die Spannweite (Variationsbreite) wird in statistischen Analysen aus zwei Gründen kaum eingesetzt:

1. Der Abstand zwischen kleinster und größter Merkmalsausprägung ist offensichtlich dann ungeeignet, wenn es sich bei diesen Werten um Extremwerte oder Ausreißer handelt. Die benutzten Größen sind dann wenig typisch für die zu analysierende Häufigkeitsverteilung.

2. Die in der Häufigkeitsverteilung steckende Information wird nur sehr unvollständig genutzt; nur zwei, u.U. noch atypische, und nicht sämtliche n Beobachtungswerte gehen in die Konstruktion ein.

### 1.3.2.1.2    Quartilsabstand

**Definition und Berechnung:**
Ein Streuungsmaß, das unseren 1. Einwand berücksichtigt und weniger abhängig von Extremwerten ist, ist der mittlere Quartilsabstand bzw. die sogenannte zentrale 50 %-Breite $Q_{50}$.

Dies ist die Differenz der Werte, durch die die mittleren 50 Prozent aller *geordneten* Beobachtungswerte begrenzt werden. Der kleinere von beiden trennt also maximal 25 Prozent der kleinsten Werte von den „mittleren" Werten, der größere maximal 25 Prozent der größten Werte.[18]

$$Q_{50} = b_{0,75} - b_{0,25}$$

Um den Quartilsabstand bestimmen zu können, sind zunächst $b_{0,25}$ und $b_{0,75}$ zu ermitteln.

$$b_{0,25} = b_{\frac{n}{4}}$$

$$b_{0,75} = b_{\frac{3n}{4}}$$

---

18  Der Zentralwert teilt die geordnete Reihe der Objekte in zwei gleich große Teile: Er halbiert die Häufigkeitsverteilung. In Weiterführung dieses Gedankens können wir die Beobachtungswerte bzw. deren Häufigkeitsverteilung auch in 4, 10, 100 gleiche Teile zerlegen. Die Werte, die diese Teilung bewirken, heißen allgemein Quantile.

Für den Fall, dass ¼ n bzw. ¾ n keine ganze Zahl ist, vereinbaren wir: Für $b_{0,25}$ bzw. $b_{0,75}$ ist die auf ¼ n bzw. ¾ n folgende ganze Zahl entscheidend. Angewandt auf unser Wertpapierbeispiel:

$$b_{\frac{n}{4}} = b_{\frac{15}{4}} = b_{3,75} \ \rightarrow \ b_{0,25} = b_4 = D$$

$$b_{\frac{3n}{4}} = b_{\frac{45}{4}} = b_{11,25} \ \rightarrow \ b_{0,75} = b_{12} = B$$

Mindestens 50% der Papiere (tatsächlich sind es 12 von 15 = 80%) wurden von D bis B eingestuft. Ändert sich in der Folgeperiode die Bewertung eines der Papiere von E auf F verändert sich die mittlere Quartilsdstanz nicht: Der Quartilsabstand reicht weiterhin von D bis B; demnach hat sich die Risikostruktur der „mittleren 50" aller Papiere nicht verändert.

Das gleiche Ergebnis liefert die Verteilungsfunktion, über die nun ebenfalls jene Skalenwerte bestimmt werden, für die $F_i$ erstmals die Werte 0,25 und 0,75 erreicht bzw. überschreitet.

**Risikobeurteilung eines Depots mit 15 Werten**

| $x_i$ | $h_i$ | | $F_i$ |
|:---:|:---:|:---:|:---:|
| E | 3 | 3/15 | 0,20 |
| D | 4 | 7/15 | **0,47** |
| C | 4 | 11/15 | 0,73 |
| B | 3 | 14/15 | **0,93** |
| A | 1 | 15/15 | 1,00 |

In unserem Umsatzbeispiel ergibt sich die mittlere Quartilsdistanz wie folgt:

$$Q_{50} = b_{\frac{3n}{4}} - b_{\frac{n}{4}} \qquad\qquad b_{\frac{3n}{4}} = b_{\frac{15}{4}} \rightarrow \quad b_4 = 400$$

$$\qquad\qquad\qquad\qquad\qquad\qquad b_{\frac{n}{4}} = b_{\frac{5}{4}} \rightarrow \quad b_2 = 200$$

$$= 400 - 200$$

$$= \mathbf{200\ (GE)}$$

**Interpretation:**  (mindestens) 50% aller Umsatzwerte (tatsächlich sind es 4 von 5 =80%) liegen zwischen 200 GE und 400 GE.

Anmerkung: Der *mittlere Quartilsabstand* 1/2 $Q_{50}$ (hier: 100 GE) wird ebenfalls als Streuungsmaß eingesetzt. Wir können dann $(b_{0,25} + b_{0,75})/2$ als Lagemaß betrachten (hier: 300 GE) und formulieren, dass (mindestens) 50% der Umsätze im Intervall 300 GE ± 100 GE liegen.

#### 1.3.2.2 Streuungsparameter kardinal skalierter Merkmale

Anspruchsvollere Konstruktionen verwenden ein anderes Prinzip als die Abstandsmessung. Sie nutzen die in einer Häufigkeitsverteilung vorhandenen Informationen insofern vollständig aus, als sie alle Beobachtungswerte in die Betrachtung einbeziehen:

*Streuungsmaße kardinal skalierter Merkmale messen die Variabilität einer Verteilung als Abweichung aller Beobachtungswerte von einem Lageparameter. Als Mittelwerte werden entweder das arithmetische Mittel oder der Zentralwert eingesetzt.*

##### 1.3.2.2.1 Durchschnittliche absolute Abweichung

**Definition und Berechnung:**
Man könnte zunächst daran denken, den Ausdruck $\sum (b_j - \bar{x}_A)$ als Streuungsmaß zu verwenden. Aber die Summe der einfachen Abweichungen aller Beobachtungswerte von ihrem arithmetischen Mittel ist gleich Null:

$$\sum_{j=1}^{n} (b_j - \bar{x}_A) = 0$$

Da sich die Abweichungen der Beobachtungswerte vom arithmetischen Mittel stets gegenseitig aufheben, nennt man $\bar{x}_A$ auch den Schwerpunkt der Daten. Verwenden wir zur Demonstration dieser Eigenschaft die Zahlen unseres Umsatzbeispiels, erhalten wir

$$\sum (b_j - 400) = -200 - 200 + 0 + 0 + 400 = 0.$$

Dieses Maß ist deshalb für die Streuungsmessung nicht einsetzbar.

Soll an dem Konzept - Messung der Variabilität der Verteilung über die Abweichungen der Beobachtungswerte vom arithmetischen Mittel - festgehalten werden, ist deshalb auf die absoluten Abweichungen d abzustellen. Um die Streuung verschieden umfangreicher Datensätze vergleichen zu können, wird die durchschnittliche absolute Abweichung berechnet.

$$d(\bar{x}_A) = \frac{1}{n} \sum_{j=1}^{n} | b_j - \bar{x}_A |$$

*Die durchschnittliche absolute Abweichung vom arithmetischen Mittel*

Obwohl die Verwendung dieser Größe als Streuungsparameter durchaus üblich ist, scheint es doch sinnvoller, die absoluten Abweichungen nicht auf das arithmetische Mittel, sondern auf den Median zu beziehen.

Dies deshalb, weil von allen Mittelwerten der Median den Ausdruck $\sum | b_j - \bar{x} |$ minimiert und nur auf diese Weise eindeutige Vergleiche zwischen den Streuungen alternativer Verteilungen möglich sind.

Für die beiden mittleren absoluten Abweichungen gilt allgemein $d(\bar{x}_A) >= d(\bar{x}_Z)$

$$d(\bar{x}_Z) = \frac{1}{n} \sum_{j=1}^{n} | b_j - \bar{x}_Z |$$  *Die durchschnittliche absolute Abweichung vom Zentralwert*

Zweckmäßigerweise berechnen wir $d(\bar{x}_Z)$ aus den Daten der primären Verteilungstafel

$$d(\bar{x}_Z) = \frac{1}{n} \sum_{i=1}^{m} |x_i - \bar{x}_z| \cdot h_i \qquad \text{bzw.} \qquad d(\bar{x}_Z) = \sum_{i=1}^{m} |x_i - \bar{x}_z| \cdot f_i$$

Die mittlere absolute Abweichung der Beobachtungswerte vom Median ergibt sich in unserem Umsatzbeispiel als

$$d(\bar{x}_Z) = \frac{1}{n} \sum_{j=1}^{n} |b_j - \bar{x}_z| \qquad \text{bzw.}$$

$$= \sum_{i=1}^{m} |x_i - \bar{x}_z| \cdot f_i$$

$$= \quad | 200 - 400 | \cdot 0,4$$
$$+ | 400 - 400 | \cdot 0,4$$
$$+ | 800 - 400 | \cdot 0,2$$

$$= \quad 200 \cdot 0,4 + 400 \cdot 0,2$$

$$= \quad 80 + 80$$

$$= \quad \textbf{160 (GE)}$$

**1.3.2.2.2**   Varianz, Standardabweichung und Variationskoeffizient

**Definition:**
Das für metrische Merkmale gebräuchlichste Streuungsmaß orientiert sich an dem für diese Merkmalsgruppe typischen Lageparameter, dem arithmetischen Mittel. Da nun, wie gezeigt, $\sum (b_j\text{-}\bar{x}_A)$ stets Null ergibt und der Weg über die absoluten Abweichungen sinnvollerweise für den Zentralwert reserviert ist, stützt sich die Streuungsmessung nun auf die *quadrierten Abweichungen.*

Passenderweise ist die Summe der quadratischen Abweichungen der Beobachtungswerte von einem beliebigen Wert M dann ein Minimum, wenn man sich auf das arithmetische Mittel bezieht, d.h. $(b_j\text{-}M)^2 \rightarrow$ min. für $M = \bar{x}_A$. In unserem Umsatzbeispiel ergibt sich als Summe der quadratischen Abweichungen:

$$\sum (b_j - 400)^2 = 40.000 + 40.000 + 0 + 0 + 160.000 = \textbf{240.000 (GE)}^2$$

Die Größe

$$s^2 = \frac{1}{n} \sum_{j=1}^{n} (b_j\text{-}\bar{x}_A)^2$$

wird als *Varianz* bezeichnet, im Beispiel

$$s^2 = 48.000 \ [GE^2]$$

Leider wird auch die Dimension quadriert; man erhält also so merkwürdige Größen wie Quadrat-Euro oder Quadrat-Kinder. Um ein Streuungsmaß in der Dimension des Untersuchungsmerkmals zu erhalten, berechnet man s, die sogenannte *Standardabweichung:* Im Beispiel   s = 219,089 (GE)

$$s = \sqrt{\frac{1}{n} \sum_{j=1}^{n} (b_j\text{-}\bar{x}_A)^2}$$

**Charakteristik:**
(1) Empirische Häufigkeitsverteilungen zeigen oftmals die Form einer Glockenkurve (relativ wenige Elemente tragen sehr kleine oder sehr große Merkmalswerte, die überwiegende Zahl der Elemente weist mittlere Werte auf). In diesen Fällen können wir - in Anlehnung an das Modell der Normalverteilung - erwarten, dass

▷ ca. 68 % aller Beobachtungswerte im Bereich $\bar{x}_A \pm 1 \cdot s$
▷ ca. 95 % aller Beobachtungswerte im Bereich $\bar{x}_A \pm 2 \cdot s$
▷ ca. 99 % aller Beobachtungswerte im Bereich $\bar{x}_A \pm 3 \cdot s$
liegen.[19]

---

19  Vgl. hierzu Absschnitt 1.3.3

(2) Es ist zu beachten, dass die Varianz, bedingt durch die Quadrierung der Abweichungen, auf Ausreißer oder Extremwerte empfindlich reagiert. Eine Eigenschaft, die ihren Informationswert als Kennziffer der Streuung im Bereich der deskriptiven Statistik u.U. beeinträchtigt. Für manche Aufgabenstellungen ist daher die Verwendung der durchschnittlichen absoluten Abweichung vorteilhafter.

**Berechnung:**
Üblicherweise stützt sich die Berechnung der Varianz auf die Daten der primären Verteilungstafel:

$$s^2 = \sum_{i=1}^{m} (x_i - \bar{x}_A)^2 \cdot f_i$$

Dieser Ausdruck ist nun ebenso wie die Definitionsgleichung wenig benutzerfreundlich: Wenn für $\bar{x}_A$ ein komplizierter Dezimalbruch berechnet wurde, sind die Differenzen $(x_i - \bar{x}_A)$ ebenfalls Dezimalbrüche, die quadriert und aufsummiert werden müssen. Eine Umformung der Ursprungsgleichung bietet wirksame Rechenvereinfachungen:

$$s^2 = \frac{\sum_{j=1}^{n} b_j^2}{n} - \bar{x}_A^2 \qquad \textit{Urliste}$$

$$s^2 = \sum_{i=1}^{m} x_i^2 \cdot f_i - \bar{x}_A^2 \qquad \textit{Primäre Verteilungstafel}$$

Da wir bei der Berechnung der Standardabweichung die Differenzen $(b_j - \bar{x}_A)^2$ bilden, gehen Informationen über die Größenordnungen der Beobachtungswerte verloren $(200 - 400)^2 = (2200 - 2000)^2 = 40000$. Es kann sich so der falsche Schluss ergeben, dass bei Gleichheit der Standardabweichungen zweier Häufigkeitsverteilungen beide Streuungen gleich zu interpretieren sind, obwohl der relative Unterschied beachtlich ist. Um die absolute Streuung in Beziehung zur Größenordnung der Merkmalswerte zu setzen, bildet man die Relation zwischen Standardabweichung und Mittelwert und bezeichnet diese Größe als *Variationskoeffizient* ($\rightarrow$ relatives Streuungsmaß).

$$VC = \frac{s}{\bar{x}_A} \cdot 100 \qquad (\text{in } \%)$$

In unserem Beispiel ergibt sich: $219{,}089 / 400 = 0{,}548$ bzw. $= 54{,}8\,\%$

Anmerkung: Für $VC^2$ erhalten wir 0,3; einen Wert den wir später benötigen.

Voraussetzung für die Berechnung des Variationskoeffizienten ist ein verhältnisskaliertes Untersuchungsmerkmal. Er gibt an, um wieviel *Prozent des Mittelwerts* die Merkmalswerte im Durchschnitt um den Mittelwert streuen.

Aus den Werten der *sekundären Verteilungstafel* können nur Schätzwerte für die Streuung der Ursprungswerte berechnet werden.

Denn selbst wenn die wahren Klassenmittelwerte und das arithmetische Mittel aller Beobachtungswerte bekannt sind, liefert die Rechnung nur dann den exakten Wert für die Varianz der Beobachtungen, wenn sämtliche Werte aller Klassen mit den jeweiligen Klassenmittelwerten übereinstimmen, also eine Streuung innerhalb der Klassen (= Binnenstreuung) gar nicht existiert. Ein theoretischer Fall, der nicht weiter betrachtet werden muss.

$$\hat{s}^2 \quad = \frac{1}{n} \sum_{k=1}^{l} (\overline{x}_k - \overline{x}_A)^2 \cdot h_k \qquad \overline{x}_k = \text{Klassen}\textit{mittelwert}$$

Der Näherungscharakter der aus gruppierten Daten berechneten Varianz resultiert insbesondere daraus, dass im praktischen Fall häufig keine genauen Informationen über die Klassenmittelwerte und das arithmetische Mittel der Beobachtungswerte vorliegen.

$$\hat{s}^2 \quad = \frac{1}{n} \sum_{k=1}^{l} (x_k - \overline{x}_A)^2 \cdot h_k \qquad x_k = \frac{1}{2} \left( x_k^u + x_k^o \right) = \text{Klassen}\textit{mitte}$$

$$\hat{s}^2 \quad = \frac{1}{n} \sum_{k=1}^{l} (x_k - \overline{x}_k)^2 \cdot h_k \qquad \overline{x}_k = \frac{1}{n} \sum^k x_k \cdot h_k$$

An unserem Beispiel der fünf Unternehmen einer Branche soll die Varianz abschließend aus

▷ den Daten der Urliste,
▷ der primären Verteilungstafel,
▷ der sekundären Verteilungstafel

berechnet werden.

**Urliste**

$$s^2 = \frac{1}{n} \sum_{j=1}^{n} (b_j - \overline{x}_A)^2$$

$$= 1/5 \, (40.000 + 40.000 + 0 + 0 + 160.000)$$

$$= 240.000/5$$

$$= 48.000 \, (GE)^2$$

**s = 219,089**

**Primäre Verteilungstafel**

| i | $x_i$ | $h_i$ | $x_i \cdot h_i$ | $x_i^2 \cdot h_i$ |
|---|-------|-------|-----------------|-------------------|
| 1 | 200 | 2 | 400 | 80.000 |
| 2 | 400 | 2 | 800 | 320.000 |
| 3 | 800 | 1 | 800 | 640.000 |
| $\sum$ | | 5 | 2.000 | 1.040.000 |

$$s^2 = \frac{1}{n} \sum_{i=1}^{m} x_i^2 \cdot h_i - x_A^2$$

$$= \frac{1.040.000}{5} - (400)^2$$

$$= 48.000 \ (GE)^2$$

**Sekundäre Verteilungstafel**

| k | $\bar{x}_k$ | $x_k$ | $h_k$ | $\bar{x}_k^2 \cdot h_k$ | $x_k^2 \cdot h_k$ |
|---|-------------|-------|-------|-------------------------|-------------------|
| 1 | 200,00 | 200 | 2 | 80.000 | 80.000 |
| 2 | 533,33 | 600 | 3 | 853.333 | 1.080.000 |
| $\sum$ | | | 5 | 2.000 933.333 | 1.160.000 |

$$\hat{s}^2 = \frac{1}{n} \sum_{k=1}^{l} \bar{x}_k^2 \cdot h_k - x_A^2 \qquad \qquad x_k = \text{Klassen}\mathit{mittelwert}$$

$$= \frac{1}{5} \cdot 933.333,3 - 400^2$$

$$= 186.666,6 - 400^2$$

$$= 26.666,6 \ (GE)^2$$

$$\hat{s}^2 = \frac{1}{n} \sum_{k=1}^{l} x_k^2 \cdot h_k - \bar{x}_A^2 \qquad \qquad x_k = \text{Klassen}\mathit{mitten}$$

$$= \frac{1}{5} \cdot 1.160.000 - 400^2$$

$$= 232.000 - 400^2$$

$$= 72.000 \ (GE)^2$$

$$\hat{s}^2 = \frac{1}{n} \sum_{k=1}^{l} x_k^2 \cdot h_k - \bar{x}_k^2 \qquad \qquad \bar{x}_k = \frac{1}{5}(200 \cdot 2 + 600 \cdot 3) = 440$$

$$= 232000 - 440^2$$

$$= 38.400 \ (GE)^2$$

**Streuungszerlegung**

Mitunter sind die Beobachtungswerte einer statistischen Untersuchung in Teilgesamtheiten gegeben und für jede einzelne Gruppe werden der Mittelwert und die Varianz bestimmt. Angewandt auf unser Beispiel bedeutet dies: Für zwei Gruppen erfolgt eine getrennte, vollständige Auswertung aller Beobachtungswerte mit den Ergebnissen: $\bar{x}_1$ und $\bar{x}_2$ bzw. $s_1^2$ und $s_2^2$

Die Varianz aller Beobachtungswerte erhält man als

$$s^2 \quad = \frac{1}{n} \sum_{k=1}^{l} s_k^2 \cdot h_k \qquad + \frac{1}{n} \sum_{k=1}^{l} (\bar{x}_k - \bar{x}_A) \cdot h_k$$

| gesamte Varianz | = | Varianz innerhalb der Teilgesamtheit (= *Binnenklassenstreuung*) | + | Varianz zwischen den Teilgesamtheiten (= *Zwischenklassenstreuung*) |
|---|---|---|---|---|

Die Gesamtstreuung besteht also aus zwei Teilen, nämlich aus

$s^2_{int}$     dem gewogenen arithmetischen Mittel aus den Varianzen der Teilgesamtheiten und

$s^2_{ext}$     dem gewogenen arithmetischen Mittel der Variation der Klassenmittelwerte $\bar{x}_k$ Für unser Beispiel erhalten wir:

$$s^2_{ext} = 26.666,66$$

$$s^2_{int} = \frac{1}{n} \sum_{k=1}^{l} s_k^2 \cdot h_k + 26.666,\bar{6}$$

$$s_1^2 = \frac{1}{2}[(200 - 200)^2 + (200 - 200)^2] = 0$$

$$s_2^2 = \frac{1}{3}[(400 - 533,\bar{3})^2 + (400 - 533,\bar{3})^2 + (800 - 533,\bar{3})^2] = 35.555,55$$

$$s^2_{int} = \frac{1}{5}(0 \cdot 2 + 35.555,55 \cdot 3) = 21.3333,33$$

$$s^2 = s^2_{int} + s^2_{ext} = 21.333,\bar{3} + 26.666,\bar{6} \quad = 48.000 \ (GE)^2$$

Die Kennzahl $\dfrac{s^2_{ext}}{s^2}$, im Beispiel $\dfrac{26.666,\bar{6}}{48.000} \approx 0{,}56$ bzw. 56%

quantifiziert den Anteil an der Gesamtstreuung, der sich durch die Einteilung der Grundgesamtheit in Teilgesamtheiten begründen lässt.

Diese Kennziffer - sie wird auch als Bestimmtheitsmaß bezeichnet - kann Werte zwischen 0 ($s^2_{ext}$ = 0) und 1 ($s^2_{int}$ = 0 ) annehmen.

Unsere in Abschnitt 1.1.3 ausgesprochene Empfehlung, bei einer Datengruppierung innerlich homogene, äußerlich heterogene Klassen zu bilden, läßt sich somit auch wie folgt formulieren: Vorzuziehen ist jene Gruppierung, die das höhere Bestimmtheitsmaß aufweist.

**Exkurs: (Bessel-)Korrektur der empirischen Varianz**

Wer einen Taschenrechner zur Bestimmung von Varianz, Standardabweichung oder Variationskoeffizient einsetzt, wird feststellen, dass dieser häufig nicht den Faktor 1/n, sondern (häufig wahlweise) die Größe 1/(n-1) einsetzt.

Aus einer Interpretation des Streuungsphänomens ist diese Vorgehensweise nicht zu rechtfertigen. Deskriptiv, und wir beschäftigen uns hier mit der beschreibenden Statistik, ist eine Division der Abweichungsquadratsumme $\sum (x - \bar{x})^2$ durch die um 1 verminderte Anzahl der Merkmalsträger nicht zu begründen. Wer also mit einem Rechner operiert, der lediglich eine Funktionstaste $s^2_{n-1}$ aufweist, muss die Anzeige entsprechend korrigieren.

$$s^2_n = \frac{\sum (b_j - x_A)^2}{n - 1} \cdot \frac{n - 1}{n}$$

Wenn in Aufgabensammlungen zur Statistik vereinzelt auf diese Korrektur verzichtet wird, geschieht dies mit dem Hinweis darauf, dass in wirtschaftswissenschaftlichen Analysen typischerweise nicht Grundgesamtheiten (vom Umfang N), sondern in aller Regel Stichproben (vom Umfang n) und Stichprobenverteilungen beobachtet werden. Der Ausdruck $s^2_n$ ist nun aber (man kann das im Rahmen der schließenden Statistik ausführlicher begründen) kein optimaler Schätzwert für die unbekannte und im Grunde interessierende Varianz der Grundgesamtheit.

### 1.3.2.2.3 Ginis mittlere Differenz

Es lässt sich zeigen, dass sich die Varianz nicht nur als durchschnittliche quadrierte Abweichung der Beobachtungswerte vom arithmetischen Mittel dieser Werte bestimmen lässt (vgl. hierzu 1.3.2.2.2).

$$s^2 = \frac{1}{n} \sum_{j=1}^{n} (b_j - \bar{x}_A)^2$$

$$= 48.000$$

Den gleichen Wert erhält man auch über die Auswertung der quadrierten Abweichungen zwischen jeweils zwei Beobachtungen

$$s^2 = \frac{1}{2n^2} \sum_{i=1}^{n} \sum_{j=1}^{n} (b_i - b_j)^2$$

Jeder Summand stellt hier den quadrierten Abstand zweier Beobachtungen $b_i$ und $b_j$ dar; die Varianz ist also proportional zur Summe der quadrierten Abweichungen zwischen sämtlichen Beobachtungswerten. Angewandt auf die Daten unseres Umsatzbeispiels bedeutet dies:

$$
\begin{aligned}
s^2 &= \frac{1}{2 \cdot 25}\big((200-200)^2 + (200-200)^2 + (200-400)^2 + (200-400)^2 + (200-800)^2 \\
&\quad + (200-200)^2 + (200-200)^2 + (200-400)^2 + (200-400)^2 + (200-800)^2 \\
&\quad + (400-200)^2 + (400-200)^2 + (400-400)^2 + (400-400)^2 + (400-800)^2 \\
&\quad + (400-200)^2 + (400-200)^2 + (400-400)^2 + (400-400)^2 + (400-800)^2 \\
&\quad + (800-200)^2 + (800-200)^2 + (800-400)^2 + (800-400)^2 + (800-800)^2\big) \\[4pt]
&= \frac{1}{50}\ (440.000 + 440.000 + 240.000 + 240.000 + 1.040.000) \\[4pt]
&= \frac{1}{50}\ 2.040.000\ = 48.000
\end{aligned}
$$

Die Abhängigkeit dieses Streungsparameters gegenüber etwaigen Ausreißern kann reduziert werden, wenn wir nicht auf die quadrierten, sondern auf die absoluten Abweichungen setzen. Diese Überlegung führt zu *Ginis mittlerer Differenz (g)*. Bei diesem Streuungsmaß werden die Abweichungen eines jeden Einzelwertes von jedem **anderen** Einzelwert der Erhebungsmenge gemittelt. Da es $\frac{1}{2}n(n-1)$ derartige Abweichungen gibt, ist

$$g = \frac{2}{n(n-1)} \sum_{i=1}^{n} \sum_{j=i+1}^{n} |b_i - b_j|$$

Angewandt auf die Daten unseres Umsatzbeispiels erhalten wir:

$$g = \frac{2}{5 \cdot 4}(|200-200| + |200-400| + |200-400| + |200-800|$$
$$+ |200-400| + |200-400| + |200-800|$$
$$+ |400-400| + |400-800|$$
$$+ |400-800| )$$

$$= \frac{1}{10}(1.000 + 1.000 + 400 + 400) = 280$$

Mann kann nun zeigen, dass der Gini-Koeffizient $K_G$ (eine Maßzahl der relativen Konzentration, auf die wir ausführlich erst in Abschnitt 1.3.4.2 eingehen) gleich dem Quotienten aus Ginis mittlerer Differenz (g) und dem 2,5 fachen des arithmetischen Mittels (x) ist.

$$K_G = \frac{1}{2,5 \cdot \overline{x}} \cdot g$$

In unserem Umsatzbeispiel:

$$K_G = \frac{1}{2,5 \cdot 400} \cdot 280 = 0{,}28$$

*Der Gini-Koeffizient*, eine als Maßzahl der relativen Konzentration eingeführte Größe, ist also - ebenso wie der Variationskoeffizient – ein Quotient aus einem Streungs-maß und dem Lageparameter (vom Fehler 2,5 abgesehen), also *ein relatives Streu-ungsmaß*[20].

---

20  Vgl. hierzu Mosler,K. Schmid, F.: Beschreibende Statistik und Wirtschaftsstatistik, Berlin Hei-delberg New York 2003, S.93f., die wegen der Einbeziehung aller $n^2$ absoluten Abweichungen zwischen den n Beobachtungswerten bei der Berechnung von $K_G$ den Proportionalitätsfaktor 2,0 einsetzen.

### 1.3.3        Formmaßzahlen

Statistische Kennziffern charakterisieren stets bestimmte Eigenschaften einer Häufigkeitsverteilung. Die bisher behandelten Mittelwerte und Lageparameter bedürfen insoweit einer Ergänzung, als sie keine Information über die äußere Gestalt, die Form der Verteilung liefern. Dies bieten Formmaßzahlen.

Zu diesem Zweck vergleichen wir die jeweils zu diskutierende empirische Verteilung mit einer als normal oder ideal angesehenen theoretischen Verteilung. Genauer: Wir vergleichen Kennziffern, die wir jeweils für eine empirische und eine idealtypische Verteilung bestimmen. Als normal bezeichnen wir im folgenden den Verlauf einer Glockenkurve (Normalverteilung; vgl. 1.3.3.2).

Eine erste Gruppe der Formmaßzahlen, die *Symmetrie- oder Schiefemaße*, zeigt an, ob und wenn ja, in welchem Maße die Merkmalsausprägungen einer empirischen Verteilung unregelmäßiger besetzt sind als die entsprechenden Ausprägungen einer Glockenkurve.

Eine zweite Gruppe der Formmaßzahlen, die *Wölbungsmaße oder Maße der Kurtosis*, zeigt an, ob und wenn ja, in welchem Maße die empirische Verteilung flacher oder spitzer verläuft als die Referenzverteilung.

Die gebräuchlichsten Formmaßzahlen beziehen sich auf die *Momente einer Verteilung*. Dieser Kennzifferntyp ist wie folgt aufgebaut:

$$M_k^a = \quad \frac{1}{n} \sum_{j=1}^{n} (b_j - a)^k \quad \text{bzw.}$$

$$\frac{1}{n} \sum_{i=1}^{m} (x_i - a)^k \cdot h_i$$

$M_k^a$: das k-te Moment der Verteilung von X in Bezug auf a

Dabei ist a eine beliebige reelle Zahl und k eine positive ganze Zahl. Dieser Definition ist unmittelbar zu entnehmen, dass das arithmetische Mittel und die Varianz Spezialfälle dieser Konstruktion darstellen.

$$\bar{x}_A = M_1^0 \quad = \frac{1}{n} \sum (b_j - o)^1 \qquad \bar{x}_A: \quad \text{das 1. Moment in Bezug auf Null}$$

$$= \frac{1}{n} \sum b_j$$

$$s^2 = M_2^{\bar{x}_A} \quad = \frac{1}{n} \sum (b_j - \bar{x}_A)^2 \qquad s^2: \quad \text{das 2. Moment in Bezug auf } \bar{x}_A$$

Anmerkungen:

(1) Momente in Bezug auf Null bezeichnet man auch als gewöhnliche Momente und das arithmetische Mittel dementsprechend als

> ▷ gewöhnliches Moment 1. Ordnung; oder kürzer
> ▷ *erstes gewöhnliches Moment*

(2) Momente in Bezug auf $\bar{x}_A$ bezeichnet man auch als zentrale Momente und die Varianz dementsprechend als

> ▷ zentrales Moment 2. Ordnung; oder kürzer
> ▷ *zweites zentrales Moment*

(3) Formmaßzahlen beziehen sich vorwiegend auf Momente in Bezug auf $\bar{x}_A$, also die zentralen Momente. Auf eine explizite Erwähnung der Bezugsgröße können wir daher in diesem Abschnitt verzichten; wir setzen $M_k = M_k^{\bar{x}_A}$

**Beispiel:**     Für eine statistische Masse von n = 100 Elementen wurden die Häufigkeitsverteilungen A, B, C ermittelt. Die äußere Form der Verteilungen soll mit Hilfe geeigneter Formmaßzahlen charakterisiert werden. [21]

**Häufigkeitsverteilungen A, B, C:**
$$h_i = f(x_i)$$

| $x_i$ | -3 | -2 | -1 | 0 | +1 | +2 | +3 | $\sum h_i$ |
|---|---|---|---|---|---|---|---|---|
| A | 0 | 12 | 24 | 28 | 24 | 12 | 0 | 100 |
| B | 4 | 4 | 20 | 44 | 20 | 4 | 4 | 100 |
| C | 0 | 4 | 40 | 24 | 20 | 8 | 4 | 100 |

Alle 3 Verteilungen haben das gleiche arithmetische Mittel

$$\bar{x}_A = \frac{x_i \cdot h_i}{100} = 0$$

und die gleiche Varianz

$$s^2 = \frac{1}{100}(x_i - 0)^2 \cdot h_i = 1{,}44$$

Über die äußere Form informieren uns die im folgenden zu berechnenden zentralen Momente höherer Ordnung.

---

21  Das Beispiel wurde entnommen aus Ferschl, F., Deskriptive Statistik, a.a.O., S. 108, der sich bezieht auf Stange, K., Angewandte Statistik, Erster Teil: Eindimensionale Probleme, Berlin 1970, S. 87.

### 1.3.3.1       Symmetriemaßzahlen

Eine Häufigkeitsverteilung ist *symmetrisch* (in Bezug auf $\bar{x}_A$), wenn alle Merkmalsausprägungen $(\bar{x}_A - c)$ und $(\bar{x}_A + c)$ gleich häufig auftreten (c = konstant). In diesem Fall weisen $\bar{x}_A, \bar{x}_Z$ und $\bar{x}_D$ den gleichen Wert auf.

$$\bar{x}_A = \bar{x}_Z = \bar{x}_D$$

Für jede symmetrische Verteilung sind nun offensichtlich alle ungeraden Momente $M_1$, $M_3$, $M_5$ etc. gleich Null: Die ungeraden Potenzen der negativen Größen $(\bar{x}_A - c) - \bar{x}_A = -c$ bleiben negativ, und da definitionsgemäß die Anzahl der negativen Abweichungen von $\bar{x}_A$ genau gleich der Anzahl der entsprechenden positiven Abweichungen $(\bar{x}_A + c) - \bar{x}_A = +c$ ist, kompensieren sich beide Wertsummen. Diese Entsprechung ist bei asymmetrischen Verteilungen nicht mehr gegeben.

Liegt der häufigste Wert *links* vom arithmetischen Mittel, weist also die Mehrzahl der Untersuchungsobjekte einen niedrigeren Wert als $\bar{x}_A$ auf, bezeichnet man diese Asymmetrie als links gerichtet. In Anlehnung an das äußere Erscheinungsbild derartiger Verteilungen spricht man auch von *linkssteilen Funktionen*. In diesen Fällen überwiegt das Gewicht der positiven Potenzsumme und die ungeraden Momente höherer Ordnung [22] nehmen Werte > 0 an. Dieser Effekt nimmt mit zunehmender Ordnung der Momente deutlich zu.

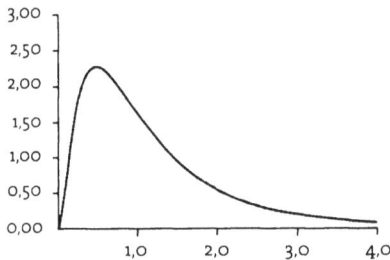

$M_k > 0$

für k = 3, 5, 7, etc.
▷  linkssteile Verteilung
▷  linksgerichtete Asymmetrie

Anmerkung: In der Literatur werden *linkssteile* Verteilungen auch als *rechtsschief* bezeichnet. Damit wird zum Ausdruck gebracht, dass die „obere (=rechte) Streuung" derartiger Kurven größer ist als die „untere (=linke) Streuung".

---

22  Das ungerade Moment 1. Ordnung $M_1 = 1/n \sum(x_i - \bar{x}_A)$ liefert, da stets Null, keinen Anhaltspunkt über die Symmetrieeigenschaft einer Häufigkeitsverteilung; vgl. hierzu unsere Ausführungen über die mathematischen Eigenschaften des arithmetischen Mittels unter Abschnitt 1.3.1.3.1.

Liegt der häufigste Wert *rechts* vom arithmetischen Mittel, weist also die Mehrzahl der Untersuchungsobjekte einen höheren Merkmalswert auf als $\bar{x}_A$, bezeichnet man diese Asymmetrie als rechts gerichtet. In Anlehnung an das äußere Erscheinungsbild derartiger Verteilungen spricht man auch von *rechtssteilen Funktionen*. In diesen Fällen überwiegt das Gewicht der negativen Potenzsumme und die ungeraden Momente nehmen Werte < 0 an. Dieser Effekt nimmt wiederum mit zunehmender Ordnung der Momente deutlich zu.

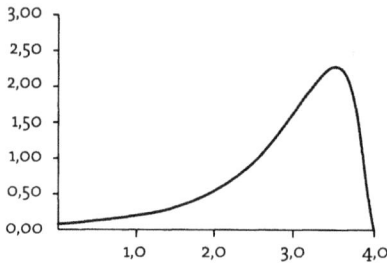

$M_k < 0$

für k = 3, 5, 7, etc.
▷  rechtssteile Verteilung
▷  rechtsgerichtete Asymmetrie

Anmerkung: In der Literatur werden *rechtssteile* Verteilungen auch als *linksschief* bezeichnet. Damit wird zum Ausdruck gebracht, dass die Verteilung rechts von $\bar{x}_A$ quasi normal verläuft, während der linke Ast (infolge der größeren unteren - linken - Streuung) flacher verläuft und einen größeren Wertebereich umfasst.

Zur Konstruktion von Symmetriemaßen bieten sich nun verschiedene Wege an.

Eine *erste Gruppe* von Symmetriemaßen orientiert sich an den (normierten) Differenzen zwischen $\bar{x}_A$ und $\bar{x}_D$ bzw. $\bar{x}_Z$

$$S\,k_1 = \frac{\bar{x}_A - \bar{x}_D}{s} \qquad\qquad \text{erster Pearson'sche Schiefekoeffizient}$$

$$S\,k_2 = \frac{3 \cdot (\bar{x}_A - \bar{x}_D)}{s} \qquad\qquad \text{zweiter Pearson'sche Schiefekoeffizient}$$

Eine *zweite Gruppe* von Symmetriemaßen orientiert sich an den unterschiedlichen Größen der rechten und linken Streuungen asymmetrischer Verteilungen.

$$S\,k_3 = \frac{(Q_3 - \bar{x}_Z) - (\bar{x}_Z - Q_1)}{Q_3 - Q_1} \qquad\qquad \text{Quartilskoeffizient der Schiefe } (x_Z = Q_2)$$

Bei symmetrischen Verteilungen ist der Abstand des ersten Quartils zum Median gleich dem Abstand des Median zum dritten Quartil. Je größer die Differenz der Abstände zum Median, desto schiefer ist die Verteilung.

Grafisch läßt sich dies mittels des so genannten *Box-and-Whisker Plot* verdeutlichen. Die Box selbst repräsentiert mindestens 50% der Verteilung, wobei die Box umso größer ist, je stärker die Beobachtungswerte in diesem Bereich streuen. Die Lage des Medians wird zusätzlich durch eine Linie gekennzeichnet, die bei einer symmetrischen Verteilung genau in der Mitte der Box verläuft. Die Schnurrhaare (=whisker) verdeutlichen im allgemeinen den Streubereich der übrigen 50% der Beobachtungen; sie veranschaulichen, in welcher Richtung die Verteilung verzerrt ist.

Allerdings erreichen die beiden Whisker maximal die 1,5-fache Kantenlänge. Werte außerhalb dieses Bereichs gelten als Ausreißer. Krasse Außenseiter, die mehr als drei Kantenlängen vom oberen oder unteren Ende der 50%-Box entfernt beobachtet werden, sind durch eine besondere Punktform markiert.

Für das „Alter der Studienanfänger" erhalten wir folgenden Plot:

**Abb. 1.11:   Alter von Studienanfänger im SS... an der Hochschule...**

### Box-And-Whisker Plot

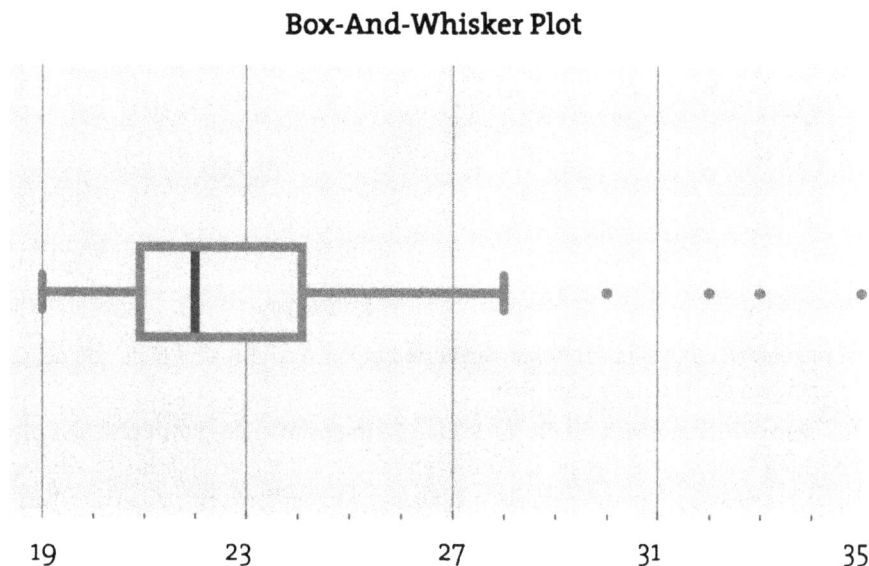

| 19 | 23 | 27 | 31 | 35 |

*Quelle: eigene Berechnung*

Dass diese Verteilung extrem rechtsschief ist, erkennt man an den vier als Ausreißer markierten Altersangaben ($\geq$ 30 Jahre).

*Eine dritte Gruppe* von Symmetriemaßen stützt sich auf den beschriebenen Tatbestand, dass die ungeraden Momente höherer Ordnung linkssteiler Verteilungen positive Werte und die Momente rechtssteiler Verteilungen negative Werte annehmen.

Das gebräuchlichste normierte Schiefemaß, das auf dieser Eigenschaft aufbaut, ist der Momentenkoeffizient der Schiefe $Sk_4$.

$$Sk_4 = \frac{M_3}{s^3} \qquad \text{Momentenkoeffizient der Schiefe}$$

wobei:

$Sk_4 > 0$: linkssteile (bzw. rechtsschiefe) Verteilung
$Sk_4 < 0$: rechtssteile (bzw. linksschiefe) Verteilung

Für unser Beispiel gilt:

**Ungerade zentrale Momente 3. Ordnung:** $(x_i - \bar{x}_A)^3 \cdot h_i$

| i | $(x_i - \bar{x}_A)$ | A | | | B | | | C | | |
|---|---|---|---|---|---|---|---|---|---|---|
| 1 | $-3$ | $-27 \cdot 0 =$ | 0 | | $\cdot 4$ | $=$ | $-108$ | $\cdot 0$ | $=$ | 0 |
| 2 | $-2$ | $-8 \cdot 12 =$ | $-96$ | | $\cdot 4$ | $=$ | $-32$ | $\cdot 4$ | $=$ | $-32$ |
| 3 | $-1$ | $-1 \cdot 24 =$ | $-24$ | | $\cdot 20$ | $=$ | $-20$ | $\cdot 40$ | $=$ | $-40$ |
| 4 | $0$ | $0 \cdot 28 =$ | 0 | | $\cdot 44$ | $=$ | 0 | $\cdot 24$ | $=$ | 0 |
| 5 | $+1$ | $+1 \cdot 24 =$ | $+24$ | | $\cdot 20$ | $=$ | $+20$ | $\cdot 20$ | $=$ | $+20$ |
| 6 | $+2$ | $+8 \cdot 12 =$ | $+96$ | | $\cdot 4$ | $=$ | $+32$ | $\cdot 8$ | $=$ | $+64$ |
| 7 | $+3$ | $+27 \cdot 0 =$ | 0 | | $\cdot 4$ | $=$ | $+108$ | $\cdot 4$ | $=$ | $+108$ |
| $\sum$ | $M_3 =$ | | 0 | | | | 0 | | | 120 |

Die *ungeraden* zentralen *Momente* der Verteilungen A und B sind Null; d.h. beide Verteilungen verlaufen symmetrisch.

Im Gegensatz hierzu wird für die *Verteilung* C ein positiver Wert ermittelt; d.h. die Verteilung C weist eine linksgerichtete Asymmetrie auf: sie verläuft linkssteil. Das Ausmaß dieser Asymmetrie, gemessen durch den Momentenkoeffizienten der Symmetrie, ist:

$$Sk_4 = \frac{1{,}20}{1{,}73} = \mathbf{0{,}69}$$

*Verteilung C*

$s^2 = 1{,}44$
$s = 1{,}20$
$s^3 = 1{,}73$

### 1.3.3.2 Maßzahlen der Wölbung

Neben der Symmetrieeigenschaft interessiert in vergleichenden Untersuchungen häufig noch die Wölbung empirischer Häufigkeitsverteilungen. Denn Verteilungen mit gleichen Mittelwerten, gleichen Varianzen und gleicher Symmetrie können durchaus unterschiedliche äußere Formen aufweisen.

▷ In dem einen Fall sind die Merkmalswerte relativ gleichmäßig verteilt. Einen derartigen Kurvenverlauf bezeichnen wir als *flach* bzw. *breit*.

▷ Im anderen Fall sind die Beobachtungswerte über ein vergleichsweise breites Intervall ungleichmäßig verteilt. Einige wenige Werte liegen an den Intervallenden, die übrigen konzentrieren sich auf einen engen Bereich um das arithmetische Mittel. Einen derartigen Kurvenverlauf bezeichnen wir als *spitz* bzw. *schmal*.

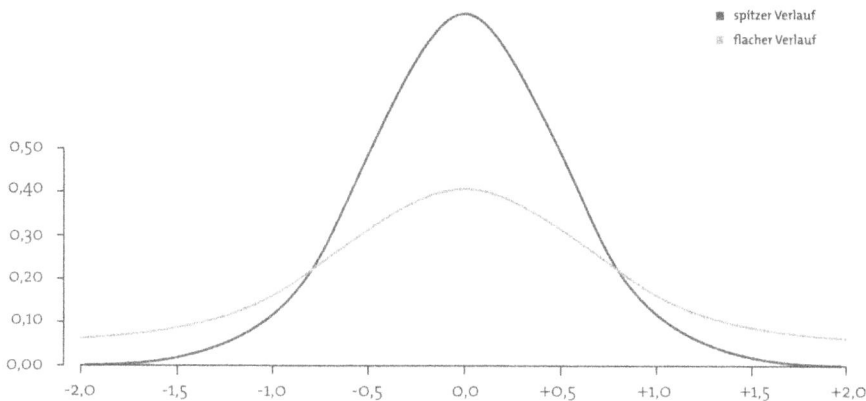

Dieser Sachverhalt lässt sich erfassen über **die geraden zentralen Momente höherer Ordnung**, also $M_2$, $M_4$, $M_6$ etc. Diese sind nämlich umso größer bzw. nehmen in Richtung $M_4$, $M_6$ etc. umso schneller zu, je schmaler die Kurve verläuft.

In Analogie zu den gerade besprochenen Momentenkoeffizienten der Schiefe verwenden wir als Maß der Wölbung den Ausdruck $M_4/s^4$. Dies wäre aber insofern noch wenig aussagefähig, weil es uns im Gegensatz zur Symmetrieeigenschaft an einer Vorstellung darüber mangelt, welcher Kurvenverlauf und damit welcher $M_4/s^2$-Wert als normal gewölbt anzusehen ist.

Als Grenzfall zwischen einem flachen und einem spitzen Kurvenzug sehen wir im folgenden die Verhältnisse einer Normalverteilung an. Für sie gilt: $M_4 = 3 \cdot s^4$ bzw. $M_4/s^4 = 3$.

Wenn wir nun diesen Wert von der im jeweiligen Einzelfall berechneten Kennziffer $M_4/s^4$ subtrahieren, erreichen wir, dass der Übergang von einer flachen zu einer spitzen Verteilung gerade mit dem Vorzeichenwechsel des neuen Ausdrucks zusammenfällt. Diese Kennziffer wird als *Momentenkoeffizient* der Wölbung bezeichnet. Sie gibt an, ob bei gleicher Varianz das Maximum der empirischen Verteilungen $h_x$ größer ist als das Maximum der entsprechenden Normalverteilung.

$$W_k = \frac{M_4}{s^4} - 3 \qquad \begin{array}{l} \text{Momentenkoeffizient der Wölbung: } W_k \\ (-2 \leq W_k < +\infty) \end{array}$$

wobei:

$W_k < 0$:  flacher Kurvenverlauf

$W_k > 0$:  steiler Kurvenverlauf

Unser Beispiel verdeutlicht diesen Sachverhalt:

### Gerade zentrale Momente 4. Ordnung $(x_i - \bar{x}_A)^4 \cdot h_i$

| i | $(x_i - \bar{x}_A)$ | A | | | B | | | C | | |
|---|---|---|---|---|---|---|---|---|---|---|
| 1 | −3 | 81 | · 0 = | 0 | · 4 | = | 324 | · 0 | = | 0 |
| 2 | −2 | 16 · 12 | = | 192 | · 4 | = | 64 | · 4 | = | 64 |
| 3 | −1 | 1 · 24 | = | 24 | · 20 | = | 20 | · 40 | = | 40 |
| 4 | 0 | 0 · 28 | = | 0 | · 44 | = | 0 | · 24 | = | 0 |
| 5 | +1 | + 1 · 24 | = + | 24 | · 20 | = | 20 | · 20 | = | 20 |
| 6 | +2 | + 16 · 12 | =+ | 192 | · 4 | = | 64 | · 8 | = | 64 |
| 7 | +3 | + 81 · 0 | = | 0 | · 4 | = | 324 | · 4 | = | 324 |
| $\sum$ | $M_4 =$ | | | 432 | | | 816 | | | 576 |

Die *geraden Momente* aller drei Verteilungen sind (natürlich) positiv. Gemessen an der Form einer Normalverteilung sind allerdings die Verteilung B als spitz und die Verteilungen A und C als flach einzustufen:

$$W_k = \frac{M_4}{s^4} = -3$$

$$W_k(A) = \frac{4,32}{1,44^2} - 3 = -\mathbf{0,917} \quad \textit{flacher Kurvenverlauf}$$

$$W_k(B) = \frac{8,16}{1,44^2} - 3 = +\mathbf{0,935} \quad \textit{steiler Kurvenverlauf}$$

$$W_k(C) = \frac{5,76}{1,44^2} - 3 = -\mathbf{0,222} \quad \textit{flacher Kurvenverlauf}$$

### 1.3.4        Konzentrationsmaße

Sämtliche bisherigen grafischen Darstellungen boten eine Gegenüberstellung von Merkmalsausprägungen auf der Abszisse und entsprechenden Häufigkeiten (bzw. den kumulierten Häufigkeiten) auf der Ordinate.

Bei der Untersuchung bestimmter kardinaler Merkmale[23] bietet nun eine Gegenüberstellung von *Merkmalsträgern* und der auf sie entfallenden *Anteile an der Merkmalssumme* zusätzlich Aufschlüsse über die Struktur der Verteilung. Wir können so feststellen, ob sich die Summe der Merkmalswerte gleichmäßig auf die einzelnen Merkmalsträger verteilt oder ob eine Konzentration auf wenige Merkmalsträger vorliegt.

Als *Merkmalssumme (G)* ergibt sich für unser Beispiel „Umsätze von 5 Unternehmen"

$$G = \sum_{1}^{n} b_j \text{ bzw. } \sum_{1}^{m} x_i \cdot h(x)_i \qquad \left| \begin{array}{l} n = 5 \\ m = 3 \end{array} \right.$$

$$= 2000$$

Auf die Betriebe entfallen damit folgende Anteile $g_j$:

| j | 1 | 2 | 3 | 4 | 5 | |
|---|---|---|---|---|---|---|
| $g_j$ | 0,1 | 0,1 | 0,2 | 0,2 | 0,4 | $g_j = \dfrac{b_j}{G}$ |

Von relativer Konzentration (oder auch Dispersion) spricht man, wenn ein großer Teil der Merkmalssumme auf einen kleinen Anteil der Elemente einer statistischen Masse entfällt. In unserem Beispiel entfallen auf jeweils 20 % der Merkmalsträger (eins von fünf Unternehmen) Umsatzanteile zwischen 10 % und 40 %. Keine (relative) Konzentration läge nach diesem Konzept dann vor, wenn der Branchenumsatz gleichmäßig verteilt wäre, d.h. wenn auf die jeweiligen 20 % der Elemente (hier: Unternehmen) auch 20 % der Merkmalssumme (hier: des Branchenumsatzes) entfallen würden.

---

23  Es handelt sich hierbei regelmäßig um solche quantitativen Merkmale, die eine sachlich interpretierbare *Summenbildung* der Beobachtungswerte zulassen (= extensive Merkmale), wie z.B. die Umsätze von Unternehmen (= Branchenumsatz). Intensive Merkmale lassen nur eine sachliche interpretierbare *Durchschnittsbildung* zu; die Summenbildung ergäbe hier keinen Sinn. Als Beispiel kann die gemessene Geschwindigkeit von Kraftfahrzeugen auf einer Bundesautobahn gelten.

Diesem Konzept ist entgegenzuhalten, dass es die Konzentrationsphänomene, die sich aus einer Verringerung der *Anzahl* der Marktteilnehmer ergeben, vernachlässigt. Ob sich nämlich die Umsatzanteile gleichmäßig auf 10, 5 oder auch nur 2 Unternehmen verteilen, ist aus dem Blickwinkel der relativen Konzentrationsmessung unerheblich: In allen drei Fällen entfallen auf die einzelnen statistischen Objekte die gleichen Umsatzanteile.

Dem Einwand, dass danach zu fragen sei, ob sich das Einkommen auf eine kleine oder große *Anzahl* von Gruppenmitgliedern verteilt, können wir begegnen, wenn wir das Konzept ändern. Von *absoluter Konzentration* sprechen wir, wenn ein großer Teil der Merkmalssumme auf eine kleine *Anzahl von Elementen* einer statistischen Masse entfällt.

Will man also die Konzentration der Merkmalssumme darstellen (oder messen), so sind zunächst die Grenzfälle „keine Konzentration" und „maximale Konzentration" sachlich festzulegen:

| Grenzfälle | relative Konzentration | absolute Konzentration |
|---|---|---|
| keine Konzentration | $g_1 = g_2 = ... = g_n$ = konstant | $x_1, x_2, ..., x_n \rightarrow 0$ |
| maximale Konzentration | $g_1, g_2, ..., g_{n-1} = 0$ <br> $g_n = 1,0$ | $x_1, x_2, ..., x_{n-1} = 0$ <br> $x_n = G$ |

### 1.3.4.1     Grafische Darstellung der Konzentration

Wenn auf alle Merkmalsträger der gleiche Anteil an der Merkmalssumme entfällt, liegt nach dem Konzept der relativen Konzentration *keine* Konzentration vor. Wir können diesen Sachverhalt grafisch darstellen, wenn wir zu einer Betrachtung der kumulierten Anteilswerte $G_j$ und $F_j$ übergehen und diese auf den Achsen eines rechtwinkligen Koordinatensystems abtragen. Der sich ergebende lineare Linienzug wird als *Gleichverteilungsgerade* bezeichnet. Für den Fall der maximalen Konzentration der Merkmalssumme auf nur ein Unternehmen verläuft die Kurve zunächst deckungsgleich mit der Abzisse, um dann am rechten Rand des Koordinatensystems von dem Punkt (n-1/n; 0) auf den Wert (n/n; 1) anzusteigen (vgl. Abb. 1.12).

**Abb. 1.12:** **Relative Konzentration der Umsätze von 5 Unternehmen einer Branche**

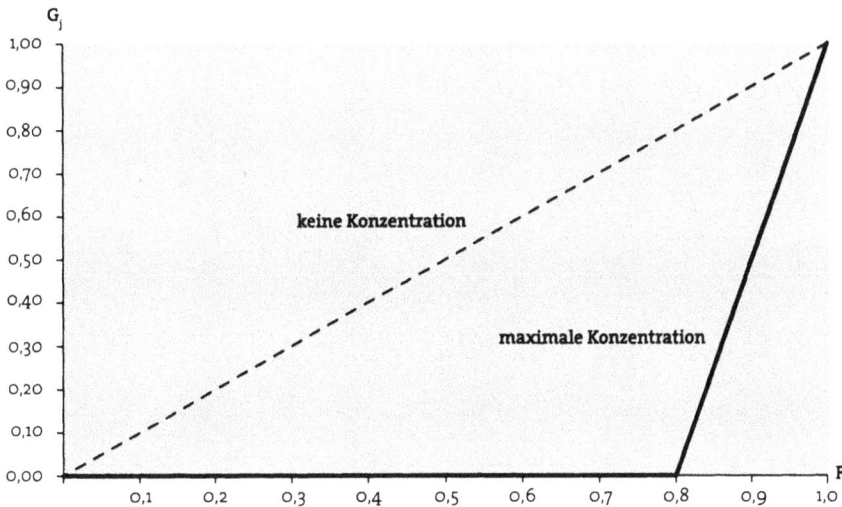

*Quelle: eigene Erhebung*

In unserem Beispiel ist die Merkmalssumme nicht zu gleichen Anteilen auf die Merkmalsträger verteilt. Beobachtet wurde vielmehr die folgende Situation

| $g_j$ | 0,1 | 0,1 | 0,2 | 0,2 | 0,4 | $g_j = \dfrac{b_j}{G}$ |
|---|---|---|---|---|---|---|
| $G_j$ | 0,1 | 0,2 | 0,4 | 0,6 | 1,0 | $G_j = \sum\limits_{z=1}^{j} g_z$ |

Die ungleichmäßige Verteilung des gesamten Umsatzes der Branche auf die 5 Betriebe hat zur Folge, dass sich ein Kurvenzug ergibt, der unterhalb der Gleichverteilungsgeraden verläuft. Wir bezeichnen ihn als *Lorenzkurve*. Die Diagonale bzw. Gleichverteilungsgerade dient dem Vergleich und wird deshalb stets mit in das Diagramm eingetragen (vgl. Abb. 1.13). Diese Konzentrationskurve zeigt immer einen konvexen Verlauf, da die (kumulierten) Merkmalsträger auf der x-Achse in aufsteigender Größenordnung angeordnet sind.

*Der Übergang von den Häufigkeiten zur Summenhäufigkeitsfunktion $F_j$ entsteht durch Übergang von den Häufigkeiten zu kumulierten Häufigkeiten, dividiert durch die Summe aller Häufigkeiten. Führt man dasselbe Verfahren zusätzlich für die Merkmalswerte durch, erhält man die Werte $G_j$ und damit die Lorenzsche Konzentrationskurve.*

**Abb. 1.13:  Lorenzkurve der Umsätze von 5 Unternehmen einer Branche**

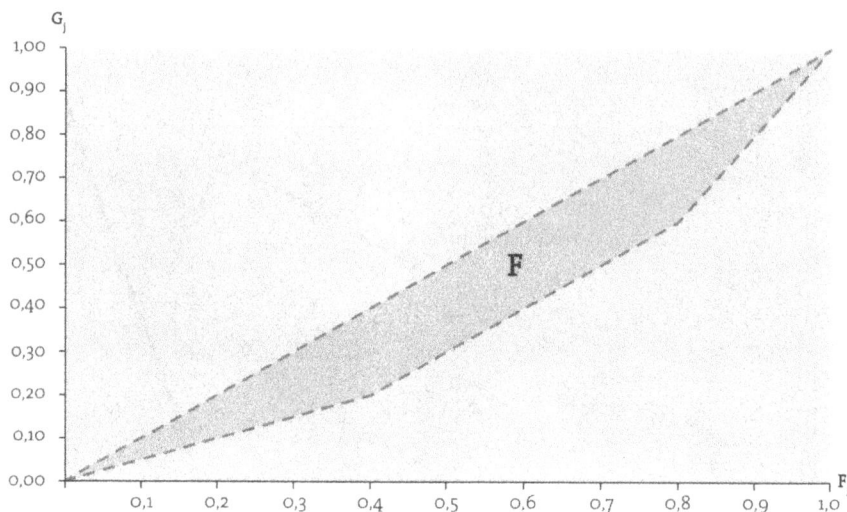

*Quelle: eigene Erhebung*

Es ergeben sich beispielsweise folgende Interpretationsmöglichkeiten:

▷  60 % des Umsatzes wird von kleineren Unternehmen erzielt, die einen Umsatz
von maximal 400 GE erzielen (das sind 80 % aller Unternehmen).
▷  40 % des Umsatzes wird von einem Großunternehmen erzielt, das einen Umsatz
von mehr als 400 GE erreicht, nämlich 800 GE.

Vergleicht man die Konzentrationskurven verschiedener Erhebungen, ergeben sich
dann Interpretationsprobleme, wenn sich zwei Lorenzkurven schneiden.

**Beispiel:** 10 Studenten verdienen durch **unerlaubte**, weil vom Studium ablenkende
Tätigkeiten, folgende Beträge:

| Dozent | 1 | 2 | 3 | 4 | 5 | 6 | 7 | 8 | 9 | 10 |
|---|---|---|---|---|---|---|---|---|---|---|
| Verdienst | 100 | 200 | 300 | 200 | 100 | 300 | 500 | 100 | 100 | 100 |

6 Dozenten verdienen durch **erlaubte**, weil fortbildende Tätigkeiten, folgende Beträge:

| Dozent | 1 | 2 | 3 | 4 | 5 | 6 |
|---|---|---|---|---|---|---|
| Verdienst | 50 | 200 | 250 | 200 | 50 | 250 |

Die Lorenzkurven ergeben sich zu:

**Abb. 1.14 Vergleich zweier Lorenzkurven**

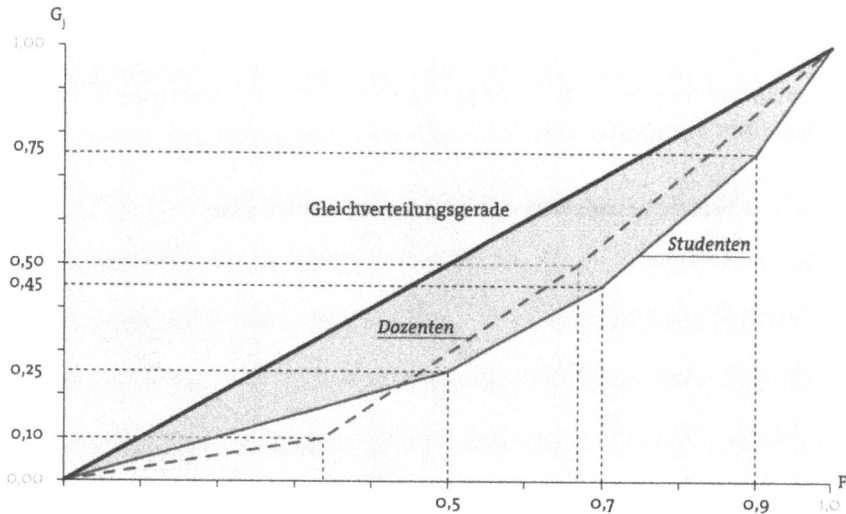

In diesen Fällen kann der unterschiedliche Konzentrationsgrad über eine statistische Kennziffer gemessen werden. Als Maß hierzu bieten sich die Flächen (F) zwischen der Gleichverteilungsgeraden und den ermittelten Lorenzkurven an. Je stärker die Konzentration ausgeprägt ist, umso größer wird diese Fläche ausfallen (vgl. hierzu Kapitel 1.3.4.2).

Zur grafischen Darstellung der *absoluten Konzentration* existieren zahlreiche Konzepte; von denen hier nur das einfachste vorgestellt wird.

Die Merkmalsträger werden wieder der Größe nach geordnet; die sich ergebende Rangskala dient als x-Achse. Auf der Ordinate werden die entsprechenden relativen Merkmalssummen abgetragen. Der Anstieg der Verbindungslinie aller Wertepaare dient als Indikator für die absolute Konzentration (vgl. Abb. 1.15).

**Für unser Beispiel ergibt sich (Kurve a):**

| Rangplatz | $x_j$ | relative Merkmalssumme |
|---|---|---|
| 1 | 800 | 0,4 |
| 2 | 400 | 0,6 |
| 3 | 400 | 0,8 |
| 4 | 200 | 0,9 |
| 5 | 200 | 1,0 |

Zur Verdeutlichung des Unterschieds zur relativen Konzentrationsmessung werden noch zwei weitere Fälle dargestellt:

1. der Umsatz ist gleichmäßig auf 10 Unternehmen verteilt    (Kurve B),
2. der Umsatz ist gleichmäßig auf 5 Unternehmen verteilt    (Kurve C).

Dies sind zwei Situationen, in denen nach dem Konzept der Lorenzkurve keine Konzentration vorliegen würde.

**Abb. 1.15:  Absolute Konzentration der Umsätze einer Branche**

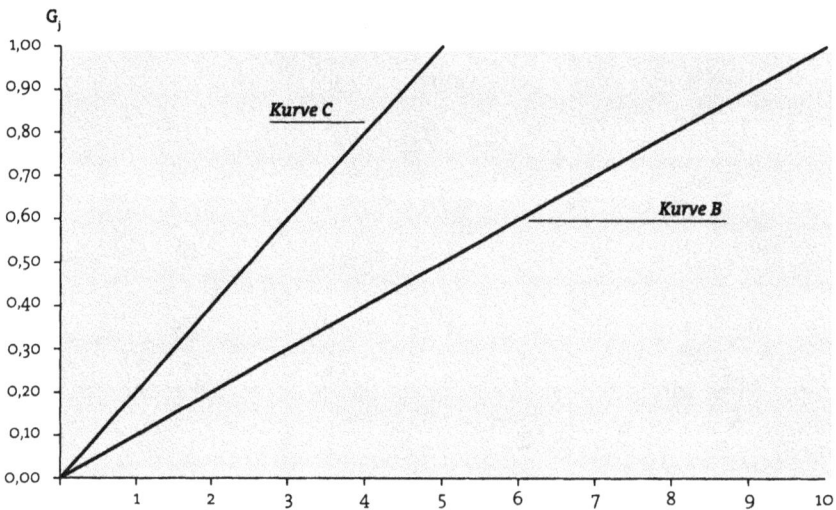

*Quelle: eigene Erhebung*

### 1.3.4.2     Maßzahlen der Konzentration

An den Schaubildern der Lorenzkurve wurde deutlich: Die Fläche F zwischen der Diagonalen (Gleichverteilung) und der Lorenzkurve gibt die Intensität der Konzentration wieder. Es liegt daher nahe, zur Definition eines Konzentrationsmaßes diese Fläche heranzuziehen. Für Vergleichzwecke strebt der Statistiker nun stets Kennziffern mit Extremwerteigenschaft an, d.h. für die Konzentrationsmessung sollte die zu konstruierende Maßzahl für den Fall, dass keine Konzentration vorliegt, den Wert 0, im Fall der stärkstmöglichen Konzentration den Wert 1 annehmen. Diese Eigenschaft erreichen wir annähernd, wenn wir nicht die Fläche selbst verwenden, sondern definieren:

$$\text{KG: Konzentrationsmaß nach Gini} = \frac{F}{0,5} = 2F$$

Die nachfolgende Skizze zeigt, dass die größtmögliche Fläche zwischen der Gleichverteilungsgeraden und der Lorenzkurve (für große n-Werte) ca. 0,5 und damit $K_G$ ca. 1 ist.

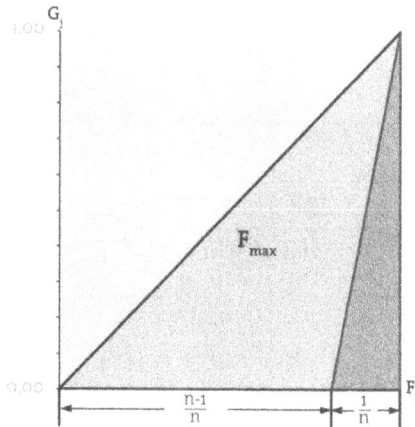

$$K_G^{max} = 2\left[\frac{1}{2} \cdot \frac{n}{n} \cdot \frac{1}{1} \cdot 1\right] \approx 1$$

$$= 2\left[\frac{1}{2} - \frac{1}{2n}\right] \approx 1$$

$$= 1 - \frac{1}{n} \approx 1$$

Für endliche n Werte ergibt sich für $K_G$ damit der folgende Wertebereich $0 \leq K_G < 1$.

*Der Nachteil des Gini-Maßes besteht also darin, dass sein oberer Grenzwert von der Zahl der untersuchten Merkmalsträger abhängt bzw. nur für $n > \infty$ den Wert 1 erreicht.*

Diesen Nachteil vermeiden Lorenz / Münzner, indem sie F nicht auf die theoretisch maximale Fläche, sondern auf die im Einzelfall erreichbare maximale Fläche beziehen.

$$K_L = \frac{F}{F_{max}} \qquad \left| \quad F_{max} = \frac{1}{2} \cdot \frac{n-1}{n} \right.$$

$$0 \leq K_L \leq 1$$

In unserem Demonstrationsbeispiel (n = 5 Unternehmen) ist $F_{max} = \frac{1}{2} \cdot \frac{5-1}{5} = 0,4$. Für das Konzentrationsmaß nach Lorenz / Münzner folgt daraus $K_L = \frac{F}{0,4} = 2,5F$.

Unabhängig davon, ob wir als Maßgröße der Konzentration $K_G$ oder $K_L$ verwenden: Zunächst ist die Fläche zwischen der Gleichverteilungsgeraden und der Lorenzkurve zu bestimmen, also

$$F = 0,5 - \sum_{j=1}^{n} FT_j \qquad\qquad | \ FT_j = \text{Trapezfläche}^{24}$$

Die Koordinatenwerte der Lorenzkurve unseres Demonstrationsbeispiels waren:

| $F_j$ | 0,2 | 0,4 | 0,6 | 0,8 | 1,00 |
|---|---|---|---|---|---|
| $G_j$ | 0,1 | 0,2 | 0,4 | 0,6 | 1,0 |

Daraus ergibt sich die *Summe der Trapezflächen* wie folgt:

| j | Mittelwert der parallelen Seitenlängen | Abstand der Parallelen | $FT_j$ |
|---|---|---|---|
| 1 | (0   +   0,1) · 0,5 | 0,2 | 0,01 |
| 2 | (0,1 + 0,2) · 0,5 | 0,2 | 0,03 |
| 3 | (0,2 + 0,4) · 0,5 | 0,2 | 0,06 |
| 4 | (0,4 + 0,6) · 0,5 | 0,2 | 0,10 |
| 5 | (0,6 + 1,0) · 0,5 | 0,2 | 0,16 |

$$\sum_{j=1}^{n} FT_j = 0,36$$

Als Maßzahlen der Konzentration erhalten wir  (F = 0,5 - 0,36 = **0,14**)

$$K_G = \frac{F}{0,5} = \frac{0,14}{0,5} = \mathbf{0,28} \qquad\qquad K_L = \frac{F}{F_{max}} = \frac{0,14}{0,4} = \mathbf{0,35}$$

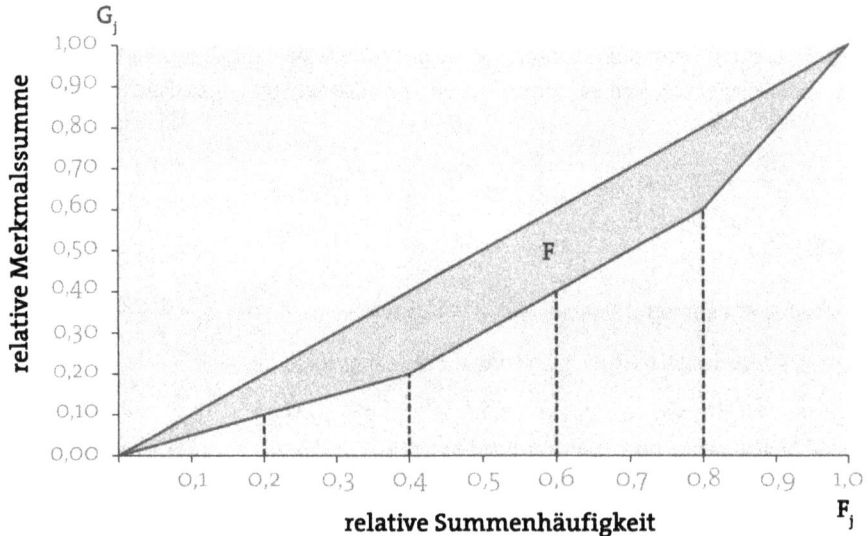

---

24  Die Fläche eines Trapez ergibt sich als Produkt aus dem arithmetischen Mittel der zwei parallelen Seitenlängen und dem Abstand dieser beiden Parallelen zueinander.

Ein Maß für die *absolute Konzentration* der Merkmalssumme auf einzelne Merkmalsträger ist der *Herfindahl-Index* $K_H$, der wie folgt definiert ist:

$$K_H = \sum_{j=1}^{n} g_j^2 \qquad \Bigg| \quad g_j = \frac{b_j}{G}$$

Anteil der Merkmalssumme, der auf das Objekt j entfällt

Tragen alle Merkmalsträger die gleiche Merkmalsausprägung, beträgt der Anteil eines jeden Elements an der Merkmalssumme $\frac{b_j}{G} = \frac{1}{n}$ und auch $K_H$ nimmt diesen Wert an.

$$K_H = \sum_{j=1}^{n} \left[\frac{1}{n}\right]^2 = n \cdot \frac{1}{n^2} = \frac{1}{n}$$

Entfällt die Merkmalssumme auf einen einzigen Merkmalsträger (stärkstmögliche Konzentration), liefert $K_H$ den Wert 1. $\sum g_j^2 = 0{,}26$

$$K_H = 1^2 + \sum_{j=1}^{n-1} 0^2 = 1$$

$$\frac{1}{n} \leq K_H \leq 1$$

Für unser Umsatz-Beispiel erhalten wir:

| j | $b_j$ | $g_j$ | $g_j^2$ |
|---|---|---|---|
| 1 | 200 | 0,1 | 0,01 |
| 2 | 200 | 0,1 | 0,01 |
| 3 | 400 | 0,2 | 0,04 |
| 4 | 400 | 0,2 | 0,04 |
| 5 | 800 | 0,4 | 0,16 |

$$\sum g_j^2 = 0{,}26$$

$$K_H = \sum_{j=1}^{n} g_j^2 = \mathbf{0{,}26}$$

Im Regelfall werden die n Beobachtungswerte in der Form einer *primären Verteilungstafel* vorliegen. In diesem Fall bietet sich folgender Rechengang an:

$$K_H = \sum_{i=1}^{m} g_i^2 \cdot h_i \qquad \Bigg| \quad g_i = \frac{x_i}{G}$$

Anteil der Merkmalssumme, der auf *jedes einzelne Element* mit der Merkmalsausprägung $x_i$ entfällt

Beispiel:

| i | $x_i$ | $h_i$ | $g_i$ | $g_i^2$ | $g_i^2 \cdot h_i$ |
|---|-------|-------|-------|---------|-------------------|
| 1 | 200 | 2 | 0,1 | 0,01 | 0,02 |
| 2 | 400 | 2 | 0,2 | 0,04 | 0,08 |
| 3 | 800 | 1 | 0,4 | 0,16 | 0,16 |

$$\sum_{i=1}^{m} g_i^2 \cdot h_i = 0,26$$

$$K_H = \frac{VC^2 + 1}{n} = \frac{(0,3+1)}{5} = 0,26$$

Auch der Herfindahl-Index läßt sich auf die *Konzentrationskurvendarstellung* zurückführen. Er kann dann interpretiert werden als gewichtete durchschnittliche Steigung der Konzentrationskurve, wobei als Gewichte die einzelnen Anteile der Merkmalsträger an der Merkmalssumme verwendet werden.

Für unser Beispiel gilt:

| j | 1 | 2 | 3 | 4 | 5 |
|---|---|---|---|---|---|
| Steigung der Konz.-Kurve | 0,4 | 0,2 | 0,2 | 0,1 | 0,1 |
| $g_j$ | 0,4 | 0,2 | 0,2 | 0,1 | 0,1 |

Die gewichtete durchschnittliche Steigung ist

$$0,4 \cdot 0,4 + 0,2 \cdot 0,2 + 0,2 \cdot 0,2 + 0,1 \cdot 0,1 + 0,1 \cdot 0,1$$
$$= \quad 0,4 \cdot 0,4 + 2 \cdot (0,2 \cdot 0,2) + 2 \cdot (0,1 \cdot 0,1)$$
$$= \quad 0,26$$
$$= \quad K_H$$

Durch mathematische Umformung läßt sich zudem zeigen, dass ein enger Zusammenhang zwischen dem Herfindahl-Index, dem Variationskoeffizienten (VC) und dem Kehrwert der Anzahl der Merkmalsträger (1/n) besteht. [25]

$$K_H = \frac{VC^2 + 1}{n} = \frac{(0,3+1)}{5} = 0,26$$

Diese Formel deckt einen typischen Zusammenhang zwischen Konzentrations- und Streuungsmaßen auf: Konzentrationsmaße ergeben sich oft aus der Verbindung von Disparitätsmaßen für die Merkmalswerte und der absoluten Anzahl der Merkmalsträger. Falls also die Information über die Streuung aller n Beobachtungswerte bereits vorliegt, läßt sich daraus $K_H$ sehr einfach berechnen.

---

25  Häni, P. K., Die Messung der Unternehmenskonzentration, in: Beiträge zur empirischen Wirtschaftsforschung, Bd. 4, Grüsch 1987, S. 83 und 86

# 1.4      Transformationen
## 1.4.1      Lineare Transformation

Die Umwandlung einer Variablen anhand einer bestimmten Formel bezeichnet man als Transformation, wobei die lineare Umformung am häufigsten vorkommt.

Angenommen, die Umsatzangaben der fünf Unternehmen einer Branche lauten bisher in DM und sollen nun in € erfolgen. Die Umrechnungsvorschrift lautet:

$Y = a + b \cdot X$       $a, b$ = konstant; $a = 0$; $b = 1/1,95583$

d.h. für jeden einzelnen Wert $x_i$ gilt

$$y_i = 0 + \frac{1}{1,95583} \cdot x_i$$

**Umsatzbeispiel, linear transformierte Werte**

| $x_i$ | $h_i$ | $y_i$ |
|-------|-------|-------|
| 200   | 2     | 102,2584 |
| 400   | 2     | 204,5168 |
| 800   | 1     | 409,5168 |

**Allgemein gilt:**

$Y = a + b \cdot X$       $a, b$ = konstant; $b \neq 0$    bzw.
$y_i = a + b \cdot x_i$

Auf eine Neuberechnung von Mittelwert und Streuung über

$$\bar{y} = \frac{1}{n}\sum y_i h_i = \frac{1}{5}(102,2584 \cdot 2 + 204,5168 \cdot 2 + 409,5168 \cdot 1) = 204,5168$$

$$s^2 = \frac{1}{n}\sum y_i^2 \cdot h_i - \bar{x}^2 = \frac{1}{5}(102,2584^2 \cdot 2 + 204,5168^2 \cdot 2 + 409,5168^2 \cdot 1) - 204,5168^2$$

$$= 12.548,13$$

kann verzichtet werden. Denn die Lage- und Streuungsparameter der neuen Variablen können auch direkt über die Parameter der ursprünglichen Variablen X bestimmt werden. Das arithmetische Mittel wird ebenso transformiert wie die einzelnen Merkmalswerte.

$$\bar{y} = a + b \cdot \bar{x} = 0 + \frac{1}{1,95583} \cdot 400 = 204,5168$$

$$s_y^2 = b^2 \cdot s_x^2 = \left(\frac{1}{1,95583}\right)^2 \cdot 48.000 = 12.548,13$$

Die Streuung reagiert nur auf die multiplikative Veränderung. Während sich die Standardabweichung proportional zu b verändert, wirkt sich der multiplikative Faktor auf die Varianz quadratisch aus. Die Variationskoeffizienten $VC_X$ und $VC_Y$ stimmen überein (= 0,548 bzw. 54,8%).

## 1.4.2 Standardisierung

Eine spezielle Form der linearen Transformation ist die Standardisierung; die neue Variable erhält in diesem Fall die Bezeichnung Z:

$Z = a + b \cdot X$ $\quad$ a, b = konstant; $a = \dfrac{\overline{x}}{s_x}$, $b = \dfrac{1}{s_x}$ bzw.

$Z = \dfrac{X - \overline{x}}{s_x}$ $\quad$ d.h. für jeden einzelnen Wert $x_i$ gilt $\quad$ $z_i = \dfrac{x_i - \overline{x}}{s_x}$

In unserem Umsatzbeispiel erhält man:

| $x_i$ | $h_i$ | $z_i$ |
|-------|-------|-------|
| 200 | 2 | -1,7854 |
| 400 | 2 | 0 |
| 800 | 1 | 3,5708 |

Eine Neuberechnung von Mittelwert und Streuung der neuen Variablen erübrigt sich auch in diesem Fall. Denn standardisierte Variablen weisen stets den Mittelwert 0 und die Standardabweichung 1 auf. Jeder z-Wert der standardisierten Variablen bringt zum Ausdruck, ob er über oder unter dem Durchschnitt liegt und wie weit er vom Mittelwert entfernt ist. Diese Entfernung wird in Einheiten der Standardabweichung gemessen.

In unserem Beispiel informiert $z_1 = -1,7854$ darüber, dass der Umsatz der beiden kleinen Unternehmen ca 1,8 Standardabweichungen unter dem durchschnittlichen Umsatz der Branche liegt, während der Wert $z_2 = 0$ belegt, dass die Umsätze der beiden „mittleren" Unternehmen exakt dem Branchendurchschnitt entsprechen. Der Umsatz des Größten in der Branche liegt mehr als 3 Standardabweichungen über diesem Durchschnittswert, was übrigens auch die Asymmetrie der Verteilung unterstreicht: Die Umsatzverteilung ist rechtschief bzw. linkssteil.

Von speziellem Interesse ist (auch in der deskriptiven Statistik), ob einzelne Werte innerhalb eines ±1s, ± 2s oder ± 3s Bereichs der Verteilung liegen. Als Faustregel für annähernd symmetrische Verteilungen kann man sich merken: 2/3 aller Werte sind im Intervall $\overline{x}$ ±1 · s zu erwarten; im Bereich $\overline{x}$ ±2 · s liegen bereits 95% der Beobachtungen. Werte außerhalb des „six-sigma-Bereichs" $\overline{x}$ ±3 · s sind nur in ganz seltenen atypischen Fällen anzutreffen. Ein Überschreiten der beiden erstgenannten Grenzen könnte z.B. bei niedergelassenen Ärzten dazu führen, dass von den Krankenkassen derartige Abweichungen vom Durchschnittshonorar gekürzt werden.

Von besonderer Bedeutung ist die Berechnung standardisierter Werte, wenn für einzelne statistische Elemente zu beurteilen ist, ob sie über oder unter dem Durchschnitt liegen und wie weit sie im Vergleich zur durchschnittlichen Streuung vom Mittelwert entfernt sind.

Student A möchte seine Leistung in der Statistikklausur ($x_A$ = 75 Punkte), die er unmittelbar nach dem Besuch der Veranstaltung geschrieben hat, mit derjenigen der Studentin B vergleichen ($x_B$ = 78 Punkte), die erst nach den Semesterferien an einer entsprechenden Klausur teilgenommen hat. In beiden Klausuren wurden maximal 100 Punkte vergeben.

Die Parameter der Punkteverteilung in beiden Klausuren sind:

| Klausur am Ende der Veranstaltung (incl. Student A) | Klausur nach den Semesterferien (incl. Student B) |
|---|---|
| $\bar{x}$ = 62,10 Punkte | $\bar{x}$ = 65,10 Punkte |
| s = 20,95 Punkte | s = 23,33 Punkte |

Die (relative) Streuung der Punkteverteilung war demnach in der Klausur des Studentin A geringfügig größer als in der Klausur des A:

$$VC_A = \frac{20,95}{62,10} = 0,34 \qquad\qquad VC_B = \frac{23,33}{65,10} = 0,36$$

Die standardisierten Punktwerte der zwei Studierenden zeigen aber, dass die (relative) Leistung des Studenten A höher zu bewerten ist. Er hat im Vergleich zu den anderen Klausurteilnehmern eine deutlich bessere Leistung erzielt als Studentin B zu denen ihres Prüfungstermins.

$$z_A = \frac{75 - 62,10}{20,95} = 0,616$$

$$z_B = \frac{78 - 65,10}{23,33} = 0.553$$

# 2 Analyse mehrdimensionaler empirischer Verteilungen

## 2.0 Einführung

Die isolierte Betrachtung eindimensionaler empirischer Verteilungen, bei der die n Elemente einer statistischen Masse im Hinblick auf das Merkmal X untersucht werden, ist nur ein Aspekt. Ein weiteres Anliegen bei der Analyse statistischer Daten ist das *Erkennen von Abhängigkeiten und Zusammenhängen zwischen verschiedenen Merkmalen*. So wird beispielsweise die Verteilung der Körpergewichte von Studienanfängern untersucht. Merkmale, die möglicherweise in einem engen Zusammenhang mit dem Gewicht stehen, sind z.B.:

▷ die Größe,
▷ das Geschlecht,
▷ das Alter,
▷ das Freizeitverhalten.

Es liegt nahe, möglichen Zusammenhängen und Abhängigkeiten zwischen diesen Merkmalen nachzugehen. Im Rahmen der deskriptiven Statistik sind dabei zwei Fragestellungen zu unterscheiden:

(1) *Wie eng ist dieser Zusammenhang?* Diese Frage ist Gegenstand der *Korrelationsrechnung* (vgl. hierzu Abschnitt 2.1).

(2) *Auf welche Art und Weise sind die Merkmalswerte miteinander verknüpft?* Diese Frage ist Gegenstand der *Regressionsrechnung* (vgl. hierzu Abschnitt 2.2).

Typische Fragestellungen können sein:

▷ Gibt es einen Zusammenhang zwischen Freizeitverhalten und Körpergewicht?
▷ Gibt es einen Zusammenhang zwischen dem Geschlecht und der Körpergröße?
▷ Kann bei einer Erweiterung der Ladenfläche auf eine proportionale Erhöhung des Warenumsatzes gesetzt werden?

Natürlich gilt es, nach den *richtigen* Einflussgrößen zu suchen. Dass es in Bochum, obwohl auf dem gleichen Breitengrad, im Jahresmittel wärmer ist als im kanadischen Calgary, liegt sicher auch an der Höhe über dem Meeresspiegel und an der Nähe zum warmen Atlantik mit seinem Golfstrom im Gegensatz zum Pazifik. Viele Erscheinungen unserer Umwelt sind Bestandteil eines Systems von unterschiedlichsten Einflussfaktoren.

Im folgenden konzentrieren wir uns auf die Analyse *zweidimensionaler* empirischer Verteilungen: Wir betrachten wiederum ein statistisches Kollektiv mit n Elementen und untersuchen nun gleichzeitig die zwei Merkmale X und Y. In dem nachfolgenden Demonstrationsbeispiel zum Aufbau einer zweidimensionalen Häufigkeitsverteilung setzen wir n=10 und unterscheiden pragmatisch die Ausprägungen $x_1=2$, $x_2=4$ und $x_3=6$ sowie $y_1=1$, $y_2=2$, $y_3=3$.

**Urliste**

| Objekt | X | Y | Wertepaar |
|---|---|---|---|
| $E_1$ | 2 | 1 | $b_1 (2,1)$ |
| $E_2$ | 6 | 2 | $b_2 (6,1)$ |
| . | | | . |
| $E_n$ | 4 | 2 | $b_n (4,2)$ |

Im 1. Abschnitt haben wir j als Laufindex für die statistischen Einheiten und i zur Kennzeichnung alternativer Merkmalsausprägungen eingesetzt. In diesem 2. Abschnitt identifizieren i und j die Ausprägungen der Merkmale X bzw. Y. Da wir unsere Argumentation überwiegend auf die Häufigkeitsverteilung $h_{i\,j} = f(x_i; y_j)$ stützen, können wir in der Urliste auf einen Laufindex für die n Elemente bzw. die Wertepaare b(x, y) verzichten. Die **Strichliste** liefert das nachfolgende Ergebnis:

| X | Y | | |
|---|---|---|---|
| | $y_1 = 1$ | $y_2 = 2$ | $y_3 = 3$ |
| $x_1 = 2$ | I | I | |
| $x_2 = 4$ | I | II | I |
| $x_3 = 6$ | | III | I |

Dem entspricht die nachfolgende zweidimensionale Häufigkeitstabelle. Sie ergibt sich - analog zur Auswertung eines eindimensionalen Datensatzes - über das Auszählen der Urliste, die jetzt keine Beobachtungswerte, sondern Beobachtungswertepaare enthält.

**Zweidimensionale empirische Häufigkeitsverteilung**

| X | Y | | | $\Sigma$ |
|---|---|---|---|---|
| | $y_1 = 1$ | $y_2 = 2$ | $y_3 = 3$ | |
| $x_1 = 2$ | 1 | 1 | 0 | 2 |
| $x_2 = 4$ | 1 | 2 | 1 | 4 |
| $x_3 = 6$ | 0 | 3 | 1 | 4 |
| $\Sigma$ | 2 | 6 | 2 | n=10 |

In die beiden *Randleisten* der Tabelle werden zunächst die beobachtbaren Skalenwerte der beiden Untersuchungsmerkmale X und Y sowie die Häufigkeiten, mit denen die einzelnen Merkmalsausprägungen auftreten, eingetragen. Mit anderen Worten: Die Randspalten und -zeilen der Tabelle entsprechen den primären Verteilungstafeln der zwei Variablen, die wir im 1. Abschnitt dieser Einführung isoliert, d.h. unabhängig voneinander untersucht haben. In unserem Beispiel erhalten wir die beiden Randverteilungen und deren Parameter.[26]

| $x_i$ | $x_1=2$ | $x_2=4$ | $x_3=6$ |
|---|---|---|---|
| $h(x)_i$ | 2 | 4 | 4 |

$\sum\limits^{m_x} h(x_i) = n = 10$   $\bar{x} = 4{,}4$
$s_x^2 = 2{,}24$

| $y_j$ | $y_1=1$ | $y_2=2$ | $y_3=3$ |
|---|---|---|---|
| $h(y)_j$ | 2 | 6 | 2 |

$\sum\limits^{m_y} h(y_j) = n = 10$   $\bar{y} = 2$
$s_y^2 = 0{,}4$

Im Tabellenfeld selbst werden die Häufigkeiten notiert, mit der die Merkmalswerte $x_i$ und $y_j$ jeweils paarweise auftreten: $h(x_i,y_j)$ bzw. $f(x_i,y_j)$. Die Gesamtheit aller auftretenden Kombinationen von Merkmalsausprägungen und die dazugehörigen absoluten oder relativen Häufigkeiten stellen die *zweidimensionale Häufigkeitsverteilung* dar.

$h_{ij} = \quad f(x_{ij})$    - absolute Verteilung    $i = 1, 2, \dots m_x$
$f_{ij} = \quad f(x_{ij})$    - relative Verteilung    $j = 1, 2, \dots m_y$

### Beziehungstafel bzw. Mehrfeldertafel; allgemeine Darstellung

| Y  X | $y_1$ | ... | $y_j$ | ... | $y_{m_y}$ | $\Sigma$ |
|---|---|---|---|---|---|---|
| $x_1$ | $h_{11}$ | ... | $h_{1j}$ | ... | $h_{1m_y}$ | $h(x_i)$ |
| ⋮ | ⋮ | | ⋮ | | ⋮ | ⋮ |
| $x_i$ | $h_{i1}$ | ... | $h_{ij}$ | ... | $h_{im_y}$ | $h(x_i)$ |
| ⋮ | ⋮ | | ⋮ | | ⋮ | ⋮ |
| $x_{m_x}$ | $h_{m_x1}$ | ... | $h_{m_xj}$ | ... | $h_{m_xm_y}$ | $h(x_{m_x})$ |
| $\Sigma$ | $h(y_j)$ | ... | $h(y_j)$ | ... | $h(y_{m_y})$ | n |

---

26  Wer eine bildhafte Vorstellung mit diesem Musterbeispiel verbinden möchte denke z. B. an den Zigarettenkonsum (X) und Kaffeekonsum (Y) - in Tassen - von n = 10 Studierenden während einer Statistik-Übung.

Analog zu unseren Ausführungen über eindimensionale Verteilungen gilt:

$$\sum_{i=1}^{m_x} \sum_{j=1}^{m_y} h_{ij} = n \quad bzw. \sum\sum f_{ij} = 1{,}00 \quad \Big| \quad f_{ij} = \frac{h_{ij}}{n}$$

Addieren wir die in den einzelnen Spalten der Mehrfeldertafel eingetragenen Häufigkeiten, erhalten wir natürlich wiederum die Werte der Randverteilungen; das gleiche gilt für die Zeilen.

$$\sum_{i=1}^{m_x} h_{ij} = h(y_j) \qquad \text{oder kürzer } h_{.j} \quad \text{für } j = 1 \dots m_y$$

$$\sum_{j=1}^{m_y} h_{ij} = h(x_i) \qquad \text{oder kürzer } h_{i.} \quad \text{für } i = 1 \dots m_x$$

Die kürzere Schreibweise deutet an, dass wir von einer isolierten Betrachtung einzelner Merkmale zur simultanen Analyse zweier Merkmale übergehen. Der Punkt signalisiert, dass die Randverteilung des Merkmals X (bzw. Y) das Auftreten des Merkmals Y (bzw. X) nicht berücksichtigt. In konsequenter Fortsetzung dieser Bezeichnungsweise schreibt man dann auch

$h_{..} = n$ bzw. $f_{..} = 1{,}00$

$H_{ij}$ ist die Anzahl der Untersuchungsobjekte, die *höchstens* die Ausprägung $x_i$ und gleichzeitig *höchstens* den Merkmalswert $y_j$ aufweisen.

$H_{ij} \Rightarrow \{x_u \le x_i\} \wedge \{y_v \le y_j\}$

Die Ermittlung der einzelnen $H_{ij}$-Werte stützt sich somit auf die Beziehung

$$H_{ij} = \sum_{u=1}^{i} \sum_{v=1}^{j} h_{uv}$$

Für unser Demonstrationsbeispiel erhalten wir so:

| Y \ X | $y_1 = 1$ | $y_2 = 2$ | $y_3 = 3$ |
|---|---|---|---|
| $x_1 = 2$ | 1 | 2 | 2 |
| $x_2 = 4$ | 2 | 5 | 6 |
| $x_3 = 6$ | 2 | 8 | 10 |

absolute kumulierte Häufigkeitsverteilung $H_{ij}$

| Y / X | $y_1 = 1$ | $y_2 = 2$ | $y_3 = 3$ |
|---|---|---|---|
| $x_1 = 2$ | 0,1 | 0,2 | 0,2 |
| $x_2 = 4$ | 0,2 | 0,5 | 0,6 |
| $x_3 = 6$ | 0,2 | 0,8 | 1,0 |

relative kumulierte
Häufigkeitsverteilung $F_{ij}$

Neben den beiden Randverteilungen und der zweidimensionalen Verteilung interessieren uns nun noch die Häufigkeiten in den einzelnen Spalten und Zeilen der Beziehungstafel. Dabei geht es um die Frage nach der Verteilung eines Merkmals für einen gegebenen Wert des anderen Merkmals.

Für ein gegebenes $x_i$ (bzw. $y_j$) wird die Häufigkeitsverteilung von Y (bzw. X) betrachtet. Derartige Verteilungen nennt man *bedingte oder konditionale Verteilungen*.

Die bedingten absoluten Häufigkeiten können unmittelbar aus den einzelnen Feldern der Beziehungstafel abgelesen werden; die bedingten relativen Häufigkeiten

$$f(x_i/y_j) \qquad \left| \begin{array}{l} j = \text{konstant} \\[4pt] i = 1, ..., m_X \end{array} \right.$$

$$f(y_j/x_i) \qquad \left| \begin{array}{l} i = \text{konstant} \\[4pt] j = 1, ..., m_Y \end{array} \right.$$

erhält man, indem man die Werte der Zeilen (bzw. Spalten) auf die entsprechenden Zeilen-(Spalten-)Summen bezieht:

$$f(x_i/y_j) = \frac{f_{ij}}{f(y_j)} = \frac{h_{ij}}{h(y_j)} \quad \text{bzw.} \quad f(y_j/x_i) = \frac{f_{ij}}{f(x_i)} = \frac{h_{ij}}{h(x_i)}$$

Als bedingte Verteilungen erhalten wir somit:

| | | | | |
|---|---|---|---|---|
| $f(x_1/y_1)$ | $= \frac{1}{2}$ | | $f(y_1/x_1)$ | $= \frac{1}{2}$ |
| $f(x_2/y_1)$ | $= \frac{1}{2}$ | | $f(y_2/x_1)$ | $= \frac{1}{2}$ |
| $f(x_3/y_1)$ | $= 0$ | | $f(y_3/x_1)$ | $= 0$ |
| Summe: | 1,00 | | Summe: | 1,00 |

| | | | | |
|---|---|---|---|---|
| $f(x_1/y_2)$ | $= \frac{1}{6}$ | | $f(y_1/x_2)$ | $= \frac{1}{4}$ |
| $f(x_2/y_2)$ | $= \frac{2}{6}$ | | $f(y_2/x_2)$ | $= \frac{2}{4}$ |
| $f(x_3/y_2)$ | $= \frac{3}{6}$ | | $f(y_3/x_2)$ | $= \frac{1}{4}$ |
| Summe: | 1,00 | | Summe: | 1,00 |

| | | | | |
|---|---|---|---|---|
| $f(x_1/y_3)$ | $= 0$ | | $f(y_1/x_3)$ | $= 0$ |
| $f(x_2/y_3)$ | $= \frac{1}{2}$ | | $f(y_2/x_3)$ | $= \frac{3}{4}$ |
| $f(x_3/y_3)$ | $= \frac{1}{2}$ | | $f(y_3/x_3)$ | $= \frac{1}{4}$ |
| Summe: | 1,00 | | Summe: | 1,00 |

Jede einzelne bedingte Verteilung können wir wieder durch statistische Kennziffern wie Mittelwert und Streuung charakterisieren.

**Bedingte (arithmetische) Mittelwerte**   **Beispiel**

$$\overline{x}_j = \sum_{i=1}^{m} x_i \cdot f(x_i / y_j)$$

$\left\{\begin{array}{l} \overline{x}_1 = 2 \cdot 1/2 + 4 \cdot 1/2 + 6 \cdot 0 = 3,00 \\ \overline{x}_2 \qquad\qquad\qquad\qquad = 4,66 \\ \overline{x}_3 \qquad\qquad\qquad\qquad = 5,00 \end{array}\right.$

$$\overline{y}_i = \sum_{j=1}^{m_y} y_j \cdot f(y_j / x_i)$$

$\left\{\begin{array}{l} \overline{y}_1 = 1,50 \\ \overline{y}_2 = 2,00 \\ \overline{y}_3 = 2,25 \end{array}\right.$

**Varianzen der bedingten Verteilungen**

$$s^2{}_{x/y_j} = \sum_{i=1}^{m_x} (x_i - \overline{x}_j)^2 \cdot f(x_i / y_j)$$

$\left\{\begin{array}{l} s^2{}_{x/y_1} = 1 \cdot 1/2 + 1 \cdot 1/2 + 9 \cdot 0 = 1,000 \\ s^2{}_{x/y_2} \qquad\qquad\qquad\qquad = 2,222 \\ s^2{}_{x/y_3} \qquad\qquad\qquad\qquad = 1,000 \end{array}\right.$

$$s^2{}_{y/x_i} = \sum_{j=1}^{m} (y_j - \overline{y}_i)^2 \cdot f(y_j / x_i)$$

$\left\{\begin{array}{l} s^2{}_{y/x_1} = 0,250 \\ s^2{}_{y/x_2} = 0,500 \\ s^2{}_{y/x_3} = 0,188 \end{array}\right.$

Hier noch einmal (zum Vergleich) die Parameter der Randverteilung.

$$\overline{x} = \frac{\sum x_i h_i}{n} = \frac{44}{10} = 4,4 \qquad\qquad \overline{y} = 2$$

$$s^2_x = \frac{\sum x^2 h_i}{n} - \overline{x}^2 = \frac{216}{10} - 4,4^2 = 2,24 \qquad s^2_y = 0,4$$

Die Betrachtung der bedingten Verteilungen führt nun zum Begriff der *Unabhängigkeit*. Zeigen die einzelnen bedingten Verteilungen - wie in unserem Beispiel - einen unterschiedlichen Verlauf, ist es also *nicht* gleichgültig, welche Zeile (bzw. Spalte) wir untersuchen, liegt im statistischen Sinne eine *Abhängigkeit* zwischen X und Y vor. *Empirische Abhängigkeit* bedeutet also, dass die Verteilung des einen Merkmals davon abhängt, welchen Wert das andere Merkmal aufweist.

Bei unabhängigen Merkmalen beeinflusst die Vorgabe eines Merkmalswertes den Verlauf der bedingten Verteilung nicht. Wir vereinbaren: *Statistische Unabhängigkeit* liegt dann vor, wenn die bedingten Verteilungen übereinstimmen und den gleichen Verlauf aufweisen wie die entsprechenden Randverteilungen (für die sich ja die Frage, welchen Wert die andere Größe annimmt, gar nicht stellt). Formal bedeutet dies:

$$f(x_i / y_j) = \frac{f_{ij}}{f(y_j)}$$

$$f_{ij} = f(x_i) \cdot f(y_j)$$

*im Unabhängigkeitsfall ist:*
$$f(x_i / y_j) = f(x_i)$$

$$f(y_j / x_i) = \frac{f_{ij}}{f(x_i)}$$

$$f_{ij} = f(x_i) \cdot f(y_j)$$

*im Unabhängigkeitsfall ist:*
$$f(y_j / x_i) = f(y_j)$$

**Beispiel einer Beziehungstafel im Unabhängigkeitsfall**　　　$f_{ij} = f(x_i) \cdot f(y_j)$

| X | Y | | | |
|---|---|---|---|---|
| | $y_1 = 1$ | $y_2 = 2$ | $y_3 = 3$ | $\Sigma$ |
| $x_1 = 2$ | 0,04 | 0,12 | 0,04 | 0,20 |
| $x_2 = 4$ | 0,08 | 0,24 | 0,08 | 0,4 |
| $x_3 = 6$ | 0,08 | 0,24 | 0,08 | 0,4 |
| $\Sigma$ | 0,20 | 0,60 | 0,20 | 1,00 |

Die Werte der (insgesamt $m_x + m_y = 6$) bedingten Verteilungen sind in diesem Fall:

$$f(x_1 / y_1) \ = f(x_1 / y_2) \ = f(x_1 / y_3) \ = f(x_1) = 0{,}2 \qquad (\frac{0{,}04}{0{,}2} = \frac{0{,}12}{0{,}6} = \frac{0{,}04}{0{,}2} = 0{,}2)$$

$$f(x_2 / y_1) \ = f(x_2 / y_2) \ = f(x_2 / y_3) \ = f(x_2) = 0{,}4$$

$$f(x_3 / y_1) \ = f(x_3 / y_2) \ = f(x_3 / y_3) \ = f(x_3) = 0{,}4$$

$$f(y_1 / x_1) \ = f(y_1 / x_2) \ = f(y_1 / x_3) \ = f(y_1) = 0{,}2$$

$$f(y_2 / x_1) \ = f(y_2 / x_2) \ = f(y_2 / x_3) \ = f(y_2) = 0{,}6$$

$$f(y_3 / x_1) \ = f(y_3 / x_2) \ = f(y_3 / x_3) \ = f(y_3) = 0{,}2$$

Die Tatsache, dass zwischen beobachteten und den unter der Annahme der Unabhängigkeit berechneten Häufigkeitsziffern i.d.R. mehr oder weniger große Differenzen bestehen, legt den Gedanken nahe, sich zur Beantwortung der eingangs aufgeworfenen Frage: „Wie straff ist der Zusammenhang zwischen zwei Merkmalen?" auf gerade diese Differenzen zu beziehen. Der einfache Grundgedanke besteht darin, den Abstand zwischen der empirisch ermittelten Beziehungstafel und ihrer zugehörigen Indifferenztafel zu messen. Unter dieser zugehörigen Indifferenztafel verstehen wir eine Beziehungstafel, deren Randverteilungen mit jenen der empirischen Beziehungstafel übereinstimmen, jedoch mit den *absoluten* Besetzungszahlen, die sich bei Unabhängigkeit der Merkmale ergeben (vgl. hierzu Kapitel 2.1.1).

Unsere Betrachtung der bedingten Verteilung können wir wie folgt zusammenfassen:

1) Ist Merkmal X von Y unabhängig, dann ist auch Y von X unabhängig: Die Unabhängigkeit ist eine symmetrische Beziehung.

2) Sind die Merkmale unabhängig voneinander, entsprechen die bedingten Verteilungen den zugehörigen Randverteilungen. In diesem Fall ist die zweidimensionale Verteilung durch die Vorgabe der Randverteilungen eindeutig bestimmt: Die relativen Häufigkeiten $f_{ij}$ ergeben sich als Produkt entsprechender Werte der Randverteilungen.[27]

3) Diese Aussage ist nicht umkehrbar, d.h., aus einer Übereinstimmung der bedingten Verteilung folgt nicht automatisch die Unabhängigkeit der Variablen. Zulässig ist nur die Aussage, dass in diesem Fall aus statistischer Sicht nichts gegen die Annahme der Unabhängigkeit spricht.

---

27  Im Bereich der analytischen Statistik wird auf diese Beziehungen zurückgegriffen (Multiplikationssatz für unabhängige Ereignisse).

## 2.1      Korrelationsrechnung
### 2.1.0    Einführung

Im Mittelpunkt der Korrelationsrechnung stehen Kennziffern, die die Straffheit des Zusammenhangs zwischen verschiedenen Untersuchungsmerkmalen wiedergeben. Die Art der Konstruktion derartiger Kennziffern hängt ebenso wie der Aufbau eines Lage- oder Streuungsparameters vom Typ der Untersuchungsmerkmale ab.

▷  Die Abhängigkeit zwischen einem nicht geordneten bzw. nominalen Merkmal und einem beliebig skalierten anderen Merkmal bezeichnen wir als *Kontingenz*. Kennzahlen zur Messung der Straffheit des Zusammenhangs werden *Kontingenzmaße* genannt; für die Beziehungs- oder Mehrfeldertafel ist in diesem Fall die Bezeichnung *Kontingenztabelle* üblich. Im speziellen Fall einer 2 x 2 Tabelle spricht man auch von einer *Assoziationstabelle*.
▷  Die Abhängigkeit zwischen einem ordinalen Merkmal und einem weiteren zumindest ordinal skalierten Merkmal bezeichnen wir als *Rangkorrelation*. Kennziffern zur Messung der Straffheit des Zusammenhangs werden als *Rangkorrelationsmaße*, die Mehrfeldertafel wird als *Rangkorrelationstabelle* bezeichnet.
▷  Die Abhängigkeit zwischen einem kardinalen Merkmal und einem anderen ebenfalls kardinal geordneten Merkmal bezeichnen wir als *Korrelation* i. e. S. Kennzahlen zur Messung der Straffheit des Zusammenhangs werden *Korrelationsmaße* genannt; für die Beziehungs- oder Mehrfeldertafel ist in diesem Fall die Bezeichnung *Korrelationstabelle* üblich.

**Systematik der Korrelationsrechnung**

| Merkmalstyp | | Y | | |
|---|---|---|---|---|
| | | nominal | ordinal | kardinal |
| X | nominal | Kontingenz ⟶ | | ⟶ |
| | ordinal | ↓ | Rangkorrelation ⟶ | ⟶ |
| | kardinal | ↓ | ↓ | Korrelation (i.e.S.) |

### 2.1.1    Auswertung von Kontingenztafeln

Zur Konstruktion von Kontingenzmaßzahlen haben Statistiker unterschiedliche Wege beschritten.

*Chi-Quadrat Kontingenzmaß (Quadratische Kontingenz)*

Einer dieser Ansätze bedient sich der Größe $\chi^2$ (Chi-Quadrat) , die den Abstand zwischen der beobachteten Verteilung $h^o_{ij} = f(x_i, y_j)$ und der zugehörigen Verteilung unter der Annahme der Unabhängigkeit $h^e_{ij} = f(x_i, y_j)$ misst. [28]

$$\chi^2 = \sum^{m_x} \sum^{m_y} \frac{(h^o_{ij} - h^e_{ij})^2}{h^e_{ij}}$$

Anhand des folgenden Beispiels wird zunächst ein Rechenschema zur Bestimmung von $\chi^2$ vorgestellt.

Angenommen, wir beobachten 75 Kinder und halten fest, ob die Jungen und Mädchen vorzugsweise mit Autos oder Puppen spielen. Man beobachtet folgende Kontingenztafel, wobei

**X:**              Bevorzugtes Spielzeug,
**Y:**              Geschlecht der Kinder.

Wir quantifizieren nun die Enge der Beziehung zwischen dem Spielverhalten und dem Geschlecht der 75 Kinder anhand der empirischen und der theoretischen Verteilung.

**Empirische Verteilung** $h^o_{ij}$

| Spielzeug | | Geschlecht $y_1$: Junge | $y_2$: Mädchen | $\Sigma$ |
|---|---|---|---|---|
| $x_1$: | Puppe | 5 | 20 | 25 |
| $x_2$: | Auto | 40 | 10 | 50 |
| | $\Sigma$ | 45 | 30 | 75 |

---

28  Der Index o kennzeichnet eine beobachtete (observed) Häufigkeit, der Index e kennzeichnet eine erwartete (expected) Häufigkeit.

Wir erhalten als **Randverteilungen**:

| Spielzeug | Geschlecht | | | Σ |
|---|---|---|---|---|
| | $y_1$: Junge | $y_2$: Mädchen | | |
| $x_1$: Puppe | | | | 25/75 = 0,33 |
| $x_2$: Auto | | | | 50/75 = 0,66 |
| Σ | 45/75 = 0,60 | 30/75 = 0,40 | | 1,00 |

Zur Berechnung der $h^e_{ij}$-Werte bedienen wir uns der für den Unabhängigkeitsfall abgeleiteten Beziehung: $f^e_{ij} = f(x_i) \cdot f(y_j)$.

**Theoretische Verteilung**: $f^e_{ij}$

| Spielzeug | Geschlecht | | Σ |
|---|---|---|---|
| | $y_1$ | $y_2$ | |
| $x_1$ | 0,20 | 0,133 | 0,33 |
| $x_2$ | 0,40 | 0,266 | 0,66 |
| Σ | 0,60 | 0,40 | 1,00 |

zum Beispiel ist
**0,60 • 0,33 = 0,20**

**Indifferenztabelle**: $h^e_{ij}$

| Spielzeug | Geschlecht | | Σ |
|---|---|---|---|
| | $y_1$ | $y_2$ | |
| $x_1$ | 15 | 10 | 25 |
| $x_2$ | 30 | 20 | 50 |
| Σ | 45 | 30 | 75 |

zum Beispiel ist:
**0,20 • 75 = 15**

Zur Berechnung von $\chi^2$ verwendet man nun zweckmäßigerweise die folgende Arbeitstabelle:

| Zeile $_i$ | Spalte $_j$ | $h^o_{ij}$ | $h^e_{ij}$ | $(h^o - h^e)$ | $(h^o - h^e)^2$ | $\chi^2 = \sum\limits^{m_x} \sum\limits^{m_y} \dfrac{(h^o_{ij} - h^e_{ij})^2}{h^e_{ij}}$ |
|---|---|---|---|---|---|---|
| 1 | 1 | 5 | 15 | − 10 | 100 | 6,66 |
| 1 | 2 | 20 | 10 | + 10 | 100 | 10,00 |
| 2 | 1 | 40 | 30 | + 10 | 100 | 3,33 |
| 2 | 2 | 10 | 20 | − 10 | 100 | 5,00 |
| Σ | | 75 | 75 | 0 | 400 | 25,00 |

Bei der Berechnung von $\chi^2$ setzen wir voraus, dass alle Zeilen- und Spaltensummen positiv sind; leere Zeilen bzw. Spalten werden bei der Berechnung nicht berücksichtigt.

$\chi^2$ misst den (relativen) Abstand zwischen der empirischen Häufigkeitstabelle und der Indifferenztabelle. Dieses Assoziationsmaß weist folgende Eigenschaften auf:

▷ Das Maximum ist abhängig vom Format der Kontingenztafel. Hieraus ergibt sich ein Normierungsproblem.

$0 \le \chi^2 \le n \cdot \min(m_x - 1, m_y - 1)$

▷ Das Minimum wird erreicht, wenn die Merkmale statistisch unabhängig sind und das Maximum wird genau dann angenommen, wenn in jeder Zeile oder wenn in jeder Spalte der empirischen Häufigkeitstabelle genau ein Feld von Null verschieden ist.

▷ Die Kontingenz ändert sich nicht, wenn man Zeilen- und Spaltenmerkmal vertauscht oder wenn man beliebige Zeilen und Spalten der Häufigkeitstabelle miteinander vertauscht.

Unser Beispiel kann auch eine weitere Eigenschaft von $\chi^2$ verdeutlichen, die gegen eine direkte Verwendung dieser Größe als deskriptives Kontingenzmaß spricht: Bei gleichen relativen Häufigkeiten, also bei gleicher „Form" der Tabelle hängt $\chi^2$ von der Anzahl der Beobachtungswerte ab: Angenommen, wir hätten nicht 75, sondern z.B. 7500 Kinder beobachtet und die gleichen Relationen ermittelt, ergäbe sich $\chi^2 = 2500$.

Es gibt nun mehrere Vorschläge $\chi^2$ zu normieren, d.h. in eine statistische Kennziffer mit Extremwerteigenschaft zu überführen.

### Das Cramer Kontingenzmaß

Die normierte Kontingenz $V$, auch bekannt unter dem Namen *Cramer Kontingenzmaß*, ist definiert durch:

$$V = \sqrt{\frac{\chi^2}{\chi^2_{max}}} \qquad \text{wobei} \quad \chi^2_{max} = n \cdot \min(m_x - 1, m_y - 1)$$

$$V = \sqrt{\frac{\chi^2}{n \cdot \min(m_x - 1, m_y - 1)}}$$

$$V = \sqrt{\frac{25}{75 \cdot 1}} = \sqrt{0,33} = 0,58$$

Allgemein gilt: $\qquad 0 \le V \le 1$

**Der Phi - Koeffizient** *(Mittlere Quadratische Kontingenz)*

Betrachtet man den durchschnittlichen Abstand $\chi^2/n$, erhält man die mittlere quadratische Kontingenz $\Phi^2$ bzw. den Phi - Koeffizienten $\Phi$.

Er errechnet sich als

$$\Phi = \sqrt{\frac{\chi^2}{n}}$$

für unser Beispiel ergibt sich wiederum:

$$\Phi = \sqrt{\frac{25}{75}} = 0{,}58$$

Für Tabellen vom Format 2 x 2, 2 x $m_y$ und $m_x$ x 2 ist min $(m_x\text{-}1, m_y\text{-}1) = 1$ und damit $n \cdot (m_x\text{-}1, m_y\text{-}1) = n$. Und (nur) in diesen Fällen stimmt der Phi-Koeffizient mit dem Cramer'schen Kontingenzkoeffizienten überein und es gilt:

$$0 \le \Phi \le 1$$

In allen anderen Fällen gilt:

$$0 \le \Phi < 1$$

**Der Vierfelderkoeffizient** *(Korrigierter $\Phi$ Wert)*

Es handelt sich um einen *korrigierten Phi-Koeffizienten* für eine *Vierfeldertafel*; diese Korrektur bewirkt eine Erhöhung des Kontingenzmaßes. Sie wird vorgeschlagen, weil $\Phi$ seinen Extremwert von 1 nur dann erreicht, wenn eine Diagonale der Vierfeldertafel unbesetzt ist. Ein Fall, der in empirischen Untersuchungen nur in den wenigsten Fällen auftritt. Man berechnet ihn auf folgende Weise:

$$\Phi_{korr.} = \frac{bc - ad}{n \cdot \min(a,d) + (bc - ad)} \qquad \bigg| \; bc \ge ad$$

bzw.

$$= \frac{bc - ad}{n \cdot \min(b,c) - (bc - ad)} \qquad \bigg| \; bc < ad$$

wobei   $a = h(x_1, y_1)$,   $b = h(x_1, y_2)$,
$c = h(x_2, y1)$,   $d = h(x_2, y_2)$ und
$\min(a,d)$:   der kleinere von den beiden Werten a und d ist einzusetzen,
$\min(b,c)$:   der kleinere von den beiden Werten b und c ist einzusetzen.

Damit liegt auch der Vierfelderkoeffizient im Bereich:

$$0 \le |\Phi_{korr.}| \le 1$$

Beispiel:

|  | $y_1$ | $y_2$ | $\Sigma$ |
|---|---|---|---|
| $x_1$ | $a = 5$ | $b = 20$ | $a + b = 25$ |
| $x_2$ | $c = 40$ | $d = 10$ | $c + d = 50$ |
| $\Sigma$ | $a + c = 45$ | $b + d = 30$ | 75 |

$$\Phi_{korr.} = \frac{20 \cdot 40 - 5 \cdot 10}{75 \cdot 5 + (20 \cdot 40 - 5 \cdot 10)} \qquad b \cdot c > a \cdot d \rightarrow 20 \cdot 40 > 5 \cdot 10$$

$$= \frac{750}{375 + 750}$$

$$= \frac{750}{1125} = 0{,}66$$

Unser Beispiel zeigt: Bei nominalen Merkmalen ist die Anordnung der Merkmalsausprägungen beliebig, sie wirkt sich lediglich auf das Vorzeichen von $\Phi$korr. aus. Die Stärke des Zusammenhangs wird durch $|\Phi_{korr.}|$ dargestellt.

### Der Pearson'sche Kontingenzkoeffizient

Gegenüber $\Phi$ bietet der Pearson-Koeffizient C den Vorteil, *dass er für Kontingenztafeln beliebigen Formats* eingesetzt werden kann. Er errechnet sich als:

$$C = \sqrt{\frac{\chi^2}{\chi^2 + n}}$$

Für unser Beispiel ergibt sich:

$$C = \sqrt{\frac{25}{25 + 75}} = 0{,}5$$

Unabhängig von der Zahl der Spalten und Zeilen gilt:

$$0 \leq C \leq 1$$

Den Extremwert von 1 erreicht C allerdings nur in dem theoretischen Fall, dass die Zahl der Tabellenfelder ($m_x \cdot m_y$) unendlich groß ist. In praktischen Fällen liegt $C_{max}$ also regelmäßig unter 1.

Die gewünschte Extremwerteigenschaft wird erreicht, indem man C auf das jeweilige $C_{max}$ bezieht, also eine so genannte Dimensionskorrektur vornimmt.

$$C_{korr} = \frac{C}{C_{max}}$$

Für quadratische Tafeln gilt:

$$C_{max} = \sqrt{\frac{m-1}{m}} \; ; \text{ wobei } m = m_x = m_y$$

Für nichtquadratische Kontingenztafeln gilt:

$$C_{max} = \sqrt{\frac{\min(m_x, m_y) - 1}{\min(m_x, m_y)}}$$

In unserem Beispiel erhalten wir:

$$C_{korr} = \frac{0,5}{C_{max}}$$

$$C_{max} = \sqrt{\frac{2-1}{2}} = 0,707$$

$$= 0,71$$

Die Auswertung der zweidimensionalen Häufigkeitsverteilung führt in unserem Beispiel zu dem Ergebnis, dass das Spielverhalten der Kinder mit ihrem Geschlecht korreliert: Die deskriptiven Kontingenzmaße $\Phi_{korr.}$ = 0,66 und $C_{korr}$ = 0,71 liegen deutlich über 0,5. [29]

Es ist davon auszugehen, dass ein Wert, der näher an Eins liegt als ein Koeffizient einer vergleichbaren anderen Gruppe von Kindern, einen engeren Zusammenhang zwischen den beiden Merkmalen anzeigt. Eine Interpretation ist also immer erst im Vergleich mit anderen Erhebungen zu einem Thema möglich.

---

29   Zur Frage, ob Werte > 0,5 die Aussage rechtfertigen, der statistische Parameter unterscheide sich signifikant von Null vgl. die entsprechenden Abschnitte in einem Lehrbuch zur schließenden Statistik, z.B. Bleymüller, J., Gehlert, G., Gülicher, H., Statistik für Wirtschaftswissenschaftler, 14. überarb. Aufl., München 2004, Abschnitt IV (Verteilungstests).

Die hier vorgestellten Kontingenzmaße orientieren sich an den Abweichungen der bedingten Verteilungen von den entsprechenden Randverteilungen: Das Ausmaß der Abweichung ist entscheidend für die gemessene Straffheit des Zusammenhangs.

Folgende Beziehungen zwischen den behandelten deskriptiven Kontingenzmaßen lassen sich ableiten:

$$\chi^2 \leftrightarrow \Phi: \qquad \chi^2 = \Phi^2 \cdot n$$

$$\chi^2 \leftrightarrow C: \qquad C^2 = \frac{\chi^2}{\chi^2 + n}$$

$$C \leftrightarrow \Phi: \qquad \Phi^2 = \frac{C^2}{1 - C^2}$$

$$C_{korr} \leftrightarrow V: \qquad C_{korr} = \sqrt{\frac{m \cdot V^2}{(m-1)V^2 + 1}}$$

In unserem Beispiel:

$$\phi \rightarrow \chi^2: \qquad \chi^2 = 0{,}33 \cdot 75 = 25$$

$$\chi^2 \rightarrow c^2: \qquad c^2 = \frac{25}{(25 + 75)} = 0{,}25$$

$$c \rightarrow \varphi^2: \qquad \varphi^2 = \frac{0{,}25}{(1 - 0{,}25)} = 0{,}33$$

$$V \rightarrow c_{korr}: \qquad c_{korr} = \sqrt{\frac{2 \cdot 0{,}33}{(1 \cdot 0{,}33 + 1)}} = 0{,}71$$

**2.1.2        Auswertung von Rangkorrelationstabellen**

Die gerade durchgeführte Auswertung von Kontingenztafeln stützt sich ausschließlich auf die Häufigkeiten, mit denen die einzelnen Merkmalskombinationen auftreten. Die Merkmalsausprägungen selbst bleiben unberücksichtigt, weil für diese (Puppe, Auto) ex definitione keine Zahlenwerte vorliegen. Nominale Skalenwerte können nur nach dem Kriterium gleich oder verschieden geordnet werden.

*Rangkorrelationsmaße beziehen die Rangplätze der Ausprägungen in die Betrachtung ein.* Die Frage nach der Übereinstimmung der Rangfolge rückt in den Mittelpunkt der Betrachtung. Ordinale Korrelationsmaße liefern nicht nur Aussagen über die Stärke, sondern auch über die Richtung des Zusammenhangs zwischen den Merkmalen. Eine Befragung von Studenten nach der Einschätzung des Lebens in ihrem Studienort und der Zufriedenheit mit dem bisherigen Studienverlauf brachte folgende Ergebnisse:

| Zufriedenheit mit Studienfortgang (X) | Leben im Studienort (Y) | | | $\Sigma$ |
|---|---|---|---|---|
| | $y_1$: langweilig | $y_2$: erträglich | $y_3$: reizvoll | |
| $x_1$:        nein | 5 | 5 | 2 | 12 |
| $x_2$:   Enthaltung | 1 | 11 | 4 | 16 |
| $x_3$:        ja | 2 | 15 | 6 | 23 |
| $\Sigma$ | 8 | 31 | 12 | 51 |

Die Merkmalsausprägungen der beiden Variablen

X:  Zufriedenheit mit dem Studienfortgang
Y:  Beurteilung des Lebens im Studienort

besitzen eine (wenn auch subjektive) Ordnung. Wir können diese Ordnung berücksichtigen, indem wir die Lage der einzelnen Merkmalskombinationen mit jener des Zentrums der zweidimensionalen Verteilung vergleichen.

**2.1.2.1        Fechner Rangkorrelationskoeffizient**

Unsere Diskussion alternativer Lageparameter hatte zu dem Ergebnis geführt, dass zur Beschreibung des Zentrums ordinal skalierter Merkmale sinnvollerweise der Zentralwert Verwendung findet. Wir definieren: $M(\bar{x}_Z, \bar{y}_Z)$ ist der Mittelpunkt, das Zentrum oder der Schwerpunkt der zweidimensionalen Verteilung: Im Beispiel:

$$\bar{x}_Z = b_{\left(\frac{51+1}{2}\right)} = x_2 \quad : \text{Enthaltung}$$

$$\bar{y}_Z = b_{\left(\frac{51+1}{2}\right)} = y_2 \quad : \text{erträglich}$$

Bei den n Beobachtungspaaren können nun im Hinblick auf ihre Lage zu M fünf Typen unterschieden werden:

|  | | $(x - \bar{x}_z \ ; \ y - \bar{y}_z)$ | | |
|---|---|---|---|---|
| 1. | Beide Merkmalsausprägungen stimmen im Hinblick auf ihre Lage zum Zentrum überein. (Zahl dieser Kombinationen = $n_1$) | $(-$ ; $-)$ $(+$ ; $+)$ | | bzw. |
| 2. | Die Merkmalsausprägungen beider Größen stimmen im Hinblick auf ihre Lage zum Zentrum nicht überein. (Zahl dieser Kombinationen = $n_2$) | $(-$ ; $+)$ $(+$ ; $-)$ | | bzw. |
| 3. | x entspricht $\bar{x}_z$ $y \neq \bar{y}_z$ | $(o$ ; $+/-)$ | | |
| 4. | y entspricht $\bar{y}_z$ $x \neq \bar{x}_z$ | $(+/-$ ; $o)$ | | |
| 5. | x entspricht $\bar{x}_z$ y entspricht $\bar{y}_z$ | $(o$ ; $o)$ | | |

Wenn die Fälle 3. - 5. nicht auftreten, ermitteln wir als Maß für die Straffheit des Zusammenhangs zwischen einem ordinalen und einem anderen geordneten Merkmal den Anteil der Differenz zwischen im Vorzeichen übereinstimmenden (= $n_1$) und nicht übereinstimmenden Kombinationen (= $n_2$) an der Gesamtzahl aller Kombinationen (= n).

Fechner Rangkorrelationskoeffizient: $\qquad F = \dfrac{n_1 - n_2}{n}$

▷ Stimmen alle Wertepaare im Hinblick auf ihre Lage zu M überein, sprechen wir von perfekter positiver Rangkorrelation. In diesem Fall gilt: $n_1$ = n und F nimmt den Wert +1 an.

$$-1 \leq F \leq +1$$

▷ Unterscheiden sich alle Wertepaare im Hinblick auf ihre Lage zu M, sprechen wir von perfekter negativer Korrelation. In diesem Fall gilt: $n_2$ = n und F = -1.

▷ Sind die Wertepaare gleichmäßig über alle vier so konstruierten Quadranten verteilt, gilt also $n_1 = n_2$, werten wir dies als Indiz für die Unabhängigkeit beider Beobachtungsmerkmale: F nimmt den Wert o an.

Problematisch ist die Behandlung all jener Fälle, in denen sich aus der Lage der Werte-kombinationen keine Rückschlüsse auf einen möglichen Zusammenhang zwischen beiden Merkmalen ziehen lassen.

„Tie" bedeutet im Sport soviel wie Punktgleichheit. Die „Lösung" dieser Situation erfolgt im Tennis durch das sogenannte tie-break. Zur Lösung unserer *Problemfälle* 3. - 5. sind verschiedene Ansätze denkbar; von diesen werden hier zwei dargestellt.

**1. Variante:**     Zur Bestimmung von F werden nur eindeutige Wertepaare, also die Fälle 1. und 2. berücksichtigt.

$$F = \frac{n_1 - n_2}{n_1 + n_2} \qquad \Big| \quad n_1 + n_2 < n$$

Angewandt auf unser Beispiel:

$$F = \frac{11 - 4}{15} \qquad \Big| \quad \begin{aligned} n_1 &= 5 + 6 = 11 \\ n_2 &= 2 + 2 = 4 \end{aligned}$$

$$= 0{,}467$$

**Arbeitstabelle**

| X \ Y | $y_1$ | $y_3$ | $\Sigma$ |
|---|---|---|---|
| $x_1$ | 5 | 2 | 7 |
| $x_3$ | 2 | 6 | 8 |
| $\Sigma$ | 7 | 8 | 15 |

**2. Variante:**     Zur Bestimmung von F werden die ties gleichmäßig auf die angren-zenden Felder der Kontingenztabelle verteilt.

$$F = \frac{n_1^* - n_2^*}{n} \qquad \Big| \quad \begin{aligned} n_1^* &= n_1 + \text{zugeordnete ties} \\ n_2^* &= n_2 + \text{zugeordnete ties} \\ n_1^* + n_2^* &= n \end{aligned}$$

Angewandt auf unser Beispiel:

$$F = \frac{29 - 22}{51}$$

$$= 0{,}137$$

$$\begin{aligned} n_1^* &= 5 + (0{,}5 + 2{,}75 + 2{,}5) \\ &\quad + 6 + (2{,}0 + 2{,}75 + 7{,}5) \\ &= 29 \end{aligned}$$

$$\begin{aligned} n_2^* &= 2 + (0{,}5 + 2{,}75 + 7{,}5) \\ &\quad + 2 + (2{,}0 + 2{,}75 + 2{,}5) \\ &= 22 \end{aligned}$$

**Arbeitstabelle**

|  | $y^*_1$ | $y^*_3$ | $\Sigma$ |
|---|---|---|---|
| $x^*_1$ | 5<br>+ 5,75 | 2<br>+ 7,25 | 20,00 |
| $x^*_3$ | 2<br>+ 10,75 | 6<br>+ 12,25 | 31,00 |
| $\Sigma$ | 23,50 | 27,50 | 51,00 |

### 2.1.2.2    Gamma Koeffizient

Rang-Korrelationsmaße quantifizieren die Stärke des Zusammenhanges zwischen zwei (zumindest) ordinal skalierten Untersuchungsmerkmalen. Das Fechner-Maß (F) bringt die Enge einer derartigen Beziehung nur sehr grob zum Ausdruck, weil es lediglich ermittelt, ob die Ausprägungspaare über oder unter den Medianen der Variablen liegen. Insbesondere bei Ordinalskalen mit einer größeren Anzahl von Skalenwerten empfiehlt sich ein präziseres Messverfahren. *Uns interessieren dabei nicht nur die vorzeichenmäßigen Zuordnungen der Beobachtungswerte zum Zentrum der Verteilung, sondern die Relationen innerhalb der vier Quadranten.*

**Beispiel:**    Ein Marktforschungsinstitut lässt Verbraucher in Niedersachsen und Bayern n=12 Biersorten beurteilen.

**Biersorten im Urteil ihrer Konsumenten,**
**Rangplätze in Niedersachsen ($R_N$) und Bayern ($R_B$)**

| Sorte | 1 | 2 | 3 | 4 | 5 | 6 | 7 | 8 | 9 | 10 | 11 | 12 |
|---|---|---|---|---|---|---|---|---|---|---|---|---|
| $R_N$ | 4 | 9 | 5 | 12 | 6 | 1 | 10 | 2 | 7 | 8 | 3 | 11 |
| $R_B$ | 5 | 11 | 6 | 10 | 1 | 7 | 2 | 8 | 3 | 9 | 12 | 4 |

Das Fechner-Maß liefert den Wert Null

$$F = \frac{n_1 - n_2}{n_1 + n_2}$$

$$= \frac{6 - 6}{12} = 0$$

$n_1 = 3 + 3$
$n_2 = 3 + 3$    (Mediane der Rangplätze: 6.5)

Danach existieren keine unterschiedlichen Präferenzen im Norden und Süden. Genauer ausgedrückt: Nichts spricht gegen die These, die Einstufung der Biersorten erfolge unabhängig von der regionalen Herkunft der Konsumenten.

Der „feinfühligere" *Gamma-Koeffizient* γ untersucht nicht mehr nur die Lage der Merkmalsträger zum Zentrum der Verteilung; er berücksichtigt vielmehr sämtliche individuellen Wertigkeitsvergleiche zwischen den statistischen Objekten.

Diese Anzahl aller möglichen paarweisen Merkmalsvergleiche ist

$$C_{n,2} = \binom{n}{2} = \frac{n!}{(n-2)!\,2!} = \frac{n(n-1)}{2}; \quad \text{im Beispiel}$$

$$C_{12,2} = \binom{12}{2} = \frac{12!}{(12-2)!\,2!} = \frac{12 \cdot 11}{2} = 66$$

*Diese Vergleiche führen entweder zu übereinstimmenden oder aber zu entgegengesetzten Ergebnissen: Überwiegen die übereinstimmenden Paare, ist der Zusammenhang positiv; überwiegen die entgegengesetzten Paare ist der Zusammenhang negativ.*

Zur Verdeutlichung dieser Aussage dienen die in Bayern und Niedersachsen erstplazierten Biersorten ❺ und ❻.

Verglichen mit der im Süden den 1. Rangplatz einnehmenden Sorte Nr. ❺ existieren insgesamt 6 Merkmalsträger, die gleichzeitig auch im Norden einen niedrigeren Rangplatz aufweisen[30].

*Biersorte 5 und übereinstimmende Ausprägungspaare:*

| Sorte ❺ | 2 | 4 | 7 | 9 | 10 | 12 |
|---|---|---|---|---|---|---|
| $R_N = 6$ | 9 | 12 | 10 | 7 | 8 | 11 |
| $R_B = 1$ | 11 | 10 | 2 | 3 | 9 | 4 |

Verwenden wir die im Norden auf Platz 1 rangierende Sorte Nr. ❻ als Ausgangspunkt für den Vergleich, identifizieren wir insgesamt 5 Sorten, die auf beiden Rangskalen einen niedrigeren Rangplatz einnehmen.

*Biersorte 6 und übereinstimmende Ausprägungspaare*

| Sorte ❻ | 2 | 4 | 8 | 10 | 11 |
|---|---|---|---|---|---|
| $R_N = 1$ | 9 | 12 | 2 | 8 | 3 |
| $R_B = 7$ | 11 | 10 | 8 | 9 | 12 |

---

30  Hinweis: Rangplatzdifferenzen (im Beispiel $R_N - R_B$) werden hier nicht analysiert (vgl. hierzu das Konzept des Spearman - Rangkorrelationskoeffizienten unter 2.1.2.3).

*Im paarweisen Merkmalsträgervergleich sind Ausprägungspaare konkordant (übereinstimmend), wenn die Wertigkeit der jeweiligen Merkmalsausprägung des einen Merkmalsträgers höher bzw. niedriger ist als die Wertigkeit der jeweiligen Merkmalsausprägung des anderen Merkmalsträgers. Derartige Fälle werten wir als Indiz für eine positive oder gleichgerichtete Korrelation!*

Formal kann ein *konkordantes* Ausprägungspaar für zwei Merkmalsträger A und B bezüglich zweier ordinalskalierter Merkmale X und Y mit den Ausprägungen $x_i$, $i = 1, 2, ..., m_x$ und $y_j$, $j = 1, 2, ... m_y$ wie folgt dargestellt werden:

$$\left[\left(x_i^A > x_i^B\right) \wedge \left(y_j^A > y_j^B\right)\right] \cup \left[\left(x_i^A < x_i^B\right) \wedge \left(y_j^A < y_j^B\right)\right]$$

*Ist die Wertigkeit des Merkmalsträgers A entweder hinsichtlich der Ausprägung $x_i$ oder aber der Ausprägung $y_j$ entgegengesetzt zur Wertigkeit der Merkmalsträgers B, spricht man von Diskordanz (nicht übereinstimmend). Derartige Fälle werten wir als Indiz für eine negative oder entgegengesetzte Korrelation!*

Formal kann ein *diskordantes* Ausprägungspaar für zwei Merkmalsträger A und B bezüglich zweier ordinalskalierter Merkmale X und Y mit den Ausprägungen $x_i$, $i = 1, 2, ..., m_x$ und $y_j$, $j = 1, 2, ... m_y$ wie folgt dargestellt werden.

$$\left[\left(x_i^A > x_i^B\right) \wedge \left(y_j^A < y_j^B\right)\right] \cup \left[\left(x_i^A < x_i^B\right) \wedge \left(y_j^A > y_j^B\right)\right]$$

Gamma-Koeffizient

| $\gamma = \dfrac{K - D}{K + D}$ | K = Anzahl der konkordanten Wertepaare<br>D = Anzahl der diskordanten Wertepaare |
|---|---|

Der Gamma-Koeffizient ist ein symmetrisches Rang-korrelationsmaß, das für Tabellen beliebiger Größe berechnet werden kann und zwischen -1 und +1 variiert.

$\gamma = -1$ (also: K = 0)
Es liegen ausschließlich diskordante Paare vor.
Interpretation: Eine perfekte negative Beziehung.

$\gamma = +1$ (also: D = 0)
Es liegen ausschließlich konkurdante Paare vor.
Interpretation: Eine perfekte positive Beziehung.

Die Bestimmung konkordanter und diskordanter Ausprägungspaare wird verdeutlicht durch die *Kreuztabelle* unseres Beispiels:

Die im Norden auf Rang 1 plazierte Sorte ⓺ nimmt auch im Süden höherwertige Rangplätze als die Sorten 2, 4, 8, 10 und 11 ein. Allein in diesem Fall ergeben sich 5 konkordante Ausprägungspaare. ⓺ (1 + 1 + 1 + 1 + 1) *Vergleichen wir alle Positionen, ermitteln wir auf diese Weise insgesamt 31 übereinstimmende Ausprägungspaare.*

Addieren wir die Häufigkeiten jener Biersorten, die im Vergleich zu Sorte ⓺ im Norden schlechter und im Süden besser beurteilt werden, zählen wir 6 diskordante Fälle. ⓺ (1 + 1 + 1 + 1 + 1 + 1) *Insgesamt sind es 35 diskordante Ausprägungspaare*

**Biersorten im Urteil ihrer Konsumenten -Kreuztabelle-**

| $R_S$ / $R_N$ | 1 | 2 | 3 | 4 | 5 | 6 | 7 | 8 | 9 | 10 | 11 | 12 |
|---|---|---|---|---|---|---|---|---|---|---|---|---|
| 1 | | | | | | | ⓺ | | | | | |
| 2 | | | | | | | | 1 | | | | |
| 3 | | | | | | | | | | | | 1 |
| 4 | | | | | 1 | | | | | | | |
| 5 | | | | | | 1 | | | | | | |
| 6 | ❺ | | | | | | | | | | | |
| 7 | | | 1 | | | | | | | | | |
| 8 | | | | | | | | 1 | | | | |
| 9 | | | | | | | | | | | 1 | |
| 10 | | 1 | | | | | | | | | | |
| 11 | | | | 1 | | | | | | | | |
| 12 | | | | | | | | | | 1 | | |

$$
\begin{aligned}
K \; = \; & 1\,(1+1+1+1) \\
+ \; & 3\,(1+1+1) \\
+ \; & ❺\,(1+1+1+1+1+1) \\
+ \; & ⓺\,(1+1+1+1+1) \\
+ \; & 7\,(1+1) \\
+ \; & 8\,(1+1+1+1) \\
+ \; & 9\,(1+1+1+1) \\
+ \; & 10\,(1+1) \\
+ \; & 12\,(1) \\
K \; = \; & 31
\end{aligned}
$$

$$
\begin{aligned}
D \; = \; & 1\,(1+1+1+1) \\
+ \; & 2\,(1+1+1) \\
+ \; & 3\,(1+1+1+1) \\
+ \; & ⓺\,(1+1+1+1+1+1) \\
+ \; & 8\,(1+1+1+1+1+1) \\
+ \; & 9\,(1) \\
+ \; & 10\,(1+1) \\
+ \; & 11\,(1+1+1+1+1+1+1+1+1) \\
D \; = \; & 35
\end{aligned}
$$

$$\gamma = \frac{K - D}{K + D} = \frac{31 - 35}{31 + 35} = -\frac{4}{66} = -0,6061$$

*Wir registrieren in unserem Beispiel also ein leichtes Übergewicht der diskordanten Ausprägungspaare. Als Gamma-Koeffizient wird der Wert $\gamma = -0,6061$ ausgewiesen, dies deutet auf einen schwachen, gegenläufigen Zusammenhang zwischen den Präferenzen in Nord und Süd hin.*

**Charakteristik des Gamma-Koeffizienten**

▷ Gamma nimmt Werte nahe 1 an, wenn alle Objekte entlang der Diagonale von 1,1 zu $m_x, m_y$ konzentriert sind; Werte nahe -1 werden erreicht, wenn die Objekte entlang der Diagonale von $m_x,1$ zu $1,m_y$ konzentriert sind. Gamma ist also ein normiertes Assoziationsmaß:

$$-1 \leq \gamma \leq 1$$

▷ Gamma lässt solche Wertepaare unberücksichtigt, die bei einer der Variablen den gleichen Wert aufweisen (= Bindungen oder ties). Daher steigt der Wert des Koeffizienten relativ stark an, wenn die Kategorienzahl der Variablen durch Gruppierung verringert wird. Die Berechnung von Gamma sollte daher anhand der ungruppierten Werte erfolgen.

### 2.1.2.3 Spearman Rangkorrelationskoeffizient

Um die Messung weiter zu verfeinern, stellt der *Spearman Rangkorrelationskoeffizient* auf die Rangnummern der Merkmalsausprägungen ab. Dazu stellt man die Merkmalsausprägungen der Variablen X und Y gegenüber und nummeriert sie von 1 bis n durch.[31] Jedem Element des statistischen Kollektivs werden also zwei Rangnummern und damit auch eine *Distanz der Rangplätze* zugeordnet.

| Element | 1 | ... | j | ... | n |
|---|---|---|---|---|---|
| **Rangnummer** | | | | | |
| - Variable X | $x_1$ | ... | $x_j$ | ... | $x_n$ |
| - Variable Y | $y_1$ | ... | $y_j$ | ... | $y_n$ |
| **Differenz der Rangziffern** | $d_1$ | ... | $d_j$ | ... | $d_n$ |

---

31 Auf den Fall, dass einzelne Merkmalsausprägungen mehrmals auftreten, Elemente also den gleichen Rangplatz aufweisen, wird hier nicht eingegangen, vgl. hierzu z.B. Ferschl, F., Deskriptive Statistik, a.a.O., S. 287.

Der Spearman Rangkorrelationskoeffizient $r_S$ ist nun nichts anderes als der später noch genauer zu besprechende Korrelationskoeffizient P nach Bravais-Pearson für metrische Merkmale, der hier auf die Rangnummern angewandt wird. Deshalb können wir uns hier auf ein Beispiel sowie die Angabe von Rechenrezepten beschränken.

$$-1 \leq r_S \leq 1$$

Für eine Gruppe von 6 Studenten soll untersucht werden, ob ihre in der Vorprüfung festgestellten Rangnummern dem späteren Ergebnis im Examen entsprechen.

| Student | Rangplatz im Vorexamen X | Diplomergebnis Noten | Diplomergebnis Rangplatz Y | $d = (x-y)$ | $d^2 = (x-y)^2$ |
|---|---|---|---|---|---|
| 1 | 1 | 1 | 1 | 0 | 0 |
| 2 | 4 | 2+ | 3 | 1 | 1 |
| 3 | 3 | 1– | 2 | 1 | 1 |
| 4 | 5 | 4 | 6 | –1 | 1 |
| 5 | 6 | 3 | 5 | 1 | 1 |
| 6 | 2 | 3+ | 4 | –2 | 4 |
| $\sum$ | 21 | – | 21 | 0 | 8 |

Der Spearman Rangkorrelationskoeffizient $r_S$ ist dann einfach zu berechnen, wenn man zuerst die Differenz der Rangnummern d bestimmt. Die nachfolgende Formel gilt allerdings nur dann, wenn wie in unserem Beispiel alle x und y jeweils paarweise verschieden sind, also keine ties auftreten.

$$r_S = 1 - \frac{6 \sum d^2}{n \cdot (n^2 - 1)}$$

d = Differenz der Rangnummern

n = Anzahl der statistischen Elemente

$$= 1 - \frac{6 \cdot 8,00}{6 \cdot (36 - 1)} = 0,7714$$

Der Korrelationskoeffizient nach Bravais-Pearson r ist allgemein definiert als

$$r_S = \frac{\sum\limits^{n}(x - \bar{x}) \cdot (y - \bar{y})}{\sqrt{\sum\limits^{n}(x - \bar{x})^2 \cdot \sum\limits^{n}(y - \bar{y})^2}} \qquad \bar{x} = \frac{21}{6} = 3,5$$

$$= \frac{13,5}{\sqrt{17,5 \cdot 17,5}} = 0,7714 \qquad \bar{y} = \frac{21}{6} = 3,5$$

Diese Werte erhielten wir durch folgende Hilfstabelle:

| Element | $(x - \bar{x})$ | $(x - \bar{x})^2$ | $(y - \bar{y})$ | $(y - \bar{y})^2$ | $(x - \bar{x})(y - \bar{y})$ |
|---------|------|------|------|------|------|
| 1 | -2,5 | 6,25 | -2,5 | 6,25 | +6,25 |
| 2 | +0,5 | 0,25 | -0,5 | 0,25 | -0,25 |
| 3 | -0,5 | 0,25 | -1,5 | 2,25 | +0,75 |
| 4 | +1,5 | 2,25 | +2,5 | 6,25 | +3,75 |
| 5 | +2,5 | 6,25 | +1,5 | 2,25 | +3,75 |
| 6 | -1,5 | 2,25 | +0,5 | 0,25 | -0,75 |
| $\sum$ | 0 | 17,50 | 0 | 17,50 | 13,50 |

**2.1.3          Auswertung von Korrelationstabellen**

**2.1.3.1        Fechner Korrelationskoeffizient**

Dieses sehr leicht zu berechnende Korrelationsmaß überträgt das der Berechnung des Fechner-Rangkorrelationskoeffizienten zugrundeliegende Prinzip auf die Belange metrischer Merkmale.

*Als Schwerpunktkoordinaten werden jetzt die arithmetischen Mittelwerte* $\bar{x}_A$ *und* $\bar{y}_A$ *verwendet.* Beide Werte teilen die Korrelationstabelle in vier Quadranten, die Berechnung von F selbst erfolgt analog zu der unter 2.1.2 beschriebenen Vorgehensweise

$$F = \frac{n_1 - n_2}{n} \qquad\qquad n_1 + n_2 = n$$

Im Rahmen einer Untersuchung über die Einflussgrößen des Energieverbrauchs wurden für 10 ausgewählte Haushalte die nachfolgenden Werte (Jahresdurchschnitte) ermittelt:

X:  monatliches Einkommen (in 1000 Euro)
Y:  Ausgaben für Elektrizität je Monat (in 100 Euro)

| Haushalt | 1 | 2 | 3 | 4 | 5 | 6 | 7 | 8 | 9 | 10 | $\sum$ |
|---|---|---|---|---|---|---|---|---|---|---|---|
| Einkommen | 3,0 | 0,7 | 1,9 | 3,5 | 1,3 | 1,6 | 0,9 | 2,5 | 0,5 | 1,1 | **17** |
| Ausgaben für Elektrizität | 1,2 | 0,4 | 0,9 | 1,3 | 0,6 | 0,7 | 0,6 | 1,1 | 0,4 | 0,7 | **7,9** |

Wir können nun das Korrelationsmaß nach Fechner für unsere 10 Haushalte berechnen:

| X \ Y | (-) | (+) | $\sum$ |
|---|---|---|---|
| (-) | 6 | 0 | 6 |
| (+) | 0 | 4 | 4 |
| $\sum$ | 6 | 4 | 10 |

$\bar{x}_A =$    1.700,-

$\bar{y}_A =$    79,-

$$F = \frac{n_1 - n_2}{n} \qquad \begin{array}{l} n_1 = 10 \\ n_2 = 0 \end{array}$$

$$= \frac{10 - 0}{10}$$

$$= +1,0$$

F erreicht in diesem Beispiel seinen maximalen Wert und beschreibt die enge positive Korrelation zwischen dem Haushaltseinkommen und den Ausgaben für Haushaltsenergie.

### 2.1.3.2    Kovarianz

Bereits unter 2.1.2 haben wir kritisch angemerkt, dass F die genaue Lage der Wertepaare innerhalb der Quadranten vernachlässigt. Der Einwand, dass bereits der Informationsgehalt ordinal skalierter Merkmale nicht vollständig ausgeschöpft wird, gilt umso mehr für metrische Merkmale.

Wir bilden deshalb zunächst die Differenzen $x - \bar{x}_A$ und $y - \bar{y}_A$ und bestimmen dann die Produkte dieser Differenzen. Durch diese Produktbildung charakterisieren wir die Lage der Wertepaare innerhalb der vier Quadranten sehr viel genauer als durch eine nur auf das Vorzeichen abstellende Betrachtung: Wir erfassen auf diese Weise die Entfernung eines Wertepaares vom Zentrum der zweidimensionalen Verteilung. Als Maß dieser Entfernung verwenden wir die mit Vorzeichen versehene Rechteckfläche $(x - \bar{x}_A)(y - \bar{y}_A)$.

Die *durchschnittliche Entfernung aller n Wertepaare vom Schwerpunkt der Verteilung* ist die sogenannte *Kovarianz* $s_{XY}$.

$$s_{XY} = \frac{\sum\limits_{i}^{n}\left(x - \bar{x}\right)\left(y - \bar{y}\right)}{n} = \frac{\sum\limits^{m_x}\sum\limits^{m_y}\left(x_i - \bar{x}\right)\left(y_j - \bar{y}\right)\cdot h_{ij}}{n}$$

**10 Haushalte und ihre „Entfernung vom Zentrum der zweidimensionalen empirischen Verteilung"**

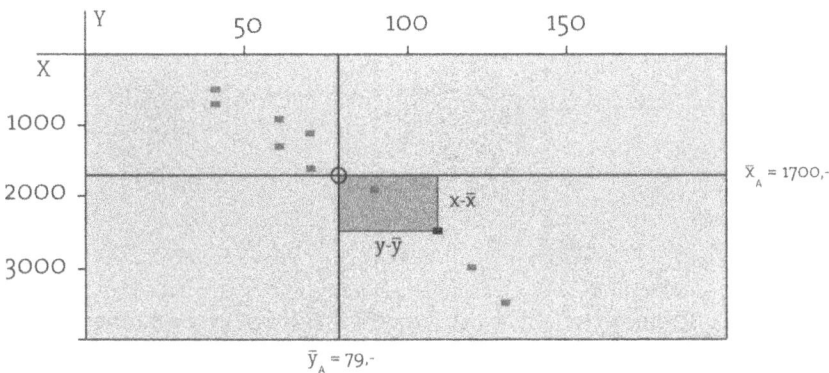

Bevor wir einige allgemeinere Betrachtungen über den Wertebereich der Kovarianz anstellen, sollen Möglichkeiten zur Berechnung dieser Größe beispielhaft dargestellt werden.

| HH | x | y | $(x - \bar{x}_A)$ | $(y - \bar{y}_A)$ | $(x - \bar{x}_A)(y - \bar{y}_A)$ | $x \cdot y$ |
|----|------|-----|-------|-------|-------|-------|
| 1 | 0,5 | 0,4 | −1,2 | −0,39 | 0,468 | 0,20 |
| 2 | 0,7 | 0,4 | −1,0 | −0,39 | 0,390 | 0,28 |
| 3 | 0,9 | 0,6 | −0,8 | −0,19 | 0,152 | 0,54 |
| 4 | 1,1 | 0,7 | −0,6 | −0,09 | 0,054 | 0,77 |
| 5 | 1,3 | 0,6 | −0,4 | −0,19 | 0,076 | 0,78 |
| 6 | 1,6 | 0,7 | −0,1 | −0,09 | 0,009 | 1,12 |
| 7 | 1,9 | 0,9 | 0,2 | 0,11 | 0,022 | 1,71 |
| 8 | 2,5 | 1,1 | 0,8 | 0,31 | 0,248 | 2,75 |
| 9 | 3,0 | 1,2 | 1,3 | 0,41 | 0,533 | 3,60 |
| 10 | 3,5 | 1,3 | 1,8 | 0,51 | 0,918 | 4,55 |
| $\sum$ | 17,0 | 7,9 | 0 | 0 | 2,870 | 16,30 |

$$s_{XY} = \frac{2,87}{10} = +0,287$$

**Rechenvarianten:**

(1) Will man das Rechnen mit den Abweichungen vermeiden, kann man analog zur Berechnung der Varianz einer eindimensionalen Verteilung wie folgt vorgehen:

$$s_{XY} = \frac{\sum\limits^{n} x \cdot y}{n} - \bar{x} \cdot \bar{y}$$

$$s_{XY} = \frac{\sum\limits^{m_x} \sum\limits^{m_y} x_i \cdot y_j \cdot h_{ij}}{n} - \bar{x} \cdot \bar{y}$$

$$s_{XY} = \overline{x \cdot y} - \bar{x} \cdot \bar{y}$$

im Beispiel:

$$= \frac{16,3}{10} - 1,7 \cdot 0,79$$

$$= +0,287$$

(2) Eine andere Schreibweise ergibt sich, wenn wir von den Beobachtungswerten deren Mittelwert subtrahieren und mit den Differenzen operieren.

$$x^* = x - \bar{x}$$

$$y^* = y - \bar{y}$$

Wie wir bereits am Beispiel eindimensionaler Verteilungen gezeigt haben, ist die Streuung invariant gegenüber Verschiebungen um einen konstanten Betrag. Es gilt daher

$$s_{XY} = s^*_{XY} = \overline{x^* \cdot y^*} - \overline{x^*} \cdot \overline{y^*}$$

Da die transformierten Größen $x^*$ und $y^*$ Mittelwerte von Null aufweisen, gilt:

$$s_{XY} = \overline{x^* \cdot y^*}$$

Angewandt auf unser Beispiel:

| HH | x | y | $x^*$ | $y^*$ | $x^* \cdot y^*$ |
|---|---|---|---|---|---|
| 1 | 0,5 | 0,4 | −1,2 | −0,39 | 0,468 |
| 2 | 0,7 | 0,4 | −1,0 | −0,39 | 0,390 |
| 3 | . | . | . | . | . |
| 4 | . | . | . | . | . |
| 5 | | . | . | . | |
| 6 | . | . | . | . | . |
| 7 | . | . | . | . | . |
| 8 | | . | . | | . |
| 9 | 3,0 | 1,2 | 1,3 | 0,41 | 0,533 |
| 10 | 3,5 | 1,3 | 1,8 | 0,51 | 0,918 |
| Σ | 17,0 | 7,9 | 0 | 0 | 2,870 |

$$s_{XY} = \overline{x^* \cdot y^*} = \frac{2,87}{10} = +0,287$$

**Abschließend noch einige allgemeine Bemerkungen zur Kovarianz:**

(1) Das Vorzeichen informiert uns über die Richtung, in der beide Größen variieren.

$s_{XY} > 0$  Die Merkmalswerte variieren in *gleicher Richtung*; d.h. bei steigenden x-Werten steigen tendenziell auch die y-Werte (und umgekehrt!)

$s_{XY} < 0$  Die Merkmalswerte variieren in *entgegengesetzter Richtung*; d.h. bei steigenden x-Werten sinken tendenziell die y-Werte (und umgekehrt!)

$s_{XY} = 0$  Im Unabhängigkeitsfall ist die Kovarianz gleich Null.

(2) Die Kovarianz stellt ab auf lineare Abhängigkeiten. Sind beide Variablen nicht linear verbunden, ist die Kovarianz kein geeigneter Parameter zur Beschreibung der Straffheit des Zusammenhangs. Liegen z.B. sämtliche Wertepaare auf einer Parabel, entsprechen sich die positiven und negativen Rechteckflächen und die Kovarianz wird Null, obwohl ein perfekter nichtlinearer Zusammenhang vorliegt.

(3) Aber auch im Fall einer linearen Abhängigkeit liefert die Kovarianz eine nur unvollkommene Information über das Ausmaß der Entsprechung. Dies deshalb, weil die Varianzen der Variablen den Wert der Kovarianz beeinflussen.

Angenommen, die Beziehungen zwischen den Variablen X und $Y^I$ sowie X und $Y^{II}$ sind zu untersuchen. Als Korrelationsmaß ist jeweils die Kovarianz zu bestimmen.[32]

| | | | | | | Mittelwert | $s^2$ | $s_{XY}$ |
|---|---|---|---|---|---|---|---|---|
| X | 1,00 | 2,00 | 3,00 | 4,00 | 5,00 | 3,00 | 2,000 | |
| $Y^I$ | 1,00 | 1,50 | 2,00 | 2,50 | 3,00 | 2,00 | 0,500 | 1,00 |
| $Y^{II}$ | 1,25 | 1,00 | 2,00 | 3,00 | 2,75 | 2,00 | 0,625 | 1,00 |

In beiden Fällen liefert die Kovarianz den Wert 1; während nur im Fall X und $Y^I$ eine perfekte lineare Abhängigkeit vorliegt (alle Wertepaare liegen auf der Geraden Y = 0,5 + 0,5 · X), streuen im Fall X und $Y^{II}$ die Wertepaare um diese Funktion.

### 2.1.3.3      Produktmoment Korrelationskoeffizient

Die Grundidee dieses Parameters ist es, den von den Streuungen der einzelnen Verteilungen ausgehenden störenden Einfluss zu eliminieren. Dieser Effekt wird erreicht, wenn wir die Kovarianz durch das Produkt der Standardabweichungen von X und Y dividieren.

$$P_{XY} = \frac{s_{XY}}{s_X \cdot s_Y} = \frac{\sum (x - \bar{x})(y - \bar{y})}{\sqrt{\sum (x - \bar{x})^2 \cdot \sum (y - \bar{y})^2}}$$

$$-1 \le P_{xy} \le +1$$

Dieses normierte Zusammenhangsmaß wird auch bezeichnet als

▷  Korrelationskoeffizient nach Bravais Pearson,
▷  Maßkorrelationskoeffizient,
▷  Linearer Korrelationskoeffizient oder
▷  Bestimmtheitskoeffizient r (vgl. Abschnitt 2.2.7).

---

32  Das Beispiel wurde entnommen aus: Yamane, T., Statistik, Ein einführendes Lehrbuch, Band 1, Deutsche Erstausgabe, Frankfurt 1976, S. 394 ff.

Unser Beispiel zeigt nun differenzierte Parameter:

$$P_{XY}{}^{I} = \frac{1}{\sqrt{2 \cdot 0,5}} = +1$$

$$P_{XY}{}^{II} = \frac{1}{\sqrt{2 \cdot 0,625}} = +0,89$$

Wir erhalten auf diese Weise, ähnlich wie bei der Berechnung des Variationskoeffizienten, eine Maßzahl, die unabhängig ist von den Dimensionen der jeweils betrachteten Variablen und nur Werte zwischen -1 und +1 annehmen kann.

Definitionsbeziehungen sind für praktische Berechnungen in der Regel nicht sonderlich geeignet. Auch für $P_{XY}$ werden alternative Schreibweisen und Berechnungshinweise angeboten. Am Beispiel der 10 Haushalte wird auf einige dieser Varianten hingewiesen.

(1)      Die Definitionsbeziehung liefert das Ergebnis

$$P_{XY} = \frac{s_{XY}}{\sqrt{s_X^2 \cdot s_Y^2}} \qquad \begin{array}{l} s_{XY} = +0,287 \\[2ex] s_X^2 = \frac{1}{n}\sum x^2 - \bar{x}^2 \end{array}$$

$$= \frac{0,287}{\sqrt{0,922 \cdot 0,0929}} \qquad = \frac{38,12}{10} - 1,7^2 = 0,922$$

$$= +0,9806... \qquad\qquad s_y^2 = \frac{7,17}{10} - 0,79^2 = 0,0929$$

(2) Will man das Rechnen mit Abweichungen und Mittelwerten vermeiden, kann man direkt mit den Beobachtungswerten operieren (= mittelwertfreie Schreibweise). Aus

$$P_{XY} = \frac{\sum xy - n \cdot \bar{x}\,\bar{y}}{\sqrt{(\sum x^2 - n\bar{x}^2)(\sum y^2 - n\bar{y}^2)}} \qquad \text{bzw.}$$

$$P_{XY} = \frac{n\sum xy - \sum x \sum y}{\sqrt{[n\sum x^2 - (\sum x^2)][n\sum y^2 - (\sum y^2)]}}$$

erhalten wir

$$P_{XY} = \frac{10 \cdot 16,3 - 17 \cdot 7,9}{\sqrt{(10 \cdot 38,12 - 17^2)(10 \cdot 7,17 - 7,9^2)}} = \frac{28,7}{\sqrt{92,2 \cdot 9,29}}$$

$$= +0,9806...$$

Bilden wir das Quadrat des linearen Korrelationskoeffizienten, wird die enge Beziehung zur im nächsten Abschnitt 2.2 anzusprechenden (linearen) Regressionsrechnung deutlich sichtbar.

$$P_{xy}^2 = \frac{n\sum xy - \sum x \sum y}{n\sum x^2 - (\sum x)^2} \cdot \frac{n\sum xy - \sum x \sum y}{n\sum y^2 - (\sum y)^2}$$

Die beiden Faktoren auf der rechten Seite der Gleichung entsprechen den Steigungen der linearen Regressionsfunktionen.

$$P_{xy}^2 = b_1 \cdot b_2$$

$b_1$: Steigung der yx-Regressionsgeraden
$b_2$: Steigung der xy-Regressionsgeraden

(3) Eine weitere Berechnungsvariante ergibt sich, wenn wir mit den standardisierten Beobachtungswerten operieren.

$$x^* = \frac{x - \bar{x}}{s_X}$$

$$y^* = \frac{y - \bar{y}}{s_Y}$$

Es gilt:

$$P_{XY} = P_{XY}{}^* = \frac{\frac{1}{n}\sum(x^* - \bar{x}^*)(y^* - \bar{y}^*)}{s_X{}^* \cdot s_Y{}^*}$$

$$\bar{x}^* = 0$$
$$\bar{y}^* = 0$$
$$s_X{}^* = 1$$
$$s_Y{}^* = 1$$

$$P_{XY} = \overline{x^* \cdot y^*}$$

Angewandt auf unser Beispiel

| HH | x | y | $x^*$ | $y^*$ | $x^* \cdot y^*$ |
|---|---|---|---|---|---|
| 1 | 0,5 | 0,4 | −1,2497 | −1,2795 | 1,5990 |
| 2 | 0,7 | 0,4 | −1,0414 | −1,2795 | 1,3325 |
| 3 | 0,9 | 0,6 | −0,8332 | −0,6234 | 0,5194 |
| 4 | 1,1 | 0,7 | −0,6249 | −0,2953 | 0,1845 |
| 5 | 1,3 | 0,6 | −0,4166 | −0,6234 | 0,2597 |
| 6 | 1,6 | 0,7 | −0,1041 | −0,2953 | 0,0307 |
| 7 | 1,9 | 0,9 | 0,2083 | 0,3609 | 0,0752 |
| 8 | 2,5 | 1,1 | 0,8332 | 1,0171 | 0,8474 |
| 9 | 3,0 | 1,2 | 1,3539 | 1,3452 | 1,8213 |
| 10 | 3,5 | 1,3 | 1,8746 | 1,6733 | 3,1368 |
| $\sum$ | 17,0 | 7,9 | 0 | 0 | 9,8064 |

$$P_{XY} = \frac{9,8064}{10}$$

$$= +0,9806...$$

Abschließend noch einige allgemeine Bemerkungen über die Eigenschaften des linearen Korrelationskoeffizienten:

(1)  Der Produktmomentkorrelationskoeffizient basiert auf der Idee der Kovarianz; das für die Kovarianz Gesagte gilt entsprechend.

   ▷  Beide Maße unterstellen eine lineare Beziehung zwischen den Variablen X und Y.
   ▷  Das Vorzeichen beider Maße informiert über die Richtung der (linearen) Variabilität.

   Beide Maße unterstellen außerdem, dass sowohl die x-Werte als auch die y-Werte variieren. Ist eine der Variablen konstant, werden beide Größen bedeutungslos.

(2)  Im Gegensatz zur Kovarianz ist der lineare Korrelationskoeffizient ein normiertes Zusammenhangsmaß und deshalb leichter zu interpretieren.

(3)  Zu berücksichtigen ist stets der deskriptive Charakter des linearen Korrelationskoeffizienten. Werte < 0,5 gelten gemeinhin als Indiz für eine eher schwache Korrelation.

Darüber hinausgehende „Faustregeln" wie z. B. $0,5 \leq r \leq 0,75 \rightarrow$ **mittlerer Zusammenhang**; $0,75 \leq r \leq 1 \rightarrow$ **starker Zusammenhang** sind dagegen wenig hilfreich. Die Frage nach signifikanten, d.h. gegen den Wert Null abgesicherten Korrelationskoeffizienten richtet sich an die schließende Statistik. Und auch wenn ein Zusammenhang rechnerisch nachgewiesen werden kann, muss dieser sachlich begründet werden und plausibel erscheinen. Dies setzt Sachkompetenz voraus, die den Vertretern der jeweiligen Fachdisziplin vorbehalten bleibt.

Korrelation ist nämlich nichts weiter als eine statistische Kennziffer, die aussagt, ob sich zwei Variablen gemeinsam bewegen. Zum Beispiel: Wenn es schneit, ist es draußen tendenziell kalt; zwischen diesen beiden Faktoren – nennen wir sie X und Y - besteht eine positive Korrelation. Zwischen Sonnenschein und Regen gibt es stattdessen eine negative Korrelation.

Beide Beispiele zeigen, dass nicht jede Korrelation zwischen zwei Dingen bedeutet, dass eins das andere verursacht. Auf die Frage nach Ursache und Wirkung bietet eine statistische Kennziffer keine Antwort. Ein Korrelationskoeffizient sagt nichts darüber aus, ob es schneit, weil es kalt ist, ob es kalt ist, weil es schneit, oder ob beides zufällig zur gleichen Zeit geschieht. Einmal abgesehen von dem Fall, dass beide Faktoren zufällig zur gleichen Zeit eintreten, ist es eben möglich, dass X die Ursache für Y ist. Ebenso gut könnte aber auch Y die Ursache für X sein. Und schließlich ist daran zu denken, dass X und Y beide durch einen dritten Faktor Z verursacht werden. Levitt/Dubner erinnern in diesem Zusammenhang an die Legende über den Zaren, der erfuhr, dass es in der Provinz seines Reiches mit der höchsten Krankheitsrate auch die meisten Ärzte gab. Seine Problemlösung? Er ordnete unverzüglich an, alle Ärzte zu erschießen.[33]

Wir hatten einleitend das denkbar schlechte Image der Statistik erwähnt und dies auch darauf zurückgeführt, dass die leichte Verfügbarkeit der statistischen Methoden mit dazu beiträgt, dass empirische Beiträge immer häufiger von Fachleuten aus anderen Disziplinen *verbrochen* werden.

Formal kaum schwierig ist die Korrelationsmessung bei mehreren hundert Variablen: Mit Hilfe eines Statistikprogramms untersucht der Anwender nur die (beiden) Variablen, von denen er wissen will, ob sie miteinander korrelieren. Dies führt erfahrungsgemäß aber nur selten zu der erwarteten, die vorhandene theoretische Überlegung stützende Korrelation. Ein so fehlender Zusammenhang ist nur schwer zu verkaufen, sei es dem Auftraggeber einer empirischen Untersuchung, sei es dem Herausgeber eines wissenschaftlichen Journals.

Da ist die Versuchung groß, die Vorgehensweise einfach umzukehren. Ohne theoretischen Hintergrund werden nun sämtliche Daten miteinander korreliert; d.h. es werden einfach alle nur denkbaren Zweiervergleiche durchgerechnet. In der Hoffnung, es findet sich irgendein Zusammenhang, der einer der erwähnten Faustregeln genügt.[34] Sind diese Ergebnisse zusätzlich auch noch gegen die Hypothese der Unabhängigkeit abgesichert[35], hat die Studie ihren Zweck erfüllt und das konventionelle Wissen wird um ein weiteres Detail ergänzt. Dann kommt eben heraus, dass Frauen mit Hund attraktiver erscheinen als die ohne Hund. Die passende Theorie wird dann nachgeliefert oder aber entsprechend neu formuliert.

---

33  Levitt, S. D./Dubner, S. J.: Freakonomics Überraschende Antworten auf alltägliche Fragen, 2. Auflage, München 2005, S. 28.
34  Es sei nicht verschwiegen, dass dabei nicht selten auch ein paar unliebsame Werte eliminiert werden, ein paar vermeintliche Messfehler korrigiert und hilfreiche Korrekturfaktoren eingeführt werden.
35  Was das genau bedeutet, erfährt der Leser in einem Text zur schließenden Statistik.

## 2.2 Regressionsanalyse
### 2.2.0 Einführung

Nachdem wir im vorigen Abschnitt die grundsätzliche Abhängigkeit zwischen zwei Merkmalen untersucht haben, wollen wir im folgenden versuchen, eine *mathematische Funktion zu formulieren, die diese Abhängigkeit beschreibt.*[36]

> *Die Aufgabe der Regressionsanalyse besteht darin, durch eine angemessene und möglichst einfache mathematische Funktion die Änderungen einer Variablen zu beschreiben, die durch Änderungen einer anderen Variablen ausgelöst werden:*

$$Y = f(X) + \varepsilon$$

Im Rahmen dieser Einführung wollen wir uns auf die Berechnung von *Einfachregressionen* beschränken, die nur zwei Variablen berücksichtigen; Mehrfachregressionen untersuchen Beziehungen zwischen drei und mehr Variablen:

$$Y = f(X_1, X_2, X_3, ..., X_n) + \varepsilon$$

Es wird angenommen, dass die *abhängige* Variable Y von der *unabhängigen* Variablen X erklärt wird; Y bezeichnet man deshalb häufig auch als die zu erklärende (endogene) Variable; X ist danach die erklärende (exogene) Variable. Natürlich wollen wir eine Funktion f(X) finden, die einen Großteil der Variabilität der Daten erklärt, damit wir den Fehler $\varepsilon$ (die Störkomponente) vernachlässigen können.

Auf den Einfluss von so genannten latenten Variablen ist es nämlich zurückzuführen, dass die Beziehung Y = f (X) in der Praxis direkt nicht beobachtet werden kann.[37] Wir sind deshalb darauf angewiesen, die Parameter der gesuchten Regressionsfunktion unter Verwendung der empirischen x- und y-Werte zu schätzen.

An Stelle von $\varepsilon$ beobachten wir $e_i = y_i - \hat{y}_i$ und erhalten deshalb $y_i = \hat{y}_i + e_i$

Damit wird die abhängige Variable der benutzten Schätzfunktion besonders gekennzeichnet:

$$\hat{y}_i = f(x_i) \qquad \textbf{yx-Regressionsfunktion}$$

---

36 Die Suche nach einer mathematischen Funktion setzt metrisch skalierte Merkmale voraus; die Regressionsrechnung kann, bis auf hier nicht näher erläuterte Ausnahmen, nicht für nominal- oder ordinalskalierte Merkmale verwandt werden.

37 Im Gegensatz zu den Naturwissenschaften, die dem Experiment offenstehen, kann in den Wirtschaftswissenschaften die Wirkung von nicht unmittelbar in die Untersuchung einbezogenen sogenannten latenten Variablen nicht ausgeschaltet werden.

**Die einzelnen Schritte, die zur Verifizierung geeigneter Funktionen durchgeführt werden, sind:**

▷ Ableitung eines vermuteten Zusammenhangs aus der fachbezogenen Theorie,
▷ Spezifikation bzw. Auswahl einer geeigneten Funktion,
▷ Schätzung der Parameter dieser Funktion,
▷ Überprüfung der Regressionsergebnisse anhand von Streuungsdiagrammen,
▷ eventuelle Neuspezifikation des Ansatzes,
▷ Prognose,
▷ Berechnung des Bestimmtheitsmaßes.

### 2.2.1       Fachbezogene Hypothese eines möglichen Zusammenhangs

Hypothesen über mögliche Beziehungen zwischen zwei Variablen kann uns *nur die fachbezogene Theorie* liefern. Die Ökonomie liefert uns beispielsweise den Zusammenhang: „Die Ausgaben der einzelnen Haushalte für Konsumgüter Y werden im wesentlichen bestimmt durch die verfügbaren Einkommen X".

Grundsätzlich lässt die Statistik bei zwei Variablen auch *zwei Richtungen der Abhängigkeit* zu:

$$Y = f\,(X) \text{ und}$$

$$X = f\,(Y).$$

Von inhaltlichem Interesse ist zumeist aber nur eine dieser beiden Funktionen. In der Regel besteht eine bestimmte Abhängigkeitsvorstellung des Benutzers, die eine der beiden Funktionen auszeichnet.

Unter Umständen erlaubt eine makroökonomische Betrachtung über die Beziehungskette „Ausgaben für Konsumgüter führen zu zusätzlichem verfügbaren Einkommen bei den in der Konsumgüterindustrie Beschäftigten" auch die umgekehrte Schlussfolgerung $X = f\,(Y)$. Eine derartige Umkehrung ist nicht die Regel und im Einzelfall theoretisch abzusichern, auch wenn der reine Rechenvorgang natürlich zu einem Ergebnis führt.

Die aus dem jeweiligen Fachgebiet übernommenen Hypothesen sollen nun mit Hilfe der Empirie überprüft werden. Dies ist die Aufgabe der eigentlichen Regressionsrechnung.

Im Rahmen unserer obigen Untersuchung über die Einflussgrößen des Energieverbrauchs wurden für 10 ausgewählte Haushalte die nachfolgenden Werte (Jahresdurchschnitte) ermittelt:

X: monatliches Nettoeinkommen (in 1000 Euro)

Y: Ausgaben für Elektrizität je Monat (in 100 Euro)

| Haushalt | 1 | 2 | 3 | 4 | 5 | 6 | 7 | 8 | 9 | 10 | $\sum$ |
|---|---|---|---|---|---|---|---|---|---|---|---|
| Einkommen | 3,0 | 0,7 | 1,9 | 3,5 | 1,3 | 1,6 | 0,9 | 2,5 | 0,5 | 1,1 | 17,0 |
| Ausgaben für Elektrizität | 1,2 | 0,4 | 0,9 | 1,3 | 0,6 | 0,7 | 0,6 | 1,1 | 0,4 | 0,7 | 7,9 |

Für die Elektrizitätswirtschaft stellt sich die Frage, welcher Anteil des Einkommens auf die Haushaltsenergie Strom entfällt (Diagnose) und wie sich Einkommensveränderungen auf den Stromabsatz auswirken (Prognose).[38]

### 2.2.2 Spezifikation der Regressionsfunktion

Darüber, wie die Funktionalform im Einzelfall gelagert ist, informiert uns zunächst eine graphische Analyse der Beobachtungswerte. Dazu tragen wir in einem sogenannten Streuungsdiagramm die Wertepaare der beiden Variablen ab. Aus solch einer Punktwolke lässt sich ein Hinweis auf den zugrundeliegenden Zusammenhang ableiten.

**Figur 1a**        **Figur 1b**        **Figur 1c**

 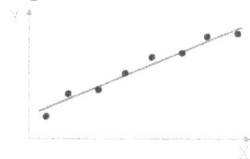 

**Figur 2a**        **Figur 2b**        **Figur 2c**

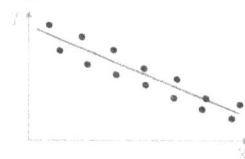 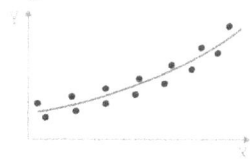 

---

38 In diesem Beispiel ist die umgekehrte Fragestellung „Führt ein höherer Stromverbrauch zu Einkommenszuwächsen" wenig sinnvoll.

Ob die hier dargestellten Kurven und Geraden durch die jeweilige Punktwolke tatsächlich den tendenziellen Zusammenhang zwischen Y und X korrekt beschreiben, kann über eine graphische Darstellung nicht immer eindeutig beurteilt werden.

Die Figur 1a aber erlaubt die Aussage, dass ein enger Zusammenhang zwischen den beiden Größen besteht ($P_{XY} = 1$) [39], der zudem durch eine lineare Funktion beschrieben werden kann.

In den Diagrammen 1b und 1c kann ebenfalls ein linearer Zusammenhang unterstellt werden, aber es gilt $0 < P_{XY} < 1$ und $P_{XY_{1c}} < P_{XY_{1b}}$. Die Figur 2a beschreibt ebenfalls einen linearen Zusammenhang, allerdings führt hier eine Erhöhung von X zu einer Verminderung von Y, es gilt: $-1 < P_{XY} < 0$.

Streuungsdiagramm 2b lässt einen nichtlinearen Zusammenhang vermuten [40], während aus 2c kein Zusammenhang hergeleitet werden kann, weil Variationen von X offensichtlich keine systematische Veränderung der y-Werte zur Folge haben. In beiden Fällen erübrigt sich eine Berechnung.

In unserem Beispiel unterstützt das Streuungsdiagramm die Vermutung eines positiven linearen Zusammenhangs.

**Abb 2.1:    Streuungsdiagramm des Einkommens und der Ausgaben für Elektrizität**

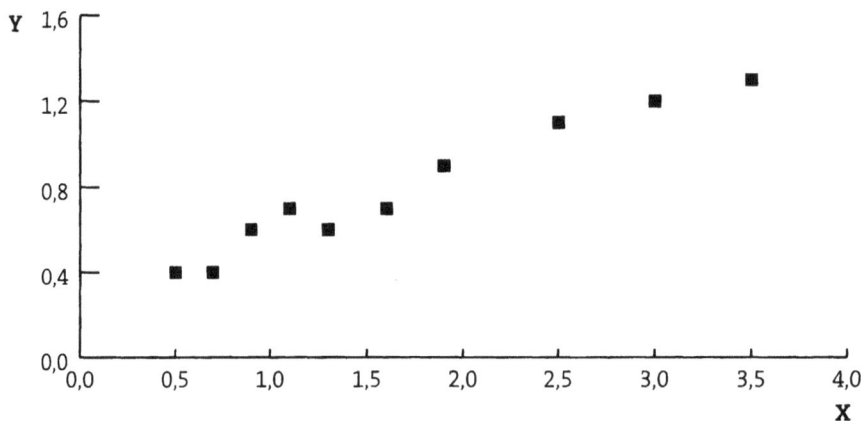

X: monatliches Nettoeinkommen (in 1000 Euro)

Y: Ausgaben für Elektrizität je Monat (in 100 Euro)

---

39  vgl. zur Größe $P_{XY}$ noch einmal Abschnitt 2.1.3.3
40  In diesem Fall kann eine Linearisierung des Ansatzes versucht werden. Wir werden im Rahmen der Trendberechnung näher darauf eingehen. (vgl. Abschnitt 3.1.1)

### 2.2.3 Schätzung der Parameter

Die Beziehung zwischen den Ausgaben für Strom und dem Einkommen unserer 10 Haushalte soll durch eine möglichst *optimale* Regressionsfunktion beschrieben werden. Dabei können wir uns aus zwei Gründen zunächst auf die rechentechnisch einfache lineare Regressionsfunktion stützen:

▷ Zusammenhänge zwischen Daten lassen sich zumindest näherungsweise bzw. in bestimmten Intervallen durch lineare Funktionen approximieren,
▷ Variablentransformationen ermöglichen oftmals eine Linearisierung nichtlinearer Funktionen (vgl. dazu z.B. die Trendberechnung in Abschnitt 3.1.1).

Eine solche lineare Regressionsfunktion lautet:[41]

$$\hat{y}_i = a + bx_i$$

Dabei bezeichnet a den Ordinatenabschnitt oder das *absolute Glied*, b die *Steigung* oder den Winkel $\alpha$, den die Gerade mit der X-Achse bildet; beide werden als Regressionskoeffizienten bezeichnet $\hat{y}_i$. ist der an der Stelle $x_i$ sich ergebende Schätzwert für $y_i$.

Bei den folgenden Darstellungen gehen wir davon aus, dass für jeden Haushalt ein anderer x-Wert beobachtet wird. Der Index i kann dann auch als Index für die n beobachteten Wertepaare eingesetzt werden.

Die Differenz zwischen $y_i$ und $\hat{y}_i$ wollen wir als $e_i$, als *Residuum* bezeichnen. $e_i$ gibt uns die Abweichung oder den Fehler an, der z.B. auf den Einfluss der latenten, nicht berücksichtigten Variablen zurückzuführen ist (vgl. Figur 3).

---

41  Dieser Ansatz findet sich auch bei der Trendberechnung im Rahmen der Zeitreihenanalyse. Dort ist die exogene Größe die Variable t (=Zeit).

**Figur 3**

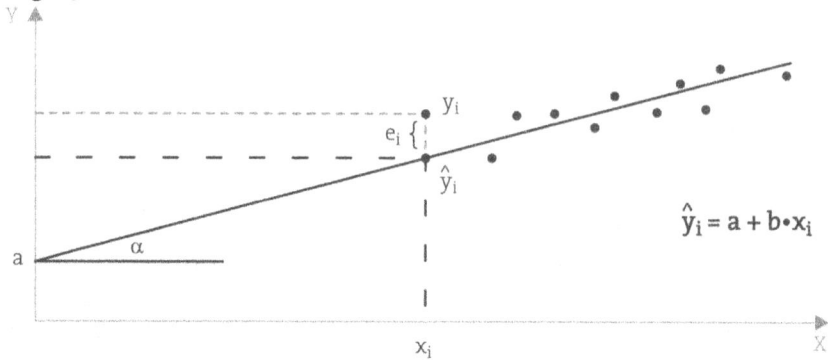

Wir schätzen also eine lineare Funktion, die so durch die Punktwolke gelegt wird, dass die Tendenz des Zusammenhangs möglichst gut beschrieben wird.

Anmerkung: Die Bedingung $\sum e_i = 0$ reicht als Kriterium nicht aus, da sie keine eindeutige Entscheidung ermöglicht. Die folgende Figur 4 zeigt zwei Regressionsgeraden, die beide diese notwendige, aber *nicht hinreichende* Bedingung erfüllen.

**Figur 4**

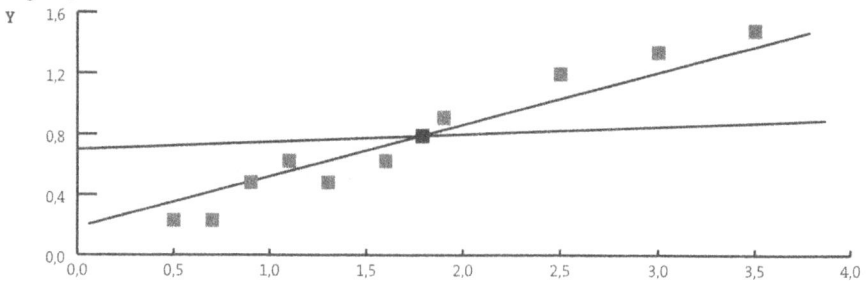

Wir wollen stattdessen ein Verfahren finden, dass aus den prinzipiell unendlich vielen Regressionsgeraden diejenige auswählt, die die Summe der quadratischen Abweichungen zwischen $y_i$ und $\hat{y}_i$, also $e_i^2$, minimiert. Dies leistet das Schätzprinzip der Kleinsten Quadrate. Es fordert

$$S = \sum e_i^2 \ = \sum (y_i - \hat{y}_i)^2 \ \Rightarrow \min$$

$$\sum e_i^2 = \sum (y_i - (a + bx_i))^2 \ \Rightarrow \min$$

Die Summe der Abweichungsquadrate ist jeweils abhängig von der Wahl der Parameter a und b (die $x_i$- und $y_i$-Werte sind beobachtete Werte und bekannt.). Es handelt sich hier also um das Problem der Extremwertbestimmung einer Funktion mit 2 Veränderlichen.

$$S = f(a,b)$$

Eine notwendige Bedingung für das Vorliegen eines Extremwertes besteht darin, dass die beiden ersten partiellen Ableitungen Null werden. Sie lauten bei der

**yx-Regressionsfunktion:** $\hat{y}_i = a_1 + b_1 x_i$

$$\frac{\delta S}{\delta a_1} = \sum_{i=1}^{n} 2(y_i - a_1 - b_1 x_i)(-1) = 0 \qquad \text{bzw.}$$

$$\sum y_i = n\, a_1 + b_1 \sum x_i \qquad\qquad\qquad \text{(1. Bestimmtheitsgleichung)}$$

$$\frac{\delta S}{\delta b_1} = \sum_{i=1}^{n} 2(y_i - a_1 - b_1 x_i)(-x_i) = 0 \quad \text{bzw.}$$

$$\sum x_1 y_1 = a_1 \sum x_i + b_1 \sum x_i^2 \qquad\qquad \text{(2. Bestimmtheitsgleichung)}$$

Die Auflösung dieses Gleichungssystems führt zu folgendem Ergebnis. [42,43]

$$a_1 = \frac{\sum x^2 \sum y \ - \ \sum x \sum xy}{n \sum x^2 \ - \ (\sum x)^2}$$

$$b_1 = \frac{n \sum xy \ - \ \sum x \sum y}{n \sum x^2 \ - \ (\sum x)^2}$$

---

42 Die genannten Bedingungen sind notwendig, aber nicht hinreichend für ein Minimum von $S = f(a,b)$. Durch eine Untersuchung der höheren (partiellen) Ableitungen kann aber gezeigt werden, dass a und b die Funktion S minimieren.
43 vgl. auch Abschnitt 3.1.1.

Für unser Beispiel bilden wir folgende Hilfstabelle:

| HH | $y_i$ | $y_i^2$ | $x_i$ | $x_i^2$ | $y_i \cdot x_i$ |
|----|-------|---------|-------|---------|------------------|
| 1 | 0,40 | 0,16 | 0,50 | 0,25 | 0,20 |
| 2 | 0,40 | 0,16 | 0,70 | 0,49 | 0,28 |
| . | . | . | . | . | . |
| . | . | . | . | . | . |
| . | . | . | . | . | . |
| 10 | 1,30 | 1,69 | 3,50 | 12,25 | 4,55 |
| $\sum$ | 7,90 | 7,17 | 17,00 | 38,12 | 16,30 |

Damit ergibt sich

$$a_1 = \frac{38,12 \cdot 7,9 \ - \ 17 \cdot 16,3}{10 \cdot 38,12 \ - \ 17 \cdot 17} \quad = 0,26$$

$$b_1 = \frac{10 \cdot 16,3 \ - \ 17 \cdot 7,9}{10 \cdot 38,12 \ - \ 17 \cdot 17} \quad = 0,31$$

Die lineare KQ-Regressionsfunktion lautet somit

$$\hat{y}_i = 0,26 + 0,31 \cdot x_i$$

Die Regressionsrechnung liefert also das Ergebnis, dass Einkommenszuwächse von 1 (1000 Euro) zu zusätzlichen Ausgaben für Strom in Höhe von 0,31 ( 100 Euro) bzw. 31 Euro führen.

Bei der

**xy-Regressionsfunktion:** $\hat{x}_i = a_2 + b_2\, y_i$

werden die Abweichungen zwischen den Beobachtungswerten und einer Regressionsfunktion X = f(Y) ermittelt. (Die Minimierung der Abweichungsquadrate erfolgt dann parallel zur x-Achse.) Analog zum obigen Vorgehen erhalten wir:

$$a_2 = \frac{\sum y^2 \sum x \ - \ \sum y \sum xy}{n \sum y^2 \ - \ \left(\sum y\right)^2}$$

$$b_2 = \frac{n \sum xy \ - \ \sum x \sum y}{n \sum y^2 \ - \ \left(\sum y\right)^2}$$

Um die xy-Regressionsfunktion $\hat{x} = a_2 + b_2 y$ problemlos in einem yx-Koordinatensystem darstellen und mit der yx-Regressionsfunktion vergleichen zu können, lösen wir die xy-Regressionsfunktion nach y auf und erhalten als Ergebnis der Umkehroperation:

$$y = -\frac{a_2}{b_2} + \frac{1}{b_2}\, \hat{x}$$

Im folgenden sollen noch einige *Varianten* zur Berechnung der Parameter linearer Einfachregressionsfunktionen dargestellt werden, die durch einfache Umformungen der Normalgleichungen gewonnen werden können. Sie bieten z.T. Hinweise auf weitere Eigenschaften der nach dem Prinzip der Kleinsten Quadrate ermittelten Schätzfunktionen.

**1. Variante**

$$b_1 = \frac{\sum xy - n \cdot \bar{x} \cdot \bar{y}}{\sum x^2 - n \cdot \bar{x}^2}$$

$$a_1 = \bar{y} - b_1 \bar{x}$$

Im Beispiel:

$$b_1 = \frac{16{,}3 - 10 \cdot 1{,}7 \cdot 0{,}79}{38{,}12 - 10 \cdot 1{,}7^{\,2}} = 0{,}31$$

$$a_1 = 0{,}79 - 0{,}311... \cdot 1{,}7 \qquad = 0{,}26$$

Für das absolute Glied der xy-Regressionsfunktion ergibt sich entsprechend $a_2 = \bar{x} - b\bar{y}$. Lösen wir beide für a genannten Ausdrücke nach $\bar{y}$ und $\bar{x}$ auf, erhalten wir

$$\bar{y} = a_1 + b_1\bar{x} \qquad \text{und}$$

$$\bar{x} = a_2 + b_2\bar{y}$$

Wir erkennen: Beide Schätzgeraden schneiden sich in $P(\bar{x},\bar{y})$, dem so genannten Schwerpunkt der Verteilung.

Im Beispiel:

$$P\,(1{,}7\,/\,0{,}79)$$

**2. Variante: (Mittelwertfreie Schreibweise)**

$$b_1 = \frac{\sum xy - \frac{1}{n}\sum x \sum y}{\sum x^2 - \frac{1}{n}(\sum x)^2}$$

$$a_1 = \frac{1}{n}\left(\sum y - b_1 \sum x\right)$$

Im Beispiel:

$$b_1 = \frac{16,3 - \frac{1}{10}\cdot 17 \cdot 7,9}{38,12 - \frac{1}{10}\cdot 17 \cdot 17} = 0,31$$

$$a_1 = \frac{1}{10}\left(7,9 - 0,311...\cdot 17\right) = 0,26$$

**3. Variante**

Den linearen Korrelationskoeffizienten (vgl. Abschnitt 2.1.3.3) hatten wir ermittelt als

$$P_{xy} = \sqrt{b_1 \cdot b_2} = \frac{S_{xy}}{S_x \cdot S_y} \qquad \text{bzw.}$$

$$P_{xy}^2 = b_1 \cdot b_2 = \frac{S_{xy}}{S_x^2} * \frac{S_{xy}}{S_y^2}$$

Der Regressionskoeffizient $b_1$ ergibt sich daraus als

$$b_1 = \frac{S_{xy}}{S_x^2}$$

Im Beispiel:

$$b_1 = \frac{0,287}{0,922} = 0,31$$

Für die yx-Regressionsfunktion nach dem Kleinste-Quadrate-Schätzprinzip ergibt sich dann die folgende Schreibweise :

$$y_i = a_1 + \frac{S_{xy}}{S_x^2}\cdot x_i$$

Im *Unabhängigkeitsfall* ($s_{xy} = 0$) verlaufen die yx- und die xy-KQ-Schätzgeraden also parallel zu den Merkmalsachsen, d.h. sie bilden einen Winkel von 90°. Für den Fall $P_{xy} = 1$ (perfekte Korrelation) fallen beide Regressionsgeraden zusammen; d.h., der Schnittwinkel, den beide Schätzgeraden bilden, gibt die Straffheit des Zusammenhangs zwischen beiden Untersuchungsmerkmalen wieder.

Unabhängigkeitsfall

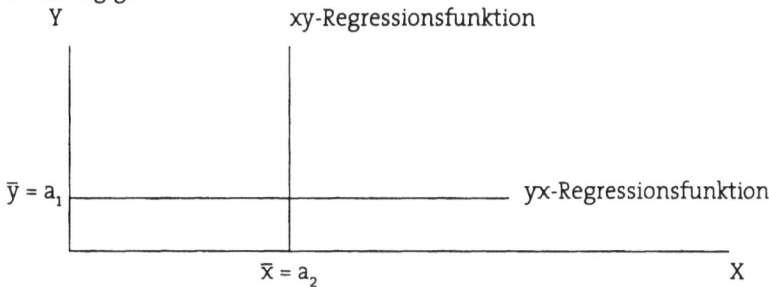

Auf drei wichtige mathematische Eigenschaften der linearen KQ-Schätzfunktion soll abschließend noch hingewiesen werden:

1.  Die Summe der positiven Abweichungen entspricht der Summe der negativen Abweichungen, d.h. die Summe der Residuen ist gleich 0:

$$\sum e_i = 0$$

2.  Gleichermaßen gilt dies für die Summe:

$$\sum x_i \cdot e_i = 0$$

3.  Die geschätzten $\hat{y}_i$ liefern den gleichen Mittelwert wie die beobachteten Werte

$$\bar{\hat{y}} = \bar{y}_i$$

Daraus folgt, dass die KQ-Schätzfunktion durch den Schwerpunkt der beobachteten Punktwolke M ($\bar{x}, \bar{y}$) verläuft und sich die yx- und xy-Regressionsfunktion im Schwerpunkt der Punktwolke schneiden. Zu ihrer Beschreibung kann deshalb auch der folgende Ausdruck verwandt werden:

$$\hat{y}_i^* = b \cdot x_i^* \quad \left| \quad \begin{array}{l} \hat{y}_i^* = \hat{y}_i - \bar{\hat{y}} \\ \hat{x}_i^* = x_i - \bar{x} \end{array} \right.$$

### 2.2.4        Analyse der Residuen

Man kann nun anhand der Analyse der Residuen überprüfen, ob die gewählte Funktionalform zur Beschreibung des Zusammenhangs *geeignet* ist, oder ob gegebenenfalls ein *neuer Funktionstyp* spezifiziert werden muss. Dazu stellt man die Residuen $e_i = y_i - \hat{y}_i$ den entsprechenden Werten der unabhängigen Variablen $x_i$ gegenüber. Weiter oben hatten wir hergeleitet, dass die Summe der Residuen nach der Methode der Kleinsten Quadrate Null ist. Dies bedeutet aber auch, dass das arithmetische Mittel der Residuen $e$ = Null ist. Die Nullachse unseres Streuungsdiagramms verläuft also so durch die Punktwolke, dass sich die positiven und negativen Abweichungen zu Null aufaddieren. Für unser Beispiel erhalten wir die Residuen $e_i = y_i - \hat{y}_i$ anhand folgender Hilfstabelle:

| i | $x_i$ | $y_i$ | $\hat{y}_i$ | $e_i = y_i - \hat{y}_i$ |
|---|---|---|---|---|
| 1 | 0,5 | 0,4 | 0,4 | 0,0 |
| 2 | 0,7 | 0,4 | 0,5 | -0,1 |
| 3 | 0,9 | 0,6 | 0,5 | 0,1 |
| 4 | 1,1 | 0,7 | 0,6 | 0,1 |
| 5 | 1,3 | 0,6 | 0,7 | -0,1 |
| 6 | 1,6 | 0,7 | 0,8 | -0,1 |
| 7 | 1,9 | 0,9 | 0,9 | 0,0 |
| 8 | 2,5 | 1,1 | 1,0 | 0,1 |
| 9 | 3,0 | 1,2 | 1,2 | 0,0 |
| 10 | 3,5 | 1,3 | 1,4 | -0,1 |

Abb. 2.2:  **Einkommen und Ausgaben für Elektrizität von 10 Haushalten Residuen**

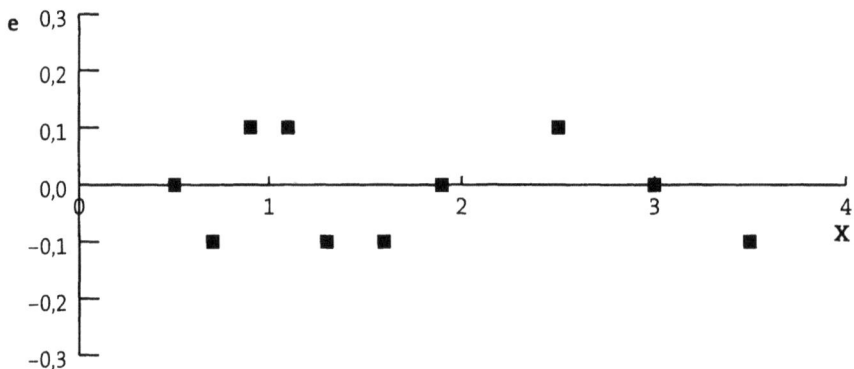

Da die Residuen unregelmäßig um die Nullachse streuen, können wir von einer ausreichenden Spezifikation der *Einfachregression* ausgehen. Eine Neuspezifikation, wie im nächsten Abschnitt beschrieben, ist daher nicht notwendig. Die Verifizierung des gesuchten Zusammenhangs ist damit abgeschlossen.

### 2.2.5 Neuspezifikation des Ansatzes

*Ein Strukturbruch ist in Figur 5a* dargestellt, hier verändert sich offensichtlich die Steigung der Regressionsgeraden in $x_7$, es sollten dann getrennte Regressionsfunktionen für zwei Teilbereiche gewählt werden.

**Figur 5a**

Sollte die Streuung der Residuen systematischen Entwicklungen unterliegen, kann uns die lineare Einfachregression nicht weiterhelfen. Erforderlich sind dann nichtlineare oder Mehrfachregressionen, auf die wir hier nur hinweisen können.

Figur 5b deutet auf einen *nichtlinearen Zusammenhang* zwischen X und Y hin. [44] Modifizierte, nichtlineare Regressionsfunktionen führen hier zu einer verbesserten Schätzung.

**Figur 5b**

44  Zur Möglichkeit der Linearisierung nichtlinearer Funktionen vgl. Abschnitt 3.1.1.

Es könnten z. B. folgende nichtlineare Funktionen untersucht werden:

▷  $Y = a \cdot b^X$          Exponentialfunktion
▷  $Y = a \cdot x^b$          Potenzfunktion
▷  $Y = \dfrac{e^{a+b \cdot X}}{1 + e^{a+b \cdot X}}$     Logistische Funktion

Die folgende Abbildung 2.3 zeigt die genannten Funktionen.

**Abb. 2.3:  verschiedene Regressionsfunktionen**

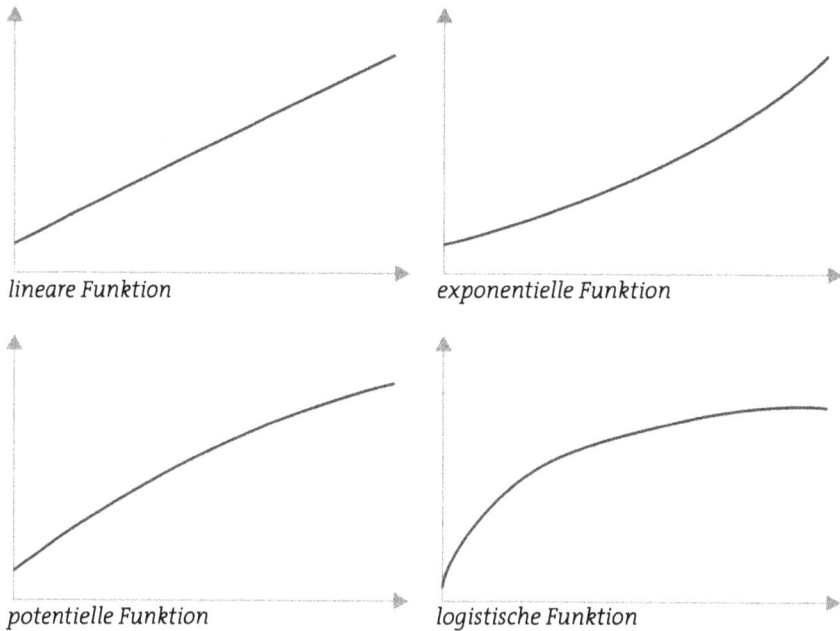

*lineare Funktion*                              *exponentielle Funktion*

*potentielle Funktion*                          *logistische Funktion*

Nichtlineare Funktionen sind nur mittels rechenaufwendiger Näherungsverfahren zu lösen. Sie lassen sich aber häufig über Transformationen in lineare Funktionen überführen, womit wieder die bekannten Formeln ihren Einsatz finden. Wir werden im Rahmen der Trendberechnung darauf zurückkommen.

Der *multiple Ansatz*, also eine Schätzung unter Berücksichtigung verschiedener Einflussgrößen des Energieverbrauchs der privaten Haushalte, ist häufig unverzichtbar. Wenn beispielsweise der Versuch einer Energieprognose gewagt werden soll, zeigen Untersuchungen, dass nicht nur dem Haushaltseinkommen, sondern insbesondere den Variablen *Haushaltsgröße, Zahl der Elektrogroßgeräte* und *Wohnfläche* ein hoher Erklärungswert zukommt. Multiple Ansätze sollen aber in dieser Einführung nicht behandelt werden.

### 2.2.6 Prognose

Der in Abschnitt 2.2.3 berechnete funktionale Zusammenhang kann dazu verwendet werden, die Ausgaben für Elektrizität in Abhängigkeit vom Einkommen zu schätzen.

Beispielsweise würde ein Haushalt mit einem Einkommen von 4000 Euro nach der Formel

$$\hat{y} = 0,26 + 0,31 \cdot 4$$

1,5 ($\cdot$ 100 Euro) für Elektrizität aufwenden.

**Bei der Durchführung solcher Prognosen ist allerdings zu beachten:**
1. Da die Schätzwerte auf der berechneten Funktionsgeraden liegen, die tatsächlichen Werte aber um diese Gerade schwanken, kann diese Aussage eigentlich nur mit einer gewissen Wahrscheinlichkeit eintreten. Mit welcher Wahrscheinlichkeit die Schätzwerte in einem bestimmten Intervall um die Schätzgerade streuen, kann aber nur mit Hilfe der analytischen Statistik berechnet werden.
2. Der Bereich um x = 0 ist praktisch nicht relevant. Denn streng genommen sagt die Funktion, dass auch bei einem Einkommen von 0 Euro 26 Euro für Elektrizität aufgewendet werden.

### 2.2.7 Bestimmtheitsmaß

Aus Gründen der Übersichtlichkeit haben wir die Korrelations- und Regressionsanalyse in zwei getrennten Abschnitten behandelt. Nun wird deutlich, dass Überschneidungen zwischen diesen beiden Themenbereichen bestehen:

▷ Der lineare *Korrelationskoeffizient* $P_{XY}$ lässt sich über das Produkt der Steigungen $b_1$ und $b_2$ der *Regressionsgeraden* ermitteln.
▷ Der Schnittwinkel zwischen den beiden linearen *Regressionsfunktionen* informiert uns über die *Enge der Beziehung zwischen X und Y.*

Auf die enge Verknüpfung zwischen beiden Analyseansätzen soll abschließend noch einmal näher eingegangen werden. Unter Rückgriff auf die Ergebnisse der Regressionsrechnung wird ein weiteres Korrelationsmaß eingeführt und seine Beziehung zu dem in Abschnitt 2.1 vorgestellten Korrelationskoeffizienten nach Bravais und Pearson erörtert.

Regressionsfunktionen sollen die Werte der abhängigen Variablen $y_i$ aus den Werten der unabhängigen Variablen $x_i$ erklären. Je genauer die Regressionsfunktion $\hat{y}_i = f(x_i)$ diese Abhängigkeit erklärt, umso geringer sind die Residuen $e_i$ bzw. umso größer ist der Anteil der erklärten Abweichung $\hat{y}_i - \bar{y}$ an der gesamten Abweichung $y_i - \bar{y}$ mit i = 1, 2, ..., n.

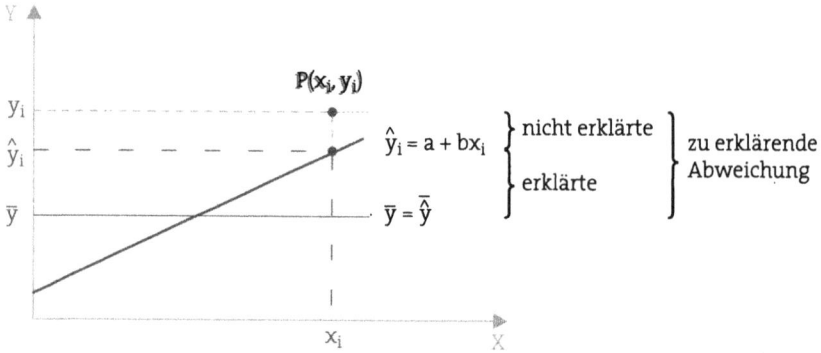

$$\sum (y_i - \bar{y}) \quad = \quad \sum (y_i - \hat{y}_i) \quad + \quad \sum (\hat{y}_i - \bar{y})$$

**zu erklärende Abweichung** = **nicht erklärte Abweichung** + **erklärte Abweichung**

Damit lässt sich der Anteil der durch die Regressionsgerade erklärten Streuung an der gesamten Streuung der Beobachtungswerte bestimmen über

$$\frac{\text{Quadratsumme der erklärten Abweichungen}}{\text{zu erklärende Gesamtabweichungsquadratsumme}} = r^2 = \frac{\sum (\hat{y} - \bar{y})^2}{\sum (y - \bar{y})^2} = \frac{\text{SQ - Erklärte}}{\text{SQ - Total}} = \frac{\text{SQ - Total - SQ - Residuen}}{\text{SQ - Total}}$$

Anmerkung: Der Beweis, dass sich die mittlere Abweichungsquadratsumme ebenso wie die einfachen Abweichungen in einen durch die Regressionsfunktion erklärten Teil und in die nicht erklärte Abweichungsquadratsumme aufteilen lässt, stützt sich auf die erwähnten Eigenschaften linearer KQ-Regressionsfunktionen:

$$\sum e_i = 0 \text{ und } \sum e_i \cdot x_i = 0.$$

Die Extremwerteigenschaft des Korrelationsmaßes,

$r^2 = 0$      die lineare Einfachregression liefert keinen Erklärungsbeitrag,

$r^2 = 1$      die lineare Einfachregression erklärt die Variabilität der abhängigen Variablen vollständig,

spricht für die Anwendung dieses sogenannten linearen einfachen Bestimmtheitsmaßes $r^2$ als Korrelationsmaß.

Für die praktische Berechnung von $r^2$ stützen wir uns auf die Beziehung

$$r^2 = \frac{SQ\text{-}Total - SQ\text{-}Resid.}{SQ - Total} = 1 - \frac{\sum(y - \hat{y})^2}{\sum(y - \overline{y})^2}$$

$$= 1 - \frac{\sum e^2}{\sum(y - \overline{y})^2} \quad \left| \quad \begin{array}{l} \sum e^2 = \sum y^2 - a_1 \sum y - b_1 \sum xy \\[2mm] \sum(y - \overline{y})^2 = \sum y^2 - \frac{1}{n}(\sum y)^2 \end{array} \right.$$

In unserem Beispiel ergibt sich $\quad \sum e^2 = 7{,}17 - 0{,}2608... \cdot 7{,}9 - 0{,}3112... \cdot 16{,}3$
$$= 0{,}035629$$

$$\sum(y - \overline{y})^2 = 7{,}17 - \frac{1}{10} \cdot 7{,}9^2 = 0{,}929$$

und damit

$$r^2 = 1 - \frac{0{,}035629}{0{,}929} = 0{,}9616$$

*Das bedeutet, dass 96,16 % der Variation der Haushaltsausgaben für Strom durch die Regressionsfunktion ^y = 0,26 + 0,31 · x bzw. durch die Variation der Einkommen erklärt wird.*

Der *Bestimmtheitskoeffizient r* ist die Wurzel des Bestimmtheitsmaßes $r^2$ und damit

r = **0,9806**.

Dabei gibt man dem Bestimmtheitskoeffizienten bzw. dem *linearen Einfachkorrelations-koeffizienten* r das Vorzeichen der Steigung der Regressionsgeraden y = f(x).

Die zahlenmäßige Übereinstimmung zwischen dem im Abschnitt 2.1 hergeleiteten Produktmoment-Korrelationskoeffizienten

$$P_{XY} = \frac{s_{xy}}{s_x \cdot s_y} = \sqrt{b_1 \cdot b_2}$$

und dem linearen *Einfachkorrelationskoeffizienten* r ist nicht auf unser Beispiel beschränkt. Es lässt sich zeigen, dass der Koeffizient r formal mit dem Korrelationskoeffizienten nach Bravais-Pearson übereinstimmt, so dass sich eine erneute Berechnung erübrigt:

$$P_{XY} = \frac{s_{xy}}{s_x \cdot s_y} = r$$

Die allgemeine Verwendung der Koeffizienten r bzw. $r^2$ ist nicht allein auf die anschauliche Interpretationsmöglichkeit dieses Korrelationsmaßes zurückzuführen; das Konzept ist auch auf multiple KQ-Regressionsansätze übertragbar, also universell einsetzbar.

Für die Bestimmung eines Korrelationsmaßes bietet sich ein weiterer Weg an: [45]

Varianz der Residuen
$$S_e^2 = \frac{\sum (e_i - \bar{e})^2}{n} = \frac{1}{n} \sum e_i^2$$

Standardabweichung
= Standardfehler der Schätzung
$$S_e = \sqrt{\frac{1}{n} \sum e_i^2} = 0{,}05969$$

Die Standardabweichung der Residuen verhält sich umgekehrt proportional zum Erklärungswert der Regressionsgeraden. Sie wird umso kleiner, je geringer die Streuung der Beobachtungswerte um die Regressionsfunktion ist bzw. je höher der Erklärungsbeitrag des Schätzansatzes ausfällt.

### 2.2.8    Regression und Korrelation von Zeitreihen

Die Beziehung zwischen dem Einkommen von Haushalten und deren Ausgaben ist ein Beispiel für eine Regression von *Querschnittsdaten*, die Untersuchungsmerkmale bezogen sich auf den *gleichen Zeitpunkt* oder Zeitraum und *verschiedene statistische Objekte*.

Die Regressionsanalyse kann auf *Längsschnittsdaten* ausgedehnt werden; dabei werden die sich auf ein *bestimmtes statistisches Objekt* beziehenden Beobachtungswerte zu *verschiedenen Zeiträumen* oder *-punkten* erfasst.

Eine solche (Zeitreihen-) Regression liegt z.B. vor, wenn die jährlichen Umsatzdaten und die Verkaufsflächen eines Filialunternehmens analysiert werden. In den Jahren 2003 bis 2007 (Jahr 1 - 5) wurden folgende Daten erhoben:

|              | Verkaufsfläche in 100 qm | Umsatz in Mio. Euro |
|--------------|--------------------------|---------------------|
| 2003 (= 1)   | 3,7                      | 1,2                 |
| 2004 (= 2)   | 5,1                      | 1,7                 |
| 2005 (= 3)   | 6,6                      | 2,1                 |
| 2006 (= 4)   | 8,0                      | 2,7                 |
| 2007 (= 5)   | 9,3                      | 3,2                 |

---

45   Wir hatten auf $\sum e_i = 0$ als Eigenschaft der linearen KQ-Einfachregressionsfunktion hingewiesen. Das bedeutet aber, dass auch das arithmetische Mittel $\bar{e}$ der n Residuen Null ist. Die Ausdrücke $\sum (e_i - \bar{e})^2$ und $\sum e_i^2$ liefern daher übereinstimmende Werte.

**1. Schritt:** Die Hypothese kann in diesem Fall nur lauten:
Die Verkaufsfläche (X) beeinflusst die Höhe des Umsatzes (Y).

**2. Schritt:** Das Streuungsdiagramm deutet auf einen engen linearen Zusammenhang hin:

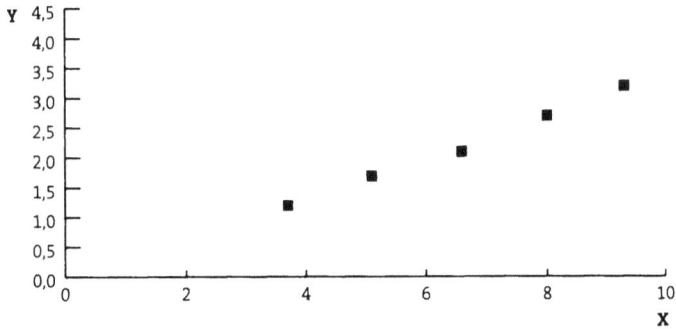

**3. Schritt:** Die Schätzfunktion ergibt sich zu: $y = -0{,}1359 + 0{,}3541\,x$

*Hilfstabelle*

|  | $x$ | $y$ | $xy$ | $x^2$ | $\hat{y}$ | $e$ | $e^2$ | $(y - \bar{y})^2$ |
|---|---|---|---|---|---|---|---|---|
| 1 | 3,7 | 1,2 | 4,44 | 13,69 | 1,17 | 0,03 | 0,0009 | 0,9604 |
| 2 | 5,1 | 1,7 | 8,67 | 26,01 | 1,67 | 0,03 | 0,0009 | 0,2304 |
| 3 | 6,6 | 2,1 | 13,86 | 43,56 | 2,20 | −0,10 | 0,0100 | 0,0064 |
| 4 | 8,0 | 2,7 | 21,60 | 64,00 | 2,70 | 0,00 | 0,0000 | 0,2704 |
| 5 | 9,3 | 3,2 | 29,76 | 86,49 | 3,16 | 0,04 | 0,0016 | 1,0404 |
| $\sum$ | 32,7 | 10,9 | 78,33 | 233,75 |  | 0,00 | 0,0134 | 2,5080 |

**4. Schritt:** Die Residuen schwanken unsystematisch um die Nullachse.

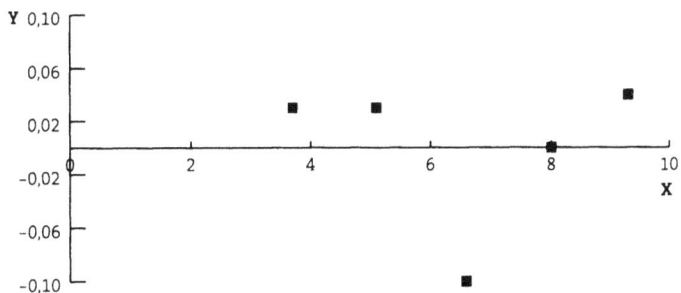

Die Abweichungen sind im Vergleich zum Niveau der Original
werte außerdem verschwindend klein.

**5. Schritt:**         Die Neuspezifikation des Schätzansatzes ist daher nicht erforderlich.

**6. Schritt:**         Im Jahr t=7 werden zwei weitere Verkaufsabteilungen mit einer zusätzlichen Fläche von 300 qm zur Verfügung stehen. Der zu erwartende Umsatz beträgt

$$\hat{y} \, (x = 12{,}3) = 4{,}22 \text{ Mio. Euro.}$$

**7. Schritt:**         Der lineare Korrelationskoeffizient ist
                        $r = 0{,}9973$.

Wie bei der (Querschnitts-) Regressionsanalyse ist es auch hier häufig unverzichtbar, *weitere Einflussfaktoren* zu berücksichtigen, wenn Prognosen erstellt werden sollen.

▷  Angenommen, das Unternehmen erreicht in t=6 mit einer gegenüber t=5 unveränderten Verkaufsfläche (x = 9,3) einen Umsatz von y = 3,7 Mio. Euro. Die Regressionsfunktion liefert in diesem Fall aber nur $\hat{y}$ = 3,2, d.h. den bereits für t=5 ermittelten Schätzwert. Die erreichte Umsatzsteigerung ist offensichtlich auch hier auf andere Einflussfaktoren (Werbung, geändertes Warensortiment, Preissteigerungen) zurückzuführen. Ein Regressionsansatz beruht stets auf der Annahme einer stabilen Beziehung zwischen den Variablen. Zeitreihenprognosen führen also nur dann zu einem guten Ergebnis, wenn der in der Vergangenheit beobachtete Zusammenhang auch im Prognosezeitpunkt bzw. -zeitraum gilt.

Einige weitere *Besonderheiten der Zeitreihenregression* sind zu beachten:

▷  Prognosen sind immer dann problematisch, wenn gesicherte Informationen über die Ausprägung der exogenen Variablen in der Zukunft nicht vorliegen; es wird in einem solchen Fall versucht, einen Zusammenhang zwischen der Zeit (t) und der Untersuchungsvariablen (Umsatz) herzustellen. Im folgenden Kapitel wird u.a. das Verfahren der Trendberechnung vorgestellt, bei dem also statt zwischen x und y ein Zusammenhang zwischen der Zeit t und y hergestellt wird.

▷  Ein besonderes Problem besteht darin, dass die Bewegungsmuster von Zeitreihen häufig Schwankungen unterliegen, wodurch die kausale Beziehung überdeckt wird. Beispielsweise zeigen die Umsatzkurve des Textileinzelhandels und die vergleichbare Kurve der Ordertätigkeit beide eine langfristig steigende Tendenz; überlagert wird diese Tendenz aber häufig von kurzfristigen (man spricht von saisonalen) Mustern. Soll nun die Regressionsanalyse die langfristige Entwicklung zwischen beiden Reihen beschreiben, wird man versuchen, in einem ersten vorgelagerten Schritt den (störenden) kurzfristigen Einfluss zu eliminieren. Die in diesem Zusammenhang entwickelten Techniken stehen ebenfalls im Mittelpunkt des nächsten Kapitels.

▷ Ein weiteres Problem besteht darin, dass Ursache und Wirkung häufig nicht zeitlich zusammenfallen. Das „Nachhinken" der Werte einer Zeitreihe gegenüber den Werten einer anderen Variablen wird als *lag* bezeichnet. Wenn es gelingt, die lag-Struktur zu erkennen oder abzuschätzen, wird man die zeitlich verschobenen Reihen analysieren, um so die Güte des Ansatzes zu erhöhen. Beispielsweise bestimmt die Auftragsvergabe der Händler die spätere Höhe der Wareneingänge. Andererseits wird z.B. die monatliche Bestelltätigkeit des Handels mit modischer Oberbekleidung nicht allein durch die geschäftliche Situation zum Planungszeitpunkt bestimmt. Grundlage der Umsatzerwartung und damit der Orderbereitschaft ist ebenso der Umsatz der entsprechenden Saison des Vorjahres oder der Umsatz der vorgelagerten Monate. Somit können neben zeitverzögerten exogenen auch zeitverzögerte endogene Größen als erklärende Variable auftreten.

# 3    Zeitreihenanalyse

## 3.0    Einführung

Nachdem uns in den vorhergehenden Kapiteln Querschnittsanalysen beschäftigt haben, wollen wir nun Veränderungen von Untersuchungsmerkmalen im Zeitablauf betrachten. Der Unterschied dieser beiden möglichen statistischen Untersuchungsarten kann wie folgt nochmals verdeutlicht werden:

▷ Querschnittsanalysen betrachten statistische Größen *zu einem bestimmten Zeitpunkt*.
▷ Zeitreihenanalysen betrachten statistische Größen zu verschiedenen Zeitpunkten, es interessiert *die Entwicklung der Beobachtungswerte im Zeitablauf*.

Die erhobenen Werte sind also als eine Funktion der Zeit t aufzufassen.[46]

$Y = f(t); \quad (t = 1, 2, \dots, n)$

Wie bei der Querschnittsanalyse wenden wir die Verfahren der Zeitreihenanalyse an, um unser Ausgangsmaterial, die Zeitreihe, zu wenigen Kennziffern zu verdichten. Dieses Vorgehen ist durchaus vergleichbar mit dem in den ersten Abschnitten: Die Aufzeichnung von Zeitreihenwerten liefert eine Vielzahl unterschiedlicher Bewegungsmuster und sich im Zeitablauf überlagernder Schwankungen. Im Interesse der Übersichtlichkeit ist diese Vielzahl auf eine überschaubare Anzahl typischer Kennziffern zu reduzieren.

Im folgenden gehen wir von dem in der Praxis häufigsten Fall einer äquidistanten Zeitreihe aus; das ist eine Zeitreihe, bei der

1. zwischen den einzelnen Erhebungen der gleiche Zeitraum verstrichen ist, oder
2. über gleichlange Zeiträume regelmäßig Daten erfasst werden.

Zur Erläuterung einige Beispiele:

zu 1.    Die Arbeitslosenzahlen am jeweiligen Ende eines Quartals
Das Anlagevermögen, wie es als Bilanzposition ausgewiesen wird.
Der Kassenbestand eines Einzelhandelsgeschäftes am Tagesende.

zu 2.    Der Einzelhandelsumsatz innerhalb eines jeden Monats
Die Sonnenscheindauer während einer Woche in Bochum.
Die Regenfälle während eines Tages in Gelsenkirchen.

---

46  Natürlich werden nicht nur in der Ökonomie, sondern auch in allen anderen Wissenschaften Zeitreihenanalysen durchgeführt, z.B. in der Meteorologie (Niederschlagsmengen), der Medizin (Fieberkurven), der Biologie (Wachstum von Pflanzen) oder der Physik (Pendelbewegungen).

Zwei konkrete Beispiele:

**Abb. 3.1: Arbeitslose in den Bauberufen 1952 - 1996**
jeweils Ende des Monats
bis 1958 ohne Saarland, bis 1962 ohne Berlin

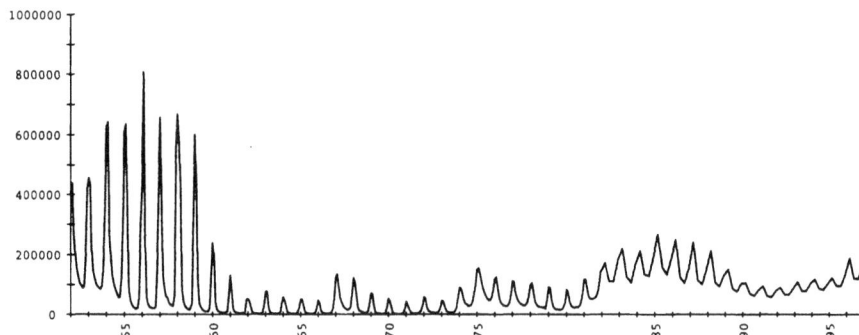

| Jahr | Jan | Feb | Mär | Apr | Mai | Jun | Jul | Aug | Sep | Okt | Nov | Dez |
|---|---|---|---|---|---|---|---|---|---|---|---|---|
| 1970 | 52171 | 43961 | 25960 | 5005 | 2644 | 1906 | 1838 | 1814 | 1781 | 2111 | 3829 | 14072 |
| 1971 | 43179 | 33825 | 19751 | 8304 | 4921 | 3980 | 3633 | 3701 | 3899 | 5310 | 11248 | 25924 |
| 1972 | 56762 | 53918 | 23577 | 12345 | 8651 | 6701 | 5834 | 5342 | 5240 | 5828 | 8931 | 20145 |
| 1973 | 46138 | 43024 | 27986 | 13338 | 7085 | 5833 | 6090 | 6081 | 6468 | 10768 | 23597 | 56478 |
| 1974 | 89311 | 88323 | 71866 | 50019 | 37422 | 33542 | 29058 | 28541 | 31081 | 42546 | 68597 | 96480 |
| 1975 | 149730 | 155336 | 135225 | 108420 | 86600 | 72355 | 60572 | 52461 | 47357 | 48320 | 60219 | 84418 |
| 1976 | 119916 | 124350 | 87309 | 57035 | 39903 | 34053 | 29905 | 28068 | 26634 | 29259 | 38942 | 65036 |
| 1977 | 110728 | 108931 | 71517 | 54428 | 42911 | 37123 | 33044 | 30755 | 28742 | 31698 | 41427 | 63685 |
| 1978 | 99189 | 104240 | 75304 | 43622 | 33990 | 26819 | 25291 | 24538 | 22685 | 23945 | 28245 | 47017 |
| 1979 | 90920 | 89340 | 47792 | 28448 | 19139 | 16728 | 16523 | 16622 | 15499 | 17464 | 24922 | 37683 |
| 1980 | 82681 | 75552 | 46234 | 30830 | 25312 | 23513 | 24002 | 24491 | 24315 | 29610 | 43367 | 70865 |
| 1981 | 117387 | 117342 | 89129 | 61531 | 52673 | 50582 | 51721 | 54572 | 58177 | 70100 | 97038 | 141019 |
| 1982 | | | 172329 | | | 110840 | | | 110015 | | | 181214 |
| 1983 | | | 219452 | | | 125674 | | | 106325 | | | 171632 |
| 1984 | | | 211873 | | | 133746 | | | 128355 | | | 192263 |
| 1985 | | | 267420 | | | 158320 | | | 133089 | | | 186023 |
| 1986 | | | 249026 | | | 124183 | | | 104035 | | | 156281 |
| 1987 | | | 241370 | | | 114807 | | | 100151 | | | 151290 |
| 1988 | | | 212735 | | | 106616 | | | 92842 | | | 130350 |
| 1989 | | | 151161 | | | 86372 | | | 76171 | | | 103488 |
| 1990 | | | 105265 | | | 68304 | | | 62170 | | | 81844 |
| 1991 | | | 93594 | | | 60537 | | | 57773 | | | 79465 |
| 1992 | | | 89565 | | | 65851 | | | 65664 | | | 87347 |
| 1993 | | | 108599 | | | 77533 | | | 78484 | | | 104196 |
| 1994 | | | 117417 | | | 86449 | | | 82528 | | | 103110 |
| 1995 | | | 122815 | | | 95849 | | | 95661 | | | 132906 |
| 1996 | | | 187603 | | | 119509 | | | 117891 | | | 160250 |

*Quelle: Amtliche Nachrichten der Bundesanstalt für Arbeit;*
*ab 1982 Ausweis nur alle 3 Monate*

## Arbeitslosenzahlen Westdeutschland (in Tausend)[47]
## Saisonbereinigte Werte, 1970 - 2008

| Jahr | Jan | Feb | Mär | Apr | Mai | Jun | Jul | Aug | Sep | Okt | Nov | Dez |
|---|---|---|---|---|---|---|---|---|---|---|---|---|
| 1970 | 142 | 139 | 150 | 139 | 144 | 147 | 150 | 151 | 150 | 149 | 147 | 139 |
| 1971 | 152 | 142 | 163 | 175 | 184 | 192 | 198 | 204 | 209 | 215 | 227 | 225 |
| 1972 | 228 | 239 | 221 | 240 | 253 | 256 | 260 | 265 | 270 | 265 | 252 | 230 |
| 1973 | 214 | 221 | 234 | 239 | 253 | 267 | 281 | 293 | 304 | 324 | 351 | 415 |
| 1974 | 436 | 451 | 487 | 509 | 523 | 550 | 583 | 629 | 685 | 753 | 821 | 848 |
| 1975 | 905 | 954 | 1011 | 1071 | 1122 | 1149 | 1159 | 1160 | 1167 | 1154 | 1137 | 1120 |
| 1976 | 1097 | 1111 | 1095 | 1080 | 1053 | 1050 | 1042 | 1038 | 1032 | 1020 | 1006 | 1008 |
| 1977 | 1018 | 1000 | 1006 | 1034 | 1045 | 1052 | 1053 | 1044 | 1036 | 1029 | 1029 | 1018 |
| 1978 | 990 | 1013 | 1027 | 1006 | 1012 | 992 | 990 | 990 | 982 | 974 | 953 | 941 |
| 1979 | 945 | 934 | 897 | 887 | 868 | 869 | 860 | 856 | 848 | 833 | 825 | 802 |
| 1980 | 815 | 805 | 815 | 841 | 859 | 889 | 910 | 926 | 943 | 970 | 999 | 1039 |
| 1981 | 1056 | 1084 | 1132 | 1167 | 1218 | 1256 | 1315 | 1367 | 1401 | 1469 | 1532 | 1604 |
| 1982 | 1648 | 1670 | 1705 | 1733 | 1774 | 1807 | 1842 | 1891 | 1980 | 2041 | 2094 | 2122 |
| 1983 | 2163 | 2229 | 2251 | 2274 | 2288 | 2299 | 2295 | 2294 | 2292 | 2279 | 2264 | 2267 |
| 1984 | 2228 | 2233 | 2245 | 2267 | 2263 | 2272 | 2287 | 2290 | 2290 | 2283 | 2275 | 2268 |
| 1985 | 2310 | 2306 | 2310 | 2316 | 2318 | 2311 | 2299 | 2297 | 2294 | 2296 | 2308 | 2299 |
| 1986 | 2290 | 2298 | 2273 | 2243 | 2243 | 2219 | 2200 | 2193 | 2178 | 2168 | 2166 | 2174 |
| 1987 | 2214 | 2214 | 2240 | 2229 | 2217 | 2231 | 2236 | 2234 | 2234 | 2229 | 2224 | 2255 |
| 1988 | 2255 | 2264 | 2288 | 2276 | 2263 | 2255 | 2243 | 2225 | 2221 | 2202 | 2170 | 2134 |
| 1989 | 2103 | 2086 | 2066 | 2052 | 2046 | 2020 | 1995 | 1980 | 1991 | 1989 | 2018 | 1996 |
| 1990 | 1985 | 1959 | 1936 | 1933 | 1909 | 1898 | 1867 | 1835 | 1745 | 1705 | 1664 | 1650 |
| 1991 | 1606 | 1608 | 1583 | 1572 | 1583 | 1581 | 1593 | 1597 | 1610 | 1598 | 1592 | 1604 |
| 1992 | 1568 | 1567 | 1580 | 1617 | 1667 | 1704 | 1732 | 1753 | 1784 | 1819 | 1855 | 1887 |
| 1993 | 1930 | 1971 | 2017 | 2053 | 2100 | 2146 | 2222 | 2237 | 2280 | 2341 | 2371 | 2373 |
| 1994 | 2398 | 2411 | 2421 | 2439 | 2450 | 2453 | 2462 | 2445 | 2436 | 2421 | 2404 | 2396 |
| 1995 | 2393 | 2367 | 2374 | 2408 | 2406 | 2425 | 2439 | 2452 | 2463 | 2467 | 2484 | 2517 |
| 1996 | 2541 | 2587 | 2613 | 2605 | 2615 | 2628 | 2651 | 2676 | 2706 | 2733 | 2760 | 2778 |
| 1997 | 2887 | 2861 | 2853 | 2853 | 2877 | 2871 | 2879 | 2888 | 2886 | 2886 | 2873 | 2870 |
| 1998 | 2861 | 2830 | 2811 | 2784 | 2757 | 2735 | 2713 | 2702 | 2687 | 2673 | 2679 | 2693 |
| 1999 | 2664 | 2655 | 2638 | 2631 | 2624 | 2610 | 2590 | 2580 | 2572 | 2557 | 2534 | 2501 |
| 2000 | 2470 | 2440 | 2433 | 2412 | 2385 | 2380 | 2363 | 2349 | 2338 | 2316 | 2298 | 2280 |
| 2001 | 2268 | 2266 | 2278 | 2277 | 2290 | 2313 | 2318 | 2330 | 2361 | 2390 | 2413 | 2426 |
| 2002 | 2433 | 2427 | 2416 | 2409 | 2471 | 2503 | 2520 | 2528 | 2548 | 2576 | 2621 | 2659 |
| 2003 | 2699 | 2735 | 2758 | 2764 | 2770 | 2758 | 2775 | 2772 | 2760 | 2762 | 2771 | 2785 |
| 2004 | 2728 | 2735 | 2749 | 2761 | 2766 | 2764 | 2788 | 2792 | 2803 | 2825 | 2847 | 2890 |
| 2005 | 3124 | 3283 | 3348 | 3289 | 3290 | 3278 | 3266 | 3255 | 3232 | 3222 | 3200 | 3162 |
| 2006 | 3192 | 3184 | 3190 | 3148 | 3089 | 3050 | 2985 | 2949 | 2917 | 2854 | 2789 | 2723 |
| 2007 | 2675 | 2630 | 2590 | 2554 | 2538 | 2504 | 2471 | 2446 | 2408 | 2374 | 2338 | 2289 |
| 2008 | 2237 | 2192 | 2161 | | | | | | | | | |

*Quelle: Deutsche Bundesbank, (Zeitreihe US01CC)*

---

47   ab September 1990 ohne Berlin-West

## Arbeitslosenquote Westdeutschland (in Prozent)[48]
## Saisonbereinigte Werte, 1970 - 2008

| Jahr | Jan | Feb | Mär | Apr | Mai | Jun | Jul | Aug | Sep | Okt | Nov | Dez |
|------|------|------|------|------|------|------|------|------|------|------|------|------|
| 1970 | 1,10 | 1,00 | 0,80 | 0,50 | 0,40 | 0,40 | 0,40 | 0,40 | 0,40 | 0,40 | 0,50 | 0,70 |
| 1971 | 1,10 | 1,00 | 0,80 | 0,60 | 0,50 | 0,50 | 0,50 | 0,60 | 0,60 | 0,60 | 0,80 | 1,00 |
| 1972 | 1,40 | 1,40 | 1,00 | 0,90 | 0,80 | 0,70 | 0,70 | 0,80 | 0,70 | 0,80 | 0,90 | 1,10 |
| 1973 | 1,30 | 1,30 | 1,10 | 0,90 | 0,80 | 0,80 | 0,80 | 0,80 | 0,80 | 1,00 | 1,20 | 1,80 |
| 1974 | 2,30 | 2,30 | 2,10 | 1,90 | 1,70 | 1,70 | 1,80 | 2,00 | 2,10 | 2,50 | 3,00 | 3,50 |
| 1975 | 4,30 | 4,40 | 4,20 | 4,10 | 3,80 | 3,70 | 3,90 | 3,80 | 3,70 | 4,00 | 4,20 | 4,60 |
| 1976 | 5,10 | 5,10 | 4,50 | 4,10 | 3,60 | 3,50 | 3,60 | 3,50 | 3,40 | 3,60 | 3,70 | 4,10 |
| 1977 | 4,70 | 4,60 | 4,10 | 3,90 | 3,60 | 3,60 | 3,70 | 3,70 | 3,50 | 3,60 | 3,80 | 4,20 |
| 1978 | 4,60 | 4,70 | 4,20 | 3,80 | 3,50 | 3,40 | 3,50 | 3,50 | 3,30 | 3,40 | 3,50 | 3,80 |
| 1979 | 4,50 | 4,30 | 3,60 | 3,30 | 2,90 | 2,90 | 3,00 | 3,00 | 2,80 | 2,90 | 3,00 | 3,30 |
| 1980 | 3,90 | 3,80 | 3,30 | 3,10 | 2,90 | 2,90 | 3,20 | 3,30 | 3,10 | 3,30 | 3,60 | 4,20 |
| 1981 | 4,90 | 4,90 | 4,60 | 4,30 | 4,20 | 4,20 | 4,70 | 4,80 | 4,70 | 5,10 | 5,60 | 6,40 |
| 1982 | 7,20 | 7,10 | 6,70 | 6,30 | 6,10 | 6,00 | 6,40 | 6,50 | 6,60 | 7,00 | 7,40 | 8,10 |
| 1983 | 9,00 | 9,20 | 8,70 | 8,20 | 7,80 | 7,70 | 7,90 | 7,90 | 7,60 | 7,70 | 7,80 | 8,40 |
| 1984 | 9,10 | 9,10 | 8,60 | 8,10 | 7,60 | 7,60 | 7,90 | 7,90 | 7,70 | 7,70 | 7,80 | 8,30 |
| 1985 | 9,30 | 9,30 | 8,80 | 8,20 | 7,80 | 7,70 | 7,90 | 7,90 | 7,60 | 7,60 | 7,80 | 8,30 |
| 1986 | 9,20 | 9,20 | 8,70 | 7,90 | 7,50 | 7,40 | 7,60 | 7,50 | 7,30 | 7,20 | 7,30 | 7,90 |
| 1987 | 8,90 | 8,80 | 8,50 | 7,80 | 7,40 | 7,40 | 7,70 | 7,70 | 7,50 | 7,40 | 7,50 | 8,20 |
| 1988 | 8,80 | 8,80 | 8,50 | 7,90 | 7,50 | 7,40 | 7,70 | 7,60 | 7,30 | 7,20 | 7,20 | 7,60 |
| 1989 | 8,10 | 8,00 | 7,50 | 7,10 | 6,80 | 6,70 | 6,90 | 6,80 | 6,60 | 6,60 | 6,80 | 7,20 |
| 1990 | 7,50 | 7,40 | 6,90 | 6,60 | 6,20 | 6,20 | 6,40 | 6,20 | 5,90 | 5,80 | 5,80 | 6,10 |
| 1991 | 6,30 | 6,30 | 5,80 | 5,50 | 5,40 | 5,30 | 5,70 | 5,60 | 5,40 | 5,40 | 5,40 | 5,80 |
| 1992 | 6,10 | 6,10 | 5,80 | 5,70 | 5,60 | 5,60 | 6,00 | 5,90 | 5,80 | 6,00 | 6,10 | 6,60 |
| 1993 | 7,30 | 7,40 | 7,20 | 7,10 | 6,90 | 7,00 | 7,50 | 7,50 | 7,40 | 7,60 | 7,80 | 8,10 |
| 1994 | 8,70 | 8,70 | 8,40 | 8,20 | 7,90 | 7,90 | 8,20 | 8,00 | 7,80 | 7,70 | 7,70 | 8,10 |
| 1995 | 8,70 | 8,70 | 8,30 | 8,10 | 7,80 | 7,80 | 8,10 | 8,10 | 7,90 | 7,90 | 8,00 | 8,50 |
| 1996 | 9,20 | 9,40 | 9,10 | 8,80 | 8,50 | 8,50 | 8,80 | 8,80 | 8,70 | 8,80 | 9,00 | 9,40 |
| 1997 | 10,40 | 10,40 | 10,00 | 9,60 | 9,40 | 9,30 | 9,50 | 9,50 | 9,30 | 9,30 | 9,40 | 9,80 |
| 1998 | 10,30 | 10,30 | 9,80 | 9,30 | 8,90 | 8,70 | 8,90 | 8,80 | 8,60 | 8,50 | 8,60 | 9,10 |
| 1999 | 9,60 | 9,50 | 9,10 | 8,80 | 8,40 | 8,20 | 8,40 | 8,30 | 8,10 | 8,00 | 8,10 | 8,30 |
| 2000 | 8,80 | 8,70 | 8,30 | 7,60 | 7,20 | 7,10 | 7,30 | 7,20 | 7,00 | 6,90 | 6,90 | 7,20 |
| 2001 | 7,70 | 7,70 | 7,50 | 7,20 | 6,80 | 6,80 | 7,00 | 7,00 | 6,90 | 7,00 | 7,10 | 7,50 |
| 2002 | 8,10 | 8,10 | 7,80 | 7,50 | 7,30 | 7,30 | 7,60 | 7,50 | 7,40 | 7,50 | 7,70 | 8,10 |
| 2003 | 8,80 | 9,00 | 8,80 | 8,60 | 8,20 | 8,10 | 8,30 | 8,30 | 8,10 | 8,00 | 8,10 | 8,40 |
| 2004 | 8,90 | 8,90 | 8,70 | 8,50 | 8,30 | 8,10 | 8,40 | 8,40 | 8,20 | 8,20 | 8,30 | 8,70 |
| 2005 | 10,10 | 10,60 | 10,60 | 10,20 | 9,90 | 9,70 | 9,90 | 9,80 | 9,50 | 9,40 | 9,40 | 9,50 |
| 2006 | 10,20 | 10,20 | 10,10 | 9,70 | 9,20 | 8,90 | 8,90 | 8,80 | 8,50 | 8,20 | 8,00 | 8,00 |
| 2007 | 8,50 | 8,40 | 8,10 | 7,80 | 7,50 | 7,30 | 7,30 | 7,30 | 7,00 | 6,80 | 6,70 | 6,70 |
| 2008 | 7,10 | 7,00 | 6,80 | | | | | | | | | |

Quelle: Deutsche Bundesbank, (Zeitreihe UUCY01)

---

48  ab Januar 1994 ohne Berlin-West

**Abb. 3.2:   Arbeitslose Westdeutschland 1960 - 2008**

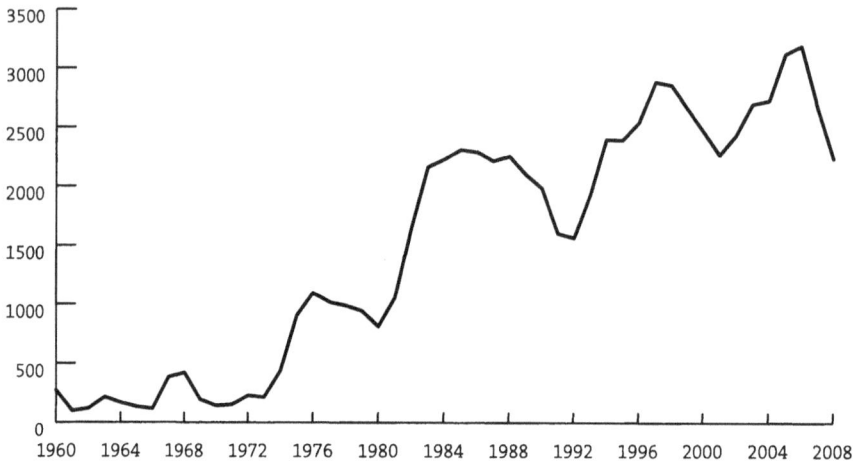

**Abb. 3.3:   Arbeitslosenquote Westdeutschland 1960 - 2008**

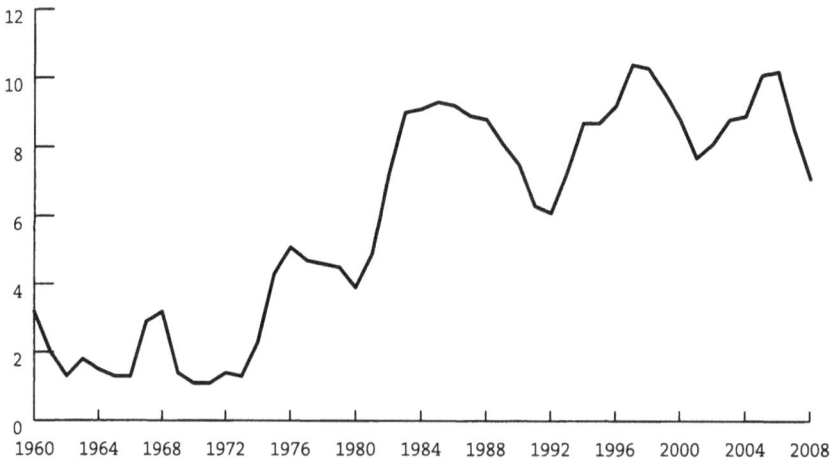

Die Merkmalskategorien unterscheiden sich: Im ersten Fall sprechen wir von *Bestandsgrößen*, sie geben die Merkmalsausprägung zu einem Stichtag an, im zweiten Fall sprechen wir von *Stromgrößen*, also Summen von Merkmalsausprägungen über einen bestimmten Zeitraum. Noch etwas anderes zeigen uns die obigen Beispiele: Die einzelnen Untersuchungszeiträume können unterschiedlich lang sein. Wir unterscheiden vor allem

▷  jährliche,
▷  vierteljährliche,
▷  monatliche,
▷  wöchentliche und
▷  tägliche Erhebungen.

Der Vorteil kurzer Erhebungszeiträume ist, dass wir Veränderungen schnell erkennen, also ein größtmögliches Maß an Information verarbeiten. Die Betriebsstatistik wird an täglichen Aufzeichnungen und Auswertungen festhalten. Auf der anderen Seite sind kurzfristige Erhebungen kostenintensiv und organisatorisch oft nur schwer zu bewältigen. Als Kompromiss gilt die monatliche Erhebung, insbesondere im Bereich der amtlichen Statistik.

### 3.0.1      Aggregation von Werten

Unter Umständen kann es sinnvoll sein, kurzfristige Erhebungszeiträume zu längeren zu aggregieren, weil z.B. kurzfristige, zufällige Änderungen nivelliert werden sollen. Eine Darstellung der täglichen Einnahmen ineressiert vielleicht den Ladenbesitzer, das Finanzamt ist aber an den monatlichen Zahlen für die Umsatzsteuerstatistik interessiert. Diese Aggregation geschieht entweder durch

▷  Berücksichtigung eines bestimmten Wertes ,
▷  Summenbildung oder
▷  Durchschnittsbildung,

wobei im Einzelfall entschieden werden muss, welche Aggregationsart sinnvoll ist. Wir wollen hier beispielhaft monatliche zu vierteljährlichen Daten aggregieren.

**Berücksichtigung eines bestimmten Wertes (bei Bestandsgrößen)**
Wenn wir die Arbeitslosenzahlen in den Bauberufen in der Bundesrepublik Deutschland am Ende eines jeden Monats (Bestandsgröße) analysieren, erscheint es sinnvoll, für eine vierteljährliche Betrachtung die Werte jeweils am Ende eines jeden Quartals zu verwenden:

| Januar | 1980 | 82681 |
|--------|------|-------|
| Februar | 1980 | 75552 |
| März | 1980 | 46234 |
| April | 1980 | 30830 |
| Mai | 1980 | 25312 |
| Juni | 1980 | 23513 |

| 1. Quartal 1980: | März 1980 | 46234 |
|------------------|-----------|-------|

| 2. Quartal 1980: | Juni 1980 | 23513 |
|------------------|-----------|-------|

Eine Summenbildung ist hier nicht möglich, würde doch die Arbeitslosenzahl in Abhängigkeit vom gewählten Abgrenzungszeitraum steigen.

**Summenbildung (bei Stromgrößen)**

Gegeben sei folgende Reihe der Einzelhandelsumsätze mit Textilien (Stromgröße):

| Januar | 1980 | 9600 |
|--------|------|------|
| Februar | 1980 | 7800 |
| März | 1980 | 9700 |
| April | 1980 | 9600 |
| Mai | 1980 | 9800 |
| Juni | 1980 | 8500 |

Für eine vierteljährliche Betrachtung erscheint es nun sinnvoll, die Umsätze im Quartal als Summe der Monatswerte zu bestimmen.

| 1. Quartal 1980 | Januar | + Februar | + März 1980 | = 27100 |
|-----------------|--------|-----------|-------------|---------|
| 2. Quartal 1980 | April | + Mai | + Juni 1980 | = 27900 |

Unsere Beispiele zeigen, dass die Summenbildung nur bei Stromgrößen und die Berücksichtigung eines bestimmten Wertes nur bei Bestandsgrößen sinnvoll ist Unter Umständen bietet sich für beide Kategorien ergänzend die

**Durchschnittsbildung (bei Bestands- und Stromgrößen)**

an, also für die Arbeitslosen in den Bauberufen

$$\text{1. Quartal 1980:} \quad \frac{\text{Januar} + \text{Februar} + \text{März 1980}}{3} = 68156$$

$$\text{2. Quartal 1980:} \quad \frac{\text{April} + \text{Mai} + \text{Juni 1980}}{3} = 26552$$

Bei der Interpretation von Durchschnittsgrößen ist allerdings Vorsicht geboten. Diese Zahlen liefern hier einen *durchschnittlichen Monatsumsatz* bzw. eine *durchschnittliche Arbeitslosenzahl* für das jeweilige Quartal. Dies sind fiktive Werte, die der tatsächlichen Situation im Beobachtungszeitraum u.U. gar nicht gerecht werden.

### 3.0.2    Zur Zielsetzung der Zeitreihenanalyse

Die im Bereich der Wirtschaftsdiagnose und -prognose tätigen bundesdeutschen Institutionen veröffentlichen neben Originaldaten über die wirtschaftliche Entwicklung zusätzlich zahlreiche ausgewählte Reihen, die saisonbereinigt sind. Damit soll
die Konjunkturentwicklung sozusagen in ihrer reinen Form, also unbeeinflusst von
kurzfristigen Schwankungen aufgezeigt werden (Vgl. hierzu die Entwicklung der
Zahl der Arbeitslosen in Westdeutschland auf S. 174).

Auf der disaggregierten Ebene, z.B. beim Einzelhandel und bei ihm vorgelagerten Indu-
strien, kommt aber auch der kurzfristigen Entwicklung selbst eine große Bedeutung
zu. Derartige Veränderungen von einem zum anderen Monat erschweren die Dispositionen in vielen betrieblichen Bereichen deutlich. Angefangen bei den Planungen
für den Personaleinsatz bis hin zu den optimalen Beschaffungszeitpunkten und der
Lagerhaltung gilt es, auf die Schwankungen bestmöglich zu reagieren.

Noch vielfältiger sind die Probleme bei Saisonspitzen oder -tälern, die nicht jedes Jahr
exakt im gleichen Monat auftreten. Denn ständig gibt es Sondereinflüsse im Witte-
rungsablauf, Kalenderunregelmäßigkeiten, Ferienzeitregelungen und dergleichen
mehr, auf die es sich zusätzlich einzustellen gilt. Die genaue Kenntnis möglichst vieler
solcher Ursachen würde die kurzfristigen Dispositionen entscheidend verbessern.

Die Abbildung auf Seite 171 stellt die Entwicklung der Arbeitslosen in den Bauberufen
von 1952 bis 1983 dar. Man erkennt, dass diese Reihe ausgeprägten Schwankungen
unterliegt. An dieser Reihe können wir auch illustrieren, dass sie sowohl mittel- als
auch kurzfristige Änderungen im wirtschaftlichen Ablauf beinhaltet. Wie bei fast
jeder Zeitreihe, die wirtschaftliche Aktivitäten widerspiegelt, sind neben einer relativ
gleichmäßig stetigen Entwicklung mehrere aufeinanderfolgende mittelfristige Auf-
und Abschwungphasen zu beobachten. Hinzu kommen kurzfristige Schwankungen,
die regelmäßig mit einer Frequenz von höchstens einem Jahr auftreten. Insbesondere
die kurzfristigen Veränderungen, die im vorliegenden Beispiel sogar als dominant
angesehen werden müssen, erschweren die Wirtschaftsdiagnose.

Sinkt die Arbeitslosenzahl im Frühjahr, ist dies unter kurzfristigen Aspekten ohne
Zweifel positiv; vor allem in Jahren wirtschaftlicher Flaute ist es aber ebenso entscheidend, ob dieser Rückgang auch auf eine mittelfristige Erholung schließen lässt.
Erst durch eine differenzierte Analyse der Schwankungen lassen sich Aussagen darüber treffen, ob eine Ab- oder Zunahme gegenüber der Vorperiode tatsächlich von
mittelfristiger Bedeutung ist, oder ob es sich nur um einen jahreszeitlich üblichen
Ausschlag handelt.

Ziel der Zeitreihenanalyse ist die Untersuchung der Schwankungen im Zeitablauf
unter Zuhilfenahme einer geeigneten Analysemethodik. So wird es möglich, die Diagnose, also die Beurteilung vergangenen wirtschaftlichen Verhaltens, treffsicherer
zu machen.

Unser Beispiel zeigt auch: Die Spitzen im Winter gehen ab 1959 deutlich zurück. Dies kann auf die Maßnahmen zur Förderung des Winterbaus im Baugewerbe zurückgeführt werden, die 1959 in Kraft getreten sind und zu einer spürbaren Dämpfung der witterungsbedingten saisonalen Arbeitslosigkeit führten.

Voraussetzung für aussagefähige *Wirtschaftsdiagnosen* sind also auch möglichst abschließende Kenntnisse der die wirtschaftliche Bewegung verursachenden Bestimmungsfaktoren; die formale Beschreibung der Zeitreihe reicht oftmals nicht aus.

Wir möchten daher

▷ die Entwicklung einer Zeitreihe im Zeitablauf beschreiben und
▷ nach den Gründen für die Höhe und für Verschiebungen der Schwankungen fragen.

Die Prognose der zukünftigen Entwicklung wird sinnvollerweise auf die Kenntnis dieser Ursachen zurückgreifen.

### 3.0.3        Methodische Grundlagen

Die Änderungen der wirtschaftlichen Aktivitäten im Zeitablauf unterteilt man aus praktischen Gesichtspunkten gern in die Komponenten Trend, Konjunktur, Saison und Zufall, die nach der Dauer ihres zeitlichen Wirkens unterschieden werden; diese Differenzierung vereinfacht zudem die Suche nach ihnen zugrundeliegenden Ursachen.

Ausgangspunkt aller methodischen Überlegungen ist also die Annahme, dass sich die Ursprungsreihe, also z.B. die Reihe der Arbeitslosen, in die gedanklichen Komponenten

▷ Trend              (T),
▷ Konjunktur       (K),
▷ Saison             (S)        und
▷ Zufall oder Rest   (R)

zerlegen lässt, denen typische Bewegungsabläufe zugrundeliegen sollen.

Unter der *Trendkomponente* verstehen wir dabei die langfristige Grundrichtung einer Datenreihe, die meist relativ stetig ansteigt - dies auf Grund säkularer Ursachen wie Bevölkerungswachstum, Steigerung des Volkseinkommens -, aber dennoch Unregelmäßigkeiten aufweisen kann; in Endabsatzreihen z.B. durch Veränderungen des Mehrwertsteuersatzes. *Konjunkturschwankungen* sind alle Schwingungen um diesen Trend, die ständig in Intervallen von mehr als einem Jahr wiederkehren, die aber nicht notwendigerweise völlig periodisch sein müssen.

Die beiden genannten Komponenten fasst man häufig unter dem Begriff „Glatte Komponente" G zusammen, was gerade bei der relativ kurzen Datenbasis der meisten praktischen Untersuchungen eine einfachere Handhabung erlaubt, wenn kaum zwischen lang- und mittelfristiger Bewegung unterschieden werden kann.

G wird wiederum von dem *Saisonanteil* mit regelmäßigen Schwingungen von Periodenlängen bis zu einem Jahr überlagert. Beispiele dafür sind die unterschiedlichen Witterungsbedingungen im Sommer und Winter oder der jährlich wiederkehrende erhöhte Einzelhandelsabsatz zur Weihnachtszeit.

Als letztes bleibt schließlich die *Restkomponente*, die auf Messfehler und nicht näher bestimmte unregelmäßige Einflüsse zurückgeführt wird, aber auch auf extrem kurzfristige Ereignisse, die nicht vorhersehbar sind, beispielsweise Auswirkungen von Streiks.

Ausgehend von den angesprochenen Komponenten ergibt sich demnach ein Ansatz der Art

$$Y(t) = f\,(T(t), K(t), S(t), R(t)),$$

wobei    Y = Originalwert,
         T = Trendkomponente,
         K = Konjunkturkomponente,
         S = Saisonkomponente,
         R = Restgröße,
         t = Zeit

ist.

Um die Problematik einer solchen Komponentenzerlegung deutlich zu machen, soll hier nur auf mögliche Bestimmungsgründe für die Saisonkomponente eingegangen werden. Diese werden üblicherweise in die Kategorien

▷  natürliche,
▷  institutionelle und
▷  kalenderbedingte Faktoren

eingeteilt.

▷  Zu den natürlichen Ursachen werden alle die regelmäßig wiederkehrenden Ereignisse gezählt, die mit dem Ablauf des Jahres zusammenhängen.

Aber schon innerhalb dieser Ursachengruppe gibt es Unterschiede. So ist die Dauer eines Jahres sowie die der Erdbahn um die Sonne eine sehr regelmäßige Erscheinung. Ebensolches gilt für die jahreszeitliche Änderung des Sonnenaufgangs in gleichen Regionen. Es ist auch plausibel, dass die Temperaturen im Winter durchschnittlich tiefer liegen als im Sommer, wenngleich der Eintritt der ersten Frost- oder Schneetage schon längst nicht so regelmäßig und vorausberechenbar ist. Schließlich sind die Anzahl von regen- und wolkenlosen Tagen sowie die Niederschlagsmengen zwar noch natürlicher Ursache, aber weitgehend unregelmäßig.

▷ Beispiele für institutionelle Faktoren sind: Die Festsetzung von Ferien-, Ausstellungs- oder Messeterminen, wobei die letztgenannten wegen ihrer Regelmäßigkeit fast schon als „natürlich" anzusehen sind. Diese Bestimmungsgründe unterscheiden sich von den natürlichen dadurch, dass sie auf von Menschen begründeten Tatbeständen beruhen.

▷ Kalenderbedingte Faktoren sind ursächlich auf „Unregelmäßigkeiten des Kalenders" zurückzuführen. Genannt seien: Unterschiedliche Anzahl von Tagen, Arbeits-, Sonn- und Feiertagen je Monat.

Wir sehen also, dass sich schon für eine, nämlich die Saisonkomponente, zahlreiche Bestimmungsfaktoren finden lassen, die sich im übrigen überlagern. Mangels Datenausweis sind diese Faktoren oftmals quantitativ nicht einzeln zu erfassen. Bei der Vielzahl von Ursachen können wir letztendlich nur den Summeneffekt dieser Faktoren numerisch bestimmen. Aus diesen Gründen erscheint die Trennung in 4 Komponenten für die Zwecke der laufenden Wirtschaftsbeobachtung durchaus vertretbar.

### 3.0.4    Additive und multiplikative Verknüpfung

Die Eliminierung einzelner Komponenten setzt eine Vorstellung über die Art der Verknüpfung der Komponenten voraus. Sind die Komponenten unabhängig voneinander, können die einzelnen Werte in jedem Zeitpunkt einfach *addiert* werden. Dementsprechend lautet der Ansatz:

$$Y = T + ( K + S + R )$$

Beim *multiplikativen* Ansatz ist beispielsweise die Intensität der Saisonschwankung von dem absoluten Niveau der Originalreihe bzw. der Trendkomponente abhängig.

Dementsprechend lautet der Ansatz:

$$Y = f\,(T^* \cdot\ K^* \cdot\ S^* \cdot\ R^*)$$

wobei    $T^*$       = Trendfaktor,
         $K^*$       = Konjunkturfaktor,
         $S^*$       = Saisonfaktor,
         $R^*$       = Restfaktor.

Beispiel: Ein durch ein gestiegenes real verfügbares Einkommen gehobenes Qualitätsbewusstsein der Käufer schlägt sich sowohl im allgemeinen Niveau einer Textilumsatzreihe (Trend) als auch in extremeren saisonalen Umsatzspitzen *(modische Artikel)* nieder.

Die hier gegenüber dem additiven Ansatz besonders gekennzeichneten multiplikativen Komponenten machen deutlich, dass nicht dimensionierte Größen, sondern stets nur Komponentenfaktoren ausgewiesen werden; eine Multiplikation dieser Faktoren führt nicht etwa zum Originalwert der Zeitreihe, sondern zur Zahl 1. Aus diesem Grund beziehen wir die Faktoren auf den absoluten Wert von Y bzw. T

$Y = Y \cdot (T^* \cdot K^* \cdot S^* \cdot R^*)$  bzw.

$Y = T \cdot (K^* \cdot S^* \cdot R^*)$

Folgende Figuren zeigen die unterschiedlichen denkbaren Situationen.

**Additiver Ansatz**

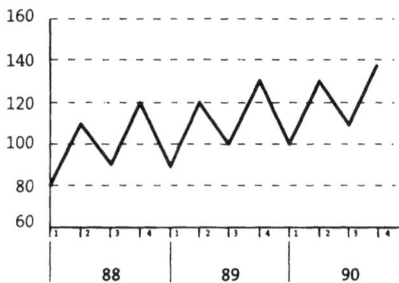

**Multiplikativer Ansatz**

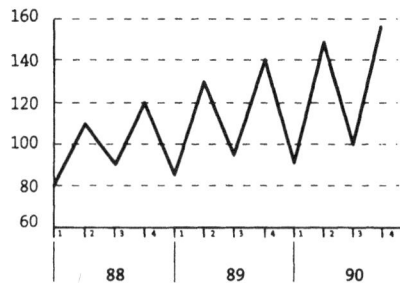

Im Falle des Einzelhandelsabsatzes von *Textilien insgesamt* (vgl. Abb. 3.1) kann auf einen additiven Ansatz geschlossen werden; die Saisonausschläge erhöhen sich nicht mit dem Niveau der Reihe.

In einem solchen additiven Modell lassen sich Bereinigungen wie folgt durchführen:

(1)     Trendbereinigung
        $Y - T = K + S + R$

(2)     Saisonbereinigung
        $Y - S = T + K + R$

oder

(3)     Ermittlung der Restkomponente
        $Y - T - K - S = R$

Im multiplikativen Modell werden die Komponenten entsprechend dividiert.

## 3.1       Ein traditionelles Verfahren

### 3.1.1    Verfahren zur Trendbestimmung

Grundsätzlich ist allen traditionellen Verfahren gemeinsam, das in einem ersten Schritt die langfristige Grundrichtung einer Zeitreihe bestimmt wird. Wir wollen dafür unsere Reihe der Arbeitslosen in den Bauberufen zugrundelegen (Originalwerte in 1000).

| Arbeitslose im Bundesgebiet nach Berufsabschnitten, Bauberufe | | | |
|---|---|---|---|
| Quartale | Originalwerte | in 1000 (Y) | t |
| 1/81 | 89129 | 89 | 1 |
| 2/81 | 50582 | 51 | 2 |
| 3/81 | 58177 | 58 | 3 |
| 4/81 | 141019 | 141 | 4 |
| 1/82 | 172329 | 172 | 5 |
| 2/82 | 110840 | 111 | 6 |
| 3/82 | 110015 | 110 | 7 |
| 4/82 | 181214 | 181 | 8 |
| 1/83 | 219452 | 219 | 9 |
| 2/83 | 125674 | 126 | 10 |
| 3/83 | 106325 | 106 | 11 |
| 4/83 | 171632 | 172 | 12 |

*Quelle: Amtliche Nachrichten der Bundesanstalt für Arbeit, Arbeitsstatistik-Jahreszahlen, verschiedene Jahrgänge*

In die Grafik der zeitlich geordneten Originalwerte können wir einen linearen „Freihandtrend" einzeichnen, der die langfristige Entwicklung verdeutlichen soll (vgl. Abb. 3.4).

Diese Methode ist allerdings sehr subjektiv, da unterschiedliche Beobachter unterschiedliche „Freihandtrends" einzeichnen werden. Hinzu kommt, dass diese Methode uns nur dann einen Überblick über den langfristigen Verlauf einer Zeitreihe vermitteln, wenn wir darauf achten, dass unser geschätzter Trend $T_t$ die Reihe möglichst so zerteilt, dass die Abweichungen nach oben und nach unten etwa gleich sind.

Anmerkung: Da ein tatsächlicher oder empirisch erhobener Wert für den Trend nicht existiert, ist eine Unterscheidung in Trendwert T und geschätzten Trendwert $\hat{T}$ überflüssig.

**Abb. 3.4:   Arbeitslose im Bundesgebiet nach Berufsabschnitten**
Bauberufe
Freihandtrends

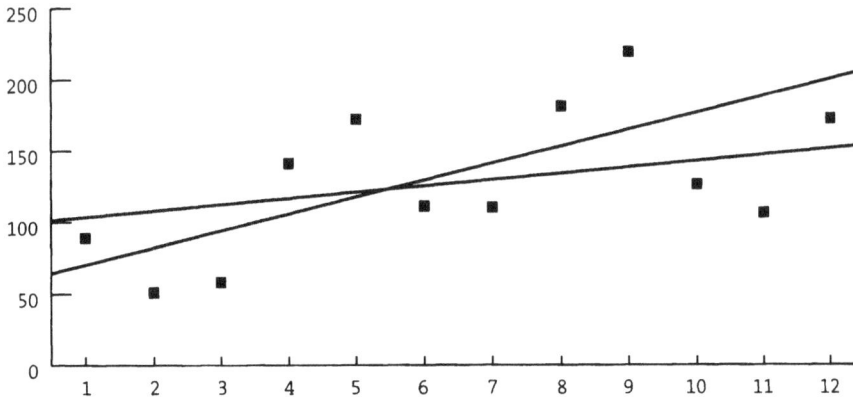

*Quelle: Amtliche Nachrichten der Bundesanstalt für Arbeit;*
*Arbeitsstatistik-Jahreszahlen, verschiedene Jahrgänge*

Wir wollen daher den Freihandtrend im folgenden durch eine exakte mathematische
Funktion ersetzen. Dies leistet die *Methode der Kleinsten Quadrate*. Danach ist eine
Schätzung dann optimal, wenn die quadratische Abweichung der Originalwerte von
den Schätzwerten der Trendfunktion nicht mehr vermindert werden kann. Wir legen
also durch unser Streudiagramm der Originalwerte wieder eine Gerade, die wir so
lange verändern, bis die Bedingung der kleinsten quadratischen Abweichung erfüllt
ist.

Greifen wir zunächst den einfachsten Fall, den der linearen Trendfunktion heraus.

$T = a + b \cdot t$

Zur optimalen Bestimmung der Trendfunktion lautet das Auswahlkriterium:

$$SQA = \sum_{t=1}^{n} \left(y_t - T_t\right)^2 \Rightarrow \min \quad \Big| \quad T_t = a + b \cdot t$$

wobei   $y$       = Originalwerte,
         $T$       = geschätzte Trendwerte der linearen Funktion,
         $n$       = Anzahl der Beobachtungswerte,
         $SQA$    = Summe der quadrierten Abweichungen.

Die Parameter a und b (die Größen y und t sind bekannt) werden mit Hilfe der Methode der Kleinsten Quadrate also wieder so bestimmt (vgl. auch Abschnitt 2.2.3), dass

$$SQA = \sum_{t=1}^{n} (y_t - T_t) = \sum_{t=1}^{n} (y_t - (a + b \cdot t)) \Rightarrow min$$

**Abb. 3.5:   Arbeitslose im Bundesgebiet nach Berufsabschnitten, Bauberufe**
Linearer Trend

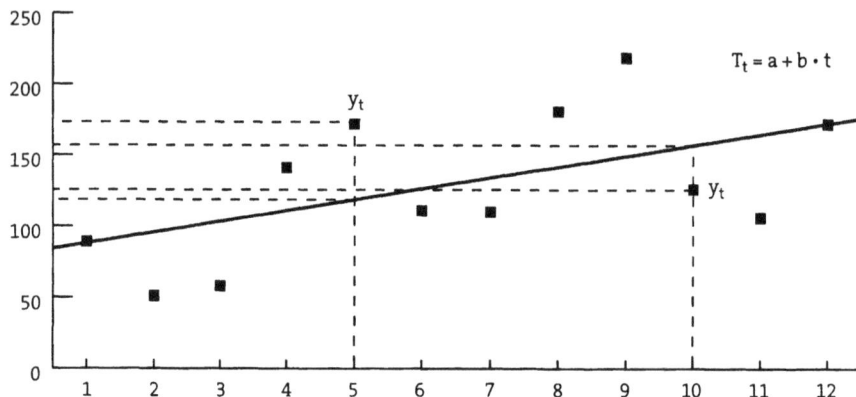

*Quelle: Amtliche Nachrichten der Bundesanstalt für Arbeit;*
*Arbeitsstatistik-Jahreszahlen, verschiedene Jahrgänge*

Dieses Minimum ermitteln wir durch Nullsetzen der partiellen Ableitungen 1. Ordnung

I:      $\dfrac{\delta\, SQA}{\delta\, a} = \dfrac{\delta \left(y - (a + b\,t)^2\right)}{\delta\, a} = 0$

II:     $\dfrac{\delta\, SQA}{\delta\, b} = \dfrac{\delta \left(y - (a + b\,t)^2\right)}{\delta\, b} = 0$

I:  $\displaystyle\sum_{i=1}^{n} 2(y - a - b\,t)(-1) = 0$     bzw.

$\sum y = n\,a + b \sum t$

II:  $\displaystyle\sum_{i=1}^{n} 2(y - a - b\,t)(-t) = 0$  bzw.

$\sum t\,y = a \sum t + b \sum t^2$

Ohne hier einen vollständigen mathematischen Beweis zu führen, erhalten wir folgende Normalgleichungen zur Berechnung des Achsenabschnittes a und des Steigungskoeffizienten der Trendgeraden b.[49]

$$b = \frac{n\sum t\,y - \sum t \sum y}{n\sum t^2 - \left(\sum t\right)^2}$$

$$a = \frac{\sum t^2 \sum y - \sum t \sum t\,y}{n\sum t^2 - \left(\sum t\right)^2}$$

Für unser Beispiel der Arbeitslosen erhalten wir folgende Arbeitstabelle:

|     | t      | y        | $t^2$    | t · y       |
|-----|--------|----------|----------|-------------|
| 1   | 1      | 89       | 1        | 89          |
| 2   | 2      | 51       | 4        | 102         |
| 3   | 3      | 58       | 9        | 174         |
| 4   | 4      | 141      | 16       | 564         |
| 5   | 5      | 172      | 25       | 860         |
| 6   | 6      | 111      | 36       | 666         |
| 7   | 7      | 110      | 49       | 770         |
| 8   | 8      | 181      | 64       | 1448        |
| 9   | 9      | 219      | 81       | 1971        |
| 10  | 10     | 126      | 100      | 1260        |
| 11  | 11     | 106      | 121      | 1166        |
| 12  | 12     | 172      | 144      | 2064        |
| $\sum$ | t=78 | y=1536 | t2=650 | t · y=11134 |

$(\sum t)^2 = 6048$

---

49  Auf die formale Übereinstimmung der Formeln mit denen der Regressionsanalyse wird hier nochmals hingewiesen.

Als Ergebnis erhalten wir:

$$a = \frac{650 \cdot 1536 - 78 \cdot 11134}{12 \cdot 650 - 6084} = 75{,}7273$$

$$b = \frac{12 \cdot 11134 - 78 \cdot 1536}{12 \cdot 650 - 6084} = 8{,}0420$$

Unsere „beste" lineare Trendfunktion lautet damit:

$T = 75{,}73 + 8{,}04 \cdot t$

mit     t = 1 für das 1.Quartal 1981,
        t = 2 für das 2.Quartal 1981, usw.

Die entsprechenden Trendwerte lauten somit:

| Quartal | 1 | 2 | 3 | 4 | 5 | 6 | 7 | 8 | 9 | 10 | 11 | 12 |
|---|---|---|---|---|---|---|---|---|---|---|---|---|
| linearer Trend | 84 | 92 | 100 | 108 | 116 | 124 | 132 | 140 | 148 | 156 | 164 | 172 |

Unsere Parameter sagen damit aus, dass in t=0 eine sogenannte Basisarbeitslosigkeit von 75727 (=a) vorlag und, dass diese Arbeitslosigkeit innerhalb des Beobachtungszeitraums von Quartal zu Quartal trendbedingt um 8042 (=b) zunahm. Die Abbildung 3.7 zeigt uns Originalwerte und Trendverlauf.

**Abb. 3.6:   Arbeitslose im Bundesgebiet nach Berufsabschnitten**
Bauberufe (Originalwerte und Linearer Trend)

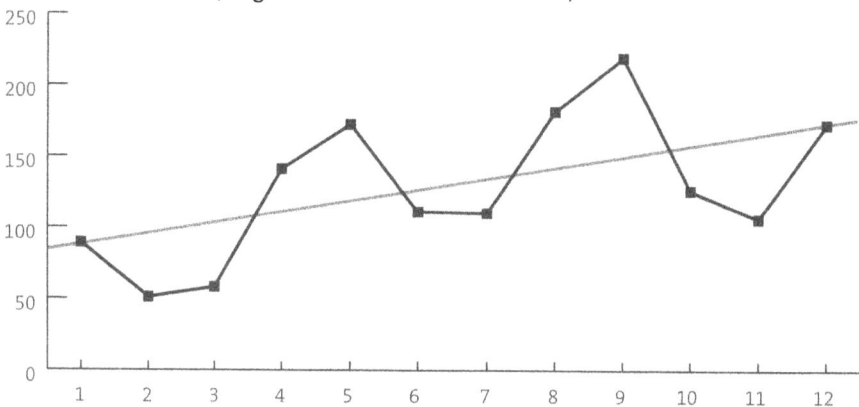

*Quelle: Amtliche Nachrichten der Bundesanstalt für Arbeit; eigene Berechnungen*

Neben linearen kann aber auch von nichtlinearen Trendfunktionen ausgegangen werden, hier seien folgende drei praktisch relevanten Trendformen genannt:

▷ $T = a \cdot e^{bt}$            Exponentialfunktion

▷ $T = a \cdot t^{b}$            Potenzfunktion

▷ $T = \dfrac{e^{a+bt}}{1 + e^{a+bt}}$        Logistische Funktion

**Abb. 3.7: Arbeitslose im Bundesgebiet nach Berufsabschnitten**
Bauberufe (verschiedene Trendfunktionen)

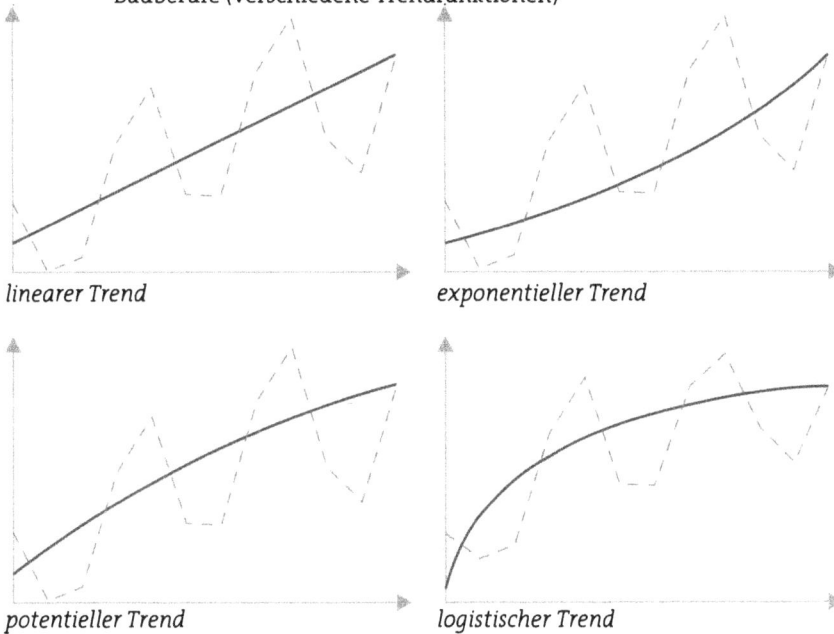

*linearer Trend*                         *exponentieller Trend*

*potentieller Trend*                      *logistischer Trend*

▷ Der *Exponentialtrend* wird für solche Zeitreihen verwendet, bei denen von gleichen Wachstumsraten b je Periode ausgegangen werden kann.

▷ Die *Potenzfunktion* wird für Zeitreihen verwendet, für die man eine konstante Elastizität b unterstellt.

▷ Bei der *logistischen Funktion* schwankt der Trend zwischen einer Untergrenze (U) und einem Sättigungsniveau. Oftmals handelt es sich um Anteilswerte zwischen 0 und 1, womit Fragen der Art „Wieviel Prozent der Haushalte besitzen einen DVD-Player" beantwortet werden sollen. Diese Vorgehensweise ist bei Absolutwerten dann sehr subjektiv, wenn keine fundierten Aussagen über Unter- und Obergrenze hergeleitet werden können; die logistische Funktion soll deshalb hier rechnerisch nicht nachvollzogen werden.

Nichtlineare Trendfunktionen führen aber u.U. zu außerordentlich komplizierten nichtlinearen Gleichungen, die dann nur mittels rechenaufwendiger Näherungs-verfahren gelöst werden können. Wir behandeln hier nur solche, die sich über eine einfache Transformation der Variablen in lineare Funktionen überführen lassen, so dass wir auf den bekannten Formelapparat zurückgreifen können:

| Funktion | lineare Form | Transformationen |
|---|---|---|
| Exp.: $T = a \cdot b^t$ | $T^* = \ln a + b \cdot t$ | $T^* = \ln T$ |
| Pot.: $T = a \cdot t^b$ | $T^* = \log a + b \cdot t^*$ | $T^* = \log T$   $t^* = \log t$ |

Als Normalgleichungen für die *Exponentialfunktion*

$$T^* = a^* + b \cdot t$$

erhalten wir somit:

$$b = \frac{n \sum t \, y^* - \sum t \sum y^*}{n \sum t^2 - \left(\sum t\right)^2} \qquad\qquad y^* = \ln y$$

$$a^* = \frac{\sum t^2 \sum y^* - \sum t \sum t \, y^*}{n \sum t^2 - \left(\sum t\right)^2} \qquad\qquad a^* = \ln a$$

**Wir erweitern unsere Arbeitstabelle um folgende Spalten:**

| $t$ | $y^* = \ln y$ | $t \cdot y^*$ |
|---|---|---|
| 1 | 4,4886 | 4,4886 |
| 2 | 3,9318 | 7,8637 |
| 3 | 4,0604 | 12,1813 |
| 4 | 4,9488 | 19,7950 |
| 5 | 5,1475 | 25,7375 |
| 6 | 4,7095 | 28,2572 |
| 7 | 4,7005 | 32,9034 |
| 8 | 5,1985 | 41,5880 |
| 9 | 5,3891 | 48,5016 |
| 10 | 4,8363 | 48,3628 |
| 11 | 4,6634 | 51,2978 |
| 12 | 5,1475 | 61,7699 |
| $\sum t = 78$ | $\sum y^* = 57,2220$ | $\sum t \cdot y^* = 382,7469$ |

Als Ergebnis erhalten wir:

$$b = \frac{12 \cdot 382{,}7469 - 78 \cdot 57{,}2220}{12 \cdot 650 - 6084} = 0{,}0756$$

$$a^* = \frac{650 \cdot 57{,}2220 - 78 \cdot 382{,}7469}{12 \cdot 650 - 6084} = 4{,}2774$$

$a = e^{a^*} = 72{,}05$ (Antilogarithmus), da $a^* = \ln a$

Unsere Funktionalform lautet also

$T^* = 4{,}2774 + 0{,}0756 \cdot t$ bzw. $T = 72{,}05 \cdot e^{0{,}0756 \cdot t}$

Als Trendwerte erhalten wir:

| Quartal | 1 | 2 | 3 | 4 | 5 | 6 | 7 | 8 | 9 | 10 | 11 | 12 |
|---------|---|---|---|---|---|---|---|---|---|----|----|----|
| Exp.-Trend | 78 | 84 | 90 | 97 | 105 | 113 | 122 | 132 | 142 | 153 | 165 | 178 |

Die Berechnung der *Potenzfunktion*

$T^* = a^* + b \cdot t^*$

möge der Leser anhand folgender Arbeitstabellen selbst nachvollziehen:

| t | $y^* = \log y$ | $t^* = \log t$ | $t^* \cdot y^*$ | $t^{*2}$ |
|---|---|---|---|---|
| 1 | 1,9494 | 0,0000 | 0,0000 | 0,0000 |
| 2 | 1,7076 | 0,3010 | 0,5140 | 0,0906 |
| 3 | 1,7634 | 0,4771 | 0,8413 | 0,2276 |
| 4 | 2,1492 | 0,6021 | 1,2940 | 0,3625 |
| 5 | 2,2355 | 0,6990 | 1,5626 | 0,4886 |
| 6 | 2,0453 | 0,7782 | 1,5917 | 0,6056 |
| 7 | 2,0414 | 0,8451 | 1,7252 | 0,7142 |
| 8 | 2,2577 | 0,9031 | 2,0389 | 0,8156 |
| 9 | 2,3404 | 0,9542 | 2,2332 | 0,9105 |
| 10 | 2,1004 | 1,0000 | 2,1004 | 1,0000 |
| 11 | 2,0253 | 1,0414 | 2,1091 | 1,0845 |
| 12 | 2,2355 | 1,0792 | 2,4126 | 1,1647 |
| $\sum$ | 24,8511 | 8,6803 | 18,4230 | 7,4643 |

$(\sum t)^2 = 75{,}3483$

mit     $y^*$    $= \log y$          $a^*$    $= \log a$

            $t^*$    $= \log t$          $T^*$    $= \log T$

            $t^{*2}$    $= \log t^2$

Als Normalgleichung für die Potenzfunktion erhalten wir:

$$a^* = \frac{7,4643 \cdot 24,8511 - 8,6803 \cdot 18,4230}{12 \cdot 7,4643 - 75,3483} = 1,7983$$

$$a = 10^{a^*} = 62,8621$$

$$b = \frac{12 \cdot 18,4230 - 8,6803 \cdot 24,8511}{12 \cdot 7,4643 - 75,3483} = 0,3768$$

Unsere Funktionalform lautet also

$$T^* = 1,7983 + 0,3768 \cdot \log t$$

bzw.

$$T = 62,8621 \cdot t^{0,3768}$$

Als Trendwerte erhalten wir:

| Quartal | 1 | 2 | 3 | 4 | 5 | 6 | 7 | 8 | 9 | 10 | 11 | 12 |
|---|---|---|---|---|---|---|---|---|---|---|---|---|
| Potenztrend | 63 | 82 | 95 | 106 | 115 | 123 | 131 | 138 | 144 | 150 | 155 | 160 |

Die folgende Tabelle zeigt die unterschiedlichen Trendwerte und die Abweichungen vom Originalwert.

*Geschätzte Trendwerte und Schätzfehler      TB = Y - T*

|  | $T_{1\,lin.}$ | $T_{2\,exp.}$ | $T_{3\,pot.}$ | Y | $TB_{1\,lin.}$ | $TB_{2\,exp.}$ | $TB_{3\,pot.}$ |
|---|---|---|---|---|---|---|---|
| 1 | 84 | 78 | 63 | 89 | 5 | 11 | 26 |
| 2 | 92 | 84 | 82 | 51 | -41 | -33 | -31 |
| 3 | 100 | 90 | 95 | 58 | -42 | -32 | -37 |
| 4 | 108 | 97 | 106 | 141 | 33 | 44 | 35 |
| 5 | 116 | 105 | 115 | 172 | 56 | 67 | 57 |
| 6 | 124 | 113 | 123 | 111 | -13 | -2 | -12 |
| 7 | 132 | 122 | 131 | 110 | -22 | -12 | -21 |
| 8 | 140 | 132 | 138 | 181 | 41 | 49 | 43 |
| 9 | 148 | 142 | 144 | 219 | 71 | 77 | 75 |
| 10 | 156 | 153 | 150 | 126 | -30 | -27 | -24 |
| 11 | 164 | 165 | 155 | 106 | -58 | -59 | -49 |
| 12 | 172 | 178 | 160 | 172 | 0 | -6 | 12 |

Die Übersicht verdeutlicht, dass der Kleinste-Quadrate-Ansatz ein Entscheidungskriterium über den zu verwendenden Funktionstyp (die Trendform) verlangt.

Die Anwendung der Methode der Kleinsten Quadrate setzt eine Vorstellung über die Art des zu analysierenden Wachstumsprozesses voraus. Da eine solche Modellvorstellung i.d.R. nicht existiert, sind dem Ansatz naturgemäß Grenzen gesetzt. Grenzen, die in praktischen Analysen (weil als bekannt vorausgesetzt) nur am Rande erwähnt und diskutiert werden, die aber bei einer Interpretation von Untersuchungsergebnissen, insbesondere bei einer Beurteilung eventuell angegebener Prognosewerte, unbedingt zu beachten sind.

Da andererseits die Empfehlung, die Frage des anzuwendenden Funktionstyps sei allein und ausschließlich aufgrund sachlicher ökonomischer Überlegungen zu entscheiden, auf einen Verzicht dieses in der Praxis häufig genutzten Ansatzes hinausliefe, werden zur Auswahl geeigneter Trendfunktionen i.d.R. statistische Kriterien hinzugezogen.

In statistischen Untersuchungen häufig eingesetzte und einfache Kriterien zur Überprüfung der Güte der Anpassung zwischen geschätzten Trendwerten T und Beobachtungswerten $y_t$ sind:

▷   das Bestimmtheitsmaß $r^2$,
▷   die Summe der quadrierten Abweichungen SQA.

Bei der Anwendung dieser oder anspruchsvollerer Kennziffern ist zu beachten, dass es nicht darum gehen kann, jenen Funktionstyp ausfindig zu machen und auszuwählen, der sich den Ursprungswerten am engsten anpasst: Ganz allgemein gilt, dass es für n Beobachtungen stets eine Funktion der Ordnung n-1 gibt, auf der sämtliche Beobachtungswerte liegen. Eine derartige Kurve wäre jedoch als Trendfunktion gänzlich ungeeignet. Sie würde wohl eine genaue Beschreibung der Lage aller Werte liefern, nicht aber die Information über die Grundrichtung der Zeitreihe, die wir suchen.

Informativer als eine statistische Kennziffer ist oftmals die graphische Analyse der Residuen, d.h. der vom jeweiligen Ansatz produzierten „Schätzfehler" (vgl. Tabelle auf der vorigen Seite). Danach wird ein Schätzansatz, der unregelmäßige, unsystematische Residuen produziert, einer Trendfunktion vorgezogen, deren Restschwankungen noch ein nicht zufälliges Muster und damit eine systematische Fehleinschätzung der langfristigen Entwicklung der Zeitreihenwerte erkennen lassen.

In unserem Fall erweist sich allerdings keine der benutzten Funktionen als deutlich überlegen; alle drei produzieren Residuen, die unsystematisch um Null schwanken (vgl. Abb. 3.8). Daher setzen wir aus rechentechnischen Gründen im folgenden zur Trendbereinigung der Zeitreihenwerte die lineare Schätzfunktion ein.

Ganz allgemein kann bei kurzfristigen Betrachtungszeiträumen häufig von linearen Trendfunktionen ausgegangen werden; nichtlineare Funktionen bieten sich oftmals erst bei langfristigen Datenreihen an.

**Abb. 3.8:   Arbeitslose im Bundesgebiet nach Berufsabschnitten**
Schätzfehler alternativer Trendfunktionen

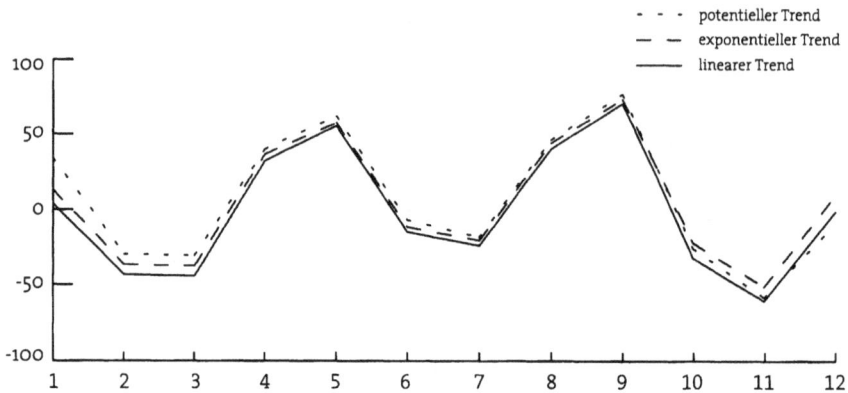

*Quelle:   eigene Berechnungen*

Nach der Berechnung der Trendwerte kann die Bestimmung der trendbereinigten Werte (TB$_t$) erfolgen.

Der *additive* Ansatz setzt, wie gesagt, die Unabhängigkeit der Komponenten voraus, das Niveau einer Komponente hat keinen Einfluss auf die Höhe anderer Komponenten.

Dementsprechend lautete der Ansatz:

$$Y = T + ( K + S + R )$$

Über die gerade berechnete lineare Trendfunktion für die Zahl der Arbeitslosen in den Bauberufen erhalten wir wegen

$$y_t = T_t + TB_t \quad \text{mit} \quad T = \text{Trendwerte aus der „besten" linearen Funktion.}$$

als *trendbereinigte Werte*

$$TB_t = y_t - T_t$$

| Quartal | 1 | 2 | 3 | 4 | 5 | 6 | 7 | 8 | 9 | 10 | 11 | 12 |
|---------|---|---|---|---|---|---|---|---|---|----|----|----|
| TB | 5 | -41 | -42 | 33 | 56 | -13 | -22 | 41 | 71 | -30 | -58 | 0 |

z.B. Quartal 1 = 89 –84 = **5**

Die Zahl der Arbeitslosen weicht also im 1. Quartal um + 5(000) aus konjunkturellen, saisonalen oder sonstigen Gründen vom Trendwert 84(000) ab; im 12. Quartal gibt es keine derartigen Abweichungen.

Der *multiplikative* Ansatz lautete: [50]

$$Y = Y \cdot (T^* \cdot K^* \cdot S^* \cdot R^*) \quad \text{bzw.}$$

$$Y = T (K^* \cdot S^* \cdot R^*)$$

wobei     $T = \hat{y}$   und

$$T^* = \frac{T}{Y}$$

Über die *Trendwerte* T der Arbeitslosenzahlen erhalten wir für unser Beispiel die folgenden *Trendfaktoren* $T^*$.

$$T_t^* = T_t / y_t$$

| Quartal | 1 | 2 | 3 | 4 | 5 | 6 | 7 | 8 | 9 | 10 | 11 | 12 |
|---------|------|------|------|------|------|------|------|------|------|------|------|------|
| T* | 0,94 | 1,80 | 1,72 | 0,77 | 0,67 | 1,12 | 1,20 | 0,77 | 0,68 | 1,24 | 1,55 | 1,00 |

z.B. $T^*_{1/81}$ = 84 / 89 = **0,94**

Während die Trendwerte der Arbeitslosenzahlen in den 1. und 4. Quartalen die tatsächlichen Werte nicht erreichen, übertreffen sie diese im Frühjahr und Sommer deutlich.

Die relative Abweichung der Zeitreihenwerte von den Trendwerten quantifiziert der Reziprokwert des Trendfaktors $1/T^* = Y / T = TB^*$

Wegen

$$y_t = T_t \cdot TB_t^*$$

erhalten wir die trendbereinigten Faktoren als

$$TB_t^* = \frac{y_t}{T_t} \qquad \text{mit } TB^* = \text{Faktor der trendbereinigten Werte}$$

| Quartal | 1 | 2 | 3 | 4 | 5 | 6 | 7 | 8 | 9 | 10 | 11 | 12 |
|---------|------|------|------|------|------|------|------|------|------|------|------|------|
| TB* | 1,06 | 0,55 | 0,58 | 1,31 | 1,48 | 0,90 | 0,83 | 1,29 | 1,48 | 0,81 | 0,65 | 1,00 |

Im 1. Quartal differieren die Zahl der Arbeitslosen und Trendwert um 6 %; im 12. Quartal stimmen beide Größen überein.

Die Arbeitslosenzahlen liegen also im Frühjahr und Sommer unter den Trendwerten, während sie diese in den Wintermonaten (=1. u. 4. Quartal) übertreffen.

---

50  Denkbar ist auch, dass nur drei Komponenten multiplikativ verknüpft sind, während sie mit der vierten additiv verbunden sind, also z.B. Y = Y(T · K · S)+R bzw. allgemein Y = R+f (T,K,S) (gemischter Zusammenhang).

Aus der Sicht der traditionellen Zeitreihenanalsyse sind diese Abweichungen in weiteren Rechenschritten den Komponenten K, S oder R zuzuordnen.

$TB_t = Y_t - T_t = f(K, S, R)$

Die sich beim multiplikativen Ansatz ergebenden Faktoren sind nicht immer direkt mit den Absolutwerten aus der additiven Verknüpfung vergleichbar. Beispiel:

$y_1 = 89$   $T_1 = 84$

TB = 5                    (absolute Abweichung = 5)

$TB^* = 1,06$            (relative Abweichung = 6%)

Beide Größen können jedoch über die Relation TB = y (TB* - 1) in Beziehung gebracht werden. Im Beispiel: 5 = 89 (1,06 - 1).

Abschließend soll an das Beispiel aus Abschnitt 2.2.8 erinnert werden, das den Zusammenhang zwischen dem Umsatz Y und der Verkaufsfläche X eines Filialunternehmens quantifiziert.

**Hilfstabelle**

|        | X    | Y    | t   | t·y  | t²  |
|--------|------|------|-----|------|-----|
| 1993   | 3,7  | 1,2  | 1   | 1,2  | 1   |
| 1994   | 5,1  | 1,7  | 2   | 3,4  | 4   |
| 1995   | 6,6  | 2,1  | 3   | 6,3  | 9   |
| 1996   | 8,0  | 2,7  | 4   | 10,8 | 16  |
| 1997   | 9,3  | 3,2  | 5   | 16,0 | 25  |
| Σ      |      | 10,9 | 15  | 37,7 | 55  |

Die Parameter a und b ergeben sich bei einer Trendanalyse der Größe Y zu

a = 0,66           b = 0,5.

Der Schätzwert für 1998 (t = 6) lautet somit 3,66.

Damit kann festgehalten werden:

▷ Regressionsanalyse und Trendanalyse verwenden die gleiche Rechentechnik.
▷ Bei unsicheren Erwartungen über die zukünftige Entwicklung von X kann eine Trendfortschreibung vorteilhafter sein; t ist immer „prognostizierbar".
▷ Allerdings ist zu bedenken, dass auf diese Weise berechnete Regressionskoeffizienten schon dann einen Erklärungsbeitrag liefern, wenn sich die Beobachtungswerte trendbedingt parallel entwickeln. Es erscheint daher sinnvoll, beide Zeitreihen vor der regressionsanalytischen Betrachtung einer Trendanalyse zu unterziehen und dann mit den trendbereinigten Werten zu argumentieren.

### 3.1.2        Berechnung der Konjunkturkomponente

Die Arbeitslosenzahlen liegen also im Frühjahr und Sommer unter den geschätzten Trendwerten, während sie diese in den Winterquartalen übertreffen. Diese relativen Abweichungen vom Trend sind aus der Sicht einer univarianten Analyse auf die konjunkturellen und saisonalen Einflussfaktoren sowie die Restkomponente zurückzuführen.

Aus der Sicht der traditionellen Zeitreihenanalyse sind diese Abweichungen in weiteren Rechenschritten den Komponenten K, S und R zuzuordnen.

$$TB_t = Y_t - T_t = f(K, S, R)$$

Um nun die Konjunkturkomponente zu isolieren, bedienen wir uns des Verfahrens der Gleitenden Durchschnitte; wir mitteln die trendbereinigten Werte, die noch K, S und R beinhalten, wie folgt:

$$K_t = \frac{1/2\ TB_{t-2} + TB_{t-1} + TB_t + TB_{t+1} + 1/2\ TB_{t+2}}{4}$$

mit      K        = Konjunkturkomponente,

        TB       = trendbereinigter Wert,

        t        = Zeit;    t = 3, 4, 5, ..., n-4, n-3, n-2,

        n        = Anzahl der Beobachtungswerte.

Die Vorgehensweise der gleitenden Durchschnitte stützt sich auf die Annahme, dass sich die saisonalen positiven und negativen Abweichungen von der Konjunkturkomponente innerhalb eines Jahres ausgleichen, somit zu Null addieren.

Über den gleichen Ansatz werden die trendbereinigten Faktoren im multiplikativen Modell gemittelt:

Wir nennen dies einen gewogenen gleitenden Durchschnitt, da die einzelnen trendbereinigten Werte mit unterschiedlichem Gewicht berücksichtigt werden. Der jeweils erste und letzte Wert gehen nur mit halbem Gewicht in die Berechnung ein.[51]

$$K_t^* = \frac{1/2\ \overset{\bullet}{TB}_{t-2} + \overset{\bullet}{TB}_{t-1} + \overset{\bullet}{TB}_t + \overset{\bullet}{TB}_{t+1} + 1/2\ \overset{\bullet}{TB}_{t+2}}{4}$$

Anmerkung: Die Randwerte können über diese Formel nicht geschätzt werden, da insbesondere am aktuellen Rand die Werte n + 1 und n + 2 noch nicht bekannt sind.

---

51  Bei Monatswerten würde sich z.B. folgender Ansatz anbieten:

$$K_t = \frac{1/2\ TB_{t-6} + TB_{t-5} + ... + TB_{t} + ... + TB_{t+5} + 1/2\ TB_{t+6}}{12}$$

**Für unser Beispiel erhalten wir folgende Werte:**

| Quartal | Konjunkturkomponente | |
|---|---|---|
| 3 | $K_3 = \dfrac{1/2 \cdot 5 - 41 - 42 + 33 + 1/2 \cdot 56}{4}$ | $\approx -5$ |
| 4 | $K_4 = \dfrac{1/2 \cdot (-41) - 42 + 33 + 56 + 1/2 \cdot (-13)}{4}$ | $\approx 5$ |
| 5 | $K_5 = \rule{4cm}{0.4pt}$ | $\approx 11$ |
| ... | ... | |
| ... | ... | |
| 10 | $K_{10} = \rule{4cm}{0.4pt}$ | $\approx 1$ |

Die trend- und konjunkturbereinigten Werte TKB erhalten wir im additiven Modell dadurch, dass wir von den trendbereinigten Werten die Werte der Konjunkturkomponente abziehen:

$$TKB_t = TB_t - K_t$$

im muliplikativen Modell gilt:

$$TKB_t^* = TB_t^* / K_t^*$$

Wir erhalten folgende Tabellen:

| additiver Ansatz | | | | multiplikativer Ansatz | | | |
|---|---|---|---|---|---|---|---|
| Quartal | TB | K | TKB | Quartal | TB* | K* | TKB* |
| 3 | -42 | -5 | -37 | 3/81 | 0,58 | 0,93 | 0,62 |
| 4 | 33 | 5 | 28 | 4/81 | 1,31 | 1,02 | 1,28 |
| 5 | 56 | 11 | 45 | 1/82 | 1,48 | 1,10 | 1,35 |
| 6 | -13 | 15 | -28 | 2/82 | 0,90 | 1,13 | 0,80 |
| 7 | -22 | 17 | -39 | 3/82 | 0,83 | 1,13 | 0,73 |
| 8 | 41 | 17 | 24 | 4/82 | 1,29 | 1,11 | 1,16 |
| 9 | 71 | 11 | 60 | 1/83 | 1,48 | 1,08 | 1,37 |
| 10 | -30 | 1 | -31 | 2/83 | 0,81 | 1,02 | 0,79 |

Anmerkung: Bei Jahreswerten wäre eine solche Vorgehensweise nicht sinnvoll; den trendbereinigten Werten fehlt nämlich der Saisonanteil, sie spiegeln die Konjunkturkomponente inklusive des Restanteils schon gut wider. Die Berechnung könnte also durch die Eliminierung der Restkomponente (z. B. mit Hilfe eines gleitenden 2-er Durchschnitts) abgeschlossen werden.

Wir wollen noch darauf hinweisen, dass auch ungewogene gleitende Durchschnitte verwendet werden können, die sich allerdings nur bei ungerader Gliedzahl anbieten. Beispielsweise berechnet sich ein 3-gliedriger gleitender Durchschnitt bei zugrundeliegenden Tertialwerten zu

$$K_t = \frac{TB_{t-1} + TB_t + TB_{t+1}}{3}$$

ein 5-gliedriger gleitender Durchschnitt zu

$$K_t = \frac{TB_{t-2} + TB_{t-1} + TB_t + TB_{t+1} + TB_{t+2}}{5}$$

Wir erkennen sofort, dass für gerade Gliedzahlen nur gewogene gleitende Durchschnitte sinnvoll sind, da sich bei einer Berechnung

$$K_t = \frac{TB_{t-2} + TB_{t-1} + TB_t + TB_{t+1}}{4}$$

oder auch

$$K_t = \frac{TB_{t-1} + TB_t + TB_{t+1} + TB_{t+2}}{4}$$

die ermittelten Durchschnitte nicht mehr auf den Mittelpunkt der Referenzperiode beziehen.

**Exkurs: Der Grundgedanke der Exponentiellen Glättung**

Die Durchschnittsbildung der trendbereinigten Zeitreihenwerte erfolgte bisher mit dem Ziel, die saisonalen Einflüsse zu eliminieren. Die bei geraden Gliedzahlen durchgeführte Gewichtung der beiden Randwerte (Zentrierung) legt nun den Gedanken nahe, Gewichtungsfaktoren höherer Ordnung immer dann einzusetzen, wenn der Einfluss des trendbereinigten Beobachtungswertes $TB_t$ auf den Schätzwert $K_t$ dominieren soll.

Durch eine solche Vorgehensweise, z.B.

$$K_t = \frac{0{,}25 \cdot TB_{t-2} + TB_{t-1} + 1{,}5 \cdot TB_t + TB_{t+1} + 0{,}25 \cdot TB_{t+2}}{4}$$

lässt sich die Ausgangsreihe genauer approximieren.

Die Randwerte können auf diese Weise allerdings nicht geschätzt werden, das ist besonders am aktuellen Rand der Zeitreihe bedauerlich. Man könnte darum auch daran denken, die Konjunkturwerte wie folgt zu schätzen:

$$K_t = \frac{TB_{t-3} + TB_{t-2} + TB_{t-1} + TB_t}{4}$$

Das Verfahren der Exponentiellen Glättung (Exponential Smoothing) kombiniert nun beide Ansätze.

Es geht davon aus, dass die jüngeren Daten einen höheren Informationsgehalt besitzen als die zurückliegenden Werte. Es ist dann zweckmäßig, den aktuellen Daten bei der Durchschnittsbildung ein größeres Gewicht zuzumessen.

Berücksichtigt man in der Berechnungsformel für die gleitenden Durchschnitte, bei denen der Wert dem aktuellen Rand der Zeitreihe zugeordnet wird, zunächst sämtliche gleichgewichteten Ausgangswerte, erhalten wir

$$K_t = \frac{1}{n} TB_t - \frac{1}{n} TB_{t-1} + ... + \frac{1}{n} TB_{t-n+1}$$

Die Folge der konstanten Gewichte 1/n, 1/n usw. wird nun ersetzt durch die Folge der variablen Gewichte $\alpha (1-\alpha)0, \alpha (1-\alpha)1, ..., \alpha (1-\alpha)n-1$ (mit $0 < \alpha < 1$):

$$K_t = \alpha(1-\alpha)^0 TB_t + \alpha(1-\alpha)^1 TB_{t-1} + ... \alpha(1-\alpha)^{n-1} TB_{t-n+1}.$$

Folgende Rekursivformel vereinfacht die Berechnung von $K_t$ ganz beachtlich:

$$K_t = \alpha TB_t + (1-\alpha) K_{t-1}$$

Der aktuelle Schätzwert ($K_t$) ergibt sich so als gewogenes arithmetisches Mittel aus dem Merkmalswert $TB_t$ und dem vorherigen Schätzwert $K_{t-1}$. Es gilt $\alpha + (1-\alpha) = 1$.

Folgende Tabelle zeigt uns die Werte der Konjunkturkomponente mit Hilfe dieses Ansatzes unter Vorgabe unterschiedlicher Gewichtungsfaktoren, wobei

$$K_t = \alpha TB_t + (1-\alpha) K_{t-1}$$

|    | TB  | $K_t (\alpha = 0,2)$ | $K_t (\alpha = 0,5)$ | $K_t (\alpha = 0,9)$ |
|----|-----|---------|---------|---------|
| 1  | 5   | 5,00    | 5,00    | 5,00    |
| 2  | -41 | -4,20   | -18,00  | -36,40  |
| 3  | -42 | -11,76  | -30,00  | -41,44  |
| 4  | 33  | -2,81   | 1,50    | 25,56   |
| 5  | 56  | 8,95    | 28,75   | 52,96   |
| 6  | -13 | 4,56    | 7,88    | -6,40   |
| 7  | -22 | -0,75   | -7,06   | -20,44  |
| 8  | 41  | 7,60    | 16,97   | 34,86   |
| 9  | 71  | 20,28   | 43,98   | 67,39   |
| 10 | -30 | 10,22   | 6,99    | -20,26  |
| 11 | -58 | -3,42   | -25,50  | -54,23  |
| 12 | 0   | -2,74   | -12,75  | -5,42   |

Anmerkung: $TB_1$ muss als 1. Schätzwert für $K_t$ vorgegeben werden.

Bei Werten von α, die nahe bei 1 liegen, wird also den neueren Daten große Bedeutung beigemessen. Je kleiner der Glättungsparameter ist, desto größere Bedeutung bekommen weiter zurückliegende Zeitreihenwerte. Man kann zeigen, dass bei einem Wert für α größer 0,5 die Summe der Gewichte bereits für n = 5 annähernd 1 ist. Gern verwendete Größen sind $0,5 \leq \alpha \leq 0,9$.

Die Vorteile des Verfahrens der exponentiellen Glättung sind vor allem darin zu sehen, dass die Ausgangswerte unterschiedlich gewichtet werden können. So kann dem Wert am aktuellen Rand einer Zeitreihe der höchste Informationsgehalt beigemessen werden. Dass der Schätzwert dem aktuellen Rand zugeordnet wird, ist ebenfalls positiv zu bewerten. Schwierig gestaltet sich allerdings die Wahl der Gewichte und die Länge des Zeitraums für die Durchschnittsbildung. Je länger dieser Zeitraum ist, umso später reagiert das Verfahren auf Veränderungen in der Originalreihe. Probleme ergeben sich insbesondere dann, wenn die zu untersuchende Reihe mit ausgeprägten Saisonschwankungen behaftet ist, da der Saisonanteil wegen der höheren Gewichtung des aktuellen Wertes auf den Schätzwert durchschlägt.

Im übrigen versteht sich die Exponentielle Glättung nicht als Diagnosetechnik und scheidet daher als Instrument der klassischen Saisonanalyse aus. Vielmehr geht es um einen Schätzwert für die Periode t + 1. Für unsere Vorgehensweise ist das Verfahren deshalb nicht geeignet.

### 3.1.3        Berechnung der Saisonkomponente

Zur Berechnung von S wollen wir hier das sogenannte Phasendurchschnittsverfahren verwenden; dazu ordnen wir die TKB-Werte zunächst gleichen Unterjahreszeiträumen zu.

Die Saisonkomponente errechnet sich dann als

$$S_j = \frac{TKB_{j+p\cdot 0} + TKB_{j+p\cdot 1} + \dots + TKB_{j+p\cdot m}}{m}$$

mit     $j$ = Unterjahreszeitraum, hier $j = 1, 2, \dots, p$
         $p$ = Periodizität, hier $p = 4$,
         $m$ = Anzahl der TKB-Werte des entsprechenden Unterjahreszeitraumes

Anmerkung: Bei $S_1$ und $S_2$ entfällt jeweils das erste Glied der Summe über dem Bruchstrich, bei $S_3$ und $S_4$ das letzte.

Für unser Beispiel erhalten wir im additiven Fall folgende Arbeitstabelle mit den dazugehörigen Saisonkennziffern (Saisonzahlen) der 4 Quartale[52]:

| Quartal<br>Jahr | 1 | 2 | 3 | 4 |
|---|---|---|---|---|
| 1 | | | -37 | 28 |
| 2 | 45 | -28 | -39 | 24 |
| 3 | 60 | -31 | | |
| $S_j$ | 53 | -30 | -38 | 26 |

Bei multiplikativer Verknüpfung ergeben sich als Kennziffern die Saisonfaktoren:

| Quartal<br>Jahr | 1 | 2 | 3 | 4 |
|---|---|---|---|---|
| 1 | | | 0,62 | 1,28 |
| 2 | 1,35 | 0,80 | 0,73 | 1,16 |
| 3 | 1,37 | 0,79 | | |
| $S^*_j$ | 1,36 | 0,80 | 0,68 | 1,22 |

Hinter dieser Vorgehensweise steckt offensichtlich der Gedanke, dass die Saisonkomponente eine sehr regelmäßige Entwicklung wiederspiegelt, da sie über den gesamten Beobachtungszeitraum als gleichbleibend angesehen wird. Aus diesem Grunde entsprechen sich die Saisonzahlen gleicher Unterzeiträume. Wir werden später diese restriktive und praxisferne Annahme einer konstanten Saisonfigur aufgegeben und das hier eingesetzte Verfahren verbessern.

### 3.1.4   Berechnung der Restkomponente

Die Restkomponente erhalten wir unmittelbar aus

$$R_t \qquad = TKSB_t = TKB_t - S_t \qquad bzw.$$

$$R_t^* \qquad = TKSB_t^* = TKB_t^* / S_t^*$$

mit      TKSB = trend-, konjunktur- und saisonbereinigte Werte
und      TSKB* = trend-, konjunktur- und saisonbereinigte Faktoren

---

52  Auf eine Justierung der Saisonzahlen und -Faktoren wird hier verzichtet.

somit:

| additiver Ansatz | | | |
|---|---|---|---|
| Quartal | TKB | S | R |
| 3 | −37 | −38 | 1 |
| 4 | 28 | 26 | 2 |
| 5 | 45 | 53 | −8 |
| 6 | −28 | −30 | 2 |
| 7 | −39 | −38 | −1 |
| 8 | 24 | 26 | −2 |
| 9 | 60 | 53 | 7 |
| 10 | −31 | −30 | −1 |

| multiplikativer Ansatz | | | |
|---|---|---|---|
| Quartal | TKB* | S* | R* |
| 3 | 0,62 | 0,68 | 0,91 |
| 4 | 1,28 | 1,22 | 1,05 |
| 5 | 1,35 | 1,36 | 0,99 |
| 6 | 0,80 | 0,80 | 1,00 |
| 7 | 0,73 | 0,68 | 1,07 |
| 8 | 1,16 | 1,22 | 0,95 |
| 9 | 1,37 | 1,36 | 1,01 |
| 10 | 0,79 | 0,80 | 0,99 |

Die R-Werte schwanken in unserem Beispiel regellos und mit etwa gleichem Ausschlag um die Ausprägungen der anderen Komponenten; der übersichtlichere additive Ansatz braucht deshalb nicht verworfen zu werden.

### 3.1.5        Zusammenfassung der Komponenten

Die folgenden Tabellen fassen die einzelnen Ergebnisse unserer Rechnung noch
einmal zusammen (vgl. auch Abb. 3.9 und 3.10):

**Arbeitslose in den Bauberufen - Komponentenzerlegung -**
additives Modell: Y = T + K + S + R

| Quartal | Y | T | K | S | R | T+K+S+R |
|---|---|---|---|---|---|---|
| 1 | 89 | 84 | | 53 | | |
| 2 | 51 | 92 | | −30 | | |
| 3 | 58 | 100 | −5 | −38 | 1 | 58 |
| 4 | 141 | 108 | 5 | 26 | 2 | 141 |
| 5 | 172 | 116 | 11 | 53 | −8 | 172 |
| 6 | 111 | 124 | 15 | −30 | 2 | 111 |
| 7 | 110 | 132 | 17 | −38 | −1 | 110 |
| 8 | 181 | 140 | 17 | 26 | −2 | 181 |
| 9 | 219 | 148 | 11 | 53 | 7 | 219 |
| 10 | 126 | 156 | 1 | −30 | −1 | 126 |
| 11 | 106 | 164 | | −38 | | |
| 12 | 172 | 172 | | 26 | | |

Interpretationshilfe: Von den Arbeitslosen im 4. Quartal (141.000) sind 5.000 konjunkturbedingt.

**Abb. 3.9:  Arbeitslose im Bundesgebiet nach Berufsabschnitten**
            Bauberufe

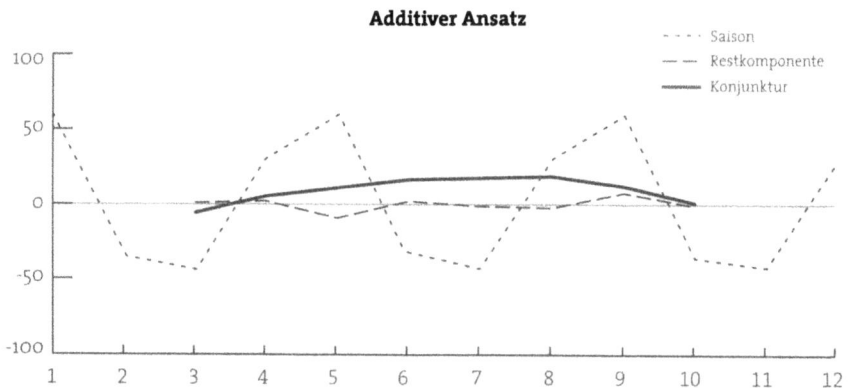

*Quelle: Amtliche Nachrichten der Bundesanstalt für Arbeit,*
*Arbeitsstatistik-Jahreszahlen, verschiedene Jahrgänge*
*eigene Berechnung*

Anmerkung: Die Lücken, die sich durch die Berechnung gleitender Durchschnitte ergeben haben, können mit diesem Verfahren nicht gefüllt werden. Das schränkt die Information über eine Zeitreihe am aktuellen Rand ein. Professionelle Verfahren bieten hier Lösungen an.

**Arbeitslose in den Bauberufen - Komponentenzerlegung -**

multiplikatives Modell: $Y = Y(T^* \cdot K^* \cdot S^* \cdot R^*)$ [53]

| Quartal | Y | T | T* | TB* | K* | TKB* | S* | TKSB*=R* |
|---------|-----|-----|------|------|------|------|------|----------|
| 1 | 89 | 84 | 0,94 | 1,06 | | | 1,36 | |
| 2 | 51 | 92 | 1,80 | 0,55 | | | 0,80 | |
| 3 | 58 | 100 | 1,72 | 0,58 | 0,93 | 0,62 | 0,68 | 0,91 |
| 4 | 141 | 108 | 0,77 | 1,31 | 1,02 | 1,28 | 1,22 | 1,05 |
| 5 | 172 | 116 | 0,67 | 1,48 | 1,10 | 1,35 | 1,36 | 0,99 |
| 6 | 111 | 124 | 1,12 | 0,90 | 1,13 | 0,80 | 0,80 | 1,00 |
| 7 | 110 | 132 | 1,20 | 0,83 | 1,13 | 0,73 | 0,68 | 1,07 |
| 8 | 181 | 140 | 0,77 | 1,29 | 1,11 | 1,16 | 1,22 | 0,95 |
| 9 | 219 | 148 | 0,68 | 1,48 | 1,08 | 1,37 | 1,36 | 1,01 |
| 10 | 126 | 156 | 1,24 | 0,81 | 1,02 | 0,79 | 0,80 | 0,99 |
| 11 | 106 | 164 | 1,55 | 0,65 | | | 0,68 | |
| 12 | 172 | 172 | 1,00 | 1,00 | | | 1,22 | |

**Dabei gilt:**  $T^*$  $= T/Y = $ Trendfaktor

$TB^*$  $= Y/T = 1/T^* = $ trendbereinigter Faktor

$K^*$  $= $ gleitender 5-gliedriger Durchschnitt aus

$TB^*$ = Konjunkturfaktor

$TKB^*$  $= TB^*/K^* = $ trend-, konjunkturbereinigter Faktor

$S^*$  $= $ Durchschnitt gleicher Unterjahreszeiträume = Saisonfaktor

$TKSB^*$  $= TKB^*/S^* = $ trend-, konjunktur-, saisonbereinigter Faktor

$R^*$  $= $ Faktor der Restkomponente = $TKSB^*$

**Weiterhin gilt:**  $1 = T^* \cdot K^* \cdot S^* \cdot R^*$

$Y = T \cdot K^* \cdot S^* \cdot R^*$  bzw.

$Y = Y \cdot (T^* \cdot K^* \cdot S^* \cdot R^*)$

• (Rundungsfehler beachten)

---

53  Interpretationshilfe: Von den Arbeitslosen im 4. Quartal (141000) sind 2 % (=2800) konjunkturbedingt.

Auch die Komponenten des multiplikativen Modells lassen sich in Absolutwerte überführen und, ähnlich zum additiven Ansatz, mit dem Originalwert verknüpfen:

**Hier gilt:**  $K = (K^* - 1) \cdot T$

$S = (S^* - 1) \cdot (T + K)$

$R = (R^* - 1) \cdot (T + K + S)$

(Rundungsfehler beachten)

**Arbeitslose in den Bauberufen - Komponentenzerlegung -**
multiplikatives Modell: Y = T + K + S + R

| Quartal | Y | T | K | T+K | S | T+K+S | R | T+K+S+R |
|---------|-----|-----|-----|-----|-----|-------|-----|---------|
| 1 | 89 | 84 | | | | | | |
| 2 | 51 | 92 | | | | | | |
| 3 | 58 | 100 | -7 | 93 | -30 | 63 | -6 | 57 |
| 4 | 141 | 108 | 2 | 110 | 24 | 134 | 7 | 141 |
| 5 | 172 | 116 | 12 | 128 | 46 | 174 | -2 | 172 |
| 6 | 111 | 124 | 16 | 140 | -28 | 112 | 0 | 112 |
| 7 | 110 | 132 | 17 | 149 | -48 | 101 | 7 | 108 |
| 8 | 181 | 140 | 15 | 155 | 34 | 189 | -9 | 180 |
| 9 | 219 | 148 | 12 | 160 | 58 | 218 | 2 | 220 |
| 10 | 126 | 156 | 3 | 159 | -32 | 127 | -1 | 126 |
| 11 | 106 | 164 | | | | | | |
| 12 | 172 | 172 | | | | | | |

**Abb. 3.10:  Arbeitslose im Bundesgebiet nach Berufsabschnitten**
              Bauberufe

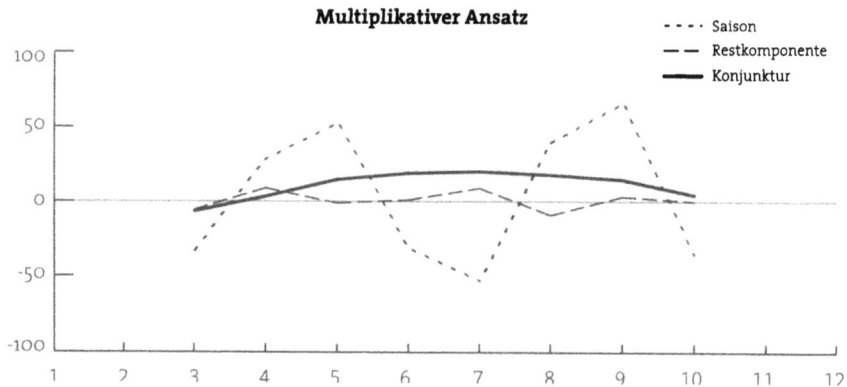

Quelle: Amtliche Nachrichten der Bundesanstalt für Arbeit,
Arbeitsstatistik-Jahreszahlen, verschiedene Jahrgänge
eigene Berechnung

### 3.1.6 Schätzung der saisonbereinigten Werte

Die vorgelegte rechnerische Aufspaltung in einzelne Komponenten ist ein wichtiges Hilfsmittel zur Verdichtung von Zeitreihenwerten. Folgende Zusammenhänge gelten z.B. für das 5. Quartal im additiven Modell:

**Originalwerte**

$$Y = T + K + S + R$$
$$172 = 116 + 11 + 53 - 8$$

**Trendkomponente**

$$T = Y - K - S - R$$
$$116 = 172 - 11 - 53 + 8$$

**trendbereinigter Wert**

$$TB = Y - T = K + S + R$$
$$56 = 172 - 116 = 11 + 53 - 8$$

**Konjunkturkomponente**

$$K = Y - T - S - R$$
$$11 = 172 - 116 - 53 + 8$$

**konjunkturbereinigter Wert**

$$KB = Y - K = T + S + R$$
$$161 = 172 - 11 = 116 + 53 - 8$$

**Saisonkomponente**

$$S = Y - T - K - R$$
$$53 = 172 - 116 - 11 + 8$$

**saisonbereinigter Wert**

$$SB = Y - S = T + K + R$$
$$119 = 172 - 53 = 116 + 11 - 8$$

**Allerdings ist zu beachten:**

▷ Die einzelnen Komponentenwerte geben nicht an, wie sich die Zeitreihe entwickelt hätte, wenn die jeweils anderen Komponenten nicht existent gewesen wären.

▷ Unterschiedliche Ansätze zur Komponentenzerlegung liefern unterschiedliche Ergebnisse und in der Regel kann nicht rechnerisch entschieden werden, welches Verfahren bessere Ergebnisse erbringt. Die theoretisch klare Trennung der Komponenten erweckt den Eindruck, dass es im Grunde genommen keine Rolle spielt, ob eine einzelne Komponente bereinigt oder ob sie selbst geschätzt wird.

▷ Da die 4 Komponenten die Originalreihe insgesamt vollständig beschreiben, scheint sich jede Komponente auf zweierlei Art berechnen zu lassen. Es kann aber gezeigt werden, dass die Reihenfolge der Komponentenschätzung das Ergebnis der Berechnung durchaus beeinflusst.

Trotz dieser Warnungen vor einer *Überinterpretation* der Ergebnisse wird in der Praxis häufig versucht, vor allem die oftmals dominante Saisonbewegung in einer Zeitreihe zu eliminieren, um so die mittel- und langfristige Tendenz zu beschreiben.

Dies deshalb, weil jede Form der wirtschaftspolitischen Steuerung auf mittelfristige Veränderungen im Wirtschaftsablauf abzielt (z.B. Strukturpolitik, Regionalpolitik). Die Wirkungsverzögerungen solcher Maßnahmen lassen den Versuch, kurzfristige Schwankungen zu beeinflussen, unmöglich werden. Die Beurteilung einer von Saisonbewegungen bereinigten Zeitreihe steht bei makroökonomischen Betrachtungen im Vordergrund. Aus diesem Grunde werden Zeitreihenanalyseverfahren häufig auch als Saisonbereinigungsverfahren bezeichnet.

Die saisonbereinigten Werte des hier vorgestellten Verfahrens erhalten wir über die bekannte Beziehung

$$SB_t = Y_t - S_t \qquad \text{(additiver Ansatz)}$$

$$SB_t = Y_t / S_t^* \qquad \text{(multiplikativer Ansatz)}$$

Das Beispiel der Arbeitslosen liefert uns folgende saisonbereinigten Werte (vgl. auch Abb. 3.11 und 3.12).

*Arbeitslose in den Bauberufen - saisonbereinigte Werte -*

| Quartal | additives Modell | multiplikatives Modell |
|---------|------------------|------------------------|
| 1       | 36               | 65                     |
| 2       | 81               | 64                     |
| 3       | 96               | 85                     |
| 4       | 115              | 116                    |
| 5       | 119              | 126                    |
| 6       | 141              | 139                    |
| 7       | 148              | 162                    |
| 8       | 155              | 148                    |
| 9       | 166              | 161                    |
| 10      | 156              | 158                    |
| 11      | 144              | 156                    |
| 12      | 146              | 141                    |

**Abb. 3.11:**  **Arbeitslose im Bundesgebiet nach Berufsabschnitten**
Bauberufe

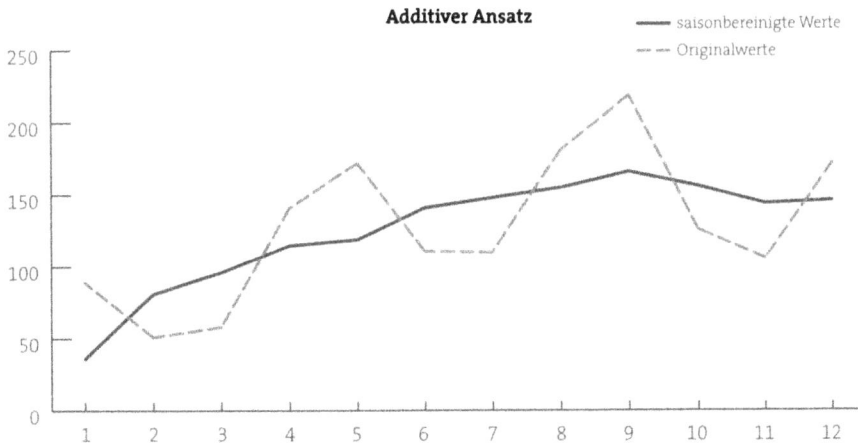

Quelle: Amtliche Nachrichten der Bundesanstalt für Arbeit, Arbeitsstatistik-Jahreszahlen, verschiedene Jahrgänge, eigene Berechnung

**Abb. 3.12:**  **Arbeitslose im Bundesgebiet nach Berufsabschnitten**
Bauberufe

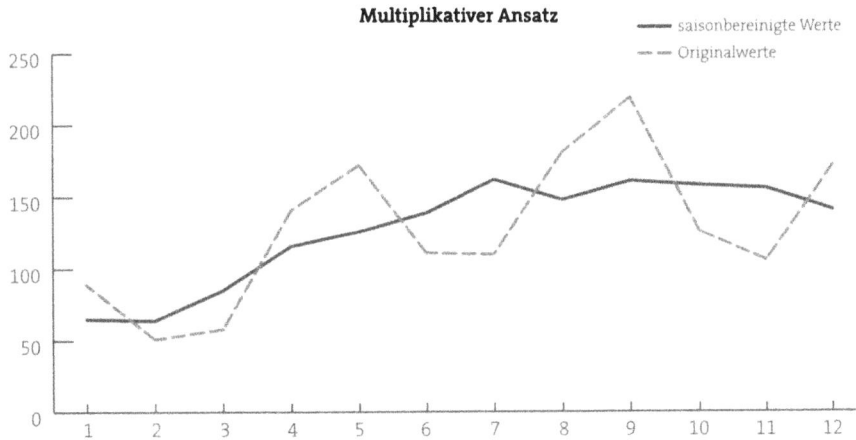

Quelle: Amtliche Nachrichten der Bundesanstalt für Arbeit, Arbeitsstatistik-Jahreszahlen, verschiedene Jahrgänge, eigene Berechnung

Folgende Abbildung zeigt noch einmal schematisch den Ablauf einer traditionellen Zeitreihenanalyse:

**Grundstruktur eines traditionellen iterativen Zeitreihenmodells**

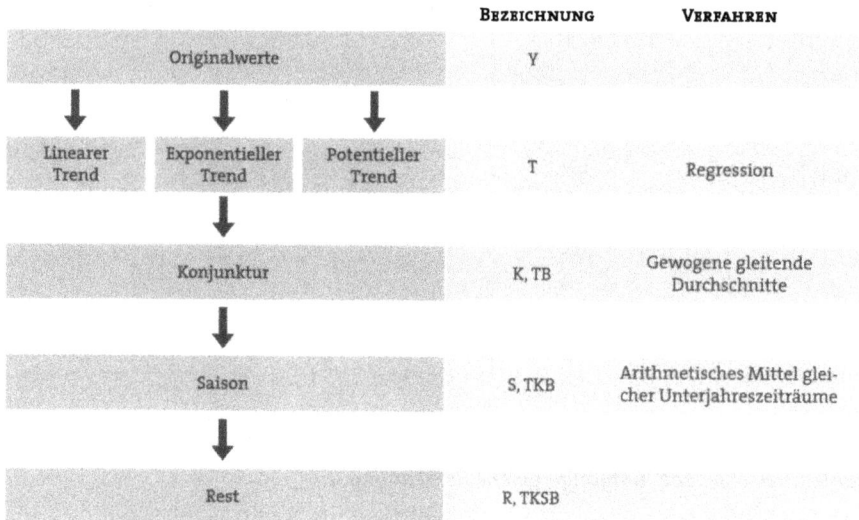

| | BEZEICHNUNG | VERFAHREN |
|---|---|---|
| Originalwerte | Y | |
| Linearer Trend / Exponentieller Trend / Potentieller Trend | T | Regression |
| Konjunktur | K, TB | Gewogene gleitende Durchschnitte |
| Saison | S, TKB | Arithmetisches Mittel gleicher Unterjahreszeiträume |
| Rest | R, TKSB | |

### 3.1.7    Hinweise auf sonstige traditionelle Ansätze

(1) In der älteren Literatur wird das Phasendurchschnittsverfahren nicht erst nach der Auswertung der Trend- und Konjunkturkomponente zur Saisonberechnung eingesetzt, sondern direkt auf die Originalwerte der Zeitreihe angewandt.

| Jahr \ Quartal | 1 | 2 | 3 | 4 |
|---|---|---|---|---|
| 1 | 89 | 51 | 58 | 141 |
| 2 | 172 | 111 | 110 | 181 |
| 3 | 219 | 126 | 106 | 172 |
| Saisonkennziffer | 160 | 96 | 91 | 165 |

Offensichtlich ist dies *keine* geeignete Vorgehensweise, da die Saisonkennziffer so auch Teile der mittel- und langfristigen Bewegung nachvollzieht.

Aus dem gleichen Grunde liefert auch die Auswertung trendbereinigter Zeitreihenwerte nach diesem Muster keine sinnvollen Ergebnisse: Die so berechneten Saison-Kennziffern sind beeinflusst von den mittelfristigen Schwankungen der Zeitreihe.

(2) Eine einfache und auch heute noch übliche Art, das Problem der Saisonbewegung anzugehen, stellt der so genannte Vorjahresvergleich dar. Ihm liegt die Vorstellung zugrunde, dass die im Jahresverlauf regelmäßig wiederkehrenden Schwankungen durch die Berechnung der absoluten oder relativen Veränderung gegenüber dem entsprechenden Vorjahreszeitraum ausgeschaltet werden können. Da sowohl der Berichtsmonat als auch der Vorjahresmonat dem im Prinzip gleichen Saisoneinfluss ausgesetzt sind, müsste die Veränderung zwischen diesen beiden Werten frei von Saisoneinflüssen und daher konjunkturell (und langfristig) bedingt sein.

Beispielsweise finden sich in Pressenotizen über die Arbeitsmarktberichterstattung der Bundesanstalt für Arbeit regelmäßig diese und ähnliche Kommentierungen: Die Zahl der Arbeitslosen verringerte sich im März um 117 Tsd. oder 11,8% auf 876 Tsd. Im Vergleich zum Vorjahr wurden jetzt 82 Tsd. oder 8,5% Arbeitslose weniger gezählt.

Professionelle Konjunkturbeobachter kritisieren diesen Ansatz. Sie betonen, dass die Jahresveränderungsrate nicht nur von der augenblicklichen Situation abhängt, die es ja zu beurteilen gilt, sondern ebenso auch von der Höhe des entsprechenden Vorjahreswertes. War dieser z.B. aufgrund von Zufallseinflüssen besonders hoch oder besonders niedrig, kann es zu Fehlschlüssen hinsichtlich der aktuellen Lage kommen, zumal die besondere Situation des Vorjahres dem Beobachter meist nicht mehr gegenwärtig ist (Basiseffekte). Die für unser Beispiel der Arbeitslosen errechneten Wachstumsraten veranschaulichen diesen Aspekt.

| Quartal | 5 | 6 | 7 | 8 | 9 | 10 | 11 | 12 |
|---|---|---|---|---|---|---|---|---|
| Wachstumsrate | +93% | +118% | +90% | +28% | +27% | +14% | -4% | -5% |

⤒_____  Basiseffekt  _____⤒

(3) Eine andere Möglichkeit wird im Rahmen der ökonometrischen Modelle verfolgt. Die saisonale Entwicklung wird dort durch sogenannte Dummyvariablen berücksichtigt.

Diese Parameter sind in der Lage, den Einfluss qualitativer Faktoren zu messen. Eine lineare Einfachregression (vgl. Kapitel 2.2), die den Zusammenhang zwischen einer Variablen Y und der Variablen t beschreibt, wird durch die Hinzunahme einer Dummyvariablen zu folgender Regressionsfunktion:

$\hat{y}_t = a + b \cdot t + c \cdot D_t$   mit        D = Dummyvariable

bzw. im Fall der Saisonanalyse bei Quartalswerten zu

$\hat{y}_t = a + b \cdot t + c \cdot D1_t + d \cdot D2_t + e \cdot D3_t$,

wobei 3 von 4 Quartalen eine solche Variable zugeordnet wird.

Anmerkung: Ein Quartal wird trotz auch dann wirksamer Saison als Bezugsperiode gewählt, da das zur Lösung notwendige Gleichungssystem ansonsten unter-identifiziert und unlösbar ist.

Diese Hilfsvariable ist im Normalfall 0, in bestimmten Quartalen, oder allgemeiner, bei Wirksamwerden eines bestimmten Einflusses (hier: Saison) dagegen 1.

D1 würde also bei Werten des 1. Quartals den Wert 1 annehmen,

D2 würde also bei Werten des 2. Quartals den Wert 1 annehmen,

D3 würde also bei Werten des 3. Quartals den Wert 1 annehmen.

Die Regressionskoeffizienten c, d und e messen dann den durchschnittlichen Niveauunterschied zwischen dem 4. Quartal und den jeweiligen anderen Quartalen; sie zeigen an, um wieviel der Wert der zu erklärenden Größe steigt, wenn der Wert der Dummyvariable um 1 steigt, um wieviel also die saisonale Entwicklung im bestimmten Quartal von der im Bezugsquartal abweicht.

Wie bei allen traditionellen Verfahren wird allerdings auch hier eine konstante durchschnittliche Abweichung zu einem Basisquartal unterstellt; eine flexiblere, Änderungen unterworfene Saisonfigur kann nur im Rahmen der neueren professionellen Verfahren berücksichtigt werden.

## 3.2 Professionelle Verfahren

Hier sind die *klassischen* Verfahren mit ihrer schon angesprochenen schrittweisen Aufschlüsselung der Ursprungsreihe in die einzelnen Komponenten und die Verfahren der Fourieranalyse, die gerade eine solche sukzessive Vorgehensweise verwerfen und eine Zeitreihe als Ganzes schätzen, zu unterscheiden. Daneben gibt es kombinierte Verfahren, die zwar einzelne Komponenten schrittweise schätzen, dabei aber auch auf Fourierreihen zurückgreifen.

### 3.2.1 Klassische Verfahren

#### 3.2.1.1 Bundesbankverfahren

Dieses Verfahren wird von den amtlichen Institutionen zwar nicht mehr verwendet, ist aber Grundlage vieler heute gebräuchlicher Ansätze.

**Das Modell**

Im ersten Schritt berechnet man die Werte der Glatten Komponente und bereinigt in einem 2. Schritt die Originalwerte von diesen Ausschlägen. Beim Bundesbankverfahren wird G mit Hilfe von gleitenden Durchschnitten errechnet.

Anmerkung: Die direkte Berechnung von G deutet darauf hin, dass dieses Verfahren speziell für die Saisonanalyse konzipiert wurde, eine Unterscheidung in K und T ist für den Anwender dann nicht interessant. Bei den traditionellen Verfahren wurde der gleitende Durchschnitt allein zur Berechnung der Konjunkturkomponente verwendet; gleitende Durchschnitte eignen sich aber auch zur Berechnung von Konjunktur- und Trendkomponente in einem Schritt, weil Veränderungen im Trend auch von der Glatten Komponente nachgezeichnet werden.

Wir wollen diesmal auf den Fall zugrundeliegender Monatswerte eingehen. G wird dann also mit Hilfe von Gleitenden Zwölfmonatsdurchschnitten berechnet.

$$G_t = \frac{1/2\,Y_{t-6} + Y_{t-5} + \ldots + Y_t + \ldots + Y_{t+5} + 1/2\,Y_{t+6}}{12}$$

mit    G      = Glatte Komponente,

         Y      = Ursprungswert,

         t       = Zeit;    $t = 7, 8, 9, \ldots, n\text{-}7, n\text{-}6$,

         n      = Anzahl der Beobachtungszeitpunkte.

Anmerkung: Die Randwerte G ($t = 1, 2, \ldots, 6$) und G ($t = n\text{-}5, n\text{-}4, \ldots, n$) können vorerst nicht geschätzt werden.

In einem weiteren Schritt werden für jeden Monat Arbeitsdiagramme erstellt, in denen in der Art eines Streudiagramms die Werte der Glatten Komponente denen der Ursprungsreihe gegenübergestellt werden. G erscheint dabei auf beiden Achsen und lässt sich durch eine 45-Grad-Linie darstellen. Figur 1 zeigt ein solches Arbeitsdiagramm für einen der 12 Monate.

**Figur 1:    Zerlegung des Ursprungswertes in seine Komponenten**

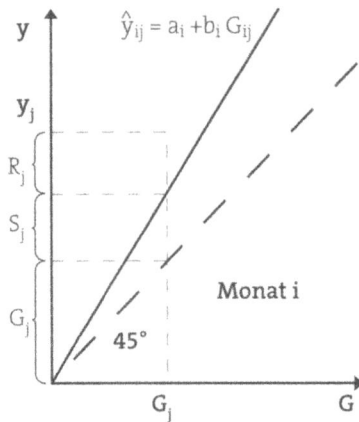

Für diese 12 Punktwolken wird dann jeweils eine lineare Einfachregression nach dem Kleinste-Quadrate-Verfahren berechnet, die zunächst Aufschluss über die *Art der Komponentenverknüpfung* geben.

**Für den Verlauf der Geraden[54]**

$$\hat{Y}_{ij} = a_i + b_i \cdot G_{ij}$$

mit  $i$  =  Monatsindex, jeweils konstant,

$i$  =  1, 2, ..., 12

$j$  =  Jahresindex,

$j$  =  1, 2, ..., J

$J$  =  Anzahl der Jahre

sind vier Verknüpfungsmöglichkeiten denkbar, durch die man einen ersten Eindruck vom Saisonverlauf erhält:

1.   $a = 0$, $b = 1$    Die Ursprungswerte streuen zufällig um die Glatte Komponente, es liegen keine Saisonschwankungen vor, eine Bereinigung ist überflüssig.

---

54 Der Wechsel der Indizierung macht deutlich, dass hier für jeden Unterjahreszeitraum eine getrennte Auswertung der Beobachtungswerte erfolgt.

2. $a \neq 0$, $b = 1$    Es besteht ein additiver Zusammenhang, das Niveau der Ursprungsreihe hat keinen Einfluss auf die Intensität des Saisonverlaufs, die
Komponenten sind also unabhängig voneinander.

3. $a = 0$, $b \neq 1$    Die Saisonkomponente ist mit den Werten des gleitenden Durchschnitts multiplikativ verknüpft, die Komponenten sind somit
untereinander abhängig.

4. $a \neq 0$, $b \neq 1$    Der in der Praxis häufigste Fall eines gemischten Zusammenhangs.

Anmerkung: Denkbar ist auch der Fall $a \neq 0$, $b = 0$, der aber praktisch kaum anzutreffen sein dürfte.

Analytisch wird die Saisonkomponente als senkrechter Abstand zwischen den jeweiligen Winkelhalbierenden (= Glatte Komponente) und den jeweiligen Regressionsgeraden definiert; als saisonbereinigte Werte erhält man

$$SB_{ij} \quad = Y_{ij} - S_{ij}$$

$$= (Y_{ij} - \hat{Y}_{ij}) + G_{ij}$$

mit    $\hat{Y}_{ij} = a_i + b_i \cdot G_{ij}$

Man kann auch allgemeiner schreiben:

$$SB_t = Y_t - (\hat{Y}_{ij} - G_t) \quad \text{für } t = 7, 8, ..., T\text{-}5$$

Bei der Berechnung der saisonbereinigten Werte ist ein Rückgriff auf die
Verknüpfungshypothese nicht notwendig. Die Differenz zwischen $Y_{ij}$ und $S_{ij}$ berücksichtigt Niveauunterschiede zwischen Saisonkomponente und Originalwerten.

Anders bei der Bestimmung von Saisonzahlen bzw. -faktoren. Hier wird eine Entscheidung über die Art der Komponentenverknüpfung verlangt. Entsprechend ergeben sich
die Saisonkennziffern $S_t$ bzw. $S_t^*$ als

$$S_t \quad = Y_t - SB_t$$

oder bei multiplikativer Saisonfigur als

$$S_t^* = Y_t / SB_t^*$$

Beim in der Praxis häufigsten Fall 4 liefert das Verfahren keinen Anhaltspunkt für
eine solche Entscheidung. Es wird dann regelmäßig der additive Ansatz vorgezogen,
da erfahrungsgemäß b ziemlich nahe bei 1 liegt.

In einem weiteren Schritt werden nun alle Ursprungswerte und alle Zwölfmonatsdurch-schnitte in einem Diagramm dargestellt. Mit Hilfe der nun wieder zeitlich geordneten Werte wird eine Trendkorrektur durchgeführt.

Dadurch sollen systematische Abweichungen erfasst werden, die nicht als zufällig interpretiert werden können. Weisen diese nämlich in mehreren aufeinanderfolgen-den Monaten in die gleiche Richtung, was aus den ja nicht zeitlich, sondern dem Monat und ihrem Wert nach geordneten Daten der Arbeitsdiagramme nicht ersichtlich ist, geht man davon aus, dass ein systematischer Einfluss der Entwicklung zugrundeliegt, der auf diese Weise korrigiert werden soll.

Nach der Durchführung der Trendkorrektur werden neue Arbeitsdiagramme für ein-zelne Monate (vgl. Figur 1) gebildet und neue Regressionsgeraden berechnet, wobei dieser Vorgang im Prinzip beliebig oft wiederholt werden kann.

Zuletzt werden die Randwerte, die bei der Berechnung der Glatten Komponente mit Hilfe von gleitenden Durchschnitten wegfallen, durch Fortschreiben der Regressions-funktionen ermittelt; dazu werden in den Arbeitsdiagrammen die den $Y_{ij}$-Werten durch die Regressionsfunktionen zugeordneten $G_{ij}$-Werte bestimmt.

Wendet man dieses Verfahren auf unser Beispiel der Arbeitslosen an, führt die Berech-nung gleitender Durchschnitte dazu, dass die Arbeitsdiagramme jeweils lediglich zwei Werte aufweisen.

| Quartal | 1 | 2 | 3 | 4 | 5 | 6 | 7 | 8 | 9 | 10 | 11 | 12 |
|---------|----|----|-----|-----|-----|-----|-----|-----|-----|-----|-----|-----|
| y | 89 | 51 | 58 | 141 | 172 | 111 | 110 | 181 | 219 | 126 | 106 | 172 |
| G | – | – | 95 | 113 | 127 | 139 | 149 | 157 | 159 | 157 | – | – |

3. Arbeitsdiagramm

Die Regressionsfunktion für ein Quartal kann nicht mehr liefern, als eine Beschrei-bung der durch diese beiden Punkte verlaufenden linearen Funktion. Auf diese Wei-se wird eine möglicherweise vorhandene Restkomponente nicht erfasst.

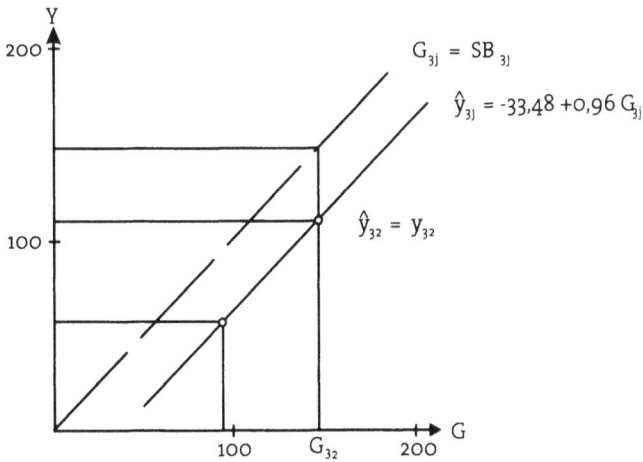

In diesem besonderen Fall stimmen die Werte der Glatten Komponente mit denen der saisonbereinigten Zeitreihe überein, da sich *hier* y und $\hat{y}$ entsprechen.

Für das 7. Quartal erhalten wir

$$SB_t = y_t - (\hat{y}_t - Gt) = y_t - \hat{y}_t + G_t = G_t$$
$$= 110 - (110 - 149) = \mathbf{149}$$

**Die restlichen Werte sind:**

| Quartal | 1 | 2 | 3 | 4 | 5 | 6 | 7 | 8 | 9 | 10 | 11 | 12 |
|---------|---|---|---|---|---|---|---|---|---|----|----|----|
| G = SB | – | – | 95 | 113 | 127 | 139 | 149 | 157 | 159 | 157 | – | – |

Den Wert der Glatten Komponente für das 11. Quartal (t = 11) erhalten wir über die Funktion

$$\hat{y}_{33} = -33,48 + 0,96 \cdot G_{33}$$

$$G_{33} = \frac{y_{33} + 33,48}{0,96}$$

$$= \frac{106 + 33,48}{0,96} = 141$$

$n = 2, \; \sum G = 244, \; \sum y = 168, \; \sum G \cdot y = 21900,$
$\sum G^2 = 31226, \; (\sum G)^2 = 59536$

$$y_{33} = \hat{y}_{33} = 106$$

Unser Beispiel zeigt, dass praktische Zeitreihenanalysen regelmäßig auf längere Stützbereiche zurückgreifen. Zur Verdeutlichung der Arbeitsweise des Bundesbankverfahrens reicht es aus, vier zusätzliche Quartalswerte mit in die Betrachtung einzubeziehen.

Die Vorgehensweise kann anhand der folgenden Arbeitstabelle verdeutlicht werden:

| t | y | G | $\hat{y}$ | SB |
|---|---|---|---|---|
| 1 | 46 | | | |
| 2 | 24 | | | |
| 3 | 24 | 47 | 21,7189 | 49 |
| 4 | 71 | 55 | 73,1294 | 53 |
| 5 | 89 | 63 | 88,2143 | 64 |
| 6 | 51 | 76 | 51,2239 | 76 |
| 7 | 58 | 95 | 62,3088 | 91 |
| 8 | 141 | 113 | 136,0637 | 118 |
| 9 | 172 | 127 | 174,3571 | 125 |
| 10 | 111 | 139 | 109,9925 | 140 |
| 11 | 110 | 149 | 107,9724 | 151 |
| 12 | 181 | 157 | 183,8069 | 154 |
| 13 | 219 | 159 | 217,4286 | 161 |
| 14 | 126 | 157 | 126,7836 | 156 |
| 15 | 106 | | | |
| 16 | 172 | | | |

Die vier Regressionsfunktionen zur Bestimmung der Saisonkomponente lauten

1. Quartal:    $\hat{y}_{1j} = 3,4174 + 1,3460 \cdot G_{1j}$

2. Quartal:    $\hat{y}_{2j} = -19,6716 + 0,9328 \cdot G_{2j}$

3. Quartal:    $\hat{y}_{3j} = -18,0253 + 0,8456 \cdot G_{3j}$

4. Quartal:    $\hat{y}_{4j} = 13,4503 + 1,0851 \cdot G_{4j}$

Das korrespondierende Arbeitsdiagramm für das 3. Quartal zeigt die Trennung der einzelnen Komponenten.

$$y_{33} = G_{33} + S_{33} + R_{33}$$
$$110 = 149 + (-41) + 2$$

$$\hat{y}_{3j} = -18{,}03 + 0{,}85\, G_{3j}$$

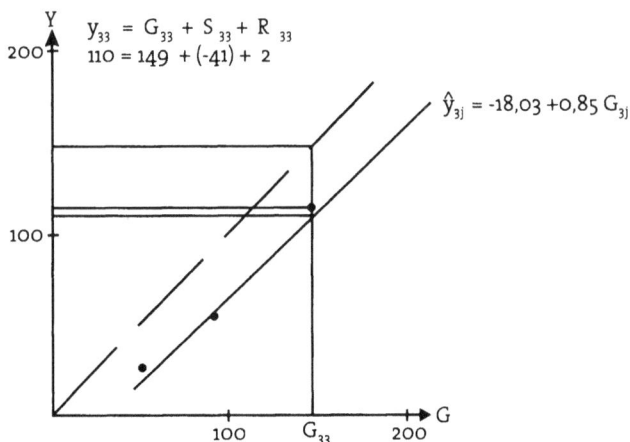

Die im Rahmen der Wirtschaftsbeobachtung besonders interessierenden Komponentenwerte am *aktuellen Rand der Zeitreihe* erhalten wir auch hier über die Fortschreibung der entsprechenden Regressionsfunktion

$$\hat{y}_{34} = -18{,}0253 + 0{,}8456 \cdot G_{34}$$

$$G_{34} = \frac{y_{34} + 18{,}0253}{0{,}8456} \qquad\qquad y_{34} = \hat{y}_{34} = 106$$

$$= \mathbf{147} = SB_{34}$$

$$G_{44} = \frac{y_{44} - 13{,}4503}{1{,}0851} \qquad\qquad y_{44} = \hat{y}_{44} = 172$$

$$= \mathbf{146} = SB_{44}$$

Anmerkung: Die fehlenden aktuellen Komponentenwerte muss man also ohne Berücksichtigung der Restkomponente ermitteln; anstelle der $\hat{y}$-Werte verwendet man die Originalwerte y. Diese Vorgehensweise erinnert an die bei Prognoserechnungen, auch dort wird die Restkomponente, die ja ex definitione nicht prognostizierbar ist, vernachlässigt.

Die Saisonzahlen ergeben sich im additiven Ansatz, b liegt nahe bei 1, zu: $S_t = y_t - SB_t$

| Quartal | 1 | 2 | 3 | 4 | 5 | 6 | 7 | 8 | 9 | 10 | 11 | 12 |
|---------|----|-----|-----|----|----|-----|-----|----|----|-----|-----|----|
| S | 24 | -25 | -29 | 18 | 49 | -30 | -43 | 30 | 56 | -29 | -41 | 26 |

**3.2.1.2      CENSUS-Verfahren**

*Fehlerhafte Ergebnisse* erbringt das Bundesbankverfahren gerade dann, wenn abrupte Änderungen im Saisonverlauf stattfinden, da eine Regressionsgerade erst dann deutlich einem veränderten Verlauf folgt, wenn er oft genug auftritt.

Die angedeuteten Probleme führten dazu, nach einer neuen flexibleren Methodik zu suchen.

Die Ursprungsversion des Census-Verfahrens ist bereits 1954 vom U.S. Bureau of the Census entwickelt worden. Verschiedene Varianten, beginnend mit der Version X-11, wurden seit 1970 in Deutschland von der deutschen Bundesbank verwendet.

In einem ersten Schritt ist zunächst festzulegen, ob ein additiver oder ein multiplikativer Zusammenhang der Zeitreihenkomponenten unterstellt wird und ob die Originaldaten von Kalenderunregelmäßigkeiten bereinigt werden sollen. Extremwerte, die vom Anwender als atypisch für den Verlauf der Zeitreihe eingestuft werden, können bereinigt werden, indem z. B. das arithmetische Mittel der benachbarten Werte an die Stelle der Ausreißerwerte tritt.

Ein noch wesentlicherer Unterschied liegt in der Verwendung gewogener gleitender Durchschnitte zur Approximation der Glatten Komponente. Die einzelnen Werte werden also unterschiedlich gewichtet, meist so, dass der jeweilige Originalwert auch den größten Einfluss auf den entsprechenden Schätzwert hat. Daneben werden in dem Schritt, der vergleichbar ist mit der Vorgehensweise in den Monatsdiagrammen des vorigen Verfahrens, keine Regressionsfunktionen berechnet, sondern auch hier sollen die Werte mit gewogenen Durchschnitten geglättet werden. Diese Vorgehensweise ist ein Versuch, die Saison als Komponente wesentlich *flexibler* zu gestalten. Aus dem gleichen Grund werden die Rechenschritte auch mehrere Male iterativ durchgeführt.

Wir wollen uns hier mit einer schematischen Darstellung der nicht sehr übersichtlichen Rechenoperationen begnügen.

Die 12 Berechnungen in 4 Iterationen sind bei unterstelltem multiplikativen Zusammenhang:

1. Iteration: Bildung eines gleitenden 12-Monatsdurchschnittes zur Ermittlung der Trendzyklus- (=Glatte) Komponente. Division der Originalreihe durch G ergibt die Saison-Rest-Komponente ($Y / G = SR^*$). Berechnung eines gleitenden Durchschnittes über diese $SR^*$ - Komponente liefert die (vorläufigen) Saisonfaktoren ($S^*$). Die $SR^*$ - Komponente wird wiederum durch diese Reihe dividiert, man erhält $R^*$ ($SR^* / S = R^*$). Unter Berücksichtigung der Standardabweichung von $R^*$ zur Originalreihe ($R^* / Y$ entscheidet E) wird eine Extremwertbereinigung durchgeführt ($R^* / E = R^*$).

Man erhält die durch die Extremwertbereinigung modifizierte SR* -Komponente (S* · R* = SR*) und neue Saisonfaktoren über die Glättung durch gleitende Durchschnitte (S*). Die Originalwerte werden durch die Saisonfaktoren dividiert, was zu einer ersten saisonbereinigten Reihe führt (Y/S* = SB*).

2. Iteration: Der ganze Prozess wird ein zweites Mal durchgeführt.

3. Iteration: Die modifizierte Originalreihe wird erneut um Extremwerte und zusätzlich um Kalenderunregelmäßigkeiten bereinigt.

4. Iteration: Eine letzte Approximation wie unter 2.

Das Census-Verfahren verlangt vom Anwender die Einstellung einer Vielzahl reihenspezifischer Steuerungsparameter, was sich natürlich auf die Ergebnisse des Verfahrens auswirkt.

Ein Beispiel hierfür ist die wahlweise Berücksichtigung von Kalenderunregelmäßigkeiten. Sie führen beispielsweise dazu, dass in gleichnamigen Monaten die Produktion allein deshalb höher ist, weil z. B. der aktuelle März einen Arbeitstag mehr hat als der Monat März des Vorjahres. Ausgangspunkt einer Kalenderbereinigung ist die aktuelle Abweichung der Arbeitstage in einer 5-Tage Woche. Etwaige Feiertage werden dabei (sofern sie nicht auf einen Samstag oder Sonntag fallen) speziell gewichtet. Der Heiligabend, die Weihnachtsfeiertage, Silvester und Neujahr mit 0.0 [Arbeitstage], der Rosenmontag, Fastnachtsdienstag z. B. mit 0.8 [Arbeitstage].

Zusätzliche Effekte wie

▷ untypische Konstellationen der Schulferien
▷ außergewöhnliche Witterungsverhältnisse und Brückentage in den Monaten Mai und Juni

werden zwar nicht im Rahmen der eigentlichen Zeitreihenanalyse berücksichtigt, aber auf diese Besonderheiten wird der Datennutzer in einem Kommentar explizit hingewiesen.

*Gegen die generelle Verwendung kalenderbereinigter Werte* spricht aber, dass nicht alle Reihen von solchen Unregelmäßigkeiten in gleicher Weise betroffen sind. Die Anzahl der Kalendertage wird z.B. die Geburtenzahl in einem Monat beeinflussen, Produktionsdaten werden - wenn überhaupt - eher von der Zahl der Arbeitstage abhängig sein, für den Einzelhandelsabsatz scheint die Zahl der Einkaufstage entscheidend.

### 3.2.2      Fourieransätze

Es wurde gezeigt, dass bei den klassischen Verfahren einzelne Komponenten suk-
zessiv geschätzt werden. An dieser Vorgehensweise entzündet sich ein wesentlicher
Kritikpunkt: Diese Zerlegung ist lediglich ein *theoretisches Konstrukt*, empirisch zu
beobachten sind die unterstellten Komponenten nicht.

Die logische Schlussfolgerung daraus ist, die sukzessive Komponentenzerlegung ganz
aufzugeben und die Ursprungsreihe durch einen einzigen Ansatz zu approximieren. Als geeignetes Mittel gelten die Verfahren der Fourieranalyse, die die gesamte
Ursprungsreihe, *außer der nichtzyklischen Komponente Trend*, simultan durch die
Addition verschiedener Schwingungen beschreiben.

Neu sind dabei die verwendeten *Periodogramme und Dichtefunktionen*, bei denen
an der Abzisse nicht mehr die *Zeit*, sondern *Frequenzen* abgetragen werden, die Aufschluss über die Periodenlänge bedeutsamer Schwingungen geben. Die Ansätze sind
also nicht zeitbezogen im eigentlichen Sinne, sie übertragen die Entwicklung im Zeitbereich in den Frequenzbereich. Die Fourier - Ansätze werden zwar nicht regelmäßig
von den bundesdeutschen Institutionen verwandt, sind aber von ihrem theoretischen
Konzept durchaus interessant und finden vielleicht nur durch ihre umfangreichen formalen und mathematischen Schwierigkeiten keinen ständigen Zugang zur laufenden
Wirtschaftsbeobachtung. Sie bieten die Voraussetzung für die noch zu besprechenden ASA - Verfahren, die eine Kombination aus klassischer und fourieranalytischer
Methodik darstellen.

Ihren Einzug in die empirische Wirtschaftsforschung begannen die Verfahren mit der
aus der Physik übernommenen Fourieranalyse, die auf den französischen Mathema-
tiker Joseph de Fourier zurückgeht.

Im folgenden werden die *Harmonische Analyse*, die periodische Bewegungen in
*harmonische* Schwingungen zerlegt und ihre (wahrscheinlichkeitstheoretische) Wei-
terentwicklung, die *Spektralanalyse*, die *auch nichtperiodische* Vorgänge beschreiben
kann, dargestellt.

### 3.2.2.1        Harmonische Analyse

Die Entwicklung einer Funktion in eine *Fourier - Reihe* heißt Harmonische Analyse. Sie approximiert die Ursprungsreihe durch eine Summe aus trigonometrischen Schwingungen unterschiedlicher Wellenlänge und Amplitude.

**Die mathematischen Grundlagen**
Ausgegangen wird von einer allgemeinen periodischen Funktion

$$f(x) = f(x + n \cdot T) \qquad n = 1, 2, \ldots \qquad T = \text{Periode} \neq 0$$

also einer periodischen Funktion, die sich nach der Periode T ständig wiederholt.

Zu den einfachsten Funktionen dieser Art gehören die harmonischen, von denen in der Fourieranalyse sin x und cos x Verwendung finden.

$$\sin x = \sin(x + n \cdot 2\pi) \quad \text{und} \quad f(x) = \cos x = \cos(x + n \cdot 2\pi)$$

Eine solche harmonische Funktion ist auch

$$y = A \sin(\omega x + \varphi)$$

mit      $A$ =   Amplitude, sie gibt den Maximalausschlag der Schwingung an,
         $\omega$ =   Frequenz, sie gibt die Anzahl der Schwingungen pro Zeiteinheit an,
         $\varphi$ =   Phase, sie gibt die Verschiebung einer Periode, meist gegenüber dem Ursprung an.

Diese Funktion lässt sich wegen der trigonometrischen Formel auch als

$$y = A(\cos \omega x \sin \varphi + \sin \omega x \cos \varphi)$$

schreiben.

Anmerkung: Ist $\varphi = 0$, so erhält man $Y = A \sin \omega x$, da $\sin \varphi = 0$ und $\cos \varphi = 1$.

Setzt man        $a = A \sin \varphi$ und
                 $b = A \cos \varphi$,

lässt sich demnach diese harmonische Funktion auch als

$$y = a \cos \omega x + b \sin \omega x$$

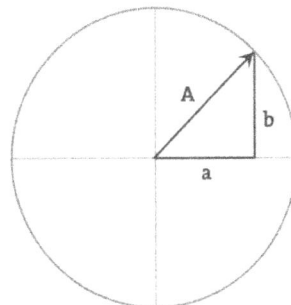

mit der Gesamtamplitude

$$A = \sqrt{a^2 + b^2}$$

darstellen.

Schließlich besitzt eine harmonische Funktion die Periode $T = \dfrac{2\pi}{\omega}$, so dass man auch schreiben kann

$$y = A \sin (\omega(x + T) + \varphi),$$

was sofort wieder in $y = A \sin (\omega x + \varphi)$ überführt werden kann, da man für den Fall $A = 1$, $\omega = 1$ und $\varphi = 0$ die gewöhnliche Sinuskurve erhält, die sich periodisch wiederholt.

Anmerkung: Durch eine Phasenverschiebung um $\pi / 2$ erhält man bei gleicher Amplitude und Frequenz sofort die entsprechende Cosinusfunktion $Y = A \cos (\omega x + \varphi)$.

Ersetzt man jetzt die Variable x, die sich bei der Projektion einer Kreisbahn ergibt, durch die im weiteren interessierende Zeit t, so folgen unmittelbar daraus die beiden Funktionen $\sin \omega t$ und $\cos \omega t$, die in Figur 2 dargestellt sind.

Anmerkung: $2\pi$ auf dem Einheitskreis ist in der Zeitdimension proportional der Periode T

**Figur 2**   Die Funktionen          **Figur 3**   Die Funktion
             $\sin \omega t$ und $\cos \omega t$                 $\sin \omega t + \cos \omega t$

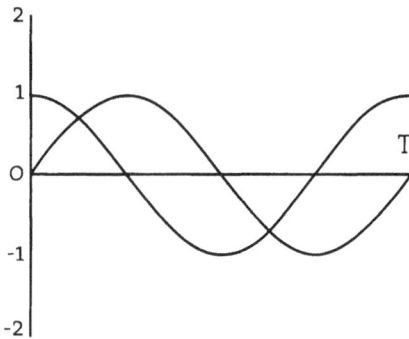

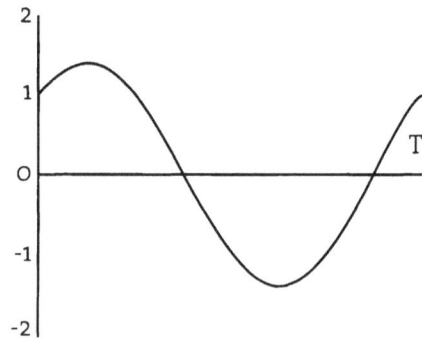

Die Addition dieser Funktionen ist in Figur 3 dargestellt.

Neben den gerade angesprochenen Veränderungen von Amplitude und Phase sind zudem noch unterschiedliche Frequenzen denkbar, z.B. $\sin 2\omega t$; diese Schwingung verläuft zweimal periodisch in T (vgl. Figur 4).

Man erkennt, dass durch Variationen von Amplitude, Phase und Frequenz die unterschiedlichsten harmonischen Schwingungen erzeugt werden können, wobei man durch die Addition solcher trigonometrischer Polynome auch komplizierte nicht-harmonische Kurvenverläufe beschreiben kann (vgl. Figur 5).

**Figur 4**  Die Funktion
$\sin 2\,\omega t$

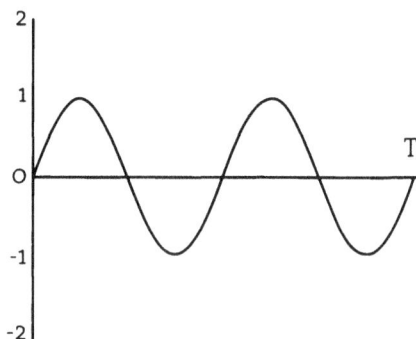

**Figur 5**  Die Funktion
$\sin \omega t + 0{,}5 \sin 2\,\omega t + 0{,}25 \sin 3\,\omega t$

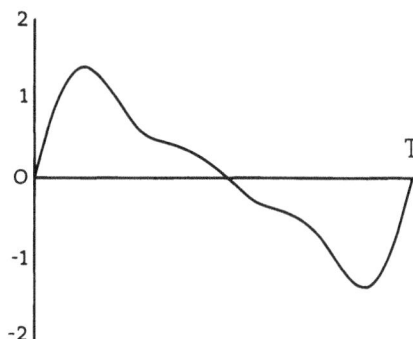

Die Approximation jeder Zeitreihe durch Zerlegung in solche harmonischen Schwingungen ist wie folgt möglich:

$$y = A + a_1 \cos \omega t + a_2 \cos 2\,\omega t + a_3 \cos 3\,\omega t +$$
$$+ b_1 \sin \omega t + b_2 \sin 2\,\omega t + b_3 \sin 3\,\omega t + \dots$$

Die Ursprungsfunktion ergibt sich somit aus der Linearkombination

$$y = A + \sum_k (a_k \cos k\,\omega t + b_k \sin k\,\omega t) \qquad k = 1,2,3,\dots$$

Die Koeffizienten $a_k$ und $b_k$ dieses Polynoms werden dabei als Fourierkoeffizienten bezeichnet.

Anhand eines Beispiels soll eine solche Zerlegung vereinfacht dargestellt werden (vgl. Abbildung 3.14).

Zugrundegelegt werden die Werte der Exporte im Bekleidungsgewerbe 1970 bis 1981. Von allen berechneten Schwingungen sind hier nur die Jahres- (Frequenz 12, Schwingung 1 mal pro Jahr) und die 12-Jahresschwingung (Frequenz 1, also Schwingungsdauer 1 mal in den gesamten 12 Jahren) sowie die Addition dieser beiden beispielhaften Schwingungen eingezeichnet.

**Abb. 3.13:  Ausfuhren Bekleidung**

12-Jahres- und 12-Monatsschwingungen

Addierte Schwingung (-)

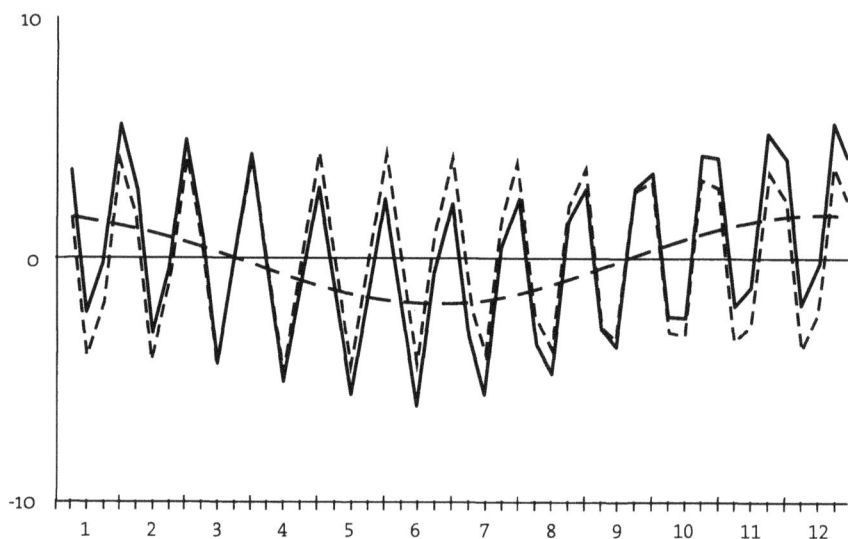

*Quelle: Eigene Berechnung*

Wichtige Voraussetzung für die Berechnung von Fourier-Koeffizienten sind:

▷ Konstanz des Niveaus der Zeitreihe, d.h. die langfristige Entwicklung ist gleichbleibend, und
▷ Konstanz der Abweichungen von diesem Niveau, d.h. die Amplitude der Schwankungen um die langfristige Entwicklung bleibt gleich.

Praktisch erreicht man dies angenähert durch eine *Trendbereinigung* der Ursprungswerte, die wir oben schon angesprochen haben; entsprechend der Annahme einer
additiven oder multiplikativen Verknüpfung gehen in die Fourier-Berechnung absolute oder relative Trendabweichungen ein.

Bei der Berechnung nach der gerade beschriebenen Formel findet wieder das Kleinste-Quadrate-Verfahren Anwendung, denn die Teilschwingungen werden so bestimmt, dass gilt:

$$\sum_{t=1}^{T} (y_t - \sum_k y_t^k)^2 \Rightarrow \min$$

T = maximale Periodenlänge

$y_t$ = Ausgangswerte

$\sum y_t^k$ = Schätzwerte

Die Amplituden, die sich bekanntermaßen als

$$A_k = \sqrt{a_k^2 + b_k^2}$$

ergeben, können in ein sogenanntes *Periodogramm* übertragen werden.

An einem einfachen Beispiel soll eine solche Transformation von Schwingungen aus dem Zeitbereich in die Frequenzdarstellung gezeigt werden. Den Frequenzen werden die absoluten Amplituden zugeordnet (vgl. Figur 6). Die Intensität setzt sich dabei aus den Teilbeträgen $a_k$ und $b_k$, die vorher ja getrennt über die Cosinus- und Sinusfunktion berechnet wurden, zusammen.

**Figur 6:   Die Transformation in ein Periodogramm**

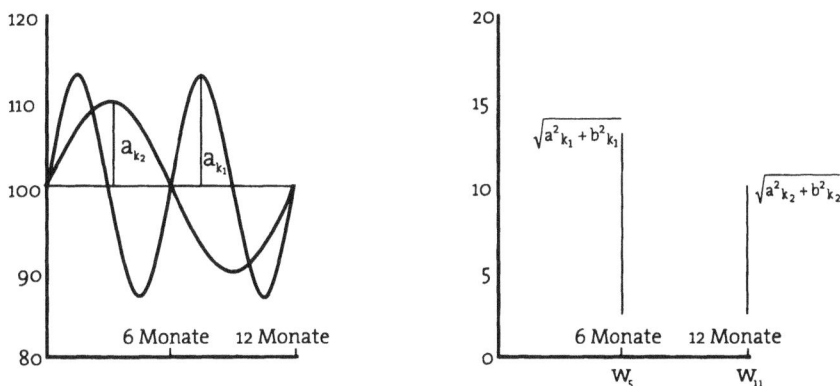

Ein solches Periodogramm gibt demnach Aufschlüsse über

▷   die wesentlichen und damit bedeutungsvollen Schwingungen einer Zeitreihe,
▷   die Intensität solcher Schwingungen.

Es wurde schon angesprochen, dass alle Schwingungen wieder zur Ursprungsreihe zusammengefügt werden können. In gleicher Weise können z.B. die deutlich hervortretenden Schwankungen der Periodenlänge 2 bis 12 zu einer Saisonfigur addiert werden. Aus den Periodenlängen und den Fourierkoeffizienten der beiden trigonometrischen Funktionen sin und cos werden damit Resultierende berechnet, die den durchschnittlichen Verlauf der Saison anschaulich wiedergeben. Entsprechend können die mittelfristigen Funktionen addiert werden.

Anmerkung: Allerdings kann man auch die Meinung vertreten, dass nur die Summe aller Frequenzen eine Figur beschreiben kann, während einzelne Frequenzen lediglich Beiträge zu dieser Figur sein können, die für sich strenggenommen nicht interpretiert werden dürften.

Die Frequenz 1/2 zur Grundschwingung ist die größtmögliche, sie wird als *Nyquistfrequenz* bezeichnet. Bei vorliegenden Monatswerten können also Perioden, die kürzer als die 2 - Monatsschwingung sind, nicht berechnet werden, da für das Auf und Ab einer Schwingung sinnvollerweise mindestens 2 Werte benötigt werden. Sie sind im übrigen ökonomisch nicht interpretierbar. (Entsprechend unsinnig wären bei zugrundeliegenden Vierteljahreswerten kürzere als die 6 - Monatsschwingung.) Aus dem gleichen Grunde können nichtganzzahlige Periodenlängen ausgeschlossen werden.

Bei einer Berücksichtigung dieser Restriktionen und einer Beschränkung der Periodenlänge T der Grundschwingung auf den Idealfall von 120 Monaten, also 10 Jahren, ergibt sich folgendes Schema der *Stützfrequenzen*.

| | Konjunktur | | | | | | | Saison | | | | | | | Rest |
|---|---|---|---|---|---|---|---|---|---|---|---|---|---|---|---|
| **Frequenz** | 1 | 2 | 3 | 4 | 5 | 6 | 8 | 10 | 12 | 15 | 20 | 24 | 30 | 40 | 60 |
| **Periodenlänge** | 120 | 60 | 40 | 30 | 24 | 20 | 15 | 12 | 10 | 8 | 6 | 5 | 4 | 3 | 2 |

Für die Saisonanalyse reicht die Berechnung der kurzfristigen Periodenlängen von 3 bis 12 aus; die Periodenlänge 2 wird der zufälligen Komponente zugeordnet, Berechnungen von Frequenzen oberhalb der Periodenlänge 12 dienen dagegen der Konjunkturanalyse.

Erwähnt werden sollte, dass man bei der Berechnung Wert auf eine sinnvolle Grundschwingung legen muss. Wählt man nämlich beispielsweise eine Periodenlänge von 9 Jahren und 2 Monaten, legt man also eine Zeitreihe der Berechnung zugrunde, die 110 Werte enthält, ergibt sich für die ersten Frequenzen das folgende Stützschema:

| **Frequenz** | 1 | 2 | 3 | 4 | 5 | 6 |
|---|---|---|---|---|---|---|
| **Periodenlänge** | 110 | 55 | 36,66 | 27,5 | 22 | 18,33 |

Die dazugehörigen Periodenlängen sind aber nur schwerlich zu interpretieren.

Das Verfahren scheint außerdem im saisonalen Bereich eher für die Analyse von Monatswerten als von Quartalswerten geeignet zu sein. Legt man wie in unserem Beispiel eine Zeitreihe von 3 Jahren zugrunde, so erhält man bei Monatswerten bis zu 15 saisonale Frequenzen (3, 4, ..., 17), wovon immerhin 5 als ganzzahlige Periodenlängen interpretierbar sind. Die Analyse von 12 Quartalswerten liefert nur dann mehr als *eine* saisonale Frequenz (die der Schwingungsanzahl 3 bzw. der Periodenlänge 4), wenn wir auch nichtganzzahlige Periodenlängen zulassen (Frequenz 5 bzw. Periodenlänge 2,4) und solche unterjährigen Schwingungen berücksichtigen, die sich nicht bereits nach einem Jahr periodisch wiederholen (Frequenz 4 bzw. Periodenlänge 3).

|  | K |  |  | S |  | R |
|---|---|---|---|---|---|---|
| Frequenz | 1 | 2 | 3 | (4) | (5) | 6 |
| Periodenlänge | 12 | 6 | 4 | 3 | 2,4 | 2 |

Die Berechnung der Fourier-Koeffizienten $a_3$ und $b_3$ soll hier beispielhaft gezeigt werden.

Zunächst setzen wir die Beobachtungsperiode gleich $2\pi$; dann entsprechen die Beobachtungszeitpunkte t = 1, 2, ..., 12 den Abzissenwerten $t = \frac{2\pi}{T} \cdot t$ bzw. $\frac{360°}{T} \cdot t$

$$\frac{360°}{12} \cdot 1, \quad \frac{360°}{12} \cdot 2, \quad ..., \quad \frac{360°}{12} \cdot 12 \qquad\qquad \text{bzw. } \omega t = 30°, 60°, ..., 360°$$

Diesen Abzissenwerten zugeordnet sind die hier als trendbereinigte Beobachtungswerte bezeichneten $y_t$ sowie die über die trigonometrischen Funktionen $a_3 \cdot \cos 3\omega t$ und $b_3 \cdot \sin 3\omega t$ zu ermittelnden Schätzwerte $y_t^k$.

Die nach dem Kriterium der Kleinsten Quadrate beste Anpassung ergibt sich nun, wenn wir die Fourier-Koeffizienten wie folgt bestimmen:

$$a_k = \frac{2}{T} \sum_{t=1}^{T} y_t \cdot \cos k\omega t \qquad\qquad a_3 = \frac{2}{12} \sum_{t=1}^{12} y_t \cdot \cos 3\omega t$$

$$b_k = \frac{2}{T} \sum_{t=1}^{T} y_t \cdot \sin k\omega t \qquad\qquad b_3 = \frac{2}{12} \sum_{t=1}^{12} y_t \cdot \sin 3\omega t$$

In unserem Beispiel ergibt sich das Schema zur Bestimmung der Fourier-Koeffizienten $a_3$ und $b_3$; Datenbasis: 12 Quartalswerte

| t | $\omega t$ | $y_t$ | $\cos 3 \omega t$ | $\sin 3 \omega t$ | $y_t \cdot \cos 3 \omega t$ | $y_t \cdot \sin 3 \omega t$ |
|---|---|---|---|---|---|---|
| 0 | 0 | – | 1 | 0 | – | – |
| 1 | 30 | 5 | 0 | 1 | 0 | +5 |
| 2 | 60 | –41 | –1 | 0 | +41 | 0 |
| 3 | 90 | –42 | 0 | –1 | 0 | +42 |
| 4 | 120 | 33 | 1 | 0 | +33 | 0 |
| 5 | 150 | 56 | 0 | 1 | 0 | +56 |
| 6 | 180 | –13 | –1 | 0 | +13 | 0 |
| 7 | 210 | –22 | 0 | –1 | 0 | +22 |
| 8 | 240 | 41 | 1 | 0 | +41 | 0 |
| 9 | 270 | 71 | 0 | 1 | 0 | +71 |
| 10 | 300 | –30 | –1 | 0 | +30 | 0 |
| 11 | 330 | –58 | 0 | –1 | 0 | +58 |
| 12 | 360 | 0 | 1 | 0. | 0 | 0 |
| | | | | | 158 | 254 |

$$a_k = \frac{2}{12} \cdot 158 = \mathbf{26{,}33}$$

$$b_k = \frac{2}{12} \cdot 254 = \mathbf{42{,}33}$$

Anmerkung: Wenn wir die Funktionswerte den Abzissenwerten 0 bis 11 zuordnen, ist von t = 0 bis t = T - 1 zu summieren; als Fourier-Koeffizienten erhalten wir dann $a_3$ = 42,33 und $b_3$ = -26,33. Die daraus resultierenden $y_t^k$ -Werte stimmen mit den hier bestimmten Werten überein.

Die Saisonzahlen für die vier Quartale eines Jahres ergeben sich abschließend über den Ausdruck

$$y_t^3 = a_3 \cdot \cos 3 \omega t + b_3 \cdot \sin 3 \omega t$$

$$
\begin{aligned}
S_1 &= y_1^3 = & 0{,}00 &+ & 42{,}33 &= +42 \\
S_2 &= y_2^3 = & -26{,}33 &+ & 0{,}00 &= -26 \\
S_3 &= y_3^3 = & 0{,}00 &+ & (-42{,}33) &= -42 \\
S_4 &= y_4^3 = & 26{,}33 &+ & 0{,}00 &= +26 \\
S_5 &= y_5^3 = & 0{,}00 &+ & 42{,}33 &= +42 = S_1. \\
\\
S_{12} &= y_{12}^3 = & 26{,}33 &+ & 0{,}00 &= +26 = S_4.
\end{aligned}
$$

Wird diese Funktion $y_t^3$ in einem Periodogramm dargestellt, ist für die Frequenz 3 die Zuordnungsgröße $A_3$ zu bestimmen.

$$A_3 = \sqrt{a_3^2 + b_3^2}$$

$$= \sqrt{26,33...^2 + 42,33...^2}$$

$$= 49,86$$

Eine Auswertung sämtlicher Frequenzen führt für unser Beispiel zu dem Ergebnis:

| Frequenz | 1 | 2 | 3 | 4 | 5 | 6 |
|---|---|---|---|---|---|---|
| Periode | 12 | 6 | 4 | 3 | 2,4 | 2 |
| $a_k$ | −24,376 | −6,667 | 42,333 | −3,500 | −4,457 | −3,333 |
| $b_k$ | +2,728 | 6,351 | −26,333 | −2,598 | 2,439 | 0,000 |
| $A_k$ | 24,528 | 9,208 | 49,855 | 4,359 | 5,081 | 3,333 |

Anmerkung: Bei dieser Rechnung wurden die Zeitreihenwerte den Abzissenwerten 0 bis 11 zugeordnet.

**Abb. 3.14:  Periodogramm der Arbeitslosen in den Bauberufen**
1. bis 12. Quartal

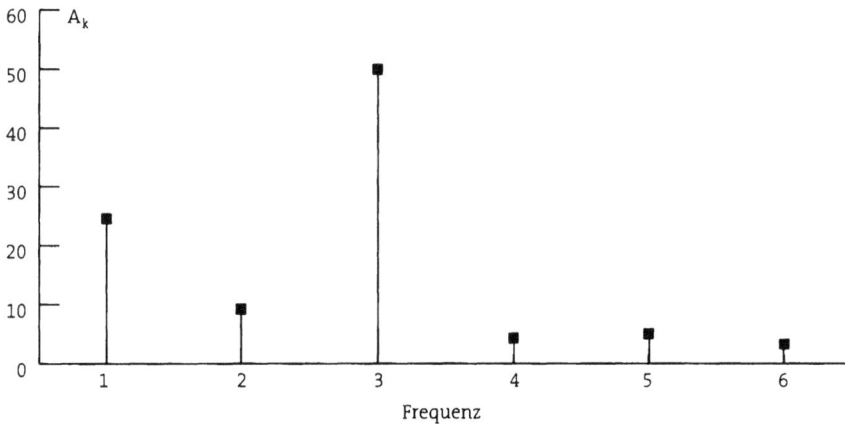

Das Ergebnis zeigt, dass die Bautätigkeit nicht nur ein ausgeprägtes saisonales Muster aufweist, sondern auch starken mittelfristigen Schwankungen unterliegt. Eine eingehende Analyse der Konjunktur muss sich sicherlich auf längere Beobachtungszeiträume als drei Jahre stützen, nur dann sind abgesicherte Aussagen über die Intensität und Dauer konjunktureller Auf- und Abschwungphasen in dieser Industriesparte möglich.

Hier wollen wir uns auf die beispielhafte Auswertung der Dreijahresschwankung beschränken. Sie führt zu dem Ergebnis, dass die Baukonjunktur zur Jahresmitte 1982 einen Tiefpunkt erreicht und Ende 1983 einen konjunkturellen Aufschwung erlebt: *Die konjunkturellen Auftriebskräfte in der Gesamtwirtschaft waren auch im November (und Dezember 83) spürbar. ... Saisonbereinigt ging die Zahl der Arbeitslosen erneut zurück.* [55]

| Quartal | t | ωt | yt | cos 1ωt | sin 1ωt | $a_1$ • cos 1ωt | $b_1$ • sin 1ωt | A (in 1000) |
|---|---|---|---|---|---|---|---|---|
| 1 | 0 | 0 | 5 | 1,000 | 0,000 | -24,376 | 0,000 | -24 |
| 2 | 1 | 30 | -41 | 0,866 | 0,500 | -21,110 | +1,364 | -20 |
| 3 | 2 | 60 | -42 | 0,500 | 0,866 | -12,188 | +2,362 | -10 |
| 4 | 3 | 90 | 33 | 0,000 | 1,000 | 0,000 | +2,728 | +3 |
| 5 | 4 | 120 | 56 | -0,500 | 0,866 | +12,188 | +2,362 | +15 |
| 6 | 5 | 150 | -13 | -0,866 | 0,500 | +21,110 | +1,364 | +22 |
| 7 | 6 | 180 | -22 | -1,000 | 0,000 | +24,376 | 0,000 | +24 |
| 8 | 7 | 210 | 41 | -0,866 | -0,500 | +21,110 | -1,364 | +20 |
| 9 | 8 | 240 | 71 | -0,500 | -0,866 | +12,188 | -2,362 | +10 |
| 10 | 9 | 270 | -30 | 0,000 | -1,000 | 0,000 | -2,728 | -3 |
| 11 | 10 | 300 | -58 | 0,500 | -0,866 | -12,188 | -2,362 | -15 |
| 12 | 11 | 330 | 0 | 0,866 | -0,500 | -21,110 | -1,364 | -22 |

Die Addition der zwei harmonischen Funktionen mit Periodenlängen von 4 und 12 Quartalen zeigt bereits eine recht gute Anpassung an den Verlauf der trendbereinigten Originalwerte. Dies war aufgrund der diesen Perioden entsprechenden ausgeprägten Amplituden bzw. Periodogrammwerten zu erwarten. Die beiden außergewöhnlich hohen Restschwankungen im Frühjahr 1981 und 1983 deuten möglicherweise auf den Sonderfaktor Witterung hin; sie können u.U. über eine zusätzliche Berücksichtigung der Frequenzen 4, 5 und 6 nachvollzogen werden.

|  | 1 | 2 | 3 | 4 | 5 | 6 | 7 | 8 | 9 | 10 | 11 | 12 |
|---|---|---|---|---|---|---|---|---|---|---|---|---|
| $y_t$ | 5 | -41 | -42 | 33 | 56 | -13 | -22 | 41 | 71 | -30 | -58 | 0 |
| $S_t$ | 42 | -26 | -42 | 26 | 42 | -26 | -42 | 26 | 42 | -26 | -42 | 26 |
| $K_t$ | -24 | -20 | -10 | 3 | 15 | 22 | 24 | 20 | 10 | -3 | -15 | -22 |
| $R_t$ | -13 | 5 | 10 | 4 | -1 | -9 | -4 | -5 | 19 | -1 | -1 | -4 |

mit $R_t = y_t - S_t - K_t$

---

[55]  Amtliche Nachrichten der Bundesanstalt für Arbeit, Bundesanstalt für Arbeit (Hrsg.), 31. Jg. (1983), Nr. 12, S. 1439.

### 3.2.2.2    Spektralanalyse

Ein anderes frequenzbezogenes Analyseinstrument, das ebenfalls aus den Naturwissenschaften auf ökonomische Fragestellungen übertragen wurde, ist die Spektralanalyse. Von der Grundidee ist dieses Verfahren der Harmonischen Analyse sehr ähnlich, es basiert ebenfalls auf der angesprochenen *Fouriertransformation* in den Frequenzbereich; ein deutlicher Unterschied liegt aber im theoretischen Konzept begründet. Es stellt sich die Frage, ob Einflussfaktoren tatsächlich über längere Zeit in Form von harmonischen Schwingungen verlaufen.

Im Gegensatz zur Messung naturwissenschaftlicher Prozesse, die dem Experiment offenstehen, d.h. prinzipiell wiederholbar sind, muss bei wirtschaftlichen Prozessen einfach davon ausgegangen werden, dass sie kaum in der strengen Periodizität trigonometrischer Schwingungen ablaufen und sich keineswegs in anderen Intervallen exakt wiederholen. Daher muss die Annahme eines zugrundeliegenden deterministischen Prozesses angezweifelt werden.

Vielmehr müssen *stochastische Abweichungen* vom strengen periodischen Muster berücksichtigt werden; das Verfahren ist damit grundsätzlich wahrscheinlichkeitstheoretisch ausgerichtet. Es soll nicht nur streng periodische Funktionen, sondern auch Frequenzen, die in bestimmten Korridoren oder Bändern schwanken und damit nicht exakt periodisch sind, anzeigen.

Die beobachteten äquidistanten Zeitreihenwerte sind dabei als eine *Stichprobe* aus einer unendlich hypothetischen Grundgesamtheit aufzufassen. Durch solche Stichproben lassen sich Rückschlüsse auf die Grundgesamtheit ziehen, oder anders ausgedrückt, es sollen systematische Gesetzmäßigkeiten der Grundgesamtheit hergeleitet werden. Wir kennen diese Argumentation aus Kapitel 2.

Beispielsweise werden die erhobenen Werte der Exporte bei Bekleidung als Realisation einer einzigen Stichprobe aus einer unendlichen Menge von Werten angesehen, die hätten eintreten können.

Damit ergibt sich als wesentlicher Unterschied zu den bisherigen Verfahren: Die Zufallsschwankungen sind nicht mehr Restposten, sondern *normalverteilt* und voneinander *stochastisch unabhängig*.

Eine Verletzung der Normalverteilungsannahme ist aus theoretischer Sicht nicht so bedeutend wie die der stochastischen Unabhängigkeit. Im Gegensatz zu der weiter oben angesprochenen Unabhängigkeit der Komponenten untereinander handelt es sich hier um die Unabhängigkeit zeitlich benachbarter Punkte, deren Fehlen gerade unter wahrscheinlichkeitstheoretischen Gesichtspunkten unerwünschte negative Einflüsse auf die Schätzgenauigkeit der Parameter erbringt.

In empirisch erhobenen Zeitreihen muss nämlich immer von einem gewissen Grad an *Autokorrelation* ausgegangen werden. D.h., dass einzelne Werte von Vergangenheitswerten abhängig sind, z.B. ist die Höhe des Konsums am Samstag auch davon abhängig, wieviel am Freitag verkonsumiert wurde. Daraus ergibt sich das Problem, geeignete Methoden zu finden, die diese Autokorrelation messbar machen. Diese Methoden finden sich in der Theorie der stochastischen Prozesse, in der nicht eine Folge von zufälligen Variablen untersucht wird, sondern eine zufällige Funktion in ihrem Verhalten.

**Theoretische Grundlagen**

In Figur 7 sind beispielhaft die erhobenen Werte einer Zeitreihe für 1 Jahr und 1 Monat, also 13 äquidistante Beobachtungswerte, dargestellt. Unter wahrscheinlichkeitstheoretischen Gesichtspunkten bezeichnet man diese Werte als Realisationen eines stochastischen Prozesses. Dieser Prozess soll geschätzt werden.

**Figur 7:    Beispiel einer stationären Zeitreihe für 13 Beobachtungspunkte**

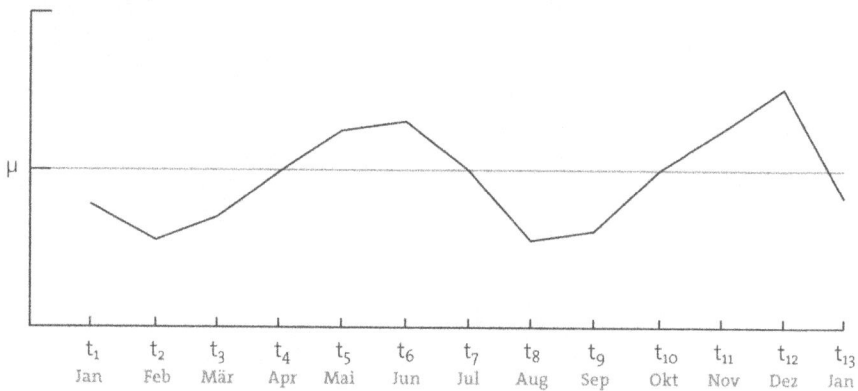

Dabei repräsentiert $y_1$ die Realisation einer Stichprobe aus der Grundgesamtheit zum Zeitpunkt $t_1$, die vom wahren Wert y in t abweichen kann. Hätte man die Möglichkeit wiederholter Stichproben, erhielte man weitere Werte, wobei bei endlichem Stichprobenumfang die Beobachtungen eine Normalverteilung beschreiben würden.

Wirtschaftliche Prozesse erlauben in der Regel keine experimentelle Wiederholung der Stichprobe. $y_1$ ist demnach der einzige Schätzwert für das wahre y in t = 1. Der Erwartungswert von y ist dann gleich dem tatsächlichen Wert y; die Verteilung streut mit einer berechenbaren Varianz um diesen Mittelwert.

Mathematisch werden daher folgende Annahmen gemacht:

▷  $\mu = E(y_t)$
▷  $\sigma^2 = E(y_t - \mu)^2$

Diese Bedingungen werden in ähnlicher Form auch in der Harmonischen Analyse gestellt, hier werden sie jedoch als *Erwartungswert* unter wahrscheinlichkeitstheoretischen Gesichtspunkten formuliert.

Hinzu kommen Überlegungen zu den Kovarianzen

▷  $COV = E(y_{t_n} - \mu)(y_{t_m} - \mu), \qquad n \neq m;$

da sie sich auf nur eine Zeitreihe beziehen, bezeichnet man sie als *Autokovarianzen*.

Gefordert wird nun die schon oben angesprochene *Stationarität* oder zumindest schwache Stationarität einer Zeitreihe, sie enthält keinen Trend.

Während also $\mu$ und $\sigma^2$ in evolutorischen Prozessen normalerweise als Funktionen der Zeit aufzufassen, also von t abhängig sind, werden sie nach einer geeigneten Trendbereinigung als zeitunabhängig und gegenüber linearen Transformationen auf der Zeitachse invariant, also konstant aufgefasst.

▷  $\mu = E(y_t)$          = const.
▷  $\sigma^2 = E(y_t - \mu)^2$     = const.

Die Autokovarianzfunktion ist nun ebenfalls nicht vom Zeitpunkt der Beobachtung abhängig, sondern von der zeitlichen Verzögerung zwischen verschiedenen Beobachtungspunkten $\tau = t_m - t_n$ $(m \neq n, m > n)$.

Dementsprechend hat sie folgendes Aussehen:

$$\gamma_N(\tau) = \sum_{t=1}^{N-\tau} (y_t - \mu_N)(y_{t+\tau} - \mu_N)\frac{1}{N} , \quad \text{wobei} \quad \mu_N = \frac{1}{N}\sum_{t=1}^{N} y_t$$

Betrachtet man zwei Zeitpunkte, etwa $t_1$ und $t_2$, so erhält man als äquivalentes Maß für deren Übereinstimmung die *Korrelationskoeffizienten*, die an Stelle der Autokovarianzen verwendet werden können. Sie sind normiert auf die Varianz und lauten:

$$R(\tau) = \frac{\gamma_N(\tau)}{\gamma_N(0)}$$

Da man die Reihe mit Werten aus der gleichen Reihe korreliert, nennt man sie entsprechend auch *Autokorrelationskoeffizienten*.

Anmerkung: Vergleicht man t mit sich selbst, erhält man als Erwartungswert für das Korrelationsmaß den Wert 1. Für andere lags, z.B. $t_1$ zu $t_2$ liegt dieser gewöhnlich unter 1. Dieser Koeffizient ($t_1$ zu $t_2$) ist bei Monatsdaten sicher geringer als der von $t_{13}$ zu $t_1$. Das gleiche gilt für $t_{25}$ und $t_1$ usw.

Diese Autokorrelationskoeffizienten kann man in einem sogenannten *Korrelogramm* abtragen (vgl. Figur 8); für das in Figur 7 dargestellte Beispiel gehen nacheinander die Werte $t_1$, $t_2$, $t_3$, ..., $t_1$, $t_3$, $t_5$, ... usw. in das Korrelogramm ein.

Ein reiner Zufallsprozeß würde lediglich Autokorrelationskoeffizienten von Null erzeugen, während hohe Werte auf Abhängigkeiten hinweisen, die τ Zeitpunkte voneinander entfernt liegen. Z.B. messen daher alle τ-Werte ≤ 12 Bindungen im Saisonbereich.

**Figur 8:   Das Korrelogramm**

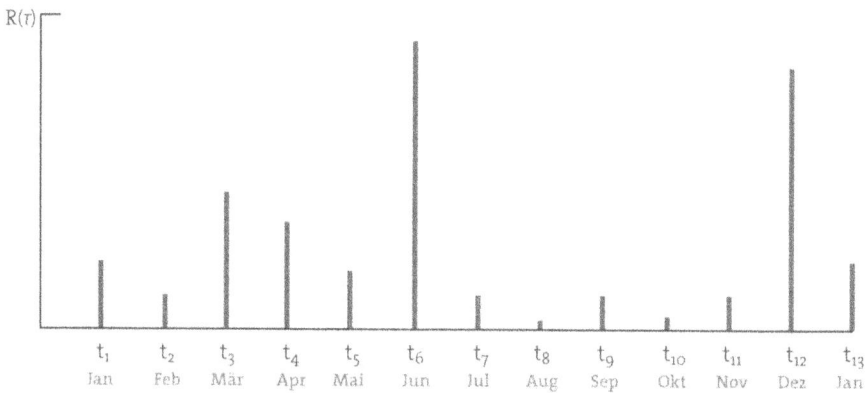

Ein solches Korrelogramm ist allerdings recht unübersichtlich, da mehrere Zyklen übereinanderfallen und damit nur schwerlich isoliert werden können. Das liegt daran, dass die Korrelationsfunktion den Beitrag mehrerer Komponenten enthält. So taucht die 12-Monatsschwingung in ähnlicher Weise auch als 24er, 36er usw. auf bzw. ist die Korrelationsfunktion an der Stelle τ = 12 ein Durchschnitt aus allen lags von 12. Als äquivalente Darstellung lässt sich jeder Prozess auch durch eine Fouriertransformation einem *Spektrum* zuordnen (vgl. Figur 9). Es lautet.

$$f(\omega) = \frac{1}{2\pi} \sum_{\tau = -\infty}^{\infty} \gamma_N(\tau)\, e^{i\omega t}$$

**Figur 9:   Das Spektrum**

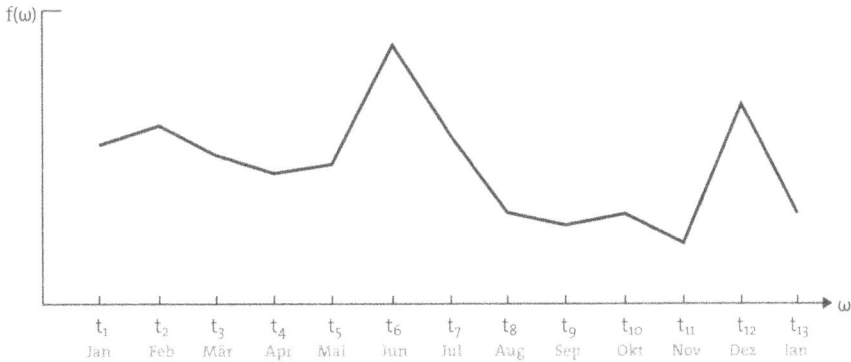

Anmerkung: Die Summe ist < ∞ und damit aufsummierbar. Das besagt auch, dass die Abhängigkeit von Januarwerten untereinander mit zunehmender zeitlicher Entfernung immer geringer wird, der Januar 1980 ist demnach fast völlig unabhängig vom Januar 1970.

Da      $e^{i\omega t} = \cos \omega\tau + i \sin \omega\tau$, $\gamma_N(\tau)$ und $\cos \omega\tau$

gerade Funktionen sind

und      $\sin \omega\tau$

ungerade ist, ergibt sich

$$f(\omega) = \frac{1}{2\pi} \left( \gamma_N(0) + 2 \sum_{\tau = 1}^{\infty} \gamma_N(\omega) \cos \omega\tau \right)$$

was den bekannten Schwingungen aus der Harmonischen Analyse entspricht. Man erhält auch

$$\gamma_N(0) = 2 \int_0^\pi f(\omega)\, d\omega.$$

Dieses *Fourierintegral* beschreibt im Gegensatz zur Harmonischen Analyse ein *kontinuierliches Spektrum*, das die relativen Beiträge angibt, die die einzelnen Frequenzen zur Varianz des Gesamtprozesses leisten.

Man erhält einen systematischen und einen stochastischen Teil eines Beobachtungswertes, dem ein Unschärfebereich erlaubt wird, während eine strenge Wiederholung von Schwingungen nicht erforderlich ist. Auch die Fourierkoeffizienten sind jetzt zufällige Variablen und von der Zeit abhängig.

Somit können auch Veränderungen der Komponenten im Zeitablauf erfasst werden. Diese Korridore bzw. Unschärfebereiche bezeichnet man auch als *Frequenzbänder*.

Diese Frequenzen lassen sich wieder in Periodenlängen umformen

$$L = \frac{2\pi}{\omega}$$

die bestimmten Zyklen zugeordnet werden können.

### 3.2.3    Gemischte Verfahren

Von der *Arbeitsgemeinschaft Saisonbereinigung*[56] wurden weitere Saisonanalyseinstrumente entwickelt die auf dem Bundesbankverfahren aufbauen.

Im Grundsatz folgen diese Ansätze der klassischen Vorgehensweise, darüber hinaus beziehen sie die gerade ausgeführten Überlegungen zur Fourieranalyse ein. So bleibt die sukzessive Schätzung einzelner Komponenten erhalten, gleichzeitig werden einige dieser Komponenten durch harmonische Schwingungen beschrieben oder wahrscheinlichkeitstheoretisch formuliert.

Die einzelnen im Laufe der Zeit entwickelten Versionen differieren hauptsächlich in dem Versuch, den aktuellen Rand einer Zeitreihe möglichst optimal zu schätzen, ein Problem, dem zuvor wenig Beachtung geschenkt wurde.

---

56  Dieser Arbeitsgemeinschaft gehörten die 5 Wirtschaftsforschungsinstitute DIW Berlin, HWWA Hamburg, Ifo-Institut München, IfW Kiel und RWI Essen an.

## 3.3 Prognosen auf der Basis von Zeitreihen

Die bisherige Abhandlung zeigt, dass bei der Zeitreihenanalyse mehrere *verfahrenstechnische Probleme* auftreten, die im folgenden noch einmal zusammenfassend angesprochen werden sollen. Es sind dies:

Die Abgrenzung der Komponenten, und dabei speziell die

▷ Bestimmung eines sinnvollen Polynomgrades für die Trendberechnung,
▷ Berechnung der Glatten Komponente über gewogene oder ungewogene gleitende Durchschnitte,
▷ Berücksichtigung von individuellen Einflüssen,
▷ Behandlung von Kalenderunregelmäßigkeiten und Ausreißern,

und damit die ausreichende Spezifikation der Komponenten sowie die Berücksichtigung der Variabilität der Komponenten.

**Das Problem der unzureichenden Trennung von Glatter- und Saisonkomponente**
Obwohl Saison- und Glatte Komponente theoretisch eindeutig abgrenzbar sind, treten dabei regelmäßig praktische Probleme auf.

Schwierig ist die Wahl einer geeigneten Trendfunktion, insbesondere in der Kombination mit der Konjunktur, die man häufig über gleitende 12er Durchschnitte zu berechnen versucht.

**Das Problem der Trennung von Saison und Zufall**
Auf die gleiche Weise gilt die Abgrenzungsproblematik für die Trennung von Saison- und Restgröße, was beispielsweise an der Frage erläutert werden kann, ob die Daten erst einmal von Kalenderunregelmäßigkeiten bereinigt werden sollten. Darunter fallen die Unregelmäßigkeiten durch die unterschiedliche Zahl an Arbeits-, Einkaufs-, Feiertagen und dergleichen.

Zum einen können diese Einflüsse schon von vornherein dem Ziel einer Untersuchung entgegenstehen, da sie möglicherweise Saisonveränderungen hervorrufen oder verdecken, die nicht oder gerade doch vorhanden sind, zum anderen können sie selbst Bestimmungsgründe für Teile des Saisonmusters sein und sollten dann in einer Untersuchung auch berücksichtigt werden. Denn ständig gibt es Sondereinflüsse unterschiedlichster Art.

Natürlich sind nicht alle Reihen von solchen Unregelmäßigkeiten in gleicher Weise betroffen. Für den Einzelhandelsumsatz scheint zunächst die Zahl der Einkaufstage bedeutsam; so lässt sich bei kurzlebigen Verbrauchsgütern mit einiger Sicherheit ein solcher Zusammenhang feststellen, bei langlebigen Gebrauchsgütern ist dies jedoch nicht mehr unbedingt einsichtig.

Es sollte daher darauf verzichtet werden, derartige Einflüsse *mechanistisch* in den Verfahren zu berücksichtigen. Am jeweiligen Einzelfall ist zu entscheiden und offenzulegen, welche Gründe für eine bestimmte Vorgehensweise sprechen.

Ähnliche Schwierigkeiten ergeben sich durch sogenannte *Ausreißer*, von denen man ohne eine Ursachenbetrachtung nicht entscheiden kann, ob sie tatsächlich nur zufälliger Natur sind.

Angesprochen ist somit die *unzureichende Spezifikation der Restkomponente*, unter der allgemein alle jene Einflüsse zusammengefasst werden, die nicht einer der anderen Komponenten zuzuordnen sind.

Das Problem liegt darin begründet, dass gerade die Restgröße zwei sachlich völlig unterschiedlich zu beurteilende Anteile enthält, die differenziert analysiert werden müssen.

▷ Das eine sind Einflüsse aufgrund von statistischen Messfehlern, Fehlern in den Parametern oder Gleichungen. Dazu gehören auch Einflüsse durch einmalige bzw. nicht näher zu systematisierende Ursachen. Diese Zufälligkeiten, die eher additiv mit den anderen Komponenten verknüpft zu sein scheinen, sollen natürlich durch ein Verfahren eliminiert werden.
▷ Das andere sind Einflüsse, die auf ganz bestimmte *Ursachen* zurückgeführt werden können, die aber wegen ihres nicht periodischen Auftretens in den Verfahren nicht von den erstgenannten Einflüssen unterschieden werden können und deshalb als zufällig interpretiert werden.

Wenn Prognosen, also Vorhersagen eines Vorgangs oder Zustands, nicht auf Spekulationen, Mutmaßungen oder groben Schätzungen beruhen sollen, ist es notwendig, sie auf eine quantitativ-statistische Grundlage zu stellen. Eine erste Voraussetzung dazu ist eine fundierte Diagnose der bisherigen Entwicklung; das Instrument hierzu ist die Zeitreihenanalyse. Die dargestellten standardisierten Verfahren dienen dazu, Gesetzmäßigkeiten in der Bildung einzelner Zeitreihen zu erfassen und sichtbar zu machen.

Die sogenannten *naiven Prognoseverfahren* (Extrapolationstechniken) versuchen, das Diagnoseergebnis, die Information über das Bewegungsmuster der analysierten Zeitreihe, direkt als Grundlage für Prognosen zu verwenden, indem sie dieses fortschreiben.

Beispielsweise lässt sich der Trend extrapolieren, indem in die lineare Trendfunktion die entsprechenden Werte für t eingesetzt werden. Für unser Beispiel der Arbeitslosen in den Bauberufen ergibt sich so als Schätzwert für das 4. Quartal des nächsten Jahres:

$T = a + b \cdot t$

$= 75,7272 + 8,40420 \cdot 16$

$= 204$ (in 1000)

Die Fortschreibung der Konjunktur- und Saisonkomponente über die mit dem Verfahren der Harmonischen Analyse ermittelten 3-Jahres- und 4-Quartalsschwingungen liefert

$K_{16} = + 3$ und $S_{16} = +26$.

Im linearen Modell erhalten wir so als Schätzwert für die Zahl der Arbeitslosen im 4. Quartal 1984

$Y_{16} = T_{16} + K_{16} + S_{16} = 204 + 3 + 26 = \mathbf{233}$ (in 1000)

Tatsächlich wurden in den Bauberufen in t=16 192.000 Arbeitslose registriert.

Offensichtlich zeichnet der Schätzansatz zur Ermittlung der Trendwerte auf Grund des (zu) kurzen Diagnosezeitraums auch Teile des konjunkturbedingten starken Anstiegs der Arbeitslosenzahlen in den Jahren 1981 bis 1983 nach und schreibt diese Entwicklung fort.

Dass diesem Ansatz enge Grenzen gesetzt sind, versteht sich von selbst: Die Verlängerung einer Zeitreihe mit Hilfe eines standardisierten mechanischen Ansatzes verzichtet auf Überlegungen über die eigentlichen Ursachen der beobachteten Entwicklung.

Das Vertrauen darauf, dass ein in der Vergangenheit ermitteltes Bewegungsmuster auch in der Zukunft Gültigkeit besitzt und damit fortschreibungsfähig ist, erscheint eventuell dann gerechtfertigt , wenn die betreffende ökonomische Variable eine relativ autonome Position im ökonomischen Gesamtzusammenhang einnimmt. Zu denken wäre etwas an die Entwicklung der Bevölkerung, die der Erwerbstätigkeit oder an das Bruttosozialprodukt einer Volkswirtschaft. Zumindest langfristig kann man in diesen Fällen den Verursachungskomplex gleichsam als neutral betrachten; man unterstellt also, dass sich die einzelnen ursächlichen Faktoren über den Prognosezeitraum ebenso entwickeln wie in der Beobachtungsperiode.

Insbesondere bei der mittelfristigen Prognose erscheinen Extrapolationen im allgemeinen nicht empfehlenswert, weil eben diese Entwicklung ständig vom ermittelten Grundmuster abweichen könnte. Hier bieten sich eher die folgenden Verfahrensmöglichkeiten an:

▷ *die Befragung* beteiligter Wirtschaftssubjekte nach ihren Plänen und Vermutungen (Ifo-Konjunkturtest)
▷ die Berechnung generalisierender Konjunkturklimaindikatoren (Zentrum für Europäische Wirtschaftsforschung ZEW)
▷ die Aufstellung *ökonometrischer Modelle.*

# 4 Verhältniszahlen, insbesondere Indizes

## 4.0 Einführung

Wer sich anhand statistischer Quellen über die Struktur[57] oder über Strukturveränderungen bestimmter statistischer Massen informieren möchte, wird nur selten gebrauchsfertige Informationen vorfinden. Der Benutzer dieser Quellen ist in aller Regel darauf angewiesen, die ihn interessierenden Größen durch Transformationen aus diesen Veröffentlichungen herzuleiten. Diese Umrechnung besteht darin, dass man einzelne statistische Maßzahlen oder daraus berechnete Kennziffern zueinander in Beziehung setzt, also Verhältniszahlen bildet.

Beispielsweise interessieren wir uns für die demographische Entwicklung in der Bundesrepublik Deutschland. Die offiziellen Statistiken stellen zu diesem Thema eine Fülle von Daten bereit; neben Angaben über Wohnbevölkerung, Geburten und Sterbefälle sowie Ein- und Auswanderungen finden sich Einzelangaben über Geschlecht, Alter, Familienstand, Konfession und die soziale Situation. Eine direkte Antwort auf die Frage nach Regelmäßigkeiten und Entwicklungstendenzen ist diesem Tabellenmaterial jedoch nicht zu entnehmen. Bevor wir daran gehen, die in den ersten drei Abschnitten dieser Einführung vorgestellten Darstellungstechniken einzusetzen, *ist zu prüfen, ob wir die Transparenz erhöhen, wenn wir die Variablen zuvor zueinander in Beziehung setzen.*

*Verhältniszahlen* sollen einen zeitlichen, räumlichen oder sachlichen Vergleich der Beobachtungswerte ermöglichen. Im einzelnen kann das beobachtete Verhältnis in unterschiedlicher Weise formuliert werden, d.h. es gibt *verschiedene* Indikatoren zur Charakterisierung von Strukturen.

**Systematik von Verhältniszahlen**

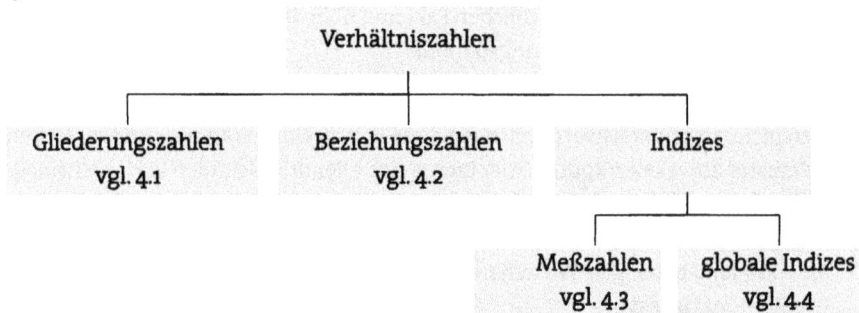

---

57  Unter Struktur wird hier die Gliederung einer Summe in ihre Summanden verstanden, wobei die Summe = 100 gesetzt ist.

## 4.1   Gliederungszahlen

Mit Hilfe von *Gliederungszahlen oder Quoten* wird ein Tatbestand dadurch strukturiert, dass eine Teilgröße auf eine ihr übergeordnete Gesamtgröße bezogen wird. *Gliederungszahlen* setzen also *gleichartige Größen*, die im Verhältnis der Subordination oder Unterordnung stehen, zueinander in Beziehung.[58] Gliederungszahlen sind also dimensionslos, ihre Angabe erfolgt daher in Prozent, Anteilen oder als Quoten.

Aus der Arbeitsmarkt- und Bevölkerungsstatistik können z.B. folgende Kennziffern hergeleitet werden.

▷ $\dfrac{\text{Zahl der Rentnerhaushalte}}{\text{Gesamtzahl der privaten Haushalte}}$ = Rentnerquote

▷ $\dfrac{\text{Zahl der erwerbstätigen Personen}}{\text{Gesamtzahl der Erwerbspersonen}}$ = Erwerbsquote

▷ $\dfrac{\text{Zahl der erwerbslosen Personen}}{\text{Gesamtzahl der abhängigen Erwerbspersonen}}$ = Erwerbslosenquote

Typische Gliederungszahlen der Bilanzanalyse sind z. B.

▷ $\dfrac{\text{Eigenkapital}}{\text{Gesamtkapital}}$ = Eigenkapitalquote

▷ $\dfrac{\text{Anlagevermögen}}{\text{Gesamtvermögen}}$ = Anlagenintensität

Tabellen und grafische Darstellungen verdeutlichen lediglich den Tatbestand einer strukturellen Veränderung. Ziel einer Analyse von Gliederungszahlen sind Aussagen über das Vorhandensein bzw. die Geschwindigkeit eines Strukturwandels. Dazu benötigen wir ein quantitatives Maß, eine statistische Kennziffer. Von Strukturwandel sprechen wir, wenn sich die Anteile einzelner Bereiche am Ganzen im Zeitablauf ändern.

Ausgangsdaten der Analyse sind die prozentualen Anteile der Strukturbereiche an der Gesamtheit zu verschiedenen Zeitpunkten oder in verschiedenen Zeiträumen, wie z. B. die folgenden Angaben über die Zahl der Schulabgänger in der Bundesrepublik Deutschland.

---

58  Die im ersten Abschnitt bestimmten relativen Häufigkeiten lassen sich als Gliederungszahlen interpretieren: Wir haben absolute Häufigkeiten von Merkmalsausprägungen durch die Summe der absoluten Häufigkeiten dividiert.

**Beispiel:  Schulabgänger nach Art des Abschlusses**
**Deutschland, 1970 – 2005**

Angaben in 1000

|  | 1970 | 1975 | 1980 | 1985 | 1990 | 1995 | 2000 | 2005 |
|---|---|---|---|---|---|---|---|---|
| ohne Hauptschul-abschluss | 140,3 | 114,6 | 109,4 | 71,7 | 53,6 | 56,1 | 86,6 | 78,2 |
| mit Hauptschul-abschluss | 348,8 | 347,1 | 391,4 | 319,9 | 199,9 | 206,5 | 238,5 | 277,2 |
| mit Realschulab-schluss | 200,1 | 318,0 | 422,2 | 419,7 | 284,0 | 294,1 | 440,8 | 480,2 |
| mit Hoch- u. Fach-hochschulreife | 91,5 | 175,0 | 221,7 | 298,9 | 274,7 | 247,9 | 347,5 | 399,4 |
| **Summe** | **780,7** | **954,7** | **1144,7** | **1110,2** | **812,2** | **804,6** | **1113,4** | **1234,9** |

Angaben in Prozent

|  | 1970 | 1975 | 1980 | 1985 | 1990 | 1995 | 2000 | 2005 |
|---|---|---|---|---|---|---|---|---|
| ohne Hauptschul-abschluss | 18,0 | 12,0 | 9,5 | 6,5 | 6,6 | 7,0 | 7,8 | 6,3 |
| mit Hauptschul-abschluss | 44,7 | 36,4 | 34,2 | 28,8 | 24,6 | 25,6 | 21,4 | 22,4 |
| mit Realschulab-schluss | 25,6 | 33,3 | 36,9 | 37,8 | 35,0 | 36,6 | 39,6 | 38,9 |
| mit Hoch- u. Fach-hochschulreife | 11,7 | 18,3 | 19,4 | 26,9 | 33,8 | 30,8 | 31,2 | 32,3 |
| **Summe** | **100,0** | **100,0** | **100,0** | **100,0** | **100,0** | **100,0** | **100,0** | **100,0** |

Anmerkung: Die Angaben für 2000 und 2005 beziehen sich auf den Gebietsstand seit dem 3.10.1990.

Quelle: Zahlen zur wirtschaftlichen Entwicklung der Bundesrepublik Deutschland, IW (Hrsg.), Köln, verschiedene Jahrgänge; eigene Berechnungen.

Anmerkung: Die Statistik des Instituts der deutschen Wirtschaft (IW) basiert auf Angaben des Bundesministeriums für Bildung und Wirtschaft. Bei den Absolventen mit Hauptschulabschluss fehlen in dieser Statistik bis zum Jahr 2000 jene, die diesen Abschluss an einer beruflichen Schule erworben haben. Werden diese einbezogen, erhöht sich die Zahl z. B. für das Jahr 2000 von 238,5 auf 272,5 Tausend.

Im Gegensatz zur rückläufigen Zahl der Kinder, die jährlich eingeschult wurden, stieg die Zahl der Abgänger aus den Schulen wegen der geburtenstarken Jahrgänge bis in die 80er Jahre nahezu kontinuierlich an. Obwohl es immer noch eine Reihe von Jugendlichen gibt, die ohne Abschluss die Schule verlassen, ist ein deutlicher Trend zu höheren Bildungsabschlüssen nicht zu übersehen.

Um nun eine Aussage über das Tempo dieses Strukturwandels zu erreichen, haben wir die absoluten Änderungen der prozentualen Anteile im Zeitablauf errechnet:

Struktur der Schulabgänger, Tempo des Strukturwandels

|  | 1970 | 1975 | 1980 | 1985 | 1990 | 1995 | 2000 | 2005 |
|---|---|---|---|---|---|---|---|---|
| ohne Hauptschul-abschluss | | 6,0 | 2,5 | 3,0 | 0,1 | 0,4 | 0,8 | 1,5 |
| mit Hauptschul-abschluss | | 8,3 | 2,2 | 5,4 | 4,2 | 1,0 | 4,2 | 1,0 |
| mit Realschulab-schluss | | 7,7 | 3,6 | 0,9 | 2,8 | 1,6 | 3,0 | 0,7 |
| mit Hoch- u. Fach-hochschulreife | | 6,6 | 1,1 | 7,5 | 6,9 | 3,0 | 0,4 | 1,1 |
| **Tempo des Struk-turwandels** | | **28,6** | **9,4** | **16,8** | **14,0** | **6,0** | **8,4** | **4,3** |

Quelle:   Eigene Berechnungen.

Dabei wurden die Differenzen deshalb ohne Berücksichtigung des Vorzeichens gebildet, weil zunächst nicht die Richtung, sondern das Ausmaß des Strukturwandels interessiert. Anschließend wurden je Zeitabschnitt die Anteilswertdifferenzen addiert. Diese Summen verwenden wir als Maß für das Tempo des Strukturwandels in den verschiedenen Beobachtungszeiträumen. Steigt diese *Strukturveränderungsgeschwindigkeit* im Zeitablauf, haben wir es mit einer Beschleunigung des Strukturwandels zu tun, verringert sie sich, so kennzeichnet dies eine Verlangsamung des Strukturwandels, bleibt sie schließlich gleich, liegt kein Strukturwandel vor.

Bei diesem Vorgehen bleibt das Gewicht der Strukturbereiche unberücksichtigt, da in die Rechnung keine prozentualen, sondern absolute Veränderungszahlen eingehen. Ob also der Anteil eines Sektors von 10 % auf 11 % steigt, ob er von 1 % auf 0 % sinkt - der Sektor also ausscheidet - oder ob sich der Anteil von 1 % auf 2 % erhöht, sich also verdoppelt, ist für das berechnete Maß irrelevant.

Wir behandeln in diesem Abschnitt Beziehungen zwischen Teilgrößen und den ihnen übergeordneten Gesamtgrößen. Diese Art der Verhältnis- oder Quotenbildung erscheint zunächst unproblematisch.

Tatsächlich führt der Umgang mit Quoten recht häufig zu Fehlinterpretationen. Wenn beispielsweise zu lesen ist: „Fast die Hälfte aller Sportunfälle werden bei Fußballspielern gezählt", so ist diese Aussage abzuschwächen. Schließlich ist der Deutsche Fußballbund der größte Sportverband der Welt. Deren Mitglieder verursachen mehr Unfälle, weil es eben sehr viele von ihnen gibt.

Auch die eingangs erwähnte *Erwerbslosenquote* bietet Anlass zu der Frage: Was ist ein Teil von welcher Grundgesamtheit? Die Anzahl der Erwerbslosen wird in der Bundesrepublik einmal im Jahr im Rahmen des Mikrozensus[59] (Repräsentativstatistik) erfasst.

Nach dieser Abgrenzung zählt zu den *Erwerbslosen*, wer

▷ wenigsten 15 Jahre alt ist (ohne obere Altersgrenze),
▷ zum Zeitpunkt der Erfassung (in der Berichtswoche) auch nicht eine Stunde gegen Lohn oder als Selbständiger einer Tätigkeit nachgegangen ist, und
▷ auf der Suche nach einer Arbeitsstelle bzw. Beschäftigung ist; d.h. konkrete Schritte (z.B. Aufgabe einer Stellenanzeige) unternommen hat, um eine entlohnte Tätigkeit oder eine Tätigkeit als Selbständiger aufzunehmen.[60]

Die Definition der Erwerbslosen in der EG-Statistik ist enger gefasst, so dass die Anzahl der EG-Arbeitslosen niedriger ist als die der amtlichen Statistik der BRD. Erwerbslos im Sinne der EG-Statistik ist nur, wer für eine Beschäftigung verfügbar ist, d.h. innerhalb von 2 Wochen eine Arbeit aufnehmen kann.

Auch die OECD-Statistik basiert auf der jährlichen EG-Arbeitskräftestichprobe. Der Unterschied der OECD-Erwerbslosen zu den EG-Erwerbslosen besteht darin, dass Personen, die zwar einen Arbeitsvertrag haben, ihre Tätigkeit aber noch nicht aufgenommen haben, zwar zu den EG-Erwerbslosen, nicht aber zu den OECD-Erwerbslosen zählen.

Die *Erwerbslosenquote* in der amtlichen Statistik der Bundesrepublik ist definiert als Quotient aus der Anzahl der Erwerbslosen und der Anzahl der abhängigen Erwerbspersonen, d. h. der Summe der abhängigen Erwerbstätigen (Arbeiter, Angestellte und Beamte oder Soldaten) und der Erwerbslosen. Als EG-Erwerbslosenquote wird der Quotient aus der Anzahl der EG-Erwerbslosen und der Anzahl der nichtabhängigen und abhängigen Erwerbspersonen definiert. Die Werte sind daher auf Grund unterschiedlicher Abgrenzungen im Zähler als auch im Nenner der Quoten stets niedriger als die der Erwerbslosenquote der amtlichen Statistik der Bundesrepublik.

---

59  Der Mikrozensus ist eine Haushaltsbefragung der amtlichen Statistik bei der die Haushaltsmitglieder durch einen Interviewer befragt werden. Jährlich werden so 1% aller Haushalte (rund 350.000) befragt.
60  Diese Bedingung ist auch erfüllt, wenn die Suche bereits erfolgreich abgeschlossen, die neue Beschäftigung aber noch nicht aufgenommen wurde.

Neben dieser jährlichen direkten Befragung von Haushalten wird der Arbeitsmarkt in der Bundesrepublik mit Hilfe der Karteien analysiert, die bei den Arbeitsagenturen für die Arbeitsvermittlung geführt werden.

Die *Arbeitslosenquote* in der amtlichen Statistik Deutschlands ist hingegen definiert als Quotient aus der Anzahl der Arbeitslosen und der Summe der abhängigen Erwerbstätigen und der Arbeitslosen. Die Bundesagentur für Arbeit zählt als arbeitslos

▷  wer älter als 14 und jünger als 65 Jahre ist,
▷  mehr als 19 Stunden in der Woche arbeiten will und nicht nur vorübergehend Arbeit sucht, dem Stellenmarkt sofort zur Verfügung steht und
▷  bei der Arbeitsagentur als arbeitssuchend registriert ist.

Es ist also gar nicht so leicht, in Deutschland arbeitslos zu sein. Rentner auf der Suche nach einem Zusatzverdienst, Teilzeit-Arbeitswillige, oder Teilnehmer von Umschulungsprogrammen zählen z.B. nicht dazu. Auf der anderen Seite zählt die Statistik aber auch jene mit, die zwar registriert sind, aber gar nicht ernsthaft Arbeit suchen.

*Abhängige Erwerbspersonen werden in der amtlichen Statistik der Bundesrepublik Deutschland sowohl mit Hilfe der Anzahl der Erwerbslosen (Mikrozensus) als auch mittels der Anzahl der Arbeitslosen (Bundesagentur für Arbeit), definiert. Da sich die Anzahl der Erwerbslosen und der Arbeitslosen in der Regel deutlich unterscheiden, ergeben sich je nach Statistik unterschiedliche Anzahlen der Erwerbspersonen.*

Die *Erwerbslosenquote* darf also nicht mit der *Arbeitslosenquote* verwechselt werden. Beide Verhältniszahlen folgen unterschiedlichen Konzepten und werden mit Hilfe unterschiedlicher Erhebungen erfasst.[61]

---

61  "Die OECD hat die je nach Messlatte abweichende Arbeitslosenquote in ihren Mitgliedsländern einmal ausgerechnet und kam dabei für ein und dieselbe Periode auf Quoten von 11,0 bis 14,2% (Italien), 10,0 bis 14,1% (Niederlande) oder 6,6 bis 8,9% (Bundesrepublik Deutschland), von denen die eine so richtig ist wie die andere – sie sind nur verschieden definiert" Krämer, W.: Statistik verstehen, eine Gebrauchsanweisung, 2. verb. Auflage, Frankfurt/Main New York, 1992, S. 161.

## 4.2      Beziehungszahlen

Den Quotienten zweier sachlich zueinander in Beziehung stehender Maßzahlen bezeichnet man als *Beziehungszahl*. Beziehungszahlen stellen somit *verschiedenartige Größen*, die im Verhältnis der Koordination oder Nebenordnung stehen, zueinander in Beziehung. Sie hängen daher von der Dimension des Zählers und des Nenners ab.

Weil die Berechnung einer Beziehungszahl formal sehr einfach ist, wird ihr Einsatz häufig auf mehr oder weniger alle Fragestellungen ausgeweitet. Um sicherzustellen, dass auch die richtigen Variablen zueinander in Beziehung gesetzt werden, sollte der Anwender die folgenden Aspekte beachten.

▷   Was will ich mit der Kennzahl abbilden?
▷   Was erreiche ich mit der Kennzahl?

**Produktivitätszahlen** werden z. B. gerne ermittelt, indem man die Umsätze auf die eingesetzte Stundenzahl bezieht: Der Umsatz ist eine Schlüsselgröße und die Personalkosten stellen einen wesentlichen Kostenfaktor dar (→ *Mitarbeiterproduktivität*). Dabei wird schnell übersehen, dass der Umsatz maßgeblich durch Absatzpreisänderungen bestimmt wird, die der in der Produktion eingesetzte Mitarbeiter gar nicht beeinflussen kann.

**Rentabilitäten** sind Beziehungszahlen, die sich als Quotient einer Erfolgsgröße im Zähler und einer Bezugsgröße im Nenner ergeben: Diese Relation drückt die wertmäßige Ergiebigkeit der Nennergröße aus (→ *Effizienz-Kennziffer*).

Für die Bildung von Rentabilitäten häufig eingesetzte Bezugsgrößen sind vor allem Kapitalgrößen (→ *Kapitalrentabilitäten*). Diese Kennziffern dienen zur Kontrolle des Einsatzes knapper Kapitalmittel in einer Abrechnungsperiode.

$$\triangleright \qquad \text{Kapital-Rentabilität} = \frac{\text{Gewinn}}{\text{Kapitaleinsatz}}$$

Die Auswahl einer geeigneten Erfolgsgröße einer Kapitalrentabilität[62] wird mitbeeinflusst von der Bezugsgröße im Nenner. In der externen Erfolgsrechnung ist der Bestand an bilanziertem Eigen- und Fremdkapital der Anknüpfungspunkt zur Messung des in einem Unternehmen gebunden Kapitals. Auf dieser Grundlage ermittelte Rentabilitätsziffern messen die Vorteilhaftigkeit des Einsatzes jener Kapitalsumme, die seitens der Eigen- und Fremdkapitalgeber zur Verfügung gestellt wurde.

---

62  Bei Zugrundelegung von Erträgen und Aufwendungen als positive und negative Komponenten der Gewinn- und Verlustrechnung(GuV) entspricht der Gewinn dem Jahresüberschuss (JÜ) der externen Rechnungslegung.

Unterschieden werden die Eigen- (EKR), die Fremd- (FKR) und die Gesamtkapitalrentabilität (GKR). Setzt man die Überschussgröße in Beziehung zum gesamten Kapitaleinatz, erhält man als Ausdruck des Unternehmenserfolges den Return on Investment (ROI$_{extern}$).

**Unterschiedliche Rentabilitätsgrößen des externen Rechnungswesens**

| Nenner<br>Zähler | Eigenkapital | Gesamtkapital |
|---|---|---|
| Pagatorischer Gewinn (JÜ) | $EKR = \dfrac{JÜ}{EK}$ | $ROI_{extern} = \dfrac{JÜ}{EK + FK}$ |
| Kapitalgewinn | $\dfrac{JÜ + FK - Zins}{EK}$ | $GKR = \dfrac{JÜ + FK - Zins}{EK + FK}$ |

Sollen aus Vergleichsgründen unterschiedliche Kapitalstrukturen und Steuersysteme der betrachteten Unternehmen eliminiert werden, ist das Periodenergebnis entsprechend zu modifizieren, so dass sich als Zählergröße nach der Erweiterung z.B. die nachfolgenden Größen ergeben, die als Varianten des Periodengewinns interpretiert werden können.

| | | |
|---|---|---|
| Jahresüberschuss (JÜ) + FK Zinsen | -> | Kapitalgewinn, |
| JÜ + Steuern | -> | Earnings Before Taxes (EBT), oder |
| JÜ + FK Zinsen + Steuern | -> | Earnings Before Interests and Taxes (EBIT) |
| EBIT ± Ab- bzw. Zuschreibungen auf Firmenwerte | -> | Earnings Before Interests, Taxes and Amortzation (EBITA), |
| EBITA ± Ab- bzw. Zuschreibungen auf Sachanlagevermögen | -> | Earnings Before Interests, Taxes, Depreciation and Amortization (EBITDA), |

Aus der *Sicht der internen Erfolgsrechnung* erscheint die Unterscheidung zwischen den Fremdkapitalzinsen als Bestandteil der negativen Erfolgskomponente und den Eigenkapitalzinsen als Teil der Residualgröße nicht zielführend: Zinskosten sind Ausdruck des in einem Zeitraum in den betriebsnotwendigen Vermögensgegenständen gebundenen Kapitals, sie umfassen daher grundsätzlich auch die Kosten des gebundenen Eigenkapitals. Wenn die *kalkulatorische Erfolgsrechnung* im Mittelpunkt steht, entfällt somit die Unterscheidung zwischen Eigen- und Fremdkapital. Die Gleichbehandlung wird erreicht, indem für jede Kapitaleinheit gleich hohe Kapitalkosten unterstellt werden und mit einem einheitlichen Kalkulationszinsatz gerechnet wird.

Entsprechend ergibt sich der interne ROI:

$$ROI_{intern} = \frac{\text{JÜ (+ FK Zins)- kalkulatorische Zinsen}}{\text{betriebsnotwendiges gebundenes Vermögen}}$$

Weitere Beispiele für eine sachlich sinnvolle Bildung von Beziehungszahlen in der Wirtschaftsstatistik bietet wiederum die Bevölkerungsstatistik.

▷ $\dfrac{\text{Einkommen der privaten Haushalte}}{\text{Gesamtbevölkerung}}$ = Pro-Kopf-Einkommen

▷ $\dfrac{\text{Zahl der Einwohner eines Landes}}{\text{Zahl der privaten Haushalte}}$ = Durchschnittliche Haushaltsgröße

Eine spezielle Beziehungszahl entsteht, wenn man Bewegungsmassen auf die zugehörige Bestandsmasse bezieht (*Verursachungszahlen*).

Beispiele sind

▷ $\dfrac{\text{Anzahl der Lebendgeburten}}{\text{Wohnbevölkerung}}$ = Geburtenziffer

▷ $\dfrac{\text{Anzahl der Lebendgeburten}}{\text{Frauen im gebärfähigen Alter}}$ = Fruchtbarkeitsrate

▷ $\dfrac{\text{Lebendgeborene - Todesfälle}}{\text{Wohnbevölkerung}}$ = Geburtenüberschussziffer

▷ $\dfrac{\text{Zuzüge - Fortzüge}}{\text{Wohnbevölkerung}}$ = Nettowanderungsrate

Wir verstehen unter Bestandsmassen solche Kollektive, deren Elemente nur für ein bestimmtes Zeitintervall der Masse angehören; gemessen wird der Umfang des Kollektivs zu einem Zeitpunkt (Stichtag). Dagegen sind Elemente einer Bewegungsmasse einem bestimmten Zeitpunkt zugeordnet, in dem sie in die Masse eintreten oder aus ihr ausscheiden. Die Erfassung der Zu- und Abgänge erfolgt über einen Zeitraum, beispielsweise monatlich.

So ist z.B. die Wohnbevölkerung einer Stadt zu einem bestimmten Zeitpunkt eine Bestandsmasse, die zugehörigen Bewegungsmassen sind Geburten, Todesfälle, Zu- und Fortzüge.

*Entsprechungszahlen* sind alle sonstigen Beziehungszahlen vom Typ

$$\frac{\text{Stromgröße 1}}{\text{Stromgröße 2}} \quad \text{z.B.} \quad \frac{\text{Betriebsergebnis der Firma X}}{\text{Umsatz der Firma X}} \quad \text{und}$$

$$\frac{\text{Bestandsgröße 1}}{\text{Bestandsgröße 2}} \quad \text{z.B.} \quad \frac{\text{Zahl der Einwohner eines Landes}}{\text{Fläche des Landes in km}^2}$$

Der Untersuchungsgegenstand bzw. das Untersuchungsmerkmal ist auch hier eindeutig zu definieren. Denn auch bei Verursachungszahlen lassen sich wieder vielfältige Interpretationsmöglichkeiten diskutieren.

Bisher haben uns die einzelnen Elemente einer statistischen Masse interessiert. Manchmal geht es darum, den Bestand und die Entwicklung des statistischen Kollektivs selbst zu analysieren. Begriffe wie

▷ Verweildauer
▷ Umschlagshäufigkeit und
▷ Bestandsfortschreibung

rücken dann in den Mittelpunkt des Interesses. Wenn z.B. darüber diskutiert wird, ob es angesichts zunehmender Klagen über die Überfüllung eines örtlichen Hallenbades angebracht ist, dieses zu erweitern, reicht es nicht aus, nur die täglichen Besucherzahlen zu notieren und deren tendenzielle Entwicklung zu verfolgen. Diese Zahlen geben die Belastung des Bades nur unvollständig wieder. Entscheidend sind vielmehr die durchschnittliche Verweildauer der Besucher sowie der Besucherbestand.

Wenn 1300 Besucher das Bad pünktlich um 7.00 Uhr betreten, um es erst 13 Stunden später wieder zu verlassen, resultiert daraus während des Tages ein konstanter Bestand von 1300 Personen; verteilen sich die Besucher dagegen gleichmäßig auf die Öffnungszeit von 7.00 - 20.00 Uhr und bleiben diese jeweils nur 1 Stunde, sinkt der Bestand während des Tages auf 100 Personen.

Wir wollen die im Zusammenhang mit der Analyse von Bestandsgrößen auftretenden Probleme hier nicht weiter verfolgen.

## 4.3        Messzahlen bzw. einfache Indizes
### 4.3.1     Indexveränderungen in Punkten und in Prozent

Werden zwei Werte der gleichen Zeitreihe aufeinander bezogen, spricht man von *Messzahlen* oder auch *einfachen Indizes.*[63] Indizes sind also wieder dimensionslos.

Bei der Bildung von Messzahlen auf gleicher Basis ($M_{0,t}$) werden die laufenden Werte $x_t$ mit t = 1, 2,..., n auf einen *festen Basiswert* $x_0$ bezogen. Der Zeitraum oder Zeitpunkt t wird in diesem Zusammenhang auch als *Berichtszeitraum oder -zeitpunkt* bezeichnet.

$$M_{0,t} = \frac{x_t}{x_0} \qquad \Leftarrow \text{Messzahl}$$

Es ist üblich, die Messzahlen mit 100 multipliziert zu betrachten (Der Einfachheit halber wird diese Mulitplikation häufig nicht explizit erwähnt.):

$$I_{0,t} = M_{0,t} \cdot 100 \qquad \Leftarrow \text{Einfacher Index}$$

Beispiel 1:        Die Absatzzahlen (X) eines Produktes in einer Region A betragen:

| Jahr | 2005 | 2006 | 2007 |
|------|------|------|------|
| t | 1 | 2 | 3 |
| $x_t$ | $x_1 = 100$ | $x_2 = 200$ | $x_3 = 300$ |

Nun stehen drei Bezugs- oder Basisperioden zur Auswahl; dementsprechend erhalten wir unterschiedliche Indexreihen.

### Indizes der Absatzentwicklung

| t | 1 | 2 | 3 |
|------|------|------|------|
| $I_{1,t}$ | *100* | 200 | 300 |
| $I_{2,t}$ | 50 | *100* | 150 |
| $I_{3,t}$ | 33,3 | 66,7 | *100* |

---

63  Bei der Bildung globaler Indizes (vgl. Abschnitt 4.4) werden zwei Maßzahlen der gleichen Art zueinander in Beziehung gesetzt, dabei beschreibt eine dieser Maßzahlen einen fiktiven Zustand (z.B. das Ausgabeverhalten einer Person, die in der Berichtsperiode den Warenkorb einer anderen Basisperiode erwirbt).

Die Vergleiche ($I_{0,t+1} - I_{0,t}$) zeigen, *um wieviel Indexpunkte* sich die Werte der betrachteten Variablen verändert haben. Das Ergebnis ist allerdings inhaltlich nicht interpretierbar und unterscheidet sich je nach Wahl des Basisjahres.

Indexveränderungen in **Punkten**

| t | 1 | 2 | 3 |
|---|---|---|---|
| $I_{1,t}$ | | + 100 | + 100 |
| $I_{2,t}$ | | + 50 | + 50 |
| $I_{3,t}$ | | + 33,3 | + 33,3 |

Die von der Wahl des Basisjahres  unabhängige Relation

$$W_{t-1,t} = \left( \frac{I_{0,t}}{I_{0,t-1}} - 1,00 \right) \cdot 100$$

informiert uns über die *prozentuale* Veränderung der Beobachtungswerte (= Wachstumsrate). Die (relativen) Indexveränderungen stellen sich nun mehr wie folgt dar:

Indexveränderungen in **Prozent**

| t | 1 | 2 | 3 |
|---|---|---|---|
| $I_{1,t}$ | | + 100 % | + 50 % |
| $I_{2,t}$ | | + 100 % | + 50 % |
| $I_{3,t}$ | | + 100 % | + 50 % |

Messzahlen, bei der die Basisperiode sozusagen gleitend fortgeschrieben wird, heißen *Wachstumsfaktoren*; zu ihrer Berechnung können die Originalwerte, aber auch die entsprechenden Indizes dienen.

$$q_{t-1,t} = \frac{x_t}{x_{t-1}} = \frac{I_{0,t}}{I_{0,t-1}} \qquad \text{für t} = 2, 3, ..., n$$

Sie beschreiben *fortlaufend* das relative Wachstum von einem Zeitreihenwert auf den folgenden (für unterjährliche Zeitreihen kommen als gleitende Basisperiode – zusätzlich – auch die Vorjahreswerte infrage).

Wird eine Aussage über die mittlere Entwicklung der Zeitreihe gewünscht, ist das geometrische Mittel der Wachstumsfaktoren

$$\bar{q}_{0,n} = \sqrt[n]{q_{0,1} \cdot q_{1,2} \cdot \ldots \cdot q_{n-1,n}}$$

zu bestimmen.[64]

**Wachstumsraten** $w_{t-1,t}$ beschreiben den relativen Zuwachs in Prozent des Wertes der Vorperiode.

$$w_{t-1,t} = \frac{x_t - x_{t-1}}{x_{t-1}} = \frac{x_t}{x_{t-1}} - 1 = q_{t-1,t} - 1$$

Soll die mittlere Wachstunsrate berechnet werden, muss auf den mittleren Wachstumsfaktor zurückgegriffen werden.

$$\bar{w}_r = (\bar{q}_{0,n} - 1{,}00) \cdot 100$$

**Beispiel 1:**     Für die obige Absatzzeitreihe ergeben sich (unabhängig von der gewählten Basisperiode!) folgende Werte:

| $t$ | 1 | 2 | 3 |
|---|---|---|---|
| $x_t$ | 40 | 80 | 120 |
| $q_{t-1,t}$ |  | 2,0 | 1,5 |
| $w_{t-1,t}$ |  | 100 % | 50 % |

$$\bar{q}_{0,n} = \sqrt[2]{2{,}0 \cdot 1{,}5} = 1{,}73\ldots$$

$$\bar{w}_r = 0{,}73\ldots \text{ bzw. } 73\ \%$$

**Fazit:**     Ausgehend vom Absatz $x_1 = 40$ muss die Nachfrage im Periodendurchschnitt um ca. 73% wachsen, um in der dritten Periode den Wert $x_3 = 120$ zu erreichen.

$$x_3 = 40 \cdot 1{,}73^2 \ldots = 120 \text{ bzw.}$$

$$I_{1,3} = 100 \cdot 1{,}73^2 \ldots = 300 \text{ bzw.}$$

$$I_{2,3} = 50 \cdot 1{,}73^2 \ldots = 150 \text{ bzw.}$$

$$I_{3,3} = 33{,}3 \cdot 1{,}73^2 \ldots = 100 \text{ bzw.}$$

---

64  Vgl. hierzu noch einmal Abschnitt 1.3.1.3.3

In der wirtschaftspolitischen Diskussion wird häufig auf Indizes Bezug genommen, weil nur auf diese Weise ein *Vergleich der zeitlichen Entwicklung ganz unterschiedlich dimensionierter Größen möglich* ist. Nur so lässt sich z.B. die Preisentwicklung des Gutes A mit der Entwicklung der Inlandsnachfrage nach einem Konkurrenzprodukt B vergleichen.

Bei derartigen Gegenüberstellungen sind allerdings einige Besonderheiten zu beachten, die vereinzelt übersehen werden. Sie resultieren daraus, dass nach der Indizierung *Aussagen über das absolute Niveau der Beobachtungswerte natürlich nicht mehr möglich sind.*

Äußerungen über eine Annäherung zweier oder mehrerer Beobachtungsreihen zueinander sind ebenso unzulässig wie Aussagen über das absolute Wachstum der Ausgangswerte einer einzelnen Zeitreihe in verschiedenen Zeitabschnitten.

*Möglich* und auch angestrebt sind *ausschließlich Aussagen über die relativen Veränderungen der Ursprungswerte* und die unterschiedlichen relativen Wachstumsraten der Zeitreihen in verschiedenen Intervallen der Referenzperiode.

Die nachfolgenden Beispiele sollen diesen Sachverhalt verdeutlichen.

**Beispiel 2:**    Der Absatz eines Produkts habe sich in den Regionen A und B wie folgt entwickelt:

| Region \ t | 1 | 2 | 3 |
|---|---|---|---|
| A | 40 | 80 | 120 |
| B | 200 | 240 | 280 |

**Der Absatz von Gut X in den Regionen A und B in den Perioden 1 bis 3**

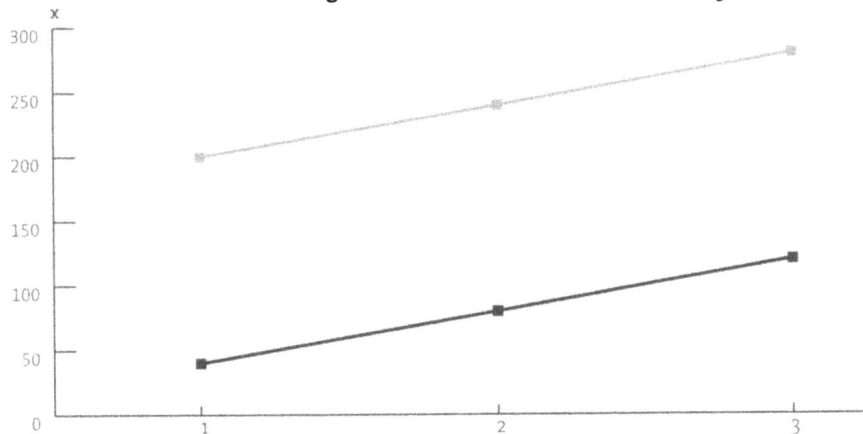

Die graphische Darstellung dieser Werte verdeutlicht, dass der Absatz in beiden Regionen um jeweils 40 ME je Periode angestiegen ist, und dass zwischen den Absatzniveaus beider Regionen unverändert eine (erhebliche) konstante Differenz in Höhe von 160 ME besteht.

Die zeitliche Entwicklung soll nun anhand von Absatzindizes verglichen werden:

$$M_{0,t} = \frac{x_t}{x_0} \quad \text{bzw. } I_{0,t} = M_{0,t} \cdot 100 \quad \Big| \quad t = 1, 2, 3$$

Offensichtlich stehen drei Bezugs- oder Basisperioden zur Auswahl:

| $x_0 = x_1$ | | | | $x_0 = x_2$ | | | | $x_0 = x_3$ | | |
|---|---|---|---|---|---|---|---|---|---|---|
| | **1** | **2** | **3** | | **1** | **2** | **3** | | **1** | **2** | **3** |
| **A** | 100 | 200 | 300 | **A** | 50 | 100 | 150 | **A** | 33 | 67 | 100 |
| **B** | 100 | 120 | 140 | **B** | 83 | 100 | 117 | **B** | 71 | 86 | 100 |

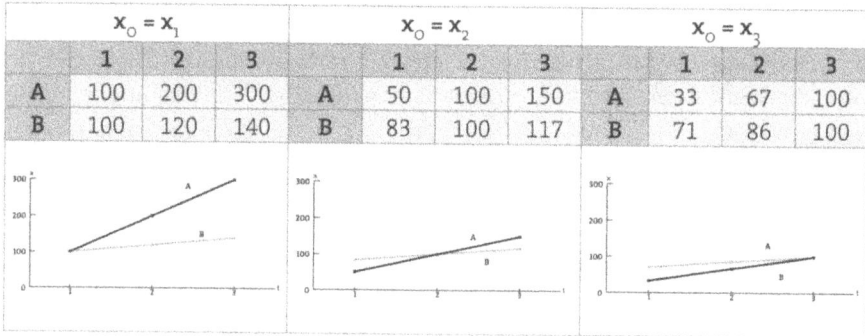

### Gängige Fehlinterpretationen sind:

| | | |
|---|---|---|
| *„Der Absatz in Region A übertrifft den der Region B von Beginn an."* | *„A erreicht das Absatzniveau von B in der 2. Periode."* | *„Der Vorsprung der Region B reduziert sich in der 3. Periode auf den Wert Null."* |

Derartige Aussagen werden nicht selten noch dadurch „veranschaulicht", dass der Benutzer der Statistik die für Region A ermittelten Messzahlen (fälschlicherweise!) auf die der Region B bezieht.

| | **1** | **2** | **3** | | **1** | **2** | **3** | | **1** | **2** | **3** |
|---|---|---|---|---|---|---|---|---|---|---|---|
| **A/B** | 100 | 167 | 214 | **A/B** | 60 | 100 | 128 | **A/B** | 46 | 78 | 100 |

Die, unabhängig von der Wahl der Basisperiode, *einzig zulässige Interpretation* des Indexvergleichs lautet: Im Vergleich zur Region B verzeichnet die Region A über den gesamten Beobachtungszeitraum das höhere prozentuale Absatzwachstum.

| Region | $t$ | $t_2/t_1$ | $t_3/t_2$ |
|---|---|---|---|
| A | | + 100 % | + 50 % |
| B | | + 20 % | + 17 % |

**Beispiel 3:**   Die Höhe der Säuglingssterblichkeit hat sich in den Regionen A und
B wie folgt entwickelt, Angaben in Promille

| Region \ t | 1 | 2 |
|---|---|---|
| A | 30,7 | 24,9 |
| B | 77,7 | 31,4 |

Eine Indizierung der Werte (die Situation in $t_1$ wurde = 100 gesetzt) würde darauf
hindeuten, dass der in der Region B erreichte medizinische Fortschritt höher einzu-
schätzen ist (dort wurde eine Reduktion der Sterblichkeitsrate um ca. 60 % erreicht)
als in der Region A, in der nur eine Verminderung der Säuglingssterblichkeitsrate
um 19 % registriert wurde. Diese Interpretation wird dem tatsächlichen Sachverhalt
nicht gerecht, da eine Sterblichkeitsrate von 0 % einen Grenzwert darstellt, der nicht
unterschritten werden kann. Von diesem Idealzustand ist die Region B auch in $t_2$
noch sehr viel weiter entfernt als Region A; die im Beobachtungszeitraum erreichten
Fortschritte sind deshalb nur sehr bedingt vergleichbar.

*Bei einer Analyse von Wachstums- oder Schrumpfungsprozessen anhand von Index-
reihen ist also auch darauf zu achten, ob sich die beobachteten Vorgänge einem
Grenzwert nähern.*

Im übrigen erinnert uns dieses Beispiel an die eingangs erwähnte Notwendigkeit,
den Untersuchungsgegenstand bzw. das Untersuchungsmerkmal eindeutig zu definieren. Sicher ist es etwas anderes, ob die bei der Geburt oder am ersten Tag Verstor-
benen zur Säuglingssterblichkeit (gestorben im ersten Jahr) hinzugezählt werden
oder nicht. [65]

### 4.3.2   Umbasierung und Verkettung

Ein Vergleich der zeitlichen Entwicklung von verschiedenen Indexreihen ist nur möglich, wenn sie die gleiche Basis besitzen. Liegen mehrere unterschiedlich basierte Indexreihen vor, wird eine *Umbasierung* auf ein einheitliches Basisjahr notwendig.

Aus den Indexwerten $I_{o,t}$ erhält man die entsprechenden Indizes $I_{k,t}$ zur Basis k über
die Beziehung

$$I_{k,t} = \frac{x_t}{x_k} \cdot 100 = \frac{x_t / x_o}{x_k / x_o} \cdot 100 = \frac{I_{ot}}{I_{ok}} \cdot 100$$

---

65  In der Bundesrepublik gehen alle im 1. Lebensjahr, außer den direkt bei der Geburt gestorbenen
Kleinkindern, in die Größe „Säuglingssterblichkeit" ein.

Für eine Umbasierung ist also die Kenntnis der Ursprungsdaten nicht notwendig, da man die Indizes $I_{k,t}$ aus den Indizes zur ursprünglichen Basisperiode o berechnen kann.

**Beispiel 4:**     Gegeben sind Preismesszahlen für die Regionen A und B (1980 bzw. 1970 = 100)

| Region | Index | 1980 | 1981 | 1982 |
|--------|-------|------|------|------|
| A | $I^A_{1980,t}$ | 100 | 110 | 115 |
| B | $I^B_{1970,t}$ | 150 | 156 | 165 |

Der Index der Region B soll auf die Basis 1980 = 100 umgestellt werden. Dies geschieht, indem man sämtliche Indizes zur alten Basis 1970 durch den Indexwert des neuen Basisjahres 1980 dividiert:

$$I^B_{1980,t} = \frac{I^B_{70,80}}{I^B_{70,80}} \cdot 100, \quad \frac{I^B_{70,81}}{I^B_{70,80}} \cdot 100, \quad \frac{I^B_{70,82}}{I^B_{70,80}} \cdot 100$$

$$= \frac{150}{150} \cdot 100, \quad \frac{156}{150} \cdot 100, \quad \frac{165}{150} \cdot 100$$

$$= 100, \quad\quad 104, \quad\quad 110$$

Für einen Preisvergleich stehen nun die folgenden einfachen Indexreihen der beiden Regionen zur Verfügung:

| Region | Index | 1980 | 1981 | 1982 |
|--------|-------|------|------|------|
| A | $I^A_{1980,t}$ | 100 | 110 | 115 |
| B | $I^B_{1980,t}$ | 100 | 104 | 110 |

Sofern nicht zwei Preismesszahlen bzw. einfache Preisindizes, sondern globale Preisindizes beider Regionen betrachtet werden (vgl. Kapitel 4.4), ist die obige Operation, obwohl formal identisch, kritischer zu beurteilen. Die fehlende sachliche Übereinstimmung beider Preisindizes, die unterschiedliche Situation in den Basisjahren 1970 und 1980, kann durch eine Umbasierung nicht geheilt werden.

Ein weiteres in der Praxis häufig auftretendes Problem ist die *Verknüpfung oder Verkettung* von Indexreihen. Es tritt immer dann auf, wenn aus zwei Indexreihen mit unterschiedlichen Basiszeiträumen eine *lange Zeitreihe* konstruiert werden soll. Diese Operation entspricht zwar formal der Umbasierung, inhaltlich besteht jedoch ein gravierender Unterschied.

Die *Umbasierung* verfolgt das Ziel des Vergleichs verschiedener Indexreihen über einen vorgegebenen gleichen Zeitraum; die Zeitreihen selbst bleiben als getrennte Reihen bestehen (Preisindex Region A, Preisindex Region B).

Anders bei der *Verkettung*: Den Ausgangspunkt bilden Zeitreihen des gleichen Sachverhalts, die sich auf unterschiedliche Beobachtungsperioden beziehen. Angestrebt wird eine Verbindung der Werte zu einer „langen" Reihe. *Die besondere Problematik der Verkettung resultiert aus der möglichen unterschiedlichen Definition einer statistischen Variablen in verschiedenen Zeitabschnitten,* z.B. weil sich die räumliche Abgrenzung geändert hat (Einbeziehung des Saarlandes in das Bundesgebiet 1961, Wiedervereinigung 1990) oder weil sachliche Unterschiede bestehen. [66]

Das nachfolgende Beispiel zeigt den formalen Ablauf einer Verkettung für eine Preismesszahl bzw. einen einfachen Preisindex.

**Beispiel 5:**      Preisindex eines Gutes X mit verschiedenen
                     Basiszeiträumen A, B und C

| Periode | 1 | 2 | 3 | 4 |
|---------|-----|-----|-----|-----|
| Index A | 110 | 120 | | |
| Index B | | 100 | 130 | |
| Index C | | | 120 | 100 |

**1. Fall: Fortschreibung von Index A**
Bei der „Vorwärts-Rechnung" dient der Quotient aus den Indexwerten der überlappenden Perioden als Verkettungsfaktor. Unter der Annahme, dass diese Relation auch in der (den) nächsten Periode(n) zutrifft, führt die Multiplikation dieses Faktors mit dem alten Index der Basis B zum fortgeschriebenen Index der Basis A.

$$I_{A,3} = 120/100 \cdot 130 = 156 \qquad\qquad I_{A,4} = 156/120 \cdot 100 = 130$$

Preisindex des Gutes X, Basiszeitraum A

| Periode | 1 | 2 | 3 | 4 |
|---------|-----|-----|-----|-----|
| $I_{A,t}$ | 110 | 120 | 156 | 130 |

Unser Beispiel zeigt: Durch wiederholte Anwendung können auch mehr als zwei Indexreihen verknüpft werden. Wenn die Verkettungen im Extremfall jährlich erfolgen ergibt sich ein Index, der auf der Basis von Indizes für Vorjahresvergleiche berechnet wird.

$$I_{A,4} = I_{A,2} \cdot (I_{b,3}/I_{b,2}) \cdot (I_{c,4}/I_{c,3}) = 120 \cdot (130/100) \cdot (100/120) = 130$$

---

66  Auf die Kennzeichnung der über eine Umbasierung oder Verkettung ermittelten Werte als Schätzwerte ^ wird in der Indexlehre üblicherweise verzichtet.

So entsteht für das Gut X eine lange Indexreihe, die die Preisentwicklung unter Umständen über Jahrzehnte beschreibt. Allerdings werden in diesem Fall von Periode zu Periode wechselnde Produktqualitäten einbezogen. Man denke zum Beispiel an das Gut „tragbares Musikabspielgerät" das zunächst durch den Kassettenrekorder, dann den Walkman und später den MP3-Player repräsentiert wurde. Offensichtlich stören in diesem Fall die variierenden Produktqualitäten und es stellt sich die Frage nach dem Informationswert derartiger Kettenindizes.

**2. Fall: Rückrechnung von Index C**

Bei der „Rückwärts-Rechnung" dient ebenfalls der jetzt (reziproke) Kehrwert aus den Indexwerten der überlappenden Perioden als Verkettungsfaktor. Unter der Annahme, dass diese Relation auch in der (den) nächsten vorhergehenden Periode (n) zutrifft, führt die Multiplikation dieses Faktors mit dem alten Index der Basis B zum zurückgerechneten Index der Basis C:

$$I_{C,2} = 120/130 \cdot 100 = 92$$

$$I_{C,1} = 92/120 \cdot 110 = 84$$

Preisindex des Gutes X, Basiszeitraum C

| Periode | 1 | 2 | 3 | 4 |
|---|---|---|---|---|
| $I_{C,t}$ | 84 | 92 | 120 | 100 |

Das bisherige Vorgehen beruht auf der Annahme, dass die aus den Indexwerten überlappender Jahre gebildeten Quotienten unabhängig sind vom jeweiligen Basiszeitraum.

Liegen mehrere überlappende Werte vor, kann diese Annahme überprüft und durch flexiblere Annahmen ersetzt werden.

▷ Sind die Quotienten entsprechender Indexwerte annähernd konstant, wird der oben dargestellte Ansatz präferiert.

▷ Stellt man fest, dass nicht die Quotienten, wohl aber die Differenzen entsprechender Indexwerte annähernd konstant sind, führt die Addition bzw. Subtraktion dieser Differenzen zu einer sachgerechteren Verknüpfung als die Verkettung über Proportionen.

▷ Sofern sich weder die Differenzen noch die Proportionen entsprechender Indexwerte stabilisieren, bietet sich eine Verknüpfung unter Verwendung beider Rechenoperationen an.

$$Y_{B,t} = a + b \cdot Y_{A,t}$$

Die Koeffizienten a und b werden hierbei mit Hilfe der in Kapitel 2.2 beschriebenen Regressionsrechnung ermittelt.

## 4.4 Globale Indizes, insbesondere Preisindizes

In den ersten drei Abschnitten dieser Einführung haben wir die Häufigkeitsverteilungen und die Entwicklung im Zeitablauf bestimmter statistischer Variablen untersucht und dargestellt. Dabei bildeten die Untersuchungsmerkmale wohldefinierter statistischer Objekte den Gegenstand der Betrachtung.

Häufig interessieren uns nun neben der Verteilung etwa der Preisnotierung eines bestimmten homogenen Gutes auch die eines ganzen Bündels ähnlicher Güter. Die Frage, auf welche Art und Weise die einzelnen Preisnotierungen dieser Güter in eine einzige Preismesszahl überführt werden kann, ist die zentrale Frage der (Preis-) Indexlehre.

*Globale Indizes (Indexzahlen i.e.S.) wollen Aussagen über eine Gruppe verschiedener, aber ähnlicher Merkmalswerte machen.*

In den Wirtschaftswissenschaften gilt dabei den folgenden Indizes besondere Aufmerksamkeit:

▷ Preisindizes
▷ Mengen- und Volumenindizes.

Wieder gilt, dass ihre Berechnung notwendigerweise mit einem Verlust der zugrundeliegenden Einzelinformation verbunden ist. Da es das Ziel und der Vorteil eines Index ist, eine Vielzahl gleichartiger Tatbestände in einer einzigen Zahl auszudrücken, wird dieser Verlust, ähnlich wie bei der Bestimmung eines Lageparameters, bewusst in Kauf genommen.

Zeitliche, regionale oder sachliche Unterschiede gleichartiger Erscheinungen können so in einer Weise verglichen und analysiert werden, wie das unter Zugrundelegung der oft nicht übersehbaren Fülle von Einzeldaten kaum möglich wäre.

Die Frage, wie nun z.B. Preisnotierungen zusammengefasst werden sollen, hängt davon ab, welches Erkenntnis- und Rechenziel verfolgt wird. Als Verwendungszwecke können unterschieden werden:

▷ Messung der Geldwertstabilität,
▷ Deflationierung von Wertgrößen,
▷ Messung von Wohlstandsveränderungen aufgrund von Preisänderungen.

Während die ersten beiden Verwendungszwecke mit einem (reinen) *Preisindex* in Verbindung gebracht werden können, kommt beim Wohlstandsaspekt der *Lebenshaltungskostenindex* ins Spiel.

**4.4.1          Grundgedanken und Symbolik**

Wenn der Politiker oder der Journalist von „der" Geldentwertung spricht, so steht dahinter - vielleicht ganz unbewusst - die Vorstellung, dass das Preisniveau ganz allgemein gemessen werden sollte und man so die „Inflationsrate" in einer einzigen Zahl ausdrücken könnte. [67] Für bestimmte volkswirtschaftliche Betrachtungen ist ein derartiger *Indikator des allgemeinen Preisniveaus* sicherlich von Nutzen. Wie aber hat man sich einen solchen *objektiven* Preisindex praktisch vorzustellen?

Denn Preise existieren für

▷  Waren und Dienstleistungen aller Art,
▷  Arbeits-, Kapital- und Unternehmerleistung,
▷  Grundstücke und Gebäude,
▷  Wertpapiere und Devisen.

Um einen solchen Index berechnen zu können, müssten also laufend alle Preise (Lohnsätze, Kurse, Zinssätze etc.) erhoben werden und es müssten Regeln formuliert werden, die angeben, mit welchen Gewichten die einzelnen Preisnotierungen in die Berechnung dieses Index eingehen sollen. Dies ist schon aus organisatorischen und kostenbedingten Gründen nicht möglich.

*Globale Preisindizes*, z.B. die der amtlichen Statistik, informieren den Benutzer über Preisunterschiede und Veränderungen in bestimmten abgegrenzten Bereichen der Wirtschaft. Sie liefern also keine allgemeine Information über „den Geldwert", sondern *beziehen sich stets auf bestimmte Ausgaben, Budgets oder Warenkörbe; sie messen* subjektive Preisniveaus, z.B. den

▷  Preisindex des Sozialprodukts,
▷  Preisindex für Investitionen,
▷  Preisindex für den privaten Verbrauch.

Der umfassendste Verbraucherpreisindex ist der Index für die Lebenshaltung *aller* privaten Haushalte für ganz Deutschland, der erstmals mit der Umstellung auf das Basisjahr 1991 berechnet wurde. Er tritt neben die entsprechenden Indizes für das frühere Bundesgebiet bzw. die neuen Länder und Berlin-Ost, aus denen er abgeleitet wird. Diese Preisindizes werden üblicherweise als „allgemeiner Inflationsmaßstab" verwendet.

---

67  Fürst, G.: Überblick über die Aufgaben und Probleme der Kaufkraftmessung, in: Sonderhefte zum Allgemeinen Statistischen Archiv, Heft 10: Messung der Kaufkraft des Geldes, Göttingen 1976, Seite 8.

Um die Verbrauchsgewohnheiten dieser Haushalte umfassend und detailliert zu erfassen, werden aus der Fülle des Güterangebots einige hundert ausgewählt, die stellvertretend den gesamten Verbrauch repräsentieren. *Die Gesamtheit dieser Preisrepräsentanten bildet den jeweiligen Warenkorb.* Der Warenkorb für die Verbraucherpreisindizes in der Bundesrepublik Deutschland umfasst zur Zeit etwa 750 Waren und Dienstleistungen.

Die Aufgabe der Berechnung globaler Indizes besteht also darin, die einzelnen Preisnotierungen der im jeweiligen Warenkorb vertretenen Waren zu einer globalen Preisziffer für den betrachteten Warenkorb insgesamt zusammenzufassen.

Zur Darstellung alternativer Indexkonstruktionen bzw. -schemata stützen wir uns auf ein einfaches Beispiel:

Die nachfolgende Tabelle enthält die Preise $p^i$ der drei Güter Äpfel, Birnen und Orangen für die Jahre 0 (= Basisjahr) und 10 (= Berichtsjahr) sowie die gemeldeten Verbrauchsmengen $q^i$ (i = 1, 2, 3). Unsere Aufgabe besteht darin, eine Aussage über die Preisveränderung des Warenkorbes „Obst" zu formulieren.

**Beispiel zur Demonstration alternativer Indexkonstruktionen**

|  | Äpfel | | | Birnen | | | Orangen | | | Summe | |
|---|---|---|---|---|---|---|---|---|---|---|---|
|  | $p^1$ | $q^1$ | $U^1=p^1q^1$ | $p^2$ | $q^2$ | $U^2$ | $p^3$ | $q^3$ | $U^3$ | $q^i$ | $U^i$ |
| t = 0 | 10 | 20 | 200 | 5 | 20 | 100 | 12 | 10 | 120 | 50 | 420,- |
| t = 10 | 15 | 10 | 150 | 10 | 25 | 250 | 20 | 20 | 400 | 55 | 800,- |

In obiger Tabelle und allen weiteren wird die folgende Notation benutzt: 0 = Basisjahr, t = Berichtsjahr, p = Preis, q = Menge, i = Einzelprodukt und Wr = jährliche Wachstumsrate. Der Summationsindex läuft in allen Fällen über i = 1, 2, ..., n.

Anmerkung: Hier wird also die zeitliche Preisentwicklung eines Warenkorbs untersucht. Analog ist vorzugehen, wenn nach regionalen Unterschieden gefragt ist. In diesem Fall beziehen sich die in der 1. Zeile aufgeführten Werte auf eine als Vergleichsmaßstab dienende (Referenz-) Region, deren Situation mit den in den nachfolgenden Zeilen aufgeführten Regionen zu vergleichen ist.

**Die (einfachen) Preismesszahlen der drei Produkte sind:**

$P_{o/t}^{1} = \frac{15,-}{10,-} = 1,50$     bzw. 150 % :     ∅ Wr = 4,1 %

$P_{o/t}^{2} = \frac{10,-}{5,-} = 2,00$     bzw. 200 % :     ∅ Wr = 7,2 %

$P_{o/t}^{3} = \frac{20,-}{12,-} = 1,67$     bzw. 167 % :     ∅ Wr = 5,2 %

Die Verbrauchsmengen haben sich wie folgt verändert:

$Q_{o/t}^{1} = \frac{10}{20} = 0,50$     bzw. 50 % :     ∅ Wr = - 6,7 %

$Q_{o/t}^{2} = \frac{25}{20} = 1,25$     bzw. 125 % :     ∅ Wr = 2,3 %

$Q_{o/t}^{3} = \frac{20}{10} = 2,00$     bzw. 200 % :     ∅ Wr = 7,2 %

Danach haben die Preise aller drei Obstsorten angezogen mit durchschnittlich 7,2% [68] Anstieg pro Jahr lag die Sorte 2 (= Birnen) an der Spitze dieser Entwicklung.

Um die Veränderung der Obstpreise insgesamt zu erfassen, könnten wir zunächst daran denken, die Ausgaben für Obst im Berichtsjahr mit denen im Basisjahr zu vergleichen.[69]

$$\frac{\sum U_t}{\sum U_o} = U_{o/t} = \frac{\sum\limits_{i}^{n} P_t^{i} \cdot q_t^{i}}{\sum\limits_{1}^{n} P_o^{i} \cdot q_o^{i}} = \frac{800,-}{420,-} = 1,905 \quad \text{bzw.}$$

$$\frac{\sum U_t}{\sum U_o} \cdot 100 = 190,5 \% ; \varnothing \, Wr = 6,7 \%$$

Dieser Vergleich besagt nun, dass die Ausgaben unseres Haushalts, die auf die Kategorie Obst entfallen, um 91 Indexpunkte bzw. im Jahresdurchschnitt um 6,7 Prozent gestiegen sind.

---

68  Zur Berechnung der durchschnittlichen Wachstumsraten vgl. Abschnitt 1.3.2.4.
69  Im folgenden wird aus Vereinfachungsgründen auf die explizite Berücksichtigung des Laufindex i verzichtet.

Unser Ziel, über die Preisentwicklung von Obst zu informieren, haben wir auf diesem Wege offensichtlich noch nicht erreicht, denn der Anstieg der Obstausgaben von 420,- auf 800,- ist nicht nur auf einen Anstieg der Verbraucherpreise zurückzuführen. Ein Teil der Umsatzvariation resultiert aus Nachfrageveränderungen.

▷ Der Verzehr von Obst insgesamt ist um 5 ME pro Jahr gestiegen.
▷ Der Verzehr von Äpfeln ist um 50 % gesunken, obwohl die Preise der Äpfel weniger stark gestiegen sind als die der übrigen Obstsorten.
▷ Der Konsum der vom Preisanstieg besonders betroffenen Birnen und Orangen hat sich überproportional erhöht.

Trotz dieses Einwandes ist die Information über den Anstieg der Ausgaben für Obst sicherlich von Interesse. Sofern man in t=10 die Nutzenstiftung des aktuellen Warenkorbes ebenso hoch einschätzt wie im Basisjahr den Nutzen des damaligen Warenkorbes, wird man die Ausgabensteigerung als Anstieg der Lebenshaltungskosten empfinden. Weil *Lebenshaltungskostenindizes* und *Preisindizes* offensichtlich unterschiedliche Zielsetzungen verfolgen, führt eine synonyme Verwendung beider Begriffe zu Missverständnissen. [70]

Indizes der *Lebenshaltungskosten* erfassen (mögliche) Veränderungen des Lebensstandards. *Preisindizes* ermitteln, ob ein bestimmter Geldbetrag ausreicht, um zu verschiedenen Zeitpunkten eine bestimmte Gütermenge zu erwerben.

Im folgenden interessieren uns nur Indexkonstruktionen, die ausschließlich Preisvariationen messen. Dabei gehen wir zunächst davon aus, dass Qualitätsänderungen bestehender Produkte vernachlässigt bzw. ausgeschlossen werden. Neue Produkte, die während der Berichtsperioden auf den Markt kommen, bleiben unberücksichtigt und von neuen Handelsformen, die möglicherweise Preisunterschiede zu den alten Vertriebsformen aufweisen, wird abgesehen.

### 4.4.2    Preis-Indextypen und -Schemata

Im ersten Abschnitt dieser Einführung in die Wirtschaftsstatistik haben wir die Beobachtungswerte statistischer Variablen zusammengefasst, um Anhaltspunkte über das Zentrum bzw. den Schwerpunkt von Häufigkeitsverteilungen zu gewinnen; diesen Mittelwert haben wir als charakteristischen typischen Wert stellvertretend für die Gesamtheit der Beobachtungswerte benutzt.

---

70  Zu diesem Missverständnis hat nicht zuletzt die amtliche Statistik selbst beigetragen, die seinerzeit einen Preisindex unter der Überschrift Index der Lebenshaltungskosten veröffentlicht hat.

Es leuchtet ein, dass wir nun versuchen werden, auch zur Messung des Preisniveaus einer Gruppe verschiedener, aber ähnlicher Güter, noch näher zu bestimmende Mittelwertkonstruktionen einzusetzen.

Der älteste Versuch einer Indexberechung stammt von *Dutot*, der die Summe der Preise von Waren zu zwei verschiedenen Zeitpunkten aufeinander bezog.

$$D : P_{o,t} = \frac{\sum P_t}{\sum P_o}$$

Sehr früh erkannte man die Unzulänglichkeit dieses Index. Er kann vollkommen verschiedene Werte annehmen, je nachdem welche Mengeneinheiten man bei den verschiedenen Waren der Berechnung zugrunde legt.

Wer sich an die Mittelung von Wachstumsraten bzw. Wachstumsfaktoren erinnert, wird dafür eintreten, die Messzahlen nicht arithmetisch sondern geometrisch zu mitteln. Der entsprechende Index wurde von *Jevons* vorgeschlagen.

$$J : P_{o,t} = \left( \pi \, \frac{P_t}{P_o} \right)^{\frac{1}{n}}$$

*Die heutigen Preisindizes sind gewogene Mittelwerte von Preismesszahlen, wobei als Gewichtungsfaktoren historische oder aber aktuelle Ausgabenanteile (relative Gewichte) eingesetzt werden.*

### 4.4.2.1    Carli-Preisindex

*Carli* versuchte, die allgemeine Preisveränderung durch Mittelung der drei Preismessziffern für Getreide, Wein und Öl zu erfassen, indem er das arithmetische Mittel der einzelnen Preismessziffern bildete.

$$C : P_{o,t} = \frac{1}{n} \cdot \sum \frac{P_t}{P_o} \quad = \frac{1,50 + 2,00 + 1,67}{3} = 1,72 \quad \text{bzw.} \quad 172,2\% \; : \quad \emptyset \, Wr = 5,6\,\%$$

Danach ist der Obstpreis während des Beobachtungszeitraums auf 172,2 % oder um 72,2 Indexpunkte bzw. um durchschnittlich 5,6 Prozent gestiegen.

Der offensichtliche Vorteil dieses Ansatzes besteht darin, dass die erwähnten strukturellen Veränderungen des Obstkonsums den Wert der Indexziffer nicht mehr beeinflussen. Unbefriedigend ist allenfalls, dass alle betrachteten Waren generell mit dem gleichen Gewicht in die Berechnung eingehen, obwohl sie u.U. völlig unterschiedliche Bedeutung für unseren Haushalt haben können.

Es ist einsichtig, dass für die Lebenshaltung beispielsweise die Ausgaben für die Haushaltsenergie von größerer Bedeutung sind als etwa der Verzehr von Erdnüssen.[71]

Will man bei der Berechnung eines globalen Preisindex die unterschiedliche Bedeutung der einzelnen Güter berücksichtigen, muss man die einzelnen Preismesszahlen gewichten, also zur Berechnung eines gewogenen arithmetischen Mittels übergehen.

$$P_{0/t} = \frac{\sum \frac{P_t}{P_0} \cdot w}{\sum w} \qquad\qquad w = \text{Gewichtsfaktoren}$$

Soll der Einfluss möglicher Strukturveränderungen ausgeschaltet bleiben, muss nun in der Basis- und in der Berichtsperiode das *gleiche* Wägungsschema benutzt werden. Diese Überlegung führt dazu, dass neben den tatsächlichen Ausgabengrößen

$$\sum U_t = \sum p_t \cdot q_t \qquad = 800,-$$
$$\sum U_0 = \sum p_0 \cdot q_0 \qquad = 420,- \qquad \text{Istwerte}$$

zusätzliche (fiktive) Budgets gebildet werden, auf die bei den folgenden Indexkonstruktionen zurückgegriffen wird.

| | | |
|---|---|---|
| $\sum p_t \cdot q_0$ | $= 700,-$ | müsste ein Haushalt in der Berichtsperiode bezahlen, wenn er den Warenkorb der Basisperiode kaufen wollte. (= Konservativer Konsument) |
| $\sum p_0 \cdot q_t$ | $= 465,-$ | müsste ein Haushalt in der Basisperiode bezahlen, wenn er den Warenkorb der Berichtsperiode kaufen wollte. (= Progressiver Konsument) |
| $\sum p_t \cdot \frac{(q_0 + q_t)}{2}$ | $= 750,-$ | müsste ein Haushalt in der Berichtsperiode bezahlen, wenn er die Durchschnittsmengen beider Perioden erwerben wollte. |
| $\sum p_0 \cdot \frac{(q_0 + q_t)}{2}$ | $= 442,50$ | müsste ein Haushalt in der Basisperiode bezahlen, wenn er die Durchschnittsmengen beider Perioden erwerben wollte. |

---

71  Unser Einwand richtet sich weniger gegen das historische Vorbild als gegen eine Verallgemeinerung des Konzepts. Carli bezog bewusst gerade die drei seinerzeit für italienische Verbrauchsgewohnheiten typischen Warengruppen in die Betrachtung ein.

### 4.4.2.2      Laspeyres-Preisindex [72]

Dieser Index ermittelt, ob unser Indexhaushalt mehr, ebensoviel oder weniger bezahlen muss, wenn er im Berichtsjahr dieselben Produkte wie im Basisjahr kaufen würde und wenn sich die Ausgabenanteile der Produkte im Berichtsjahr und Basisjahr entsprechen.

$$L: P_{o,t} \quad = \frac{\sum p_t \cdot q_0}{\sum p_0 \cdot q_0} \qquad \begin{aligned} &= \frac{700,-}{420,-} = 1,667 \ \text{bzw.} \\ &= 167\,\% \qquad (\varnothing \ \text{Wr} = 5,2\,\%) \end{aligned}$$

Danach ist der Obstpreis während der Beobachtungszeit auf 167 % oder um 67 Indexpunkte bzw. im Jahresdurchschnitt um 5,2 % jährlich angestiegen.

*Als Vorteile der Laspeyres-Konstruktion können genannt werden:*

▷  die einfache und kostengünstige Handhabung; bei laufenden Erhebungen erübrigt sich eine Neuermittlung der Warenkörbe, es sind lediglich die aktuellen Preise zu ermitteln,

▷  die für alternative Berichtsperioden berechneten Preisindizes sind direkt vergleichbar, da stets auf den Warenkorb des Berichtsjahres Bezug genommen wird.

*Nachteile der Laspeyres-Konstruktion* sind:

▷  Der Laspeyres-Index negiert im Interesse des reinen Preisvergleichs etwaige Qualitätsveränderungen der Produkte; daneben wird dem Markteintritt neuer und neuartiger Produkte nicht Rechnung getragen.

▷  Bei einer Aktualisierung des Warenkorbes, also einem Wechsel des Basisjahres, ergeben sich Interpretationsprobleme, da dann Indexzahlen mit unterschiedlichem Warenkorb verglichen werden.

---

72  Die Bezeichnungen Laspeyres und Paasche (vgl. Abschnitt 4.4.2.3) beziehen sich auf die Namen zweier Statistiker, die ihre Konzepte 1864 und 1871 in den Jahrbüchern für Nationalökonomie und Statistik veröffentlichten.

Neben der Aggregatsschreibweise des Laspeyres-Preisindex sind zwei weitere Schreibformen zu erwähnen

## Mittelwert mit allgemeinen Gewichten

$$L: P_{0,t} = \frac{\sum \frac{P_t}{P_0} \cdot w}{\sum w} \qquad \Bigg| \qquad w = p_0 \cdot q_0 = U_0$$

$$= \frac{\frac{15}{10} \cdot 200 + \frac{10}{5} \cdot 100 + \frac{20}{12} \cdot 120}{420} = \frac{700,-}{420,-} = 1{,}67 \quad \text{bzw. } 167\,\%$$

Arithmetisch gemittelt werden die einfachen *Preismesszahlen*; als Gewichte dienen die Umsätze der Produkte in der Basisperiode.

## Mittelwert mit normierten Gewichten

$$L: P_{0,t} = \sum \frac{P_t}{P_0} \cdot g \qquad \Bigg| \qquad g = \frac{p_0 \cdot q_0}{\sum p_0 \cdot q_0} = \frac{U_0}{\sum U_0}$$

$$= \frac{15}{10} \cdot \frac{200}{420} + \frac{10}{5} \cdot \frac{100}{420} + \frac{20}{12} \cdot \frac{120}{420}$$

$$= 1{,}67 \qquad \text{bzw. } 167\,\%$$

Als Gewichte *der Preismesszahlen* dienen die sich zu 100 % ergänzenden Umsatzanteile in der Basisperiode.

### 4.4.2.3    Paasche-Preisindex

Der Paasche-Index orientiert sich im Gegensatz zum Laspeyres-Ansatz an den Konsumgewohnheiten eines neuerungsfreudigen Konsumenten; er gewichtet deshalb die Preise mit den Mengen der jeweils aktuellen Berichtsperiode.

$$P: P_{0,t} = \frac{\sum p_t \cdot q_t}{\sum p_0 \cdot q_t} \qquad \begin{aligned} &= \frac{800,-}{465,-} = 1{,}72 \quad \text{bzw.} \\ &= 172\,\% \qquad (\emptyset\, \text{Wr} = 5{,}6\,\%) \end{aligned}$$

Danach ist der Obstpreis innerhalb der Referenzperiode auf 172 % oder um 72 Indexpunkte bzw. im Jahresdurchschnitt um 5,6 % angestiegen. Damit beantwortet der Paasche-Index die Frage, ob unser Index-Haushalt mehr, ebensoviel oder weniger bezahlen muss, wenn er bereits im Basisjahr dieselben Produkte kauft, wie später im Berichtsjahr und wenn sich die Ausgabenanteile der Produkte im Berichts- und Basisjahr entsprechen.

**Als Vorteile der *Paasche-Konstruktion* können genannt werden:**

▷  Sie reagieren spontan auf aktuelle Strukturveränderungen des Warenkorbes.
▷  Sie ermöglichen den direkten Vergleich mit der Preissituation in der Basisperiode.

**Nachteile der *Paasche-Konstruktion* sind:**

▷  Berechnungen von Paasche-Indizes sind vergleichsweise aufwendig, da für jede
   Berichtsperiode ein aktuelles Wägungsschema zu ermitteln ist.
▷  Paasche-Indizes benachbarter Berichtsperioden sind wegen des fortlaufenden
   Wechsels der Warenkörbe nicht vergleichbar. Verglichen wird jeweils nur die Situation in einer bestimmten Berichtsperiode mit jener in der Basisperiode. Störend ist
   hierbei besonders, dass man nicht über die historischen Preise derjenigen Güter
   verfügt, die sich erstmals in der Berichtsperiode im Warenkorb befinden.

Über das Verhältnis von Preisindexzahlen nach Laspeyres und nach Paasche, die
für übereinstimmende Basis- und Berichtsperioden berechnet werden, lassen sich
folgende Aussagen treffen: In der Regel sind bei überwiegenden Preissteigerungen
Laspeyres-Indizes größer als Preisindexzahlen nach Paasche. Dies gilt bei Annahme
eines rationalen Verbraucherverhaltens, wenn die (mengenmäßige) Nachfrage nach
den Gütern und Dienstleistungen ansteigt, deren Preise relativ sinken. In den Preisindexzahlen nach Laspeyres werden diese strukturellen Veränderungen des Warenkorbs wegen der festgeschriebenen Struktur des Basisjahres nicht erfasst (Laspeyres
Effekt).

Unser Demonstrationsbeispiel kann allerdings nicht als Beleg für diese Annahme
herangezogen werden. Mit +72 % liegt der Paasche-Index über dem Laspeyres-Index,
der lediglich einen Preisanstieg von +67 % signalisiert. Ein Ergebnis, das aber nach
der Skizzierung der Nachfrage- und Preisentwicklung unserer 3 Obstsorten zu Beginn
dieses Abschnitts zu erwarten war.

Neben der Aggregatschreibweise des Paasche-Preisindex sind weitere Schreibformen
zu erwähnen:

**Mittelwert mit allgemeinen Gewichten**

$$P: P_{o,t} = \frac{\sum \frac{p_t}{p_o} \cdot w}{\sum w} \qquad \bigg| \qquad w = p_o \cdot q_t$$

$$= \frac{\frac{15}{10} \cdot 100 + \frac{10}{5} \cdot 125 + \frac{20}{12} \cdot 240}{465} = \frac{800,-}{465,-} = 1{,}72 \ \text{ bzw. } 172\,\%$$

Arithmetisch gemittelt werden die einfachen *Preismesszahlen*, als Gewichte dienen die fiktiven Ausgaben eines Käufers, der den Warenkorb des Berichtsjahres zu Preisen des Basisjahres erwirbt.

**Mittelwert mit normierten Gewichten**

$$P: P_{o,t} = \sum \frac{p_t}{p_o} \cdot g \qquad \Bigg| \qquad g = \frac{p_o \cdot q_t}{\sum p_o \cdot q_t}$$

$$= \frac{15}{10} \cdot 0,215 \; + \; \frac{10}{5} \cdot 0,269 + \; \frac{20}{12} \cdot 0,516$$

$$= 1,72 \qquad \text{bzw. } 172 \, \%$$

Typisch für die bisherige Mittelwertschreibweise des Paasche-Index war der Rückgriff auf die nur schwer interpretierbaren fiktiven Größen $p_o \cdot q_t$. Darauf kann verzichtet werden, wenn man die Mittelwertkonstruktion wechselt und anstelle des arithmetischen Mittels *harmonische Mittelwerte* bestimmt.

**Mittelwert mit allgemeinen Gewichten**

$$P: P_{o,t} = \frac{\sum w}{\sum \frac{p_o}{p_t} \cdot w} \qquad \Bigg| \qquad w = p_t \cdot q_t = U_t$$

$$= \frac{800,-}{0,\overline{6} \cdot 150 + 0,5 \cdot 250 + 0,6 \cdot 400} = \frac{800,-}{465,-} \qquad = 1,72 \qquad \text{bzw. } 172 \; \%$$

**Mittelwert mit normierten Gewichten**

$$P: P_{o,t} = \frac{1}{\sum \frac{p_o}{p_t} \cdot g} \qquad \Bigg| \qquad g = \frac{U_t}{\sum U_t}$$

$$= \frac{1}{0,\overline{6} \cdot 0,1875 + 0,5 \cdot 0,3125 + 0,6 \cdot 0,5} = 1,72 \qquad \text{bzw. } 172 \, \%$$

### 4.4.2.4        Einige Sonderformen

Es gibt natürlich andere Möglichkeiten der Konstruktion von Index-Schemata. Er-
setzt man z.B. die sich bisher auf bestimmte Perioden beziehenden Mengen durch
Durchschnittsmengen über eine Reihe von Perioden, erhält man Indexzahlen nach
Lowe (erste Veröffentlichung 1823). In unserem Beispiel:

$$\text{Lowe: } P_{o,t} = \frac{\sum \frac{P_t}{P_o} \cdot w}{\sum w} \qquad\qquad w = p_o \cdot \frac{q_o + q_1}{2}$$

$$= \frac{750,-}{442,50} = 1{,}69 \text{ bzw.}$$

$$= 169\ \% \quad (\emptyset\ \text{Wr} = 5{,}4\ \%\ )$$

Der Laspeyres-Index kann als Spezialfall des Lowe-Index angesehen werden; die
für das Laspeyres-Konzept genannten Vor- und Nachteile gelten insoweit entsprechend. Das spezielle Charakteristikum der Lowe-Konstruktion besteht darin, dass das
Gewichtungsschema frei ist von den Besonderheiten einer bestimmten einzelnen
Periode. Die amtlichen Preisindizes der Lebenshaltung z.B. werden genau genommen
nach dieser Methode berechnet. Sie werden *monatlich* ermittelt; der konstante Warenkorb bezieht sich aber nicht etwa auf einen Monat der Zeitreihe, sondern benutzt,
wegen der saisonalen Verbrauchsschwankungen, einen Jahresdurchschnitt.

*Index nach Drobisch* = Arithmetische Kreuzung von Paasche- und Laspeyres-Index

$$\text{D: } P_{o/t} = 1/2\ (\text{L: } P_{o/t} + \text{P: } P_{o/t})$$

*Index nach Fisher* = Geometrische Kreuzung von Paasche- und Laspeyres-Index

$$\text{F: } P_{o/t} = \sqrt{\text{L: } P_{o/t} \cdot \text{P: } P_{o/t}}$$

Die *Indizes nach Marshal-Edgeworth* ergeben sich, wenn wir die für die Laspeyres- und
Paasche-Ansätze benutzten Gewichte kreuzen

arithmetische Kreuzung                          geometrische Kreuzunng

$$= \frac{\sum P_t \cdot \frac{q_t \quad q_o}{2}}{\sum P_o \cdot \frac{q_t + q_o}{2}} \qquad\qquad = \frac{\sum P_t \cdot \sqrt{q_o \cdot q_t}}{\sum P_o \cdot \sqrt{q_o \cdot q_t}}$$

Bei der großen Zahl möglicher Index-Schemata stellt sich naturgemäß die Frage nach
der optimalen Index-Konstruktion. Fisher versuchte bereits 1920, formale mathematische Kriterien aufzustellen. Heute neigt man dazu, inhaltliche Fragen (welches Ziel
verfolgt die jeweilige Indexbildung?) in den Vordergrund zu stellen.

### 4.4.3      Mengen- und Volumenindizes

Während bei den Preisindizes die Mengen für Basis- und Berichtszeit jeweils konstant gehalten werden, um die reine Preisentwicklung zu erfassen, werden bei den Mengenindizes, die eine Aussage über die durchschnittliche Mengenänderung treffen sollen, die Preise konstant gehalten.

Gewichtet man mit den Preisen der Basisperiode, erhält man den *Mengenindex nach Laspeyres*

$$L: M_{o,t} \quad = \frac{\sum q_t \cdot p_0}{\sum q_0 \cdot p_0}$$

$$= \frac{465}{420} = 1{,}107 \quad \text{bzw.}$$

$$= 110{,}7 \, \% \quad (\varnothing \, \text{Wr} = 1{,}0 \, \%)$$

Werden zur Gewichtung die Preise der Berichtsperiode herangezogen, erhält man den *Mengenindex nach Paasche*

$$P: M_{o,t} \quad = \frac{\sum q_t \cdot p_t}{\sum q_0 \cdot p_t}$$

$$= \frac{800}{700} = 1{,}143 \quad \text{bzw.}$$

$$= 114{,}3 \, \% \quad (\varnothing \, \text{Wr} = 1{,}3 \, \%)$$

Wirtschaftsstatistische Analysen sind teilweise auf nominale Größen wie z.B. das Einkommen der privaten Haushalte, das Steueraufkommen oder die Investitionsausgaben einer Branche angewiesen. Will man nun die reale Veränderung dieser Tatbestände im Zeitablauf analysieren, obwohl keine beobachtbaren Mengengrößen existieren, setzt dies eine Ausschaltung von Preisveränderungen voraus (Preisbereinigung, Deflationierung).

Diesen deflationierten Wertindex bezeichnet man als *Volumenindex*. Damit wird zum Ausdruck gebracht, dass man die reale Größe nicht „direkt", also als Mengenindex bestimmt, sondern über die Preisbereinigung einer Wertgröße ermittelt hat.

Die Preisbereinigung oder Deflationierung einer solchen Indexreihe erfolgt über die Beziehung

$$V_{o,t} = \frac{N_{o,t}}{P_{o,t}}$$

| | |
|---|---|
| $V_{o,t}$ | = Volumenindex (= realer Index) |
| $N_{o,t}$ | = nominaler Index oder Wertindex |
| $P_{o,t}$ | = Preisindex |

Im Rahmen der kurzfristigen Wirtschaftsbeobachtungen werden überwiegend Index-zahlen nach Laspeyres benutzt. Wie unser Demonstrationsbeispiel zeigt, erreichen wir unser Ziel, einen Volumen-Index nach Laspeyres dann, wenn wir die nominale Größe im Zähler des Quotienten durch einen Paasche-Preisindex teilen.

$$L: V_{o,t} = \frac{N_{o,t}}{P: P_{o,t}} = \frac{1,905}{1,720} = 1,107$$

*allgemein:*

$$L: V_{o,t} = \frac{\dfrac{\sum p_t \cdot q_t}{\sum p_o \cdot q_o}}{\dfrac{\sum p_t \cdot q_t}{\sum p_o \cdot q_o}} = \frac{\sum p_t \cdot q_t}{\sum p_o \cdot q_o} \cdot \frac{\sum p_o \cdot q_t}{\sum p_t \cdot q_t}$$

$$= \frac{\sum q_t \cdot p_o}{\sum q_o \cdot p_o}$$

*Die Deflationierung von nominalen Größen ist ein Hauptverwendungszweck von Paa-sche-Preisindizes.* Wird, weil entsprechende Paasche-Indizes nicht vorliegen, bei der Preisbereinigung ersatzweise auf Laspeyres-Indizes zurückgegriffen, ergeben sich Volumenindizes nach Paasche:

$$P: V_{o,t} = \frac{N_{o,t}}{L: P_{o,t}} = \frac{\sum q_t \cdot p_t}{\sum q_o \cdot p_t}$$

$$= \frac{1,905}{1,667} = \mathbf{1,143}$$

**4.4.4 Einige Probleme der amtlichen Preisstatistik**
**4.4.4.1 Wahl des Indexschemas**

In der amtlichen Preisstatistik werden insbesondere im Rahmen der kurzfristigen Berichterstattung bevorzugt Laspeyres-Konstruktionen eingesetzt, wobei Kostengesichtspunkte und schnelle Verfügbarkeit der Ergebnisse für diese Vorgehensweise ausschlaggebend sind.

**Paasche-Indizes werden insbesondere für folgende Zwecke benötigt:**

▷ Zur Kontrolle der Laspeyres-Preisindexzahlen werden (i.d.R. jährlich) Sonderrechnungen nach dem Paasche-Schema durchgeführt. Damit soll geprüft werden, ob die dem Laspeyres-Index zugrundeliegende Struktur des Basisjahres den aktuellen Verhältnissen des Berichtsjahres zumindest annähernd noch entspricht oder ob aufgrund des sogenannten Laspeyres-Effekts ein Wechsel des Basisjahres angezeigt ist.
  Anmerkung: Laspeyres-Effekt ist die Tendenz zur Überzeichnung der Preisentwicklung, die aus der ökonomischen Tatsache resultiert, dass Güter mit geringerem Preisanstieg verstärkt nachgefragt werden.
▷ Für die Deflationierung von Größen der volkswirtschaftlichen Gesamtrechnung (z.B. privater Verbrauch, Staatsverbrauch, Investitionen). Auf diesem Wege kann die Aufteilung von Größen der Sozialproduktsberechnung in eine mengenmäßige (reale) Komponente und eine die Preisentwicklung darstellende Komponente vorgenommen werden.

$$\underbrace{\frac{\sum p_t \cdot q_t}{\sum p_0 \cdot q_0}}_{\text{Wertindex}} = \underbrace{\frac{\sum p_0 \cdot q_t}{\sum p_0 \cdot q_0}}_{\substack{\text{Volumenindex vom Typ Las-}\\\text{peyres}}} \cdot \underbrace{\frac{\sum p_t \cdot q_t}{\sum p_0 \cdot q_t}}_{\substack{\text{Preisindex}\\\text{vom Typ Paasche}}}$$

**4.4.4.2 Wahl des Basisjahres und Aktualisierung des Warenkorbes**

Die Brauchbarkeit von Index-Zeitreihen als Indikatoren der wirtschaftlichen Entwicklung wird maßgeblich von der Aktualität der jeweiligen Gewichtung bestimmt. Aus dieser Sicht wäre also eine kontinuierliche Anpassung an die jeweilige Situation angezeigt. Andererseits beeinträchtigt ein häufiger Wechsel des Basisjahres das Bemühen des Statistikers um „lange Zeitreihen".

In der amtlichen Statistik werden Indexzahlen in der Regel in mehrjährigen Abständen Strukturveränderungen angepasst. Zur Bildung langer Zeitreihen wird dann versucht, die Indexreihen auf alter und neuer Basis zu verknüpfen bzw. zu verketten.

Dass diese Versuche nicht unproblematisch sind, zeigt beispielhaft die Aktualisierung des Warenkorbs in 1989. Denn wenn sich die Verbrauchsgewohnheiten ändern, muss auch der Warenkorb neu gefüllt werden. 1989 aufgenommen wurden z.B. Tennisschläger, bleifreies Benzin, Diätmargarine und Karottensaft. „Out" waren hingegen Schwarz-Weiß-Fernsehgeräte, Super-8-Filme und -Projektoren sowie Fruchtjoghurt. Neu waren Fertigpudding, elektrische Orgeln sowie die Leihgebühr für Videofilme. Als Ersatz für den Kassettenrekorder haben die Preisfahnder den Walkman aufgenommen, der Expander wurde vom Skateboard abgelöst. Eine Zusammenstellung einiger dieser Waren und Dienstleistungen zeigt die nachfolgende Übersicht.

**Ausgetauschte Positionen**

| | |
|---|---|
| ▷ Damen-Pelzmantel | › Damenmantel-Wolle |
| ▷ Heizkissen | › Heizdecke |
| ▷ Superbenzin, Markenware und Bedienung | › Superbenzin-Plus bleifrei, Markenware und Selbstbedienung |
| ▷ Heimcomputer | › PC |

**Gestrichene Positionen** / **Neue Positionen**

| Gestrichene Positionen | Neue Positionen |
|---|---|
| ▷ Schneiderarbeit | ▷ Kiwi |
| ▷ Dia-Rahmen | ▷ Mikrowellenherd |
| ▷ Feuersteine | ▷ Einwegfeuerzeug |
| ▷ Strickgarn | ▷ Disketten |
| ▷ Blitzlichtwürfel | ▷ Flaschenbier, alkoholfrei |
| ▷ Gas für Feuerzeuge | |

Verändert haben sich auch die Gewichte der bedeutendsten Positionen, das sind die Aufwendungen für Nahrungsmittel und Wohnungsmieten: Im neuen Warenkorb wurde die Position Mietaufwendungen wiederum mit einem höheren Anteil gewichtet. Entgegengesetzt verläuft der Trend bei den Lebensmitteln; 1950 gaben die Haushalte noch mehr als die Hälfte ihres Budgets für Nahrungsmittel aus, im neuen Warenkorb liegt dieser Ausgabenanteil mit nur noch 23 % bei weniger als einem Viertel.

Seit der im Februar 1999 vorgestellten Neuberechnung des Wägungsschemas für den Preisindex für die Lebenshaltung wird erstmalig die Preisbasis 1995=100 verwendet. Verglichen mit den früheren Entwicklungen haben sich die Konsumgewohnheiten der Verbraucher nur geringfügig verändert. Besonders höherwertige Waren und Dienstleistungen haben weiter an Bedeutung gewonnen, während der Anteil von Nahrungsmitteln noch einmal abgenommen hat.

Neben den bereits beschriebenen Anpassungen wurden bei der aktuellen Umstellung auch methodische Änderungen vorgenommen. So wurden z.B. die Wohnnebenkosten als eigenständiger Preisbestandteil erfasst. Da die Wohnnebenkosten (etwa Gebühren für Müllabfuhr, Wasser- und Abwasserversorgung) in den letzten Jahren deutlich stärker als die eigentlichen Wohnungsmieten gestiegen sind, trägt diese Maßnahme zur Stärkung der Transparenz bei.

**Wägungsschemata für den Preisindex für die Lebenshaltung aller privaten Haushalte[73]**

| Hauptgruppe | 1962 | 1970 | 1976 | 1980 | 1985 | 1991 |
|---|---|---|---|---|---|---|
| Nahrungs- u. Genussmittel | 398,48 | 333,30 | 266,72 | 249,33 | 229,89 | 224,90 |
| Bekleidung, Schuhe | 119,63 | 100,79 | 86,35 | 81,93 | 69,47 | 73,83 |
| Wohnungsmieten | 109,85 | 126,16 | 133,27 | 148,15 | 177,77 | 191,93 |
| Energie | 41,38 | 45,86 | 49,13 | 65,13 | 72,52 | 53,41 |
| Möbel, Haushaltsgeräte und andere Güter für die HH-Führung | 117,12 | 113,6 | 87,80 | 93,64 | 72,21 | 76,99 |
| Güter für Verkehr und Nachrichtenübermittlung | 77,47 | 105,37 | 147,13 | 142,63 | 144,03 | 167,85 |
| Güter für Körper- und Gesundheitspflege | 34,26 | 40,41 | 42,64 | 40,50 | 40,99 | 53,33 |
| Güter für Bildungs- und Unterhaltungszwecke | 64,28 | 60,72 | 90,96 | 84,68 | 83,71 | 91,66 |
| Güter für persönliche Ausstattung, Dienstl. des Beherbergungsgewerbes | 37,53 | 73,79 | 96,00 | 94,01 | 109,41 | 65,90 |
| Lebenshaltung insgesamt | 1.000 | 1.000 | 1.000 | 1.000 | 1.000 | 1.000 |

Die Anwendung der genannten Regel, nach der ein Wechsel des Basisjahres in etwa fünfjährigem Rhythmus vorgenommen wird, darf nicht mechanisch erfolgen. So wurde sie beispielsweise 1966 durchbrochen. Wegen der wirtschaftlichen Rezession schieden die Jahre 1966 und 1967 als neue Basisjahre aus. Wegen der Einführung der Mehrwertsteuer kam auch das Jahr 1969 nicht in Betracht. Nach der Umstellung 1985 hätte das nächste Basisjahr 1990 sein müssen, es konnte aber wegen der besonderen Situation nach der deutschen Vereinigung nicht realisiert werden, insbesondere weil die DM erst am 1.7.1990 die Mark der DDR als Zahlungsmittel abgelöst hat.

---

73 Weber, J.: Die Umstellung des Preisindex für die Lebenshaltung auf das Basisjahr 1995, in: Das Wirtschaftsstudium (WISU), 4/1999, S. 480.

**4.4.4.3      Berücksichtigung von Qualitätsänderungen**

Wir haben eingangs darauf hingewiesen, dass eine isolierte Messung der reinen Preisbewegung voraussetzt, dass wir den dem Vergleich zugrunde liegenden Warenkorb konstant halten. Konstanz des Warenkorbs bedeutet nun nicht allein Konstanz der einbezogenen Produktkategorien, sondern auch Konstanz der einbezogenen Qualitäten. Die Vergleichbarkeit wird also schon dadurch beeinträchtigt, dass im Zeitablauf mehr oder weniger regelmäßig Qualitätsänderungen auftreten.

Zu den Wirtschaftsbereichen, die eine deutlich wachsende Entwicklung aufweisen und deren Produkte zugleich einem rasanten technischen Wandel unterliegen, gehört sicherlich die elektronische Datenverarbeitung. Deren typische Wirtschaftsgüter wie der Computer selbst, die Geräteperipherie und externe Speichermedien erfahren in kurzen Zeitabständen derartige Qualitätssteigerungen, dass die Modelle bereits innerhalb eines Jahres häufig nicht mehr vergleichbar sind und vielfach als völlig neue Produkte gelten.

Aufgabe der Preisstatistik ist es, diese Qualitätsänderungen zu identifizieren und angemessen zu bewerten. Das Interesse an diesem Qualitätsproblem hat deutlich zugenommen, seitdem im Dezember 1996 ein Gutachten über Messfehler im amerikanischen Verbraucherpreisindex zu einer kontroversen Diskussion über die angemessene Vorgehensweise geführt hat.[74]

In Deutschland werden inzwischen „Fehler der Preisstatistik bei der Ausschaltung von Qualitätsänderungen" als wichtige Ursache für eine systematische Überzeichnung der tatsächlichen Teuerung durch den amtlichen Verbraucherpreisindex diskutiert.

---

74  Advisory Commission to study the Consumer Price Index (M.Boskin, E.Dulberger, R.Gordon, Z.Griliches, D: Jorgenson): Toward a more accurated Measure of the Cost of Living. Final Report to the Senate Finance Comittee Washington (1996).

# 5    Schlussbemerkung
## Zur Glaubwürdigkeit der Statistik

Der vorliegende Kurs verfolgt das Ziel, in die Grundlagen der Statistik einzuführen.

Wir hatten formuliert: Aufgabe der statistischen Methodenlehre ist es, Datensätze so aufzubereiten, dass sie überschaubar werden.

Jeder Zeitungsbericht, jedes Stammtischgespräch, jede Fernsehsendung enthält solche „statistisch untermauerten" Ergebnisse. Es finden sich Aussagen

▷  zur durchschnittlichen Zuschauerzahl einer Fernsehsendung,
▷  zu den besten TV-Spots,
▷  zu den Top Ten im Kino und auf Video und
▷  in einer Anzeige die Durchschnittswerte des Rauchs einer Zigarette nach ISO.

Es handelt sich offensichtlich immer um statistische Untersuchungen, die hier zitiert wurden. Aber es bleiben auch viele Fragen offen: Wie sind die Top Ten entstanden? Gilt die Aussage nur für Deutschland? Ab welchem Alter darf man an der Befragung teilnehmen? Welche TV-Spots gehören zu den untersuchten (auch die der ausländischen Sendeanstalten, die nur über Satellit empfangen werden können)? Diese Fragen lassen sich nur beantworten, wenn wir mehr über die Untersuchung erfahren.

Vor diesem Hintergrund werden Bemerkungen über die Statistik wie: „Damit lässt sich alles beweisen", „Ich traue nur Statistiken, die ich selbst gefälscht habe", „Die Steigerung von Notlüge und Lüge ist Statistik" verständlich. Andere wiederum behaupten, „die Statistik liefert exakte Gesetzmäßigkeiten und dient der Fortschreibung und Antizipation zukünftiger Entwicklungen" oder „Ohne statistische Auswertungen wie der Volkszählung lassen sich die Zukunftsaufgaben der Politik nicht bewältigen".

Zu welch unterschiedlichen Interpretationen schon der gleiche Tatbestand führen kann, zeigen auch die folgenden Grafiken, denen lediglich eine unterschiedliche Dimensionierung der Ordinate zugrundeliegt.

| | |
|---|---|
| 1. **Interpretation:** | Der Aktienindex hat am 23. Oktober kaum Schwankungen vollzogen.. |
| 2. **Interpretation:** | Die Aktienkurse unterlagen am 23. Oktober ausgeprägten Schwankungen; die Schlussnotierung lag deutlich unter dem Anfangskurs (ca. 5%). |

**Notierung des Aktienindex am 23. Oktober ...**

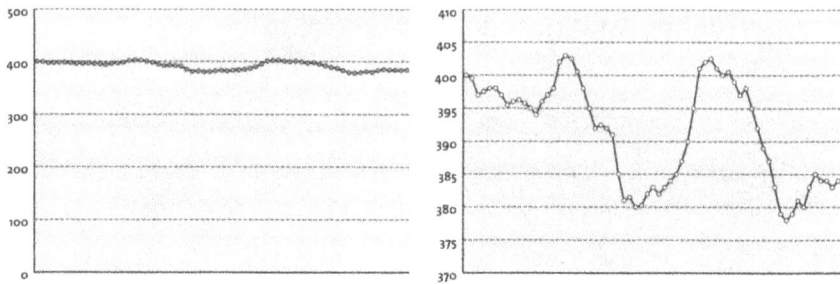

Immer älter

*Entwicklung der Lebenserwartung*
*bei Geburt von 1871 bis 1989 (in Jahren)*

|          | Männer | Frauen |
|----------|--------|--------|
| 1871/80  | 35,6   | 38,5   |
| 1881/90  | 37,2   | 40,3   |
| 1900/10  | 44,8   | 48,3   |
| 1924/26  | 56,0   | 58,8   |
| 1932/34  | 59,9   | 62,8   |
| 1946/47  | 57,7   | 63,4   |
| 1949/51  | 64,6   | 68,5   |
| 1960/62  | 66,9   | 72,4   |
| 1970/72  | 67,4   | 73,8   |
| 1984/86  | 71,5   | 78,1   |
| 1989     | 72,1   | 78,6   |

*Quelle : Statistisches Bundesamt*
*aus: ZEIT vom 13.10.1989*

Die immer wieder zitierte Entwicklung der Lebenserwartung vermittelt leicht den Eindruck, die Menschen seien vor hundert Jahren nur selten älter als 40 Jahre geworden. Sicher ist die durchschnittliche Lebenserwartung gestiegen. Der wesentliche Grund liegt aber in der geringeren Säuglings- und Kindersterblichkeit. Wer vor hundert Jahren die ersten kritischen Lebensjahre überwunden hatte, konnte auch ein hohes Lebensalter erwarten. Während nämlich damals noch etwa 25% aller Neugeborenen innerhalb des ersten Lebensjahres starben (um die Jahrhundertwende etwa 20%), beträgt die Quote heute unter 1%.

Den Vorwurf der fehlerhaften Interpretationen von Daten trifft nicht die Statistik. Die Auswahl geeigneter Informationen setzt Vorstellungen über die Wirkungszusammenhänge in der realen Umwelt voraus. Man spricht in diesem Zusammenhang auch von einer Theorie, die überprüft werden soll. Die Güte erhobener und aufbereiteter Daten und der daraus abgeleiteten Schlussfolgerungen wird daher in erster Linie von der Güte der Fragestellung bestimmt. Die Verantwortung hierfür trägt die jeweilige Fachdisziplin.

Viele sprechen auch dann gerne von fehlerhaften Statistiken, wenn sie Zusammenhänge nicht wahrhaben wollen: Trotz gesicherter Aussagen über die Schädlichkeit des Rauchens negiert der Raucher diese Information. Die Gefahr des Straßenverkehrs wird trotz Zehntausender von Toten häufig relativiert; der angetrunkene Autofahrer übersieht trotz gesicherter Kenntnisse über die nachlassende Reaktionsgeschwindigkeit die Gefahr, die von ihm ausgeht.

Häufig vernachlässigt der Anwender der Statistik aber nur unerwünschte Teile einer Untersuchung bzw. er betont die aus seiner Sicht wesentlichen Aspekte.

Besonders deutlich wird dieses Verhalten am Wahlabend. Der Politiker bestreitet zwar nicht den Misserfolg, findet jedoch sicher eine Kommunal-, Landtags-, Bundestags- oder Europawahl, zu der im Vergleich ein positives Ergebnis erreicht wurde. Unerwünschte Ergebnisse der Vergangenheit werden dabei übergangen, und es wird dennoch nicht gelogen.

War der Verlust besonders hoch, dann hilft vielleicht der Hinweis, der rückläufige negative Trend habe sich verlangsamt, z.B. 2005 zu 2001 -3 Prozentpunkte (nämlich von 10 % auf 7 %), 2009 zu 2005 aber nur noch -2,5 Prozentpunkte (von 7 % auf 4,5 %). Dass nun nur das Stammwählerpotential verblieben ist, wird verschwiegen.

Ein weiteres großes Problem liegt, so erscheint es uns, in der Auswahl der Bezugsbasis: Immer ist irgendwer oder irgendwas das Beste, Größte, Höchste, wenn man nur die Basis genügend einengt. Das Guiness-Buch der Rekorde ist ein einfaches Beispiel dafür: Da werden Leistungen im Dauerduschen hervorgehoben, Hocken auf einem Pfahl, Skatspielen unter Wasser. Besucher der USA sind über die zahlreichen Superlative verwundert: Carlsbad Caverns sind natürlich die größten Höhlen der Welt; der Grand Canyon ist der älteste, der Bryce Canyon der höchste, der Glen Canyon der mit dem meisten Wasser (zumindest im Staate Nevada). Las Vegas beheimatet das größte Hotel, der Old Faithful ist der am regelmäßigsten speiende Geysir, der General Foreman Tree der älteste Sequoia, Breckenridge hat den höchsten offenen Sessellift Nordamerikas.

Und dass Professoren älter werden als der Durchschnitt der Bevölkerung, erfreut uns zwar, liegt aber wohl mehr an unserem schon erreichten Lebensalter. Diesen Beruf ergreift man in der Regel nicht vor dem 35. Lebensjahr (wegen geforderter Promotion, Berufspraxis oder Habilitation); in der Stichprobe fehlen also alle, die es in dem Alter schon nicht mehr auf dieser Welt gibt, und die vielleicht auch alle gerne Professoren geworden wären.

# 6 PC-gestützte Datenanalyse mit SPSS

## 6.0 Einführung

Die Firma SPSS Inc. bietet seit 1989 das bekannte Statistikprogrammsystem SPSS auch für den PC an. Das ehemals in der Umgebung von größeren Rechnern eingesetzte Paket wurde damit auch dem neueren Bedarf angepasst. SPSS steht heute für „Superior Performing Software System", früher hieß es „Statistical Package for the Social Sciences".

Die Version 15.0, auf die wir uns hier beziehen, liegt seit Mai 2007 vor und hilft dem in der Statistik ausgewiesenen Fachmann sehr schnell bei den ersten Versuchen. Auch der Anfänger profitiert von der leichten Erlernbarkeit; natürlich muss er mit den entsprechenden statistischen Begriffen umgehen können.

Besonders bemerkenswert ist, dass die bei vielen anderen Programmen zu bemängelnde Eigenschaft, ohne Überprüfung der Plausibilität alles zu berechnen und insbesondere grafisch darzustellen, weitestgehend eingeschränkt wird.

Nach dem Aufruf von SPSS erscheint in etwa folgender Bildausschnitt:

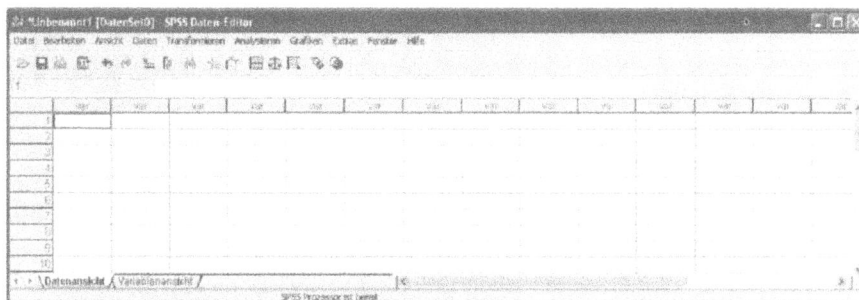

Grundsätzlich werden alle bekannten WINDOWS-Anweisungen unterstützt; das Laden und Speichern von Dateien, das Beenden des Programms, der Aufruf von Hilfefunktionen usw. entsprechen den WINDOWS -Konventionen.

Zunächst wird zwischen der Datenansicht und der Variablenansicht unterschieden. In der Datenansicht werden alle Werte eingegeben, bearbeitet und zur Auswertung vorbereitet. Die Vorgehensweise erinnert an Tabellenkalkulationsprogramme, ohne dass allerdings mit den einzelnen Zellen gerechnet werden kann; dies ist aber auch nicht notwendig.

Bei grafischen Auswertungen wird bei der weiteren Arbeit

▷  ein Ausgabemodul (SPSS Ausgabe-Navigator) kreiert.

Sollten weitere Änderungen an den Grafiken nötig sein, kann man durch einen Doppelklick auf die entsprechenden Grafiken

▷  ein Grafikmodul (SPSS Diagramm-Editor) öffnen.

Zusätzlich kann bei Bedarf ein Syntax-Fenster geöffnet werden, das den aus früheren
Versionen bekannten Programmcode enthält.

Der Wechsel zwischen diesen Modulen, das Rollen innerhalb der Fenster, die Speiche-
rung, das Öffnen entspricht auch hier den Konventionen von WINDOWS und braucht
an dieser Stelle nicht näher erläutert zu werden. Statt dessen soll anhand der folgenden konkreten Aufgaben in dieses leistungsfähige Programmsystem eingeführt
werden.

# 6.1     Erfassung und Aufbereitung von Datensätzen

**Aufgabe Nr. 1:**
**Erfassung einer Urliste und Erstellung der primären Verteilungstafel.**

Die n = 59 Altersangaben der Teilnehmer eines Statistikurses lauten wie folgt:

**Urliste**

| $j$ | 1 | 2 | 3 | 4 | 5 | 6 | 7 | 8 | 9 | 10 | 11 | 12 | 13 | 14 | 15 | 16 | 17 | 18 | 19 | 20 |
|-----|----|----|----|----|----|----|----|----|----|----|----|----|----|----|----|----|----|----|----|----|
| $b_j$ | 19 | 33 | 27 | 21 | 21 | 24 | 21 | 22 | 22 | 22 | 26 | 20 | 20 | 19 | 25 | 22 | 22 | 21 | 23 | 19 |

| $j$ | 21 | 22 | 23 | 24 | 25 | 26 | 27 | 28 | 29 | 30 | 31 | 32 | 33 | 34 | 35 | 36 | 37 | 38 | 39 | 40 |
|-----|----|----|----|----|----|----|----|----|----|----|----|----|----|----|----|----|----|----|----|----|
| $b_j$ | 28 | 19 | 20 | 22 | 22 | 25 | 19 | 21 | 21 | 23 | 24 | 24 | 20 | 20 | 21 | 23 | 32 | 22 | 24 | 35 |

| $j$ | 41 | 42 | 43 | 44 | 45 | 46 | 47 | 48 | 49 | 50 | 51 | 52 | 53 | 54 | 55 | 56 | 57 | 58 | 59 |
|-----|----|----|----|----|----|----|----|----|----|----|----|----|----|----|----|----|----|----|----|
| $b_j$ | 27 | 22 | 22 | 21 | 21 | 32 | 22 | 22 | 19 | 24 | 20 | 21 | 22 | 20 | 23 | 24 | 30 | 25 | 26 |

Erfassen Sie diese Urliste und erstellen Sie mit Hilfe von SPSS die primäre Häufigkeitsverteilung.

Bei SPSS müssen, bevor die Daten erfasst werden können, Variablen definiert werden.
Dies geschieht in der Variablenansicht:

Die Variablendefinition für das Beispiel sollte folgendermaßen aussehen:

Nach der Variablendefinition erfolgt die Dateneingabe. Jede Zeile definiert einen Fall,
so dass 59 Zeilen eingegeben werden müssen. Die Dateneingabe erfolgt dabei wie in
einem Tabellenkalkulationsprogramm. Die Eingabe der Variable id ist einfacher über
[DATEN], [DATUM DEFINIEREN] möglich; wählt man beispielsweise Jahre mit dem
ersten Jahr 1, so wird die Spalte entsprechend aufgefüllt.

Um die Dateneingabe zu kontrollieren, kann der Benutzer die Daten auf dem Bildschirm ansehen oder eine Datentabelle ausdrucken lassen.

Den Ausdruck der Eingabewerte erhält man im folgenden Menüpunkt [ANALYSIEREN],
[BERICHTE], [FÄLLE ZUSAMMENFASSEN]; dazu müssen die aufzulistenden Variablen
in die Variablenliste mit dem Pfeil übernommen werden.

Um die primäre Verteilungstafel zu erstellen, ist der Menüpunkt [ANALYSIEREN],
[DESKRIPTIVE STATISTIKEN], [HÄUFIGKEITEN] zu wählen.
SPSS öffnet das Fenster:

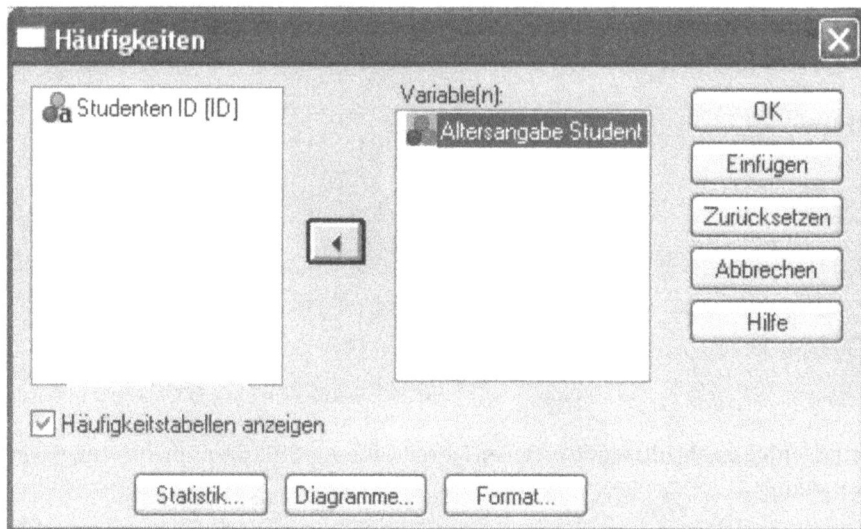

Übernommen wurde in die Variablenliste die Variable, die man auszählen möchte.
In unserem Beispiel ist es die Variable „alter".

Unter den Punkten [STATISTIK...] und [DIAGRAMME...] kann der Benutzer zusätzlich
zu seiner Häufigkeitsauszählung eine Analyse der statistischen Werte (z.B. artithme-
tisches Mittel, Modus u.a.) bzw. eine grafische Auswertung (Histogramm oder Balkendiagramm) hinterlegen.

Da in der Aufgabenstellung nur eine Häufigkeitsverteilung gefordert wurde, kann
man diese Punkte überspringen und sofort nach der Variablenbestimmung die [OK]
- Taste betätigen.


### Statistiken

Altersangabe Student

| N | Gültig | 59 |
|---|--------|----|
|   | Fehlend | 0 |

Anzumerken ist, dass ausschließlich jene Merkmalsausprägungen aufgeführt werden, für die Häufigkeiten vorliegen, die Liste weist also eventuell Lücken auf. In unserem Fall liegen folgende Altersangaben nicht vor: < 19, 29, 31, 34 und > 35.

**Altersangabe Student**

| | | Häufigkeit | Prozent | Gültige Prozente | Kumulierte Prozente |
|---|---|---|---|---|---|
| Gültig | 19 | 6 | 10,2 | 10,2 | 10,2 |
| | 20 | 7 | 11,9 | 11,9 | 22,0 |
| | 21 | 10 | 16,9 | 16,9 | 39,0 |
| | 22 | 13 | 22,0 | 22,0 | 61,0 |
| | 23 | 4 | 6,8 | 6,8 | 67,8 |
| | 24 | 6 | 10,2 | 10,2 | 78,0 |
| | 25 | 3 | 5,1 | 5,1 | 83,1 |
| | 26 | 2 | 3,4 | 3,4 | 86,4 |
| | 27 | 2 | 3,4 | 3,4 | 89,8 |
| | 28 | 1 | 1,7 | 1,7 | 91,5 |
| | 30 | 1 | 1,7 | 1,7 | 93,2 |
| | 32 | 2 | 3,4 | 3,4 | 96,6 |
| | 33 | 1 | 1,7 | 1,7 | 98,3 |
| | 35 | 1 | 1,7 | 1,7 | 100,0 |
| | Gesamt | 59 | 100,0 | 100,0 | |

**Aufgabe Nr. 2:**

**Erfassung einer primären Verteilungstafel und Erstellung der sekundären Verteilungstafel**

Die Altersangaben der n = 59 Studenten des Statistikkurses sind der folgenden Tabelle mit Angabe der absoluten Häufigkeiten ihres Auftretens zu entnehmen (primäre Verteilungstafel):

| lfd. Nr. i | Ausprägung $x_i$ (Jahre) | absolute Häufigkeiten $h_i$ |
|---|---|---|
| 1 | $x_1 = 19$ | $h_1 = 6$ |
| 2 | $x_2 = 20$ | $h_2 = 7$ |
| 3 | $x_3 = 21$ | $h_3 = 10$ |
| 4 | $x4 = 22$ | $h_4 = 13$ |
| 5 | $x_5 = 23$ | $h_5 = 4$ |
| 6 | $x_6 = 24$ | $h_6 = 6$ |
| 7 | $x_7 = 25$ | $h_7 = 3$ |
| 8 | $x_8 = 26$ | $h_8 = 2$ |
| 9 | $x_9 = 27$ | $h_9 = 2$ |
| 10 | $x_{10} = 28$ | $h_{10} = 1$ |
| 11 | $x_{11} = 29$ | $h_{11} = 0$ |
| 12 | $x_{12} = 30$ | $h_{12} = 1$ |
| 13 | $x_{13} = 31$ | $h_{13} = 0$ |
| 14 | $x_{14} = 32$ | $h_{14} = 2$ |
| 15 | $x_{15} = 33$ | $h_{15} = 1$ |
| 16 | $x_{16} = 34$ | $h_{16} = 0$ |
| 17 | $x_{17} = 35$ | $h_{17} = 1$ |
| $\Sigma$ | | $h_i = 59$ |

*Erfassen Sie die Daten diesmal unter Verwendung der absoluten Häufigkeiten $h_i$ und erstellen Sie die sekundäre Verteilungstafel. Überprüfen Sie dabei alternative Gruppierungsmöglichkeiten.*

Die Werte werden wie in der 1. Aufgabe, nachdem die Variablen angelegt worden sind, erfasst:

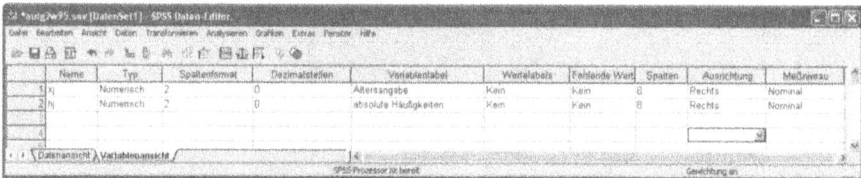

*Die Kontrolle der Dateneingabe erfolgt analog Aufgabe 1.*

Es soll nun folgende Gruppeneinteilung vorgenommen werden. Dabei ist darauf zu achten, dass beobachtete Merkmalswerte möglichst mit den Klassenmitten zusammentreffen; außerdem sollten die Klassengrenzen in schwach bzw. unbesetzte Bereiche der x-Achse platziert werden.

| Klasse | Untergrenze | Obergrenze |
|--------|-------------|------------|
| 1 | ... | bis 18 Jahren |
| 2 | von 19 Jahren | bis 20 Jahren |
| 3 | von 21 Jahren | bis 22 Jahren |
| 4 | von 23 Jahren | bis 24 Jahren |
| 5 | von 25 Jahren | bis 26 Jahren |
| 6 | von 27 Jahren | bis 28 Jahren |
| 7 | von 29 Jahren | bis 30 Jahren |
| 8 | von 31 Jahren | bis 32 Jahren |
| 9 | von 33 Jahren | bis 34 Jahren |
| 10 | von 35 Jahren | bis 36 Jahren |
| 11 | von 37 Jahren | ... |

SPSS stellt keine direkte Lösung zu diesem Problem vor. Wir können aber eine Klasseneinteilung durch Erzeugung einer neuen Variablen lösen. Dies geschieht über den Menüpunkt: [TRANSFORMIEREN], [UMKODIEREN], [IN ANDERE VARIABLEN...].

SPSS öffnet folgendes Fenster:

Unter „Eingabevar. -> Ausgabevar.:" muss man nun die Variable übernehmen, die man klassifizieren möchte, in unserem Fall „$x_j$".

Anschließend müssen wir die Ausgabevariable bestimmen. Hierzu schreiben wir in das Feld Name: „Gruppe" und in das Feld Beschriftung: „Gruppennummer". Wir übernehmen diese Daten mit dem Punkt [ZUWEISEN].

Über den Punkt [Alte und neue Werte...] gelangen wir zur eigentlichen Gruppeneinteilung.

**Eingabefolge für die Gruppeneingabe von .... bis 18**
▷  alter Wert: [BEREICH: Kleinster Wert bis]. Eingabe 18
▷  neuer Wert: Eingabe 1 (für 1. Gruppe)
▷  Knopf [HINZUFÜGEN] drücken => Umkodierung erscheint im rechten, mittleren Fenster

Das Ergebnis zeigt das folgende Fenster:

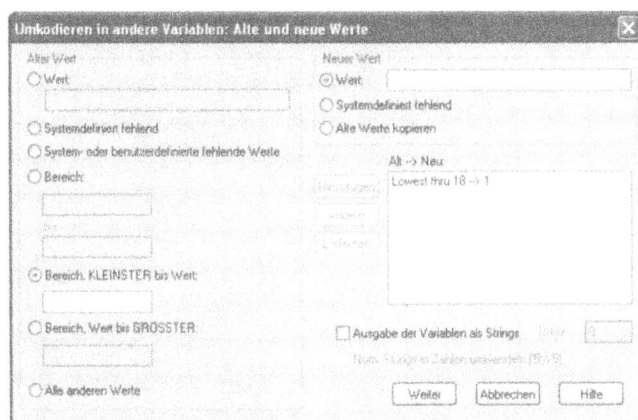

**Eingabefolge für die Gruppeneingabe von 19 bis 20**

▷  alter Wert: [BEREICH: von:....  bis:....]. Eingabe von: „19" und bis: „20"

▷  neuer Wert: Eingabe 2 (für 2. Gruppe)

▷  Knopf [HINZUFÜGEN] drücken => Umkodierung erscheint im rechten, mittleren
   Fenster


**u.s.w. bis Eingabefolge für die Gruppeneingabe von 37 bis ...**

▷  alter Wert: [BEREICH: ..... bis größter Wert]. Eingabe 37

▷  neuer Wert: Eingabe 11 (für 11. Gruppe)

▷  Knopf [HINZUFÜGEN] drücken => Umkodierung erscheint im rechten, mittleren
   Fenster


Wenn alle Gruppeneinteilungen vorgenommen worden sind, wird über [WEITER]
und [OK] die Gruppeneinteilung durchgeführt.

SPSS legt automatisch die Variable „gruppe" neu an. Um nun noch die einzelnen
Gruppennamen zu definieren, müssen die [WERTELABELS] in der Variablenansicht
eigeben werden. Unter „Wert" gaben wir für die 1. Gruppe „1" ein. Das dazugehörige
Label heißt „bis 18 Jahren". Entsprechend hinterlegen wir die anderen Gruppenbe-
zeichnungen. Das Fenster sieht nach den Eingaben folgendermaßen aus:

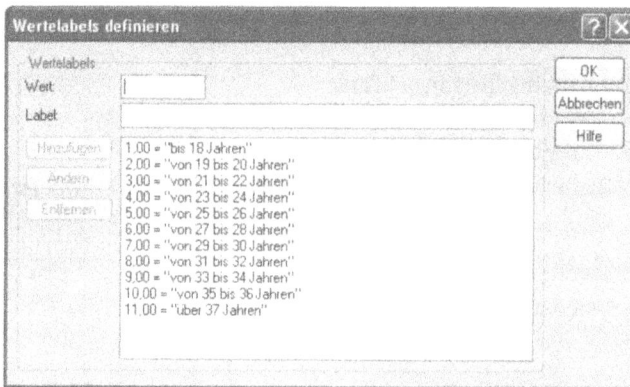

Der Vorgang kann vereinfacht werden, indem man immer wieder die gleiche Zeile
auswählt und nur die entsprechenden Werte verändert.

Um nun die Häufigkeitsauswertung der Variablen „gruppe" vorzunehmen, müssen wir
vorher die Fälle mit der absoluten Häufigkeit $h_j$ gewichten. Wenn dies nicht geschieht,
erhalten wir nur die Anzahl der Gruppen, jedoch nicht die Anzahl der Studenten (absolute Häufigkeit).

Die Gewichtung mit $h_j$ können wir unter den Menüpunkt [DATEN], [FÄLLE GEWICH-TEN...] vornehmen. Ob die Gewichtung ein- oder ausgeschaltet ist, können wir anhand der unteren Informationsleiste von SPSS sehen. Wenn die Gewichtung eingeschaltet ist, erscheint im unteren rechten Bereich das Feld „GEWICHTUNG AN". Die Häufigkeitsverteilung der gruppe erzeugt man wie schon in der Aufgabe 1 beschrieben.

**Gruppennummer**

| | | Häufigkeit | Prozent | Gültige Prozente | Kumulierte Prozente |
|---|---|---|---|---|---|
| Gültig | von 19 bis 20 Jahren | 13 | 22,0 | 22,0 | 22,0 |
| | von 21 bis 22 Jahren | 23 | 39,0 | 39,0 | 61,0 |
| | von 23 bis 24 Jahren | 10 | 16,9 | 16,9 | 78,0 |
| | von 25 bis 26 Jahren | 5 | 8,5 | 8,5 | 86,4 |
| | von 27 bis 28 Jahren | 3 | 5,1 | 5,1 | 91,5 |
| | von 29 bis 30 Jahren | 1 | 1,7 | 1,7 | 93,2 |
| | von 31 bis 32 Jahren | 2 | 3,4 | 3,4 | 96,6 |
| | von 33 bis 34 Jahren | 1 | 1,7 | 1,7 | 98,3 |
| | von 35 bis 36 Jahren | 1 | 1,7 | 1,7 | 100,0 |
| | Gesamt | 59 | 100,0 | 100,0 | |

Wenn wir zusätzliche Informationen über statistische Werte (Modus, Median usw.) erhalten wollen, müssen wir die Auswertungsvariable von „gruppe" auf „$x_j$" wechseln. Hierzu gehen wir wieder in das „Häufigkeiten" - Fenster und übernehmen die Variable „$x_j$" mit dem Pfeil in die Variablenliste. Die Variable „gruppe" löschen wir aus der Variablenliste. Im Fenster [STATISTIK...] wählen wir die Parameter aus, die wir betrachten wollen.

Nachdem wir mit [WEITER] wieder in das vorangegangene Fenster gewechselt sind, können wir das Kontrollfeld [Häufigkeitstabellen anzeigen] deaktivieren.

**Statistiken**

Altersangabe

| N | Gültig | 59 |
|---|---|---|
| | Fehlend | 0 |
| Mittelwert | | 23.00 |
| Standardfehler des Mittelwertes | | .471 |
| Median | | 22.00 |
| Modus | | 22 |
| Standardabweichung | | 3,620 |
| Varianz | | 13,103 |
| Schiefe | | 1.580 |
| Standardfehler der Schiefe | | .311 |
| Kurtosis | | 2.394 |
| Standardfehler der Kurtosis | | .613 |
| Spannweite | | 16 |
| Minimum | | 19 |
| Maximum | | 35 |
| Summe | | 1357 |

## 6.2      Statistische Analysen

**Aufgabe Nr. 3:**
**Häufigkeitsverteilung und Summenhäufigkeiten**

*Zeichnen und interpretieren Sie die Häufigkeitsverteilung und die Summenhäufigkeits-funktion der ungruppierten und gruppierten Altersangaben der Studenten.*

SPSS bietet alternative Formen für die Darstellung eindimensionaler Verteilungen, wobei sich die einzelnen Diagrammtypen nach ihrer Erstellung modifizieren lassen.

**a) Darstellung der ungruppierten Werte**

Wir kommen hier zu einem zentralen Problem von SPSS. Wenn wir eine grafische Auswertung über die Altersangaben erzeugen wollen, erhalten wir nur die Werte auf der X-Achse, die auch wirklich existieren. D.h. die Werte 29, 31 und 34 werden nicht abgebildet.

Wir können uns aber über einen Trick behelfen. Wir führen eine neue Variable „Gewicht" in dem Datenfenster aus Aufgabe 1 ein (Num7,5). Bei allen vorhandenen Werten tragen wir hier die Zahl „1" ein, vereinfacht über Kopieren.

Zusätzlich ergänzen wir die Urliste um die fehlenden Werte 29, 31 und 34 (id 60, 61, 62) und gewichten diese mit der Zahl „0,00001".

Anschließend gewichten wir die Fälle über den Menüpunkt [DATEN], [FÄLLE GEWICH-TEN...] mit der Variable „Gewicht".

Unser erstes Diagramm soll ein Stabdiagramm und einen Polygonzug beinhalten. Auch hier müssen wir wieder einen Trick anwenden. Wir wählen über [GRAFIKEN]; [BALKEN] ein einfaches Balkendiagramm (Auswertung über Kategorien einer Variab-len). Die Kategorienachse entspricht der Ausgangsvariable „alter". Wir wählen unter Bedeutung der Balken „Anzahl der Fälle...".

Die mit der [OK]-Taste erzeugte grafische Auswertung beinhaltet eine Balkenreihe. Um das Diagramm bearbeiten zu können, müssen wir darauf doppelklicken. Zur Darstel-lung des Polygonzuges werden zuerst die Balken durch ein Liniendiagramm ersetzt. Danach wird die Linie über die rechte Maustaste angeklickt und der Befehl „Hinzu-fügen Interpolationslinie – Gerade" ausgeführt. Durch erneutes Anklicken der Linie mit der rechten Maustaste wird der Befehl „Ändern in einfaches Balkendiagramm" ausgeführt. Dadurch entsteht jetzt das Balkendiagramm mit einem Polygonzug.

Wir erhalten folgendes Diagramm:

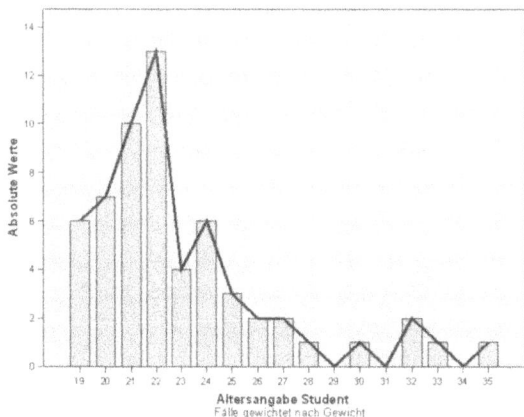

Das Diagramm kann noch weiter modifiziert werden.

Für die folgende Darstellung benötigen wir den Menüpunkt [GRAFIKEN], [LINIE]. Wir wählen ein einfaches Liniendiagramm mit den Kategorien einer Variablen aus. Bei der Definition der Grafik übergeben wir der Linie die Funktion „Kum. % der Fälle" (Kategorienachse alter).

Danach wird auf die Linie doppeltgeklickt und im Menuepunkt [INTERPOLATION] auf Stufe links gestellt.

Linienmarkierungen werden über [ELEMENTE], [LINIENMARKIERUNGEN EINFÜGEN] aktiviert.

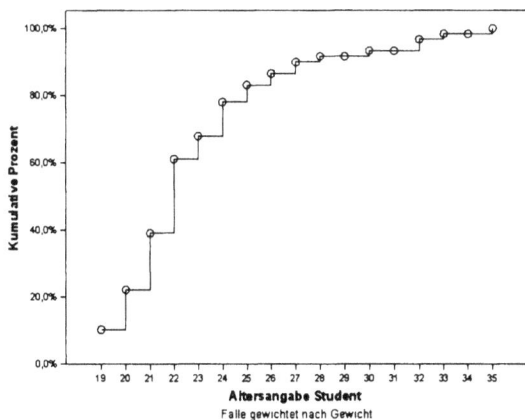

Treppen- und Verteilungsfunktionen informieren darüber, wie viele der statistischen Elemente eine bestimmte Merkmalsausprägung nicht überschreiten. So zeigt das obige Diagramm, dass mindestens 50 % der Studenten (exakt: 36 von 59) nicht älter als 22 Jahre sind. Will man erreichen, dass die Verteilungsfunktion an der Stelle $x_{max}$ = 35 den Wert 1 bzw. 100% erreicht, ist dafür zu sorgen, dass die Schritterhöhung an den linken Ecken vorgenommen wird.

### b) Darstellung der gruppierten Werte

Wir wählen hierzu die Daten der Aufgabe Nr. 2, in der die absoluten Häufigkeiten vorgegeben waren und wo wir eine Gruppeneinteilung vorgenommen hatten. Die weitere Vorgehensweise entspricht der bei ungruppierten Daten. Es muss dabei wieder auf die Fallgewichtung geachtet werden.

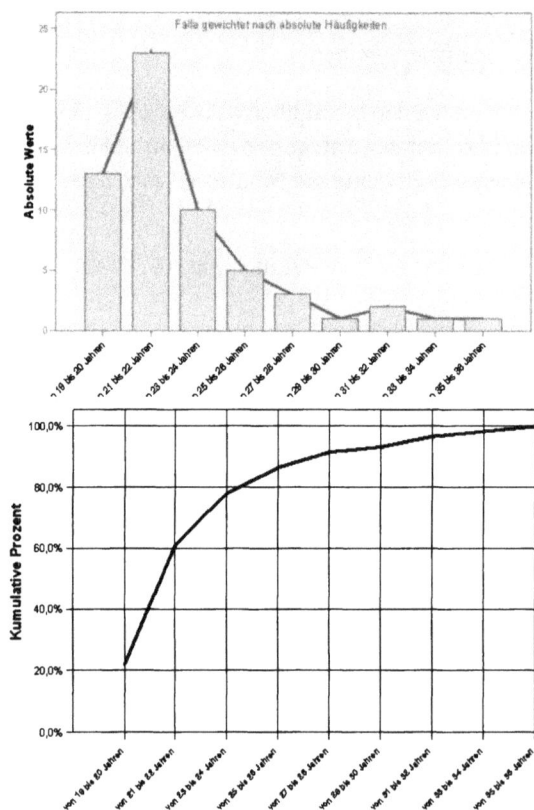

**Aufgabe Nr. 4:**
**Berechnung verschiedener statistischer Parameter.**

*Charakterisieren Sie die Altersverteilung der 59 Teilnehmer des Statistikkurses über statistische Parameter.*

Die abrufbaren statistischen Parameter können im Menüpunkt [ANALYSIEREN], [DESKRIPTIVE STATISTIK], [HÄUFIGKEITEN...] angesprochen werden. Hier erscheint ein Unterpunkt [STATISTIK...], den man aktiviert.

Es werden die den Parametern entsprechenden Rechtecke markiert. Mit der [WEITER] - Taste kehren wir wieder in das Hauptmenü zurück. Hier deaktivieren wir das Feld "Häufigkeitstabelle anzeigen". Nach Übernahme der Auswertungsvariable "alter" in die Variablenliste und durch Drücken der [OK] - Taste erhalten wir folgende Auswertung:

**Statistiken**

Altersangabe

| N | Gültig | 59 |
|---|---|---|
| | Fehlend | 0 |
| Mittelwert | | 23,00 |
| Standardfehler des Mittelwertes | | .471 |
| Median | | 22,00 |
| Modus | | 22 |
| Standardabweichung | | 3,620 |
| Varianz | | 13,103 |
| Schiefe | | 1,580 |
| Standardfehler der Schiefe | | .311 |
| Kurtosis | | 2,394 |
| Standardfehler der Kurtosis | | .613 |
| Spannweite | | 16 |
| Minimum | | 19 |
| Maximum | | 35 |
| Summe | | 1357 |
| Perzentile | 25 | 21,00 |
| | 50 | 22,00 |
| | 75 | 24,00 |

**Aufgabe Nr. 5:**
**Analyse einer eindimensionalen empirischen Verteilung.**

Angenommen, eine Industriebranche besteht aus insgesamt n=5 Betrieben. Deren Bedeutung wird am Jahresumsatz X der Betriebe gemessen und kann wie folgt dargestellt werden:

| Betrieb j | 1 | 2 | 3 | 4 | 5 |
|---|---|---|---|---|---|
| Umsatz x$_j$ | 200 | 200 | 400 | 400 | 800 |

*a) Erfassen Sie die Daten mit Hilfe von SPSS.*

Bevor die Fälle in die Zeilen eingegeben werden, müssen, wie schon in den vorherigen Aufgaben, zuerst die Variablen definiert werden.

| Variable 1 | | Variable 2 | |
|---|---|---|---|
| Variablenname : | betrieb | Variablenname : | umsatz |
| Var. Typ : | String1 | Var. Typ : | Numerisch 4.0 |
| Var. Label : | Betriebsnummer | Var. Label : | Jahresumsatz/Mio DM |
| Werte Labels : | keine | Werte Labels : | keine |
| Missing Werte : | keine | Missing Werte : | keine |
| Ausrichtung : | linksbündig | Ausrichtung : | rechtsbündig |

*b) Charakterisieren Sie die Verteilung über statistische Parameter und interpretieren Sie die Ergebnisse.*

Über den Menüpunkt [ANALYSIEREN], [DESKRIPTIVE STATISTIK], [HÄUFIGKEITEN...] können wieder im Punkt [STATISTIK...] die gewünschten statistischen Parameter ausgewählt werden.

Durch [WEITER] gelangen wir wieder in das Hauptmenü „Häufigkeiten" zurück. Nun müssen wir noch die auszuwertende Variable bestimmen und diese in die Variablenliste übernehmen. Dies geschieht, indem wir die Variable „umsatz" markieren und mit dem Pfeil in die Variablenliste überführen.

Um keine zusätzliche Häufigkeitsauswertung zu erhalten, deaktivieren wir das Feld „Häufigkeitstabelle anzeigen". Anschließend lässt sich die Auswertung abrufen.

**Statistiken**

Umsatz

| N | Gültig | 5 |
|---|---|---|
| | Fehlend | 0 |
| Mittelwert | | 400.00 |
| Standardfehler des Mittelwertes | | 109.545 |
| Median | | 400.00 |
| Modus | | 200$^a$ |
| Standardabweichung | | 244.949 |
| Varianz | | 60000.000 |
| Spannweite | | 600 |
| Minimum | | 200 |
| Maximum | | 800 |
| Summe | | 2000 |

a. Mehrere Modi vorhanden. Der kleinste Wert wird angezeigt

*c) Ermitteln, zeichnen und interpretieren Sie die Häufigkeitsverteilung und die Summenhäufigkeitsfunktion.*

Die Vorgehensweise entspricht der unter b), nur dass hier keine Parameter ausgewählt werden. Das Feld "Häufigkeitstabelle anzeigen" wird aktiviert.

Wir erhalten folgende Auswertung:

**Statistiken**

Jahreswerte in Mio. EUR

| N | Gültig | 5 |
|---|---|---|
|  | Fehlend | 0 |

**Jahreswerte in Mio. EUR**

|  |  | Häufigkeit | Prozent | Gültige Prozente | Kumulierte Prozente |
|---|---|---|---|---|---|
| Gültig | 200 | 2 | 40.0 | 40.0 | 40.0 |
|  | 400 | 2 | 40.0 | 40.0 | 80.0 |
|  | 800 | 1 | 20.0 | 20.0 | 100.0 |
|  | Gesamt | 5 | 100.0 | 100.0 |  |

Die grafische Darstellung der Häufigkeitsverteilung als Streifen- und Streckendiagramm wird erzeugt, indem unter [ANALYSIEREN], [DESKRIPTIVE STATISTIK], [HÄUFIGKEITEN] als Grafik nicht das Balkendiagramm, sondern das Histogramm ausgewählt wird. Nach Doppelklicken auf dem Diagramm und den Histogrammen wird unter dem Menüpunkt [BEARBEITEN], [EIGENSCHAFTEN] [OPTIONEN FÜR HISTORAMME] die Anzahl der Intervalle mit 40 und die Intervallbreite mit 20 definiert.

**Histogramm**

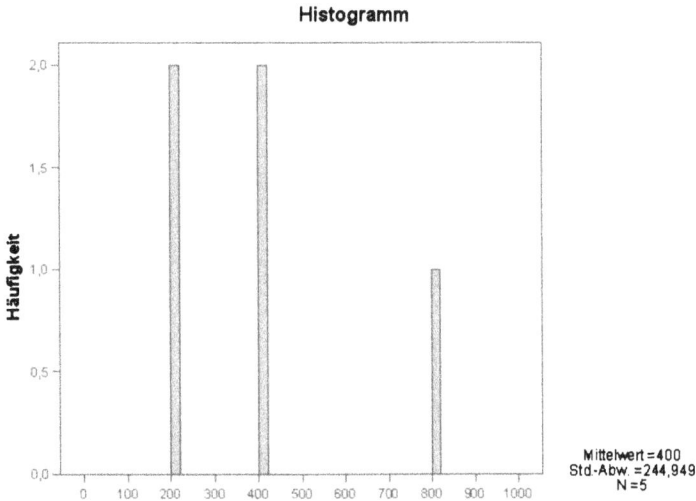

Mittelwert = 400
Std-Abw. = 244,949
N = 5

Zusätzlich wollen wir einen Treppenzug für die Umsätze der 5 Unternehmen erzeugen.

Im „DATENANSICHT" - Fenster des Menüpunkts [GRAFIKEN], [LINIE...]. wählen wir das einfache Liniendiagramm mit Kategorien einer Variablen aus.

In das Feld Kategorienachse übernehmen wir die Variable „umsatz". Anschließend wird in dem Feld „Linie entspricht" der Punkt „Kum. % Fälle" aktiviert, so dass eine kumulierte Linienfunktion entsteht.

Um einen Treppenzug zu erzeugen, müssen wir anschließend die erzeugte Grafik modifizieren. Dies geschieht, indem man zuerst einmal auf das Diagramm doppelklickt.

Danach wird auf die Linie doppeltgeklickt und im Menuepunkt [INTERPOLATION] auf Stufe links gestellt. Damit ein durchgängiger Kurvenzug entsteht, wurden die Umsätze 0 und 1000 mit einem sehr geringen Gewicht (vgl. Aufgabe 3) hinzugefügt. Zusätzlich wurde die Y-Achse auf 100 % gesetzt, indem im Menüpunkt [BEARBEITEN], [Y_ACHSE AUSWÄHLEN] der Bereich von 0 (Minimum) bis 100 (Maximum) definiert wird.

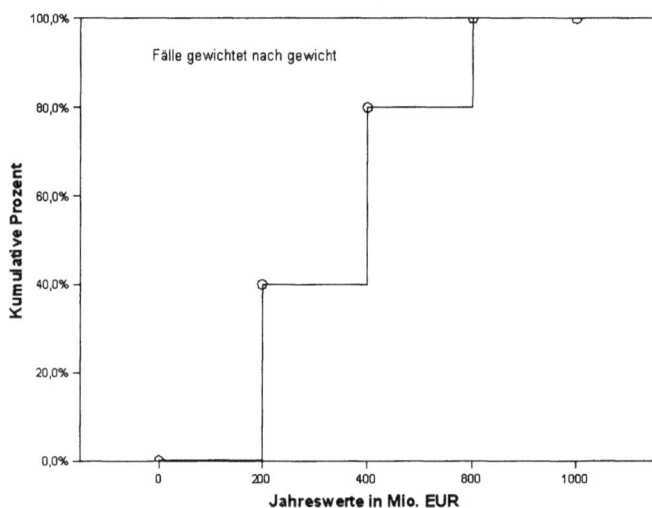

*d) Erstellen Sie ein Kreisdiagramm für die Umsatzanteile der einzelnen Betriebe. Stellen Sie den Anteil des größten Betriebes heraus, indem Sie das entsprechende „Kuchenstück" grafisch vom Kreisdiagramm absetzen ! Erstellen Sie alternativ auch ein Säulendiagramm.*

Grafische Darstellungen sollen statistische Tabellen verdeutlichen. Zu diesem Zweck werden neben rechtwinkligen Koordinatensystemen häufig auch Kreis- und Säulendiagramme eingesetzt. Weil auf diese Weise mögliche Fehlinterpretationen der Merkmalsachse vermieden werden, bieten sich diese Darstellungsformen insbesondere dann an, wenn ordinal- oder nominalskalierte Merkmalswerte diskutiert werden.

Wir erstellen das Kreisdiagramm über den Menüpunkt [GRAFIKEN], [KREIS...]. Dazu definieren wir ein Kreisdiagramm mit Kategorien einer Variablen. Nicht vergessen dürfen wir, wieder auf die ungewichteten Originaldaten zurückzugreifen. Dazu löschen wir die wegen der besseren Darstellung hinzugefügten Zeilen im Datenfenster über [BEARBEITEN], [LÖSCHEN].

Die Segment Variable ist der „umsatz" und den Segmenten entsprechen die Anzahl der Fälle. Wir öffnen das Diagramm durch doppelklicken, um die Grafik weiter zu modifizieren. Zuerst einmal wollen wir die Werte der einzelnen Segmente einfügen. Dies geschieht über einen Klick der rechten Maustaste auf das Diagramm. Dann ist zu wählen [DATENBESCHRIFTUNG EINBLENDEN].

Das Segment mit dem größten Betriebsanteil können wir hervorheben, indem wir das entsprechende Segment (800 Mio Umsatz) anklicken, so dass dieses markiert ist. Anschließend wählen wir über die rechte Maustaste, [KREISSEGMENT AUSRÜCKEN].

**Betriebsgrößenstruktur in einer Branche mit 5 Unternehmen**

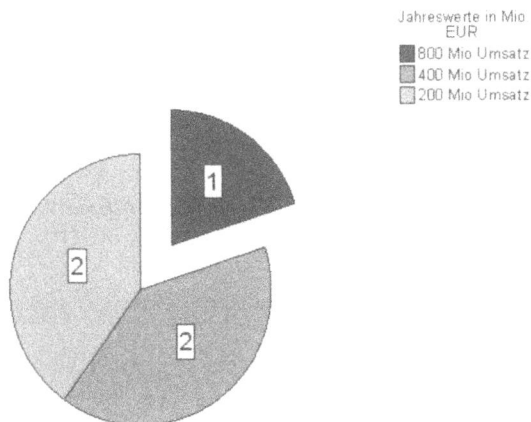

Das Säulendiagramm erhalten wir über [GRAFIKEN], [BALKEN].

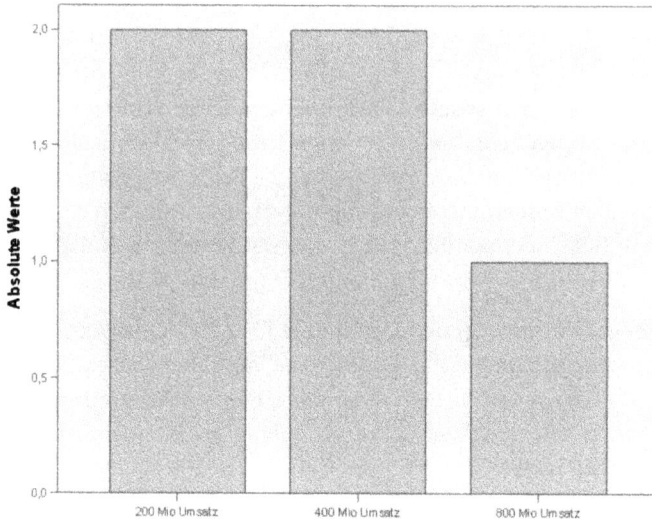

## Aufgabe Nr. 6:
### Berechnung einer Einfachregression

Im Rahmen einer Untersuchung über die Einflussgrößen des Energieverbrauches wurden für 10 ausgewählte Haushalte die folgenden Werte (Jahresdurchschnitte) ermittelt:

X:       monatliches Nettoeinkommen (in 1.000 EUR)

Y:       monatliche Ausgaben für Elektrizität (in 100 EUR)

| Haushalte | 1 | 2 | 3 | 4 | 5 | 6 | 7 | 8 | 9 | 10 | Summe |
|---|---|---|---|---|---|---|---|---|---|---|---|
| Einkommen | 0,50 | 0,70 | 0,90 | 1,10 | 1,30 | 1,60 | 1,90 | 2,50 | 3,00 | 3,50 | 17,00 |
| Ausgaben für Elektrizität | 0,40 | 0,40 | 0,60 | 0,70 | 0,60 | 0,70 | 0,90 | 1,10 | 1,20 | 1,30 | 7,90 |

*Ermitteln und definieren Sie die lineare KQ - Regressionsfunktion und stellen Sie die Ergebnisse grafisch dar !*

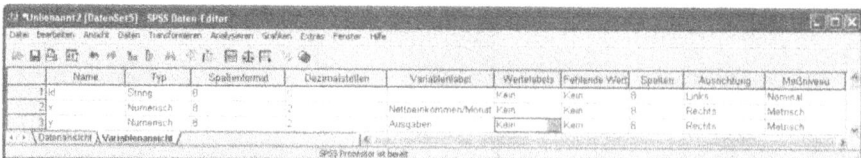

Nach erfolgter Variablendefinition und Dateneingabe ist die lineare KQ-Regressionsfunktion wie folgt zu ermitteln:

Der Menüpunkt [ANALYSIEREN], [REGRESSION], [LINEAR] wird ausgewählt. Die abhängige Variable ist „Y" (Ausgaben) und die unabhängige Variable „X" (Einkommen). Die
Übernahme erfolgt wieder mit dem Pfeil.

Wir erhalten folgende Auswertung:

## Regression

### Aufgenommene/Entfernte Variablen[b]

| Modell | Aufgenommene Variablen | Entfernte Variablen | Methode |
|---|---|---|---|
| 1 | Nettoeinkommen /Monat[a] | . | Eingeben |

a. Alle gewünschten Variablen wurden
   aufgenommen.

b. Abhängige Variable

### Modellzusammenfassung

| Modell | R | R-Quadrat | Korrigiertes R-Quadrat | Standardfehler des Schätzers |
|---|---|---|---|---|
| 1 | ,981[a] | ,962 | ,957 | 6,673E-02 |

a. Einflußvariablen : (Konstante), Nettoeinkommen/Monat

### ANOVA[b]

| Modell | | Quadratsumme | df | Mittel der Quadrate | F | Signifikanz |
|---|---|---|---|---|---|---|
| 1 | Regression | ,893 | 1 | ,893 | 200,606 | ,000[a] |
| | Residuen | 3,563E-02 | 8 | 4,453E-03 | | |
| | Gesamt | ,929 | 9 | | | |

a. Einflußvariablen : (Konstante), Nettoeinkommen/Monat

b. Abhängige Variable

### Koeffizienten[a]

| Modell | | Nicht standardisierte Koeffizienten | | Standardisierte Koeffizienten | T | Signifikanz |
|---|---|---|---|---|---|---|
| | | B | Standardfehler | Beta | | |
| 1 | (Konstante) | ,261 | ,043 | | 6,078 | ,000 |
| | Nettoeinkommen/Monat | ,311 | ,022 | ,981 | 14,164 | ,000 |

a. Abhängige Variable

Die lineare KQ-Regressionsfunktion lautet demnach $y_i = 0{,}26 + 0{,}31\,x_i$

Um zusätzlich eine grafische Auswertung zu erhalten, wählen wir unter dem Menü-
punkt: [GRAFIKEN], [STREUDIAGRAMM...], einen einfachen Scatterplot. Auf der Y-Achse
sollen die Ausgaben Y und auf der X-Achse das Einkommen X abgebildet werden. Nach
Öffnen des Diagramm-Editors mittels Doppelklick kann die Kurvenanpassung und die
Y-Mittelwertlinie zur Linearen Regression durch Betätigen der rechten Maustaste unter
[HINZUFÜGEN ANPASSUNGSLINIE BEI GESAMTWERT] vorgenommen werden.

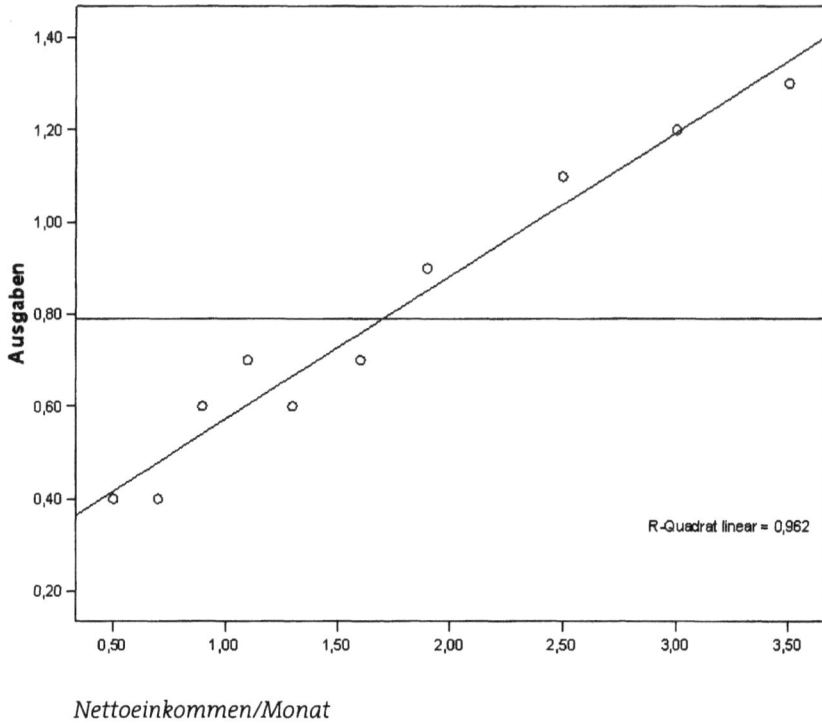

*Nettoeinkommen/Monat*

Anhand der Analyse der Residuen kann überprüft werden, ob die gewählte Funktionsform zur Beschreibung des Zusammenhangs geeignet ist oder ob eventuell eine anderer Funktionstyp spezifiziert werden muss. Die Projektionslinien zeigen sehr deutlich, dass die Residuen unregelmäßig um die Regressionsgerade streuen, so dass man eine ausreichende Spezifizierung der Einfachregression unterstellen kann.

**Aufgabe Nr. 7:**

**Auswertung von Kontingenztabellen**

Angenommen, wir beobachten 75 Kinder im Vorschulalter und halten fest, ob die Jungen ($y_1$) und Mädchen ($y_2$)vorzugsweise mit einer Puppe ($x_1$) oder einem Auto ($x_2$) spielen.

Die empirische Verteilung $\overset{\circ}{h}_{ij}$ lautet:

| Geschlecht<br>Spielzeug | $y_1$: Jungen | $y_2$: Mädchen | Summe: |
|---|---|---|---|
| $x_1$: Puppe | 5 | 20 | 25 |
| $x_2$: Auto | 40 | 10 | 50 |
| Summe: | 45 | 30 | 75 |

Um diese empirische Kontingenztabelle zu erfassen, müssen wir zuerst die Variablen definieren, es werden folgende Label-Werte hinterlegt:

| **Variable x** | **Variable y** |
|---|---|
| 1 = Puppe | 1 = Jungen |
| 2 = Auto | 2 = Mädchen |

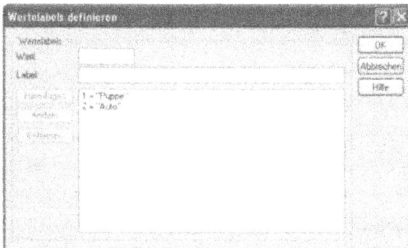

Bei der dritten Variable „anzahl" geben wir die Wertepaare ein.

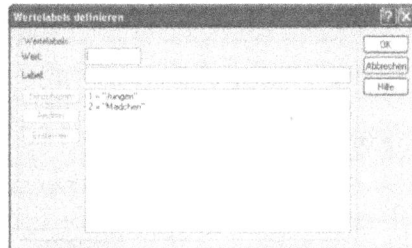

```
aufg7b_neu.sav [DatenSet0] - SPSS Daten-Editor          [_][□][X]
Datei  Bearbeiten  Ansicht  Daten  Transformieren  Analysieren  Grafiken  Extras  Fenster  Hilfe
```

| | x | y | Anzahl | var | var | var | v |
|---|---|---|---|---|---|---|---|
| 1 | Puppe | Jungen | 5 | | | | |
| 2 | Puppe | Mädchen | 20 | | | | |
| 3 | Auto | Jungen | 40 | | | | |
| 4 | Auto | Mädchen | 10 | | | | |
| 5 | | | | | | | |

```
◄ ► \Datenansicht /Variablenansicht /                    |< >|
                                          SPSS Prozessor ist bereit
```

Die Auswertung starten wir wiederum mit dem Menüpunkt [ANALYSIEREN],
[DESKRIPTIVE STATISTIK], [KREUZTABELLEN]. Wir definieren die statistischen Werte
wie in der ersten Aufgabenhälfte (nach der Anzahl gewichtet):

```
■ Fälle gewichten                                              [X]

                      ○ Fälle nicht gewichten         [    OK    ]
                      ⊙ Fälle gewichten mit           [ Einfügen ]
                           Häufigkeitsvariable:       [Zurücksetzen]
                      [ ► ]  ⫸ Anzahl                 [ Abbrechen ]
                                                      [   Hilfe   ]
                      Aktueller Status: Fälle gewichten mit
```

und erhalten folgende Auswertung:

## Kreuztabellen

**Art des Spielzeuges * Geschlecht Kreuztabelle**

Anzahl

| | | Geschlecht | | Gesamt |
|---|---|---|---|---|
| | | Jungen | Mädchen | |
| Art des Spielzeuges | Puppe | 5 | 20 | 25 |
| | Auto | 40 | 10 | 50 |
| Gesamt | | 45 | 30 | 75 |

**Chi-Quadrat-Tests**

| | Wert | df | Asymptotische Signifikanz (2-seitig) | Exakte Signifikanz (2-seitig) | Exakte Signifikanz (1-seitig) |
|---|---|---|---|---|---|
| Chi-Quadrat nach Pearson | 25,000[b] | 1 | ,000 | | |
| Kontinuitätskorrektur[a] | 22,563 | 1 | ,000 | | |
| Likelihood-Quotient | 25,891 | 1 | ,000 | | |
| Exakter Test nach Fisher | | | | ,000 | ,000 |
| Anzahl der gültigen Fälle | 75 | | | | |

a. Wird nur für eine 2x2-Tabelle berechnet

b. 0 Zellen (,0%) haben eine erwartete Häufigkeit kleiner 5. Die minimale erwartete Häufigkeit
ist 10,00.

Richtungsmaße

| | | | Wert | Asymptoti scher Standardf ehler[a] | Näherung sweises T[b] | Näherung sweise Signifikanz |
|---|---|---|---|---|---|---|
| Nominal- bzgl. Nominalmaß | Lambda | Symmetrisch | .455 | .135 | 2.685 | .007 |
| | | Art des Spielzeuges abhängig | .400 | .170 | 1.868 | .062 |
| | | Geschlecht abhängig | .500 | .118 | 3.198 | .001 |
| | Goodman-und-Kruskal-Tau | Art des Spielzeuges abhängig | .333 | .111 | | .000[c] |
| | | Geschlecht abhängig | .333 | .110 | | .000[c] |
| | Unsicherheitskoeffizient | Symmetrisch | .264 | .093 | 2.790 | .000[d] |
| | | Art des Spielzeuges abhängig | .271 | .095 | 2.790 | .000[d] |
| | | Geschlecht abhängig | .256 | .092 | 2.790 | .000[d] |

a. Die Null-Hyphothese wird nicht angenommen.

b. Unter Annahme der Null-Hyphothese wird der asymptotische Standardfehler verwendet.

c. Basierend auf Chi-Quadrat-Näherung

d. Chi-Quadrat-Wahrscheinlichkeit für Likelihood-Quotienten.

## Symmetrische Maße

| | | Wert | Näherung sweise Signifikanz |
|---|---|---|---|
| Nominal- bzgl. Nominalmaß | Phi | -,577 | ,000 |
| | Cramer-V | ,577 | ,000 |
| | Kontingenzkoeffizient | ,500 | ,000 |
| Anzahl der gültigen Fälle | | 75 | |

a. Die Null-Hyphothese wird nicht angenommen.

b. Unter Annahme der Null-Hyphothese wird der asymptotische Standardfehler verwendet.

**Aufgabe Nr. 8:**
**Auswertung von Rangkorrelationstabellen**

Für eine Gruppe von 6 Studenten soll untersucht werden, ob ihre in der Vorprüfung festgestellten Rangnummern (X) dem späteren Ergebnis im Examen (Y) entsprechen.

| Student | Rangplatz im Vorexamen X | Diplomergebnis Noten | Rangplatz |
|---------|------|-------|-------|
| 1 | 1 | 1 | 1 |
| 2 | 4 | 2+ | 3 |
| 3 | 3 | 1- | 2 |
| 4 | 5 | 4 | 6 |
| 5 | 6 | 3 | 5 |
| 6 | 2 | 3+ | 4 |
| Summe | 21 | – | 21 |

Die Abhängigkeit zwischen einem ordinalen Merkmal und einem weiteren, zumindest ordinal skalierten Merkmal wird als Rangkorrelation bezeichnet; die entsprechende Mehrfeldertafel heißt dementsprechend Rangkorrelationstabelle. Ihre Auswertung erfolgt über den Menüpunkt [ANALYSIEREN], [KORRELATION], [BIVARIAT].

Hier werden 3 Rangkorrelationsmaße angeboten:

▷ Pearson
▷ Kendalls tau-b
▷ Spearman

Die statistische Auswertung über den Spearman - Rangkorrelationskoeffizienten sieht folgendermaßen aus:

**Korrelationen**

| | | | Rangplatz im Vorexamen | Rangplatz (Neu) |
|---|---|---|---|---|
| Spearman-Rho | Rangplatz im Vorexamen | Korrelationskoeffizient | 1,000 | ,771 |
| | | Sig. (2-seitig) | . | ,072 |
| | | N | 6 | 6 |
| | Rangplatz (Neu) | Korrelationskoeffizient | ,771 | 1,000 |
| | | Sig. (2-seitig) | ,072 | . |
| | | N | 6 | 6 |

**Aufgabe Nr. 9:**
**Auswertung von Korrelationstabellen**

Die Abhängigkeit zwischen kardinalen Untersuchungsmerkmalen wird als Korrelation im engeren Sinne bezeichnet. Die errechneten Korrelationsmaße werden in Form einer Matrix bereitgestellt.

Zur Verdeutlichung dieser Vorgehensweise kommen wir noch einmal auf unsere 10 Haushalte zurück, deren Einkommen (X) und Ausgaben für Elektrizität (Y) wir bereits im Rahmen der Regressionsanalyse analysiert haben.

Ein Erklärungsmodell y = f $(x_1)$ ist naturgemäß unvollständig. Neben dem genannten

▷   Haushaltseinkommen $(x_1)$

bestimmen u.U. auch andere Faktoren den Energieverbrauch, z.B.

▷   die Anzahl der Haushaltsmitglieder $(x_2)$ oder
▷   die Größe der Wohnung $(x_3)$

*Stellen Sie mit Hilfe von SPSS den Korrelationskoeffizienten zwischen diesen Untersuchungsmerkmalen zu einer Tabelle zusammen. Nehmen Sie an, der folgende Datensatz charakterisiere unsere 10 Haushalte:*

| Haushalt (j) | 1 | 2 | 3 | 4 | 5 | 6 | 7 | 8 | 9 | 10 | Summe |
|---|---|---|---|---|---|---|---|---|---|---|---|
| Ausgaben für Elektrizität | 0,40 | 0,40 | 0,60 | 0,70 | 0,60 | 0,70 | 0,90 | 1,10 | 1,20 | 1,30 | 7,90 |
| Einkommen $(x_{1j})$ | 0,50 | 0,70 | 0,90 | 1,10 | 1,30 | 1,60 | 1,90 | 2,50 | 3,00 | 3,50 | 17,00 |
| Haushaltsmitglieder $(x_{2j})$ | 1 | 1 | 1 | 2 | 3 | 2 | 3 | 2 | 3 | 1 | 19 |
| Größe der Wohnung in m² $(x_{3j})$ | 25 | 30 | 18 | 45 | 62 | 35 | 79 | 65 | 80 | 100 | 539 |

Nach der Datendefinition und -eingabe, bei der auf die Wertetafel aus Aufgabe 6 zurückgegriffen werden kann, ermöglichen die Kopfspalten und -zeilen der erscheinenden Korrelationsmatrix zunächst eine Identifikation der Messwertreihen. Die Korrelationstabelle selbst informiert uns über:

▷   den Wert des Korrelationskoeffizienten (z.B. $r_{yx1}$ = 0,981),
▷   den Umfang der statistischen Masse (n = 10 Elemente),
▷   das Signifikanzniveau des Korrelationskoeffizienten.

Wenn Signifikanzniveauwerte kleiner als 0,005 ausgewiesen werden, kann von einer deutlichen Korrelation gesprochen werden.

Diesem Anspruch genügen in unserem Beispiel die Beziehungen

▷   $Y = f(X_1)$ und
▷   $Y = f(X_3)$

**Korrelationen**

| | | Ausgaben für Elektrizität | Nettoeinkommen/Monat | Haushalts mitglieder | Größe der Wohnung |
|---|---|---|---|---|---|
| Korrelation nach Pearson | Ausgaben für Elektrizität | 1.000 | ,981** | ,312 | ,868** |
| | Nettoeinkommen/Monat | ,981** | 1.000 | ,288 | ,890** |
| | Haushaltsmitglieder | ,312 | ,288 | 1.000 | ,472 |
| | Größe der Wohnung | ,868** | ,890** | ,472 | 1.000 |
| Signifikanz (2-seitig) | Ausgaben für Elektrizität | | ,000 | ,380 | ,001 |
| | Nettoeinkommen/Monat | ,000 | | ,419 | ,001 |
| | Haushaltsmitglieder | ,380 | ,419 | | ,168 |
| | Größe der Wohnung | ,001 | ,001 | ,168 | |
| N | Ausgaben für Elektrizität | 10 | 10 | 10 | 10 |
| | Nettoeinkommen/Monat | 10 | 10 | 10 | 10 |
| | Haushaltsmitglieder | 10 | 10 | 10 | 10 |
| | Größe der Wohnung | 10 | 10 | 10 | 10 |

**. Die Korrelation ist auf dem Niveau von 0.01 (2-seitig) signifikant.

Demnach ist davon auszugehen, dass neben der Einkommenssituation auch die Größe der Wohnung den Verbrauch an elektrischer Energie maßgeblich beeinflusst. Allerdings wird auch deutlich, dass ein signifikanter Zusammenhang auch für die Beziehung Einkommen <-> Wohnungsgröße ermittelt wird ($r_{x_1 x_3}$ = 0,890); ein Aspekt, der bei der Konstruktion eines multiplen Schätzansatzes zu berücksichtigen wäre.

**Aufgabe Nr. 10:**
**Berechnung von Zeitreihenkomponenten**

Gegeben seien Quartalswerte einer Zeitreihe.

*Gefragt sind Aussagen über die langfristige Grundrichtung der Reihe, die konjunkturelle Situation, das Saisonmuster sowie die saisonbereinigten Zeitreihenwerte.*

SPSS benötigt für das Zeitreihenmodul mindestens 4 aufeinanderfolgende Jahre.

| Quartale | I | II | III | IV |
|---|---|---|---|---|
| Jahr 1 | 89 | 51 | 58 | 141 |
| Jahr 2 | 172 | 111 | 110 | 181 |
| Jahr 3 | 219 | 126 | 106 | 172 |
| Jahr 4 | 255 | 120 | 98 | 196 |

Zuerst definieren wir eine Werte-Variable. Anschließend muss eine Zeitkomponente angelegt werden. Dieses geschieht über den Menüpunkt [DATEN], [DATUM DEFINIE-REN...]. Hier kann man die gewünschte Zeitkomponente einstellen z.B. Jahr, Quartal oder Jahr, Monat usw.

Für unsere Zeitreihe stellen wir die Zeitkomponente auf Jahre, Quartale ein. Wir tragen anschließend den 1. Fall ein, d.h. Jahr = 1991 und Quartal = 1.

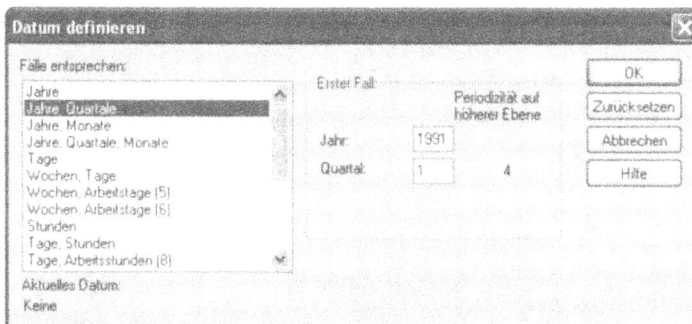

Wir finden die saisonale Zerlegung im Menüpunkt [ANALYSIEREN], [ZEITREIHEN], [SAISONALE ZERLEGUNG...].

SPSS bietet uns die Möglichkeit, zwischen den saisonalen Verknüpfungen multiplikativ und additiv zu wählen.

In die Variablenliste muss die Variable übernommen werden, die zerlegt werden soll. In unserem Fall ist es die Variable „werte". Die Gewichtung der gleitenden Durchschnitte kann entweder über alle Punkte gleich sein, oder so, dass die Endpunkte mit 0,50 gewichtet werden. Wir wählen für unser Beispiel die additive Verknüpfung mit der genannten Gewichtung.

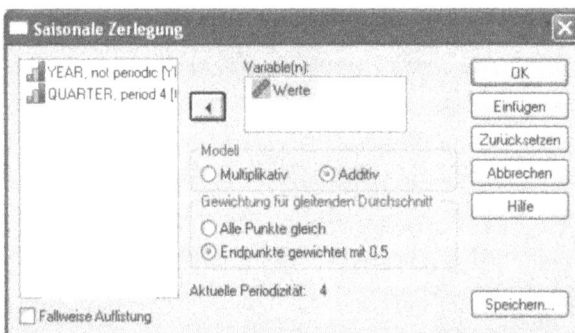

In der Ausgabedatei wird folgendes Ergebnis erzeugt:

**Modell-Beschreibung**

| Modell | | MOD_1 |
|---|---|---|
| Modelltyp | | Additiv |
| Bezeichnung der Zeitreihe   1 | | Werte |
| Länge der Saison-Periode | | 4 |
| Berechnungsmethode für gleitende Durchschnitte | | Spanne gleich der Periodizität plus 1 und Endpunkte mit 0.5 gewichtet |

Die Modellspezifikationen aus MOD_1 werden angewendet

**Saisonale Faktoren**

Bezeichnung der Zeitreihe: Werte

| Periode | Saisonaler Faktor |
|---|---|
| 1 | 64.021 |
| 2 | -36.271 |
| 3 | -45.646 |
| 4 | 17.896 |

Die folgenden Saisonwerte wurden also von SPSS ermittelt:

| Quartale | I | II | III | IV |
|---|---|---|---|---|
| Saisonwert | 64,021 | -36,271 | -45,646 | 17,896 |

Um eine fallweise Auflistung der Werte zu erhalten, aktivieren wir im Menü der „Saisonalen Zerlegung" den Button „Fallweise Auflistung".

**Saisonale Zerlegung**

Bezeichnung der Zeitreihe: Werte

| DATE | Originäre Zeitreihe | Moving-Average-Reihe | Abweichung (Differenz) der originären von der Moving-Average-Zeitreihe | Saisonaler Faktor | Reihe mit Saison-Korrektur | Geglättete Trend-Zyklus Reihe | Irregulare Komponente (Fehler) |
|---|---|---|---|---|---|---|---|
| Q1 1991 | 89.000 | | | 64.021 | 24.979 | 59.912 | -34.933 |
| Q2 1991 | 51.000 | | | -36.271 | 87.271 | 71.965 | 15.306 |
| Q3 1991 | 58.000 | 95.13 | -37.125 | -45.646 | 103.646 | 96.072 | 7.574 |
| Q4 1991 | 141.000 | 113.00 | 28.000 | 17.896 | 123.104 | 114.123 | 8.981 |
| Q1 1992 | 172.000 | 127.00 | 45.000 | 64.021 | 107.979 | 124.887 | -16.907 |
| Q2 1992 | 111.000 | 138.50 | -27.500 | -36.271 | 147.271 | 139.475 | 7.796 |
| Q3 1992 | 110.000 | 149.38 | -39.375 | -45.646 | 155.646 | 150.072 | 5.574 |
| Q4 1992 | 181.000 | 157.13 | 23.875 | 17.896 | 163.104 | 157.789 | 5.315 |
| Q1 1993 | 219.000 | 158.50 | 60.500 | 64.021 | 154.979 | 158.109 | -3.130 |
| Q2 1993 | 126.000 | 156.88 | -30.875 | -36.271 | 162.271 | 157.475 | 4.796 |
| Q3 1993 | 106.000 | 160.25 | -54.250 | -45.646 | 151.646 | 159.294 | -7.648 |
| Q4 1993 | 172.000 | 164.00 | 8.000 | 17.896 | 154.104 | 162.900 | -8.796 |
| Q1 1994 | 255.000 | 162.25 | 92.750 | 64.021 | 190.979 | 165.442 | 25.537 |
| Q2 1994 | 120.000 | 164.25 | -44.250 | -36.271 | 156.271 | 163.363 | -7.093 |
| Q3 1994 | 98.000 | | | -45.646 | 143.646 | 159.340 | -15.694 |
| Q4 1994 | 196.000 | | | 17.896 | 178.104 | 157.329 | 20.775 |

Auch werden die neuen Variablen in der Datenansicht sichtbar.
Der Originalwert setzt sich demnach wie folgt zusammen:

| Datum | Originalwert (Y) | = | Glatte Komponente | + | Saison | + | Rest |
|-------|------------------|---|-------------------|---|--------|---|------|
| Q1 | 89,000 | = | 59,912 | + | 64,021 | + | -34,933 |
| Q2 | 51,000 | = | 71,965 | + | -36,271 | + | 15,306 |
| Q3 | 58,000 | = | 96,072 | + | -45,646 | + | 7,574 |
| Q4 | 141,000 | = | 114,123 | + | 17,896 | + | 8,981 |

Die nun im Ausgaben-Navigator aufgelisteten Werte finden wir im Daten-Editor
wieder. Hier wurden für die ermittelten Werte eigene Variablen erzeugt und unter
diesen abgelegt.

Wir sind bisher von einer additiven Verknüpfung ausgegangen. Unsere trend- und
konjunkturbereinigte Zeitreihe lässt sich also wie folgt berechnen:

$$TKB_{(t)} = Y_{(t)} - G_{(t)} = S_{(t)} + R_{(t)}$$

| Datum | $TKB_t$ | = | $Y_t$ | - | $G_t$ |
|-------|---------|---|-------|---|-------|
| Q1 | 29,088 | = | 89,000 | – | 59,912 |
| Q2 | -20,965 | = | 51,000 | – | 71,965 |

Wir können die bereinigten Werte aber auch direkt von SPSS errechnen lassen. Wir
gehen hierzu in den Daten-Editor. Hier wählen wir den Menüpunkt [TRANSFORMIE-
REN], [BERECHNEN].

Unter dem Punkt „Zielvariable" geben wir den neu zu erstellenden Variablennamen
ein, in unserem Fall „TKB". Anschließend können wir Typ und Label dieser Variable
bestimmen. Als numerischen Ausdruck können wir die Formel

werte - STC_1 (glatte Komponente)

eingeben. Es ergeben sich die trend- und konjunkturbereinigten Werte:

| Quartale | I | II | III | IV |
|----------|-----|------|------|-----|
| Jahr 1 | 29,09 | -20,97 | -38,07 | 26,88 |
| Jahr 2 | 47,11 | -28,47 | -40,07 | 23,21 |
| Jahr 3 | 60,89 | -31,47 | -53,29 | 9,10 |
| Jahr 4 | 89,56 | -43,36 | -61,34 | 37,14 |

Alle anderen Zeitreihenkomponenten können über den Menüpunkt [GRAFIKEN],
[SEQUENZ...] dargestellt werden.

Einzelne Zeitreihenkomponenten können über den Menüpunkt [GRAFIKEN], [SEQUENZ...] dargestellt werden.

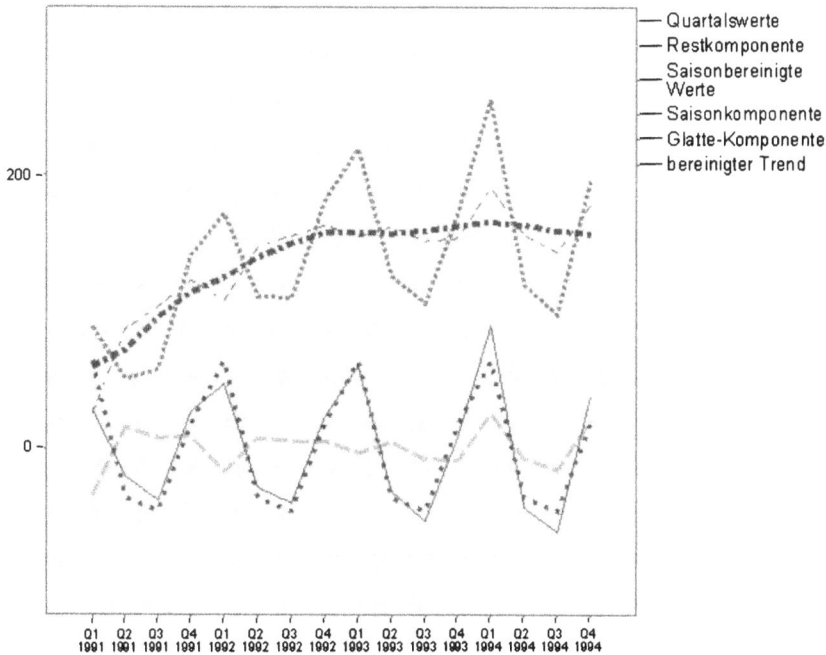

**Aufgabe Nr. 11:**
**Berechnung eines Periodogramms**

*Errechnen Sie für die Zeitreihe aus Aufgabe 10 das Periodogramm.*

Im Unterschied zur traditionellen Zeitreihenanalyse (vgl. Aufgabe 10) untersucht die Spektralanalyse die Zeitreihe insgesamt. Ein Spektraldiagramm oder **Periodogramm** stellt den identifizierten unterschiedlichen Frequenzen bzw. Wellenlängen harmonischer Schwingungen die Gewichtung dieser Schwingungen gegenüber: Die gesamte Bewegungsenergie der Zeitreihe wird also in periodische Komponenten unterschiedlicher Frequenzen zerlegt.

Da Periodogramme nur über Zeitreihen berechnet werden können, die sich insbesondere durch einen konstanten zeitunabhängigen Mittelwert auszeichnen, ist es notwendig, die Originalwerte vor der Analyse einer Trendbereinigung zu unterziehen. Gegenstand der Spektralanalyse sind dann die trendbereinigten Werte TB, die neben der irregulären Komponente die Saison- und Konjunkturkomponente repräsentieren.

Ohne von der Möglichkeit Gebrauch zu machen, die Ausschläge des Periodogramms zu glätten erhält man über die Auswertung der zentrierten trendbereinigten Beobachtungswerte das folgende Ergebnis.

**Periodogramm von TB nach Frequenz**

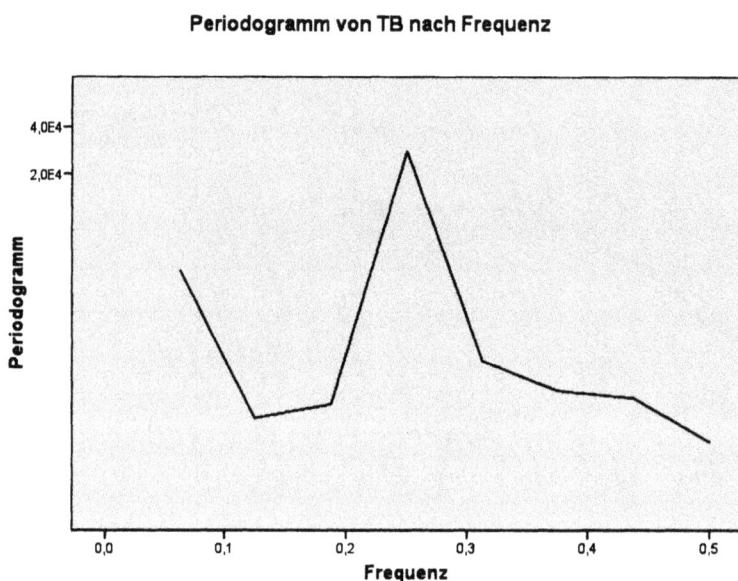

Die Frequenzen geben an, wie oft sich Schwingungen im gesamten Untersuchungszeitraum (= 16 Quartalswerte) wiederholen. So bedeutet in unserem Beispiel eine Frequenz von 8 (Schwingungen in 16 Quartalen), dass sich die Schwingung alle 2 Quartale wiederholt (Nyquistfrequenz).

Beobachtungszeitraum: 16 / Frequenz: 8 = Periodenlänge: 2

SPSS setzt diese Frequenzen stets in Bezug zu einer normierten Periodenlänge von 1; was unter Umständen Interpretationsvorteile bietet. Die Frequenz 8 wird dann repräsentiert durch die normierte Frequenz von 0,5; nämlich 0,5 · 2 = 1.

**Beobachtungszeitraum: 16 • normierte Frequenz: 0,5 = Anzahl der Durchläufe: 8**

Das Periodogramm der in starkem Maße saisonabhägigen Zeitreihe der Arbeitslosen liefert das erwartete Ergebnis: Die Bewegungsenergie der Zeitreihe konzentriert sich auf die harmonische Jahresschwingung mit einer Periodenlänge von 4 Quartalen, die den Beobachtungszeitraum 4 mal durchläuft.

Beobachtungszeitraum: 16 / Frequenz: 4 = Periodenlänge: 4

normierte Frequenz: 0,25; nämlich 0,25 · 4 = 1.

**Beobachtungszeitraum: 16 • normierte Frequenz: 0,25 = Anzahl der Durchläufe: 4**

**Aufgabe Nr. 12:**
**Berechnung einfacher Indizes**

Der Absatz eines Gutes hat sich in den Regionen A und B wie folgt entwickelt:

|   | Jahr 1 | Jahr 2 | Jahr 3 |
|---|--------|--------|--------|
| A | 40 | 80 | 120 |
| B | 200 | 240 | 280 |

*Vergleichen Sie die zeitliche Entwicklung in beiden Regionen.*

Nach der Datendefinition und -eingabe können die Zeitreihen im Menüpunkt [TRANSFORMIEREN], [BERECHNEN...] indiziert werden.

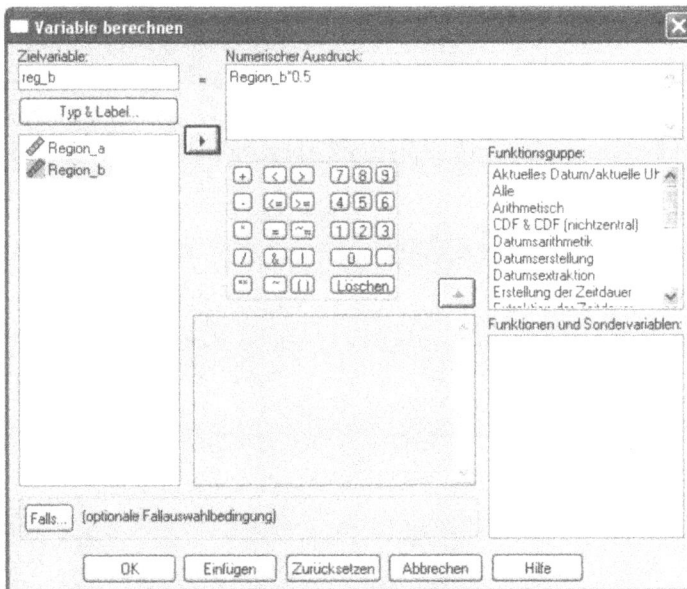

Dazu wird die Zielvariable reg_a bzw. reg_b eingegeben. Anschließend werden die Formeln definiert; sie lauten:

▷   region a · 2.5
▷   region b · 0.5

Bei der Berechnung von Preis- und Mengenindizes handelt es sich gleichermaßen um einfache mathematische Manipulationen. Der Einsatz eines aufwendigen Programms wie SPSS lohnt sich nur, wenn komplexere Tatbestände als im vorliegenden Beispiel zu analysieren sind.

# 7    Weiterführende Literatur

▷ *Abels, H.:* Wirtschafts- und Bevölkerungsstatistik, 4. Auflage, Wiesbaden 1993
▷ *Assenmacher, W.:* Deskriptive Statistik, 3. Auflage, Berlin 2003
▷ *Anderson, O.:* Probleme der statistischen Methodenlehre in den Sozialwissenschaften, Würzburg 1954
▷ *Bleymüller, J. / Gehlert, G. / Gülicher, H.:* Statistikfür Wirtschaftswissenschaftler, 14. Auflage, München 2004
▷ *Chatfield, C.:* Analyse von Zeitreihen, München 1982
▷ *Eckey, H.-F. / Kosfeld, R. / Türck, M.:* Deskripitive Statistik, Wiesbaden 2005
▷ *Ferschl, F.:* Deskripitive Statistik, 3. Auflage, Würzburg / Wien 2005
▷ *Hartung, J. / Elpelt, B. / Klösener, H.:* Statistik, 14. Auflage, München / Wien 2005
▷ *Hujer, R. / Cremer, R.:* Methoden der empirischen Wirtschaftsforschung, München 1978
▷ *Kobelt, H. / Steinhausen, D.:* Wirtschaftsstatistik für Studium und Praxis, 7. Auflage, Stuttgart 2007
▷ *Leiner, B.:* Grundlagen der Zeitreihenanalyse, 4. Auflage, München / Wien 1998
▷ *v. d. Lippe, P.:* Deskriptive Statistik, 7. Auflage, München / Wien 2006
▷ *Menges, G.:* Die Statistik, Zwölf Stationen des statistischen Arbeitens, Wiesbaden 1982
▷ *Mosler, K. / Schmid, F.:* Beschreibende Statistik, Berlin / Heidelberg 2003
▷ *Neubauer, W. / Bellgardt, E. / Behr, A.:* Statistische Methoden, Ausgewählte Kapitel für Wirtschaftswissenschaftler, 2. Auflage, München 2002
▷ *Schlittgen R. / Streitberger, H. J.:* Zeitreihenanalyse, 9. Auflage, Stuttgart 2006
▷ *Schulze, P.M.:* Beschreibende Statistik, 4. Auflage, München / Wien 2000
▷ *Schwarze, J.:* Grundlagen der Statistik I, Beschreibende Verfahren, 10. Auflage, Herne 2005
▷ *Wetzel, W.:* Statistische Grundausbildung für Wirtschaftswissenschaftler, Beschreibende Statistik, Berlin 1971
▷ *Zwerenz, K.-H.:* Statistik, 3. Auflage, München / Wien 2006

Die folgenden Bücher werden vor allem wegen ihrer zahlreichen Beispiele und Übungsaufgaben zur Ergänzung empfohlen:

▷ *Degen, H. / Lorscheid, P.:* Statistik-Aufgabensammlung mit ausführlichen Lösungen, 5. Auflage, München / Wien 2006
▷ *Schulze, P.M. / Lauterbach, N.:* Übungen zur Beschreibenden Statistik, 2. Auflage, München / Wien 2007

## A

abhängige Variable......................149
Abhängigkeit............................120
Ablauf einer traditionelle Zeitreihenanalyse .
208
absolute Häufigkeit.................. 37, 38
absolute Konzentration........102, 105, 109
absolutes Niveau .......................253
Abweichungsquadratsumme .............90
additiver Ansatz........................192
Aggregation.............................175
Amplitude.........................221, 222
analytische Statistik...............22, 23, 90
Anteilswert.............................103
äquidistante Zeitreihe..............170, 231
arithmetisches Mittel ...................70
Assoziationskoeffizient nach Fechner ....130
asymmetrische Verteilung ........... 95, 96
Ausreißer...............................238
Autokorrelation ........................232
Autokorrelationskoeffizient .............234
Autokovarianz..........................233

## B

Balkendiagramm.........................51
Basiseffekt..............................209
Basisjahr ..............................261
Basisperiode...................254, 261, 265
bedingte absolute Häufigkeiten ..........118
bedingte relative Häufigkeiten ...........118
bedingte Verteilung ....................118
bedingter Mittelwert ...................119
beobachtete Häufigkeit..................123
Beobachtungswert .........22, 26, 29, 36, 41
Beobachtungszeitraum.............176, 313
Berichtsjahr ...........................261
Berichtsperiode.........................265
Berichtszeitpunkt ......................250
Berichtszeitraum .......................250
Bessel-Korrektur........................90
Bestandsfortschreibung..................249
Bestandsgröße .........................175
Bestandsmasse.........................248
Bestimmtheitskoeffizient..........144, 165
Bewegungsmasse ......................248
Beziehungszahl.........................246
Binnenklassenstreuung .................89
Binnenstreuung........................87
Bundesbankverfahren...................211

## C

CENSUS-Verfahren ......................218
Cramer Kontingenzmaß.................125

## D

Datenmatrix.........................27, 36
Deflationierung ........................271
deskriptive Statistik ................. 22, 23
Dichtefunktion......................61, 220
dichtester Wert..........................66
diskretes Merkmal.......................30
Disparitätsmaß.........................110
Dispersion.............................101
Drobisch-Preisindex ....................270
Dummyvariable.........................209
durchschnittliche absolute Abweichung ..83
Durchschnittsbildung ...................176

## E

eindimensionale Häufigkeitsverteilung, Darstellung................................50
einfache Indizes .......................250
einfache Preismesszahlen ...............262
einfache Transformation ................188
einfacher Preisindex....................256
Einfachkorrelationskoeffizienten........165
Einfachregression ..................149, 161
eingipflige Verteilung ...................95
Einzelobjekte ...........................28
empirische Verteilung...............85, 123
endogene Variable......................149
Erhebungszeitraum .....................175
erwartete Häufigkeit ...................124
Erwartungswert........................233
exogene Variable.......................149
Exponential Smoothing .................198
Exponentialfunktion ...................188
Exponentialtrend.......................187
Exponentielle Glättung.................197
Extremwertbereinigung.................218
Extremwerte .......... 64, 67, 70, 74, 77, 81

## F

Fisher-Preisindex.......................270
flache Verteilung ................... 93, 100
flächenproportionale Darstellung ........50
Formmaßzahl ...................... 63, 93
Fourier-Analyse ....................211, 220
Fourier-Integral.........................235

Fourierkoeffizient . . . . . . . . . . . . . . . . . . 223, 224
Fourier-Reihe . . . . . . . . . . . . . . . . . . . . . . 211, 221
Fourier-Transformation . . . . . . . . . . . . . . . . 231
Freihandtrend . . . . . . . . . . . . . . . . . . . . . . . . . . 182
Frequenz . . . . . . . . . . . . . . . . . 177, 220, 221, 313
Frequenzband . . . . . . . . . . . . . . . . . . . . . . . . . 236
Frequenzdarstellung . . . . . . . . . . . . . . . . . . . 225

**G**
Gamma Koeffizient . . . . . . . . . . . . . . . . . . . . . 133
Geldentwertung . . . . . . . . . . . . . . . . . . . . . . . . 260
Gewogener gleitender Durchschnitt . . . . . . 195
gewogenes arithmetisches Mittels . . . . . . . . 73
gewogenes harmonisches Mittel . . . . . . . . . 73
gewöhnliches Moment . . . . . . . . . . . . . . . . . . . 94
Gini-Koeffizient . . . . . . . . . . . . . . . . . . . . 92, 106
Ginis mittlere Differenz . . . . . . . . . . . . . . . . . 91
Glatte Komponente . . . . . . . . . . . . 179, 211, 212
Gleichverteilungsgerade . . . . . . . . . . . . . . . . 102
gleitende Durchschnitte . . . . . . . . . . . . 195, 211
Gliederungsmerkmal . . . . . . . . . . . . . . . . . . . . 72
Gliederungszahl . . . . . . . . . . . . . . . . . . . . . . . . 241
globale Index . . . . . . . . . . . . . . . . . . . . . . . . . . . 259
globaler Preisindex . . . . . . . . . . . . . . . . . 256, 260
Glockenkurve . . . . . . . . . . . . . . . . . . . . . . . . 85, 93
Grafik . . . . . . . . . . . . . . . . . . . . . . . . . . . . . . . . . . 36
grafische Darstellung . . . . . . . . . . . . . . . . . . . . 50
Grundgesamtheit . . . . . . . . . . . . . . . . 22, 90, 231
gruppierte Daten . . . . . . . . . . . . . . . . . . . . . . . . 43
Gruppierung . . . . . . . . . . . . . . . . . . 43, 45, 46, 48
Gruppierung, Darstellung . . . . . . . . . . . . . . . . 60
Gruppierungsvorschrift . . . . . . . . . . . . . . . . . . 48

**H**
Harmonische Analyse . . . . . . . . . . . . . . . 220, 221
harmonische Funktion . . . . . . . . . . . . . . . . . . 221
harmonisches Mittel . . . . . . . . . . . . . . . . . 73, 269
Häufigkeitsdichte . . . . . . . . . . . . . . . . . . . . . . . . 66
Häufigkeitstabelle . . . . . . . . . . . . . . . . . 36, 38, 39
Häufigkeitsverteilung . . . . . . . 24, 37, 41, 45, 63
häufigster Wert . . . . . . . . . . . . . . . . . . . . . . . . . . 66
Herfindahl-Index . . . . . . . . . . . . . . . . . . . . . . . 109
Histogramm . . . . . . . . . . . . . . . . . . . . . . . . . . 55, 60
höhenproportionale Darstellung . . . . . . . . . . 50

**I**
Identifikationsmerkmal . . . . . . . . . . . . . . . 26, 28
Indexpunkte . . . . . . . . . . . . . . . . . . . . . . . . . . . . 251
Indexreihe . . . . . . . . . . . . . . . . . . . . . . . . . . . . . . 255

Index-Schemata . . . . . . . . . . . . . . . . . . . . 270, 273
Indifferenztafel . . . . . . . . . . . . . . . . . . . . . . . . . 121
Indizierung . . . . . . . . . . . . . . . . . . . . . . . . . . . . . 253
Inflationsrate . . . . . . . . . . . . . . . . . . . . . . . . . . . 260
institutionelle Faktoren . . . . . . . . . . . . . . . . . 180
Intervallskala . . . . . . . . . . . . . . . . . . . . . . . . . . . . 70

**K**
kalenderbedingte Faktoren . . . . . . . . . . . . . . . 180
kalenderbereinigte Werte . . . . . . . . . . . . . . . . 219
Kalenderunregelmäßigkeiten . . . . . . . . . . . . 219
Kardinalskala . . . . . . . . . . . . . . . . . . . . . . . . . . . . 70
Kardinalskala, Darstellung . . . . . . . . . . . . . . . 53
Klassenbreite . . . . . . . . . . . . . . . . . . . . . . . . . . . . 45
Klassengrenze . . . . . . . . . . . . . . . . . . . 46, 60, 61
Klassengrenze, exakte . . . . . . . . . . . . . . . . . . . . 47
Klassengrenze, obere . . . . . . . . . . . . . . . . . . . . . 47
Klassengrenze, untere . . . . . . . . . . . . . . . . . . . . 47
Klassenhäufigkeit . . . . . . . . . . . . . . . . . . . . 44, 60
Klassenmitte . . . . . . . . . . . . . . . . . . . . 46, 61, 66
Klassenmittelwert . . . . . . . . . . . . . . . . . . . . . . . . 71
klassische Zeitreihenanalyse . . . . . . . . . . . . . 211
Kleinste-Quadrate-Verfahren . . . 155, 158, 227
Komponentenschätzung . . . . . . . . . . . . . . . . . 206
Komponentenverknüpfung . . . . . . . . . . . . . . . 212
konditionale Verteilung . . . . . . . . . . . . . . . . . 118
konjunkturbereinigter Wert . . . . . . . . . . . . . . 196
Konjunkturkomponente . . . . . . . . . . . 178, 179
Konjunkturschätzung . . . . . . . . . . . . . . . . . . . 195
Kontingenz . . . . . . . . . . . . . . . . . . . . . . . . . . . . . 122
Kontingenzkoeffizient . . . . . . . . . . . . . . . . . . . 127
Kontingenzmaße . . . . . . . . . . . . . . . . . . . 122, 123
Kontingenztafel . . . . . . . . . . . . . . . . . . . . . . . . . 122
Konzentrationsmaß . . . . . . . . . . . . 63, 101, 110
Konzentrationsmessung . . . . . . . . . . . . . . . . . 102
Korrelation . . . . . . . . . . . . . . . . . . . . . . . . . . . . . 122
Korrelationskoeffizient . . . . . . . . . . . . . . . . . . 233
Korrelationskoeffizient nach Bravais-Pearson
139, 163
Korrelationsmaße . . . . . . . . . . . . . . . . . . . . . . . 122
Korrelationsrechnung . . . . . . . . . . . . . . 114, 122
Korrelationstabelle . . . . . . . . . . . . . . . . . 122, 140
Korrelogramm . . . . . . . . . . . . . . . . . . . . . . . . . . 234
korrigierter Phi-Koeffizient . . . . . . . . . . . . . . 126
Kovarianz . . . . . . . . . . . . . . . . . . . . . . 141, 143, 233
KQ-Regressionsfunktion . . . . . . . . . . . . . . . . . 156

**L**
Lageparameter . . . . . . . . . . . . . . . . . . . . . . . . . . . 63

Längsschnittsdaten. . . . . . . . . . . . . . . . . . . . . 166
Laspeyres-Mengenindex . . . . . . . . . . . . . . .271
Laspeyres-Preisindex . . . . . . . . . . . . . . . . . .266
Laspeyres-Volumenindex. . . . . . . . . . . . . . .272
latente Variable . . . . . . . . . . . . . . . . . . .149, 153
Lebenshaltungskostenindex. . . . . . . . . . . . .263
lineare Regression. . . . . . . . . . . . . . . . . . . . .153
lineare Regressionsfunktion. . . . . . . . . . . . .153
Linearer Korrelationskoeffizient . . . . .144, 158
linearer Korrelationskoeffizient. . . . . . . . . .147
lineares einfaches Bestimmtheitsmaß . . .164
Linienzug. . . . . . . . . . . . . . . . . . . . . . . . . . . . .54
links gerichtete Asymmetrie . . . . . . . . . . . . .95
linksschiefe Verteilung . . . . . . . . . . . . . . . . .96
linkssteile Verteilung . . . . . . . . . . . . . . . . . . .95
logistischen Funktion . . . . . . . . . . . . . . . . . .187
Lorenzkurve . . . . . . . . . . . . . . . . . . . . . . . . . .103
Lorenz-Münzner-Konzentrationsmaß . . . .107


**M**
Marshal-Edgeworth-Preisindex. . . . . . . . . .270
Maße der Kurtosis . . . . . . . . . . . . . . . . . . . . . .93
Maßkorrelationskoeffizient. . . . . . . . . . . . . .144
Median. . . . . . . . . . . . . . . . . . . . . . . . . . . . . . .67
mehrdimensionale Verteilung. . . . . . . . . . . .114
Mehrfachregression. . . . . . . . . . . . . . . . . . . .149
Mengenindex . . . . . . . . . . . . . . . . . . . . . . . . .259
Mengenindizes. . . . . . . . . . . . . . . . . . . . . . . .271
Merkmalsausprägung . . . . . . . . . 27, 37, 43, 48
Merkmalsklasse . . . . . . . . . . . . . . . . . .43, 44, 48
Merkmalsträger . . . . . . . . . . . . . . . 26, 28, 40, 56
Messfehler. . . . . . . . . . . . . . . . . . . . . . . . . . .238
Messzahl . . . . . . . . . . . . . . . . . . . . . . . . . . . .250
Minimumeigenschaft . . . . . . . . . . . . . . . . . . .69
Mittelwerte. . . . . . . . . . . . . . . . . . . . . . . . . . .63
Modalklasse . . . . . . . . . . . . . . . . . . . . . . . . . .66
Modus. . . . . . . . . . . . . . . . . . . . . . . . . . . . . . .66
Momentenkoeffizient . . . . . . . . . . . . . . . . . . .98
multiplikativer Ansatz. . . . . . . . . . . . . .180, 193


**N**
Näherungsverfahren . . . . . . . . . . . . . . . . . . .188
natürliche Ursachen. . . . . . . . . . . . . . . . . . . .179
nichtlineare Regression. . . . . . . . . . . . . . . . .161
Nichtlinearer Trend . . . . . . . . . . . . . . . . . . . .188
Niveauunterschied . . . . . . . . . . . . . . . . . . . .210
Nominalskala . . . . . . . . . . . . . . . . . . . . . . 50, 66
Nominalskala, Darstellung . . . . . . . . . . . . . . .50
Normalgleichung. . . . . . . . . . . . . . . . . . . . . .157

Normalverteilung . . . . . . . . . . . . . . . 85, 93, 232
Normalverteilungsannahme . . . . . . . . . . . .231
Nyquistfrequenz . . . . . . . . . . . . . . . . . . . . . .226


**O**
ökonometrisches Modell . . . . . . . . . . . . . . . .209
Ordinalskala. . . . . . . . . . . . . . . . . . . . . . . . . . .67
Ordinalskala, Darstellung. . . . . . . . . . . . . . . .51
Ordnungsnummer . . . . . . . . . . . . . . . . . . . . . .67


**P**
Paasche-Mengenindex . . . . . . . . . . . . . . . . .271
Paasche-Volumenindex. . . . . . . . . . . . . . . . .272
Parameter, statistische . . . . . . . . . . . . . . . . . .36
parametrische Darstellung . . . . . . . . . . . . . . .63
Pearson'scher Kontingenzkoeffizient . . . . .127
Periodenlänge. . . . . . . . . . . . . . . . . . . . . . . .220
periodische Funktion. . . . . . . . . . . . . . . . . . .221
Periodogramm . . . . . . . . . . . . . . . . . . . .220, 225
Phase. . . . . . . . . . . . . . . . . . . . . . . . . . .221, 222
Phasendurchschnittsverfahren. . . . . .199, 208
Phi-Koeffizient. . . . . . . . . . . . . . . . . . . . . . . .126
Polygonzug. . . . . . . . . . . . . . . . . . . . . . . . 54, 55
Potenztrend . . . . . . . . . . . . . . . . . . . . . .187, 189
Preisbereinigung . . . . . . . . . . . . . . . . . . . . . .271
Preisindex . . . . . . . . . . . . . . . . . . . . . . . . . . .259
Preismesszahl . . . . . . . . . . . . . . . . . . . . . . . .256
primäre Verteilungstafel . . . . . . . . . . . . . 41, 70
Problembereiche der Zeitreihenanalyse . .237
Produktmoment-Korrelationskoeffizient 147,
165
Professionelle Zeitreihenanalyse . . . . . . . .211
Punktwolke. . . . . . . . . . . . . . . . . . . . . . . . . . .151


**Q**
Qualitätsveränderungen . . . . . . . . . . . . . . . .266
Quartilsabstand . . . . . . . . . . . . . . . . . . . . . . .81
Quartilsdistanz. . . . . . . . . . . . . . . . . . . . . . . .82
Querschnittsanalyse. . . . . . . . . . . . . . . . 24, 170
Querschnittsdaten. . . . . . . . . . . . . . . . . .63, 166
Quoten . . . . . . . . . . . . . . . . . . . . . . . . . . . . .241


**R**
Randklassen. . . . . . . . . . . . . . . . . . . . . . . . . . .45
Randverteilung. . . . . . . . . . . . . . . . . . . . . . . .116
Rangdaten. . . . . . . . . . . . . . . . . . . . . . . . . . . .51
Rangkorrelation . . . . . . . . . . . . . . . . . . . . . . .122
Rangkorrelationskoeffizient nach Spearman .
137

Rangkorrelationsmaße .............122, 130
Rangkorrelationstabelle .............122, 130
Rangziffer ............................ 66, 67
räumliche Abgrenzung ....................26
rechts gerichtete Asymmetrie .............96
rechtssteile Verteilung .....................96
Regressionsanalyse .......................149
Regressionsfunktion......................151
Regressionskoeffizient....................158
Regressionsparameter..............149, 153
Regressionsrechnung...............114, 150
relative Häufigkeit......................37, 38
relative Konzentration....................101
relative Wachstumsraten.................253
Residualanalyse .........................160
Residuum.........................153, 163
Resthäufigkeit ............................40
Restkomponente ...................179, 237
Restkomponentenbestimmung ......... 200
Richtung der Abhängigkeit..............150

**S**
sachliche Abgrenzung.....................26
Saisonanteil .............................179
Saisonbereinigung ......................206
Saisonfaktor.............................200
Saisonkomponente.................178, 179
Saisonschätzung ........................ 199
Sättigungsniveau........................187
Säulendiagramm..........................51
Schätzfehler .............................190
Schätzfunktion ..........................149
Scheidewert ..............................69
Schiefemaße .............................93
schließende Statistik ......................22
Schwerpunktkoordinaten ..........140, 159
sekundäre Verteilungstafel............ 44, 71
Spannweite................................80
Spektralanalyse ..........................220
Spektrum................................234
spitze Verteilung ..................... 93, 100
Stabdiagramm ...........................51
Standardabweichung......................85
Standardfehler der Schätzung ...........166
Standardisierung.........................112
Stationarität............................233
statistische Einheit .................. 26, 28
statistische Kennziffer.....................63
statistische Masse .............. 26, 28, 240

statistisches Objekt.................... 26, 38
stetiges Merkmal....................... 30, 53
Stichprobe................. 22, 90, 231
Stichprobenverteilung....................90
Streifendiagramm........................51
Streuungsdiagramm ...............150, 151
Streuungsparameter ................ 63, 80
Streuungszerlegung .....................89
Stromgröße...............................175
Strukturbruch...........................161
Strukturveränderungsgeschwindigkeit ..243
Strukturwandel .........................241
Stützbereich.............................216
Stützfrequenz ...........................226
Summenbildung ........................176
Summenhäufigkeit........................39
Summenhäufigkeitsverteilung............41
Summenpolygon.................... 56, 61
Symmetrieeigenschaft....................63
Symmetriemaße .................... 93, 95
Systematik der Korrelationsrechnung ....122

**T**
tabellarische Darstellung..................36
Tabelle...................................36
Tabellenfach.............................49
Teilgesamtheit ...................... 72, 89
Tempo des Strukturwandels.............243
theoretische Verteilung......... 93, 123, 124
traditionelle Zeitreihenanalyse..........182
Trend...................................178
trendbereinigter Faktor...................193
Trendbereinigung .......................224
Trendfaktor.............................193
Trendkomponente..................178, 179
Trendwert ..............................193
Treppenzug...............................56
trigonometrische Polynome .............223

**U**
Umbasierung............................255
Umschlagshäufigkeit....................249
unabhängige Variable..............149, 160
Unabhängigkeit .............120, 159, 231
ungewogener gleitender Durchschnitt ...197
Untersuchungsgegenstand...............23
Untersuchungsgegenstand..............255
Untersuchungsmerkmal ... 26, 28, 29, 36, 39, 255

Untersuchungsziel . . . . . . . . . . . . . . . . . . . . . 23
Urliste . . . . . . . . . . . . . . . . . . . . . . . . . . . 36, 37

**V**
Variablentransformation . . . . . . . . . . . . . . . 153
Varianz . . . . . . . . . . . . . . . . . . . . . . . . . . . . .85
Varianz der bedingten Verteilung . . . . . . . .119
Varianz der Residuen . . . . . . . . . . . . . . . . . . .166
Variationskoeffizient . . . . . . . . . . . . . . . . 85, 86
Verhältniszahl . . . . . . . . . . . . . . . . . . . . . . . . 240
Verkettung . . . . . . . . . . . . . . . . . . . . . . . . . . .256
Verteilungsfunktion . . . . . . . . .39, 40, 41, 51, 56
Verursachungszahlen . . . . . . . . . . . . . . . . . . .248
Verweildauer . . . . . . . . . . . . . . . . . . . . . . . . . .249
Vierfelderkoeffizient . . . . . . . . . . . . . . . . . . . .126
Vierfeldertafel . . . . . . . . . . . . . . . . . . . . . . . . .126
Vollerhebung . . . . . . . . . . . . . . . . . . . . . . . . . .22
Volumenindizes . . . . . . . . . . . . . . . . . . .259, 271
Vorjahresvergleich . . . . . . . . . . . . . . . . . . . . .209

**W**
Wachstumsfaktor . . . . . . . . . . . . . . . . . . . . . . 78
Wachstumsrate . . . . . . . . . . . . . . . 78, 187, 261
Wachstumsratenanalyse . . . . . . . . . . . . . . . .209
Wägungsschema . . . . . . . . . . . . . . . . . . . . . . .265
Warenkorb . . . . . . . . . . . . . . . . . . . . . . . . . . .261
Wellenlänge . . . . . . . . . . . . . . . . . . . . . . . . . .221
Wirtschaftsdiagnose . . . . . . . . . . . . . . .177, 178
Wirtschaftsprognose . . . . . . . . . . . . . . . . . . .178
Wölbung . . . . . . . . . . . . . . . . . . . . . . . . . . . . 63
Wölbungsmaße . . . . . . . . . . . . . . . . . . . . . . . .93
Wölbungsmaßzahlen . . . . . . . . . . . . . . . . . . . .99

**Z**
zeitliche Abgrenzung . . . . . . . . . . . . . . . . . . . 26
Zeitreihenanalyse . . . . . . . . . . . . . . . . . . 24, 177
Zeitreihenregression . . . . . . . . . . . . . . . . . . 168
zentrales Moment . . . . . . . . . . . . . . . . . . . . . .94
Zufallskomponente . . . . . . . . . . . . . . . . . . . . .178
Zwischenklassenstreuung . . . . . . . . . . . . . . . .89

# Die einzige
# deutschsprachige Einführung

Ulrich Kohler, Frauke Kreuter
**Datenanalyse mit Stata**
Allgemeine Konzepte der Datenanalyse und
ihre praktische Anwendung

3., aktualisierte und überarbeitete Auflage 2008
398 S. | Broschur
€ 34,80 | ISBN 978-3-486-58456-1

Dieses Buch ist die bislang einzige deutschsprachige
Einführung in das Statistikprogramm Stata und zugleich das einzige Buch über Stata, das auch Anfängern
eine ausreichende Erklärung der Datenanalysetechnik
liefert.

Die Neuauflage enthält Anpassungen an die neueste
Stata Programmversion (Version 10) und beschreibt
den neu entwickelten »Stata Graph Editor«.

**Das Buch richtet sich an Studierende der
Sozialwissenschaften.**

Über die Autoren:

Dr. phil. Ulrich Kohler ist am Wissenschaftszentrum
Berlin tätig.

Asst. Prof. Dr. Frauke Kreuter ist an der University of
Maryland tätig.

Oldenbourg

150 Jahre
*Wissen für die Zukunft*
Oldenbourg Verlag

Bestellen Sie in Ihrer Fachbuchhandlung oder
direkt bei uns: Tel: 089/45051-248, Fax: 089/45051-333
verkauf@oldenbourg.de

# Verfahrensbibliothek auf 2000 Seiten

Rasch, Herrendörfer, Bock, Victor, Guiard (Hrsg.)
**Verfahrensbibliothek**
Versuchsplanung und -auswertung – mit CD-ROM
2., vollst. überarb. Aufl. 2008. XII, 140 S., gb.
CD-ROM mit über 2.000 S.
€ 54,80
ISBN 978-3-486-58330-4
Lehr- und Handbücher der Statistik

**„Eine Bibel für Statistik"**

Das Buch ist eine umfangreiche Sammlung von fast 500 modernen und klassischen statistischen Methoden auf rund 2000 Seiten an deren Erarbeitung über 60 Wissenschaftler aus drei Erdteilen mitgewirkt haben. Neben rein methodischen Verfahren, in denen Tests, Konfidenz- und Punktschätzungen bzw. Regressions- und Varianzanalysen beschrieben werden, findet man auch viele spezielle Anwendungen wie klinische und epidemiologische Studien, räumliche Statistik, Lebensdauerprobleme, Human- und Populationsgenetik und Feldversuchswesen. Ein Verfahren beginnt mit der Beschreibung der Problemstellung, die aus den Teilen Planung und Auswertung besteht. Darauf folgt der aus den gleichen Teilen bestehende Lösungsweg sowie ein durchgerechnetes Beispiel. Der Verzicht auf Beweise macht die Verfahren leicht lesbar, die Beispiele erleichtern das Verständnis auch für Leser mit geringen Vorkenntnissen. Die Daten des Beispiels und das SAS-Programm können im jeweiligen Verfahren aufgerufen werden.

Über 60 Wissenschaftler aus drei Erdteilen haben für dieses einzigartige Werk nahezu 500 moderne und klassische statistischen Methoden aufgearbeitet.

**Das Werk wendet sich an Forscher aller Bereiche, die in ihrer Arbeit Versuche durchführen müssen.**

Oldenbourg

# Erfolg mit Excel

Karlheinz Zwerenz
**Statistik verstehen mit Excel**
Interaktiv lernen und anwenden
Buch mit Excel-Downloads
2., verbesserte Aufl. 2008. XIII, 311 S., Br.
€ 32,80
ISBN 978-3-486-58591-9
Managementwissen für Studium und Praxis

Das Buch (mit CD-ROM) verbindet das Verstehen und Anwenden der Statistik in Synergie: Die grundlegenden Methoden der deskriptiven und der induktiven Statistik werden als interaktive Anwendungen in Excel anschaulich dargestellt und erläutert.

Spezielle Excel-Kenntnisse sind nicht erforderlich! In jedem Kapitel des Buches werden die wichtigsten Begriffe und Formeln zu den einzelnen statistischen Methoden vorangestellt und im Zusammenhang mit den Excel-Anwendungen ausführlich besprochen. Das interaktive Lernen der Statistik ist mit den bereitgestellten Excel-Downloads möglich.
Kommentartexte am Bildschirm und der simultane Aufbau von Grafiken gewährleisten den Erfolg des interaktiven Lernens.

**Das Buch richtet sich an Studierende und Praktiker, die Statistik mit Hilfe von Excel konkret anwenden wollen.**

Prof. Dr. Karlheinz Zwerenz lehrt Statistik und Volkswirtschaftslehre an der Fachhochschule München.

Oldenbourg

www.ingramcontent.com/pod-product-compliance
Lightning Source LLC
Chambersburg PA
CBHW081050220326
41598CB00038B/7047